ADVICE

TO

SCHOOL

MANAGERS

# MANAGERS

# SCHOOL

# TO

# ADVICE

一线中小学管理者突破自我的行动指南

# 对中小学管理的 N条建议

曾宪锋 | 著

江西教育出版社
JIANGXI EDUCATION PUBLISHING HOUSE

·南昌·

赣版权登字-02-2024-102

图书在版编目（CIP）数据

对中小学管理的N条建议 / 曾宪锋著. -- 南昌：江西教育出版社，2024.3（2025.3重印）
ISBN 978-7-5705-4245-1

Ⅰ. ①对… Ⅱ. ①曾… Ⅲ. ①中小学－学校管理
Ⅳ. ①G637

中国国家版本馆CIP数据核字（2024）第052770号

对中小学管理的 N 条建议
DUI ZHONG-XIAOXUE GUANLI DE N TIAO JIANYI
曾宪锋　著

江西教育出版社出版
（南昌市学府大道 299 号　邮编：330038）

出 品 人：熊　炽
责任编辑：冯会珍
美术编辑：张　延

各地新华书店经销
江西新华报业印务有限公司印刷
710 毫米 ×1000 毫米　16 开本　25 印张　371 千字
2024 年 3 月第 1 版　2025 年 3 月第 2 次印刷

ISBN 978-7-5705-4245-1
定价：68.00 元

赣教版图书如有印装质量问题，请向我社调换　电话：0791-86710427
总编室电话：0791-86705643　编辑部电话：0791-86708350
投稿邮箱：JXJYCBS@163.com　网址：http://www.jxeph.com

# 目录

## 第一部分 教师成长篇

第二部分
校长修行篇

第四部分

行政管理篇

第一部分

# 教师成长篇

第 1 条

# 对工作负责就是对自己负责

人为什么要工作？多数人会毫不犹豫地回答：为了生存。没有工作就没有收入，没有收入就无法购买生活必需品，养活自己都很困难，更无法赡养父母、养育子女。满足生存的需要，应该是多数普通人选择工作的原始动机，属人之常情，无可非议。随着工作时间的增加和业务能力的提升，我们开始有了稳定的收入，满足日常生活需要已经不成问题，甚至还让我们在有"世界那么大，我想去看看"的想法时具备了付诸实践的能力。此时，是否还要继续工作呢？相信大多数人都会给出肯定的回答。因为除了让人获得收入之外，工作本身也是有意义的。

工作的意义同时具有普遍性和特殊性。工作的普遍意义表现在：人们可以通过工作，拓展自己的交际圈，认识更多的人，结识更多的朋友，从而满足情感和交流的需要；人们可以通过工作，为社会提供合适的产品或服务，在此过程中获得认可和尊重，从而满足受尊重的需要；人们可以通过不同的工作平台，凭借自己的努力和奋斗，为社会做出特殊的贡献，从而实现自我价值。工作的特殊意义表现在：不同的工作对个人和社会的作用或贡献是不同的，如公务员可以通过对社会的有效治理为人民服务，医生可以用良好的医术救死扶伤、治病救人，教师可以用正确的教育方法为社会主义事业培养建设者和接班人。工作的普遍意义与特殊意义的有机结合，形成了工作的无限魅力。工作可以让人忘却烦恼，可以让人精神焕发，还可以让人感受到生命的意义。

但并不是所有人都能够意识到工作的意义。有的人对现有的工作不珍惜，总是觉得工作不但辛苦，而且待遇不高。他们把工作作为人生一种无可奈何的选择，经常带着消极情绪工作，不但自己的工作干不好，而且失去了改变命运的机会。有的人虽然没有带着消极情绪工作，但是工作态度不认真，缺乏应有的工作责任心，敷衍塞责、推诿扯皮是常态，情节严重的还会给单位造成巨大损失，严重损害了党和人民的利益，最终不但丢了工作，还要受到法律的惩罚。

对工作负责如此重要，那么怎样才算是对工作认真负责呢？

一要有高度的责任感。所谓责任感，是一个人对自己、自然界和人类社会(包括国家、社会、集体、家庭和他人)主动施加积极影响的精神。一个有责任感的人，无疑是热爱工作的人，是一个把工作看得无比神圣的人。他会经常想到自己的所作所为对自己、自然界和人类社会的影响；一个有责任感的人，总是会把利他作为一种主动选择，在遇到问题和困难时，首先想到的往往不是自己的得失，而是对工作是否有利、对他人是否有益。事实上，当一个人经常为他人着想时，他的运气往往不会太差，他在利他的同时也在成就自己。

二要事事有落实。对工作负责的人往往有一种习惯，就是在限定的时间内把自己应该做的每一件事做好，而不是推诿扯皮，或者自己勉强做了，但总是留下尾巴让别人来"擦屁股"，或者把今天的事留到明天去做。2002年9月，内蒙古丰镇二中发生了教学楼楼梯护栏坍塌事故。事实上，在事故发生前的当天下午，就有教师向校长反映灯泡照明问题，校长却以"管灯泡的人员不在"为由，未及时处理安全隐患。但凡该校长有一点工作责任心，他就会有职业敏感性。如果他及时安排人员处理隐患，把教师反映的事情落实好，惨剧可能就不会发生。可惜，这只是如果。管理上有个说法：再好的工作布置或设想，没有落实也等于零。我们要经常反思：我们有没有哪项工作布置或设想在规定的时间内没有落实好？例如，教师要加强学习，也做好了相应的安排和准备，但是到真正要学习时，总感觉没有时间；或者天天在想着加强学习，但就是静不下心来拿起书本。其实时间就如海绵里的水，挤挤还是有的，关键是我们要克服惰性，立即行动。

三要立足于做好小事。教师要胸怀祖国，立下志愿多为国家培养合格人才。这既是一个目标，也是一种理想，无疑是值得鼓励的。而培养合格人才是由一堂堂优质的课、一个个具体的教育行为所促成的，这些课和教育行为，相对于培养合格人才这项大业来说都是小事，但如果这些小事没有做好，人才培养就是无根之木。小事情每天都在我们身旁发生，我们做好一件小事很容易，难的是把每一件小事都做好。如果能够坚持把每一件小事都做好，慢慢地，我们的工作就会发生质的变化；日久天长，我们就会变得与众不同。"就算是打扫厕所，也可以做最优秀的保洁员。"立足于做好小事，还有另外一层含义，就是要关注细节。所谓细节，通常指一些细小的环节或情节，它们往往不容易引起我们的注意或警惕，但处理不好则会导致整个项目或工作失败。关注细节，就是在做好工作的同时，也要注意人们容易忽视的环节或情节，比一般人多考虑一点点或多做一点点。例如，教师在布置作业前对当天课上讲的内容做一个简单的梳理，分层布置作业，学习基础比较好的学生做A类题目，其他学生做B类题目，这样的效果就会比笼统地布置作业好很多。

对工作负责是一种态度，也是一种职业操守。没有卑微的工作，只有卑微的心态。我们只要认真对待每一项工作，把每一项工作做细做实做到位，就是对工作负责，同时也是对自己负责。

## 第2条
# 爱岗才能敬业

"爱岗敬业"是我们再熟悉不过的词语，我们经常在招聘启事上看到招聘单位要求应聘者要有爱岗敬业精神。爱岗敬业精神既是各用人单位对员工的共性要求，也是一种稀缺资源。在"60后""70后"陆续退出工作岗位的背景下，爱岗敬业比任何一个历史时期都显得更加珍贵。

新时代的人民教师怎样才能做到爱岗敬业呢？

明确教育工作的意义。任何一份工作都有它的特殊意义，我们只有对工作有充分的认识，才会愿意把工作认真做好。教育是民族振兴、社会进步的重要基石，是功在当代、利在千秋的德政工程，对提高人民综合素质、促进人的全面发展、增强中华民族创新创造活力、实现中华民族伟大复兴具有决定性意义。教师是教育工作的重要组成部分，只有通过教师富有创造性的劳动，培养更多更好的社会主义事业建设者和接班人，才有可能增强中华民族创新创造活力、实现中华民族伟大复兴。因此，教师职业是平凡而崇高的，我们作为教师中的一员应该倍感珍惜和自豪。如果我们看到的只是教师这一职业本身，而没有看到教育工作所具有的特殊意义，只把它当作谋生的工具，在遇到问题或困难时就容易选择逃避或者放弃。我们要经常想一想：我们为什么要从事教育事业？教师职业有何特殊的意义？我们应该如何表现，才能不负时代的期望？在对此有充分的认识后，我们就会慢慢地喜欢上教育事业，在遇到困难和挫折时才不会退缩。

对教育事业充满热情。一个人对职业的热爱程度有多深，他克服困难的勇气和毅力就会有多大。一名教师是否真正热爱教育事业，可以从以下方面进行衡量。一是看他是否愿意为教育事业奉献出全部的可用时间和精力。他会经常思考教育方面的事情，阅读教育方面的报纸杂志，关注教育方面的各种资讯，只要有时间，他就会积极主动去做与教育有关的事情，参与教育相关的活动。二是看他是否能够自觉遵守教师职业道德规范。教师职业有其特殊性，就是要注重为人师表。陶行知先生说"千教万教，教人求真"，要教人求真，教师本身就要做好榜样和示范：凡是要求学生做到的，自己要努力做到；凡是学生不能做的，自己坚决不做。这样的要求对常人来说有难度，但却是一名合格教师的责任和义务。三是看他面对困难和挫折时的表现。任何职业都有其特殊意义，也有其难处，教师职业也一样。例如，某位教师在工作不如意时，不但不回避不抱怨，做到以乐观的心态坦然面对，而且与其他人一道积极想办法去化解困难，继续保持旺盛的工作热情。但是也有少数人在遇到困难或挫折时，不反观自照，而是抱怨工作。在不断地抱怨中，人的意志和热情就会消退，生活也会日渐黯淡。有人说，如果你热爱工作，你的生活就是天堂；如果你讨厌工作，你的生活就是地狱。因为你的生活当中，有大量的时间是和工作联系在一起的。因此，从某种程度上来说，一个人应对挫折和困难的心态和表现是否积极，是检验其是否真正热爱工作的试金石。

　　自觉自愿做好工作。有人说加班加点就是爱岗敬业，但这样的说法是片面的。诚然，爱岗敬业有时候确实需要加班加点，但加班加点并不意味着必然爱岗敬业。有的教师业务能力强、工作方法好，工作绩效也高，教育教学很受学生欢迎，但他很少加班加点，他同样是爱岗敬业的。因此，敬业更多地表现为把自己的工作当作一种精神享受。它表现在工作中，就是勤奋和主动，就是进取和坚韧，就是自信和创新。只有把工作当成人生追求，把工作当成人生享受，在工作中精益求精的人，才是爱岗敬业的人。爱岗敬业，就是要立足本职工作，把一点一滴的小事做好，把一分一秒的时间抓牢。具体到教育工作中，就是要关心爱护学生，积极钻研教育教学业务，工作不推诿、不拖沓；无论遇到什么困难都能积极面对，做到不为困难找理由，只为成功想办法，力求用好的结果成就自己。需要特别指出的是，真正爱岗敬业的教师应该是热爱本职工作的。他在做好本职工作的同时，还善于培养和带动更多的教师在教育教学中创造优良业绩，而不仅仅是自己个人优秀。"一花独放不是春，万紫千红春满园"，就是这个道理。

　　爱岗敬业不应该只是用于宣传的一句口号，也不应是标榜自己的一个词语，它更应该是一种精神、一种态度、一种美德、一种境界。伟大的共产主义战士雷锋说："如果你是一滴水，你是否滋润了一寸土地？如果你是一线阳光，你是否照亮了一分黑暗？如果你是一颗粮食，你是否哺育了有用的生命？如果你是一颗最小的螺丝钉，你是否永远坚守在你生活的岗位上？"雷锋虽然离开我们已有60余年，但他爱岗敬业的精神永远值得我们学习和敬仰。广大教育工作者要立足本职、砥砺前行、争先创优，为社会主义建设培育更多、更好的人才，这才是爱岗敬业的应有之义。

第**3**条

# 在机遇面前勇于表现自己

有人说，在人的成长和进步过程中，除了自己努力之外，还要有机遇。这点无疑是对的。俗话说"三十而立"，意思就是人到了30岁，在事业上应该有所成就。但有些人，哪怕快50岁了，事业还是平平淡淡。此时，有的教师就开始抱怨了，说命运不公、领导不会识人，或者说自己运气不好、缺少发展的机遇，有的甚至开始"摆烂"，做什么事都是一种应付的心态。

人的成长和进步确实需要机遇，但机遇是可遇不可求的。有两句话对我们也许有所启发：一是"机遇是留给有准备的人的"，这句话大家虽然耳熟能详，但很少有人会认真思考其中的含义；二是"机遇是留给善于抓住机会的人的"，意思是说，在同等条件下，机遇对每个人都是平等的，善于抓住机遇的人会趁势而上，而不善于抓住机遇的人只能原地踏步。有的教师一方面有"视功名如粪土"的"豪迈"，另一方面却埋怨领导没有慧眼，自己满腹经纶没有人赏识。这种矛盾心理使得不少人患得患失，但他们很少能够意识到自己在职业生涯中错过了多少本来可以改变命运的机会。例如，某天领导安排你干一项额外的工作，你却以不是你的职责为由或者借口有其他事婉转地拒绝了；领导让你临时负责一项重要的活动，你却没有用心，把活动搞砸了；学校举办教学研讨活动，领导要你上一堂公开课，而你却说身体不舒服，要领导安排别人；领导让你当班主任，你虽然答应了，但你的班上不是今天出事，就是明天有矛盾，学生和家长意见不断；等等。其实，这些都是领导给你展示自我的机会，而你却没有抓住这些机会好好表现自己，也就错失了向上发展和进步的机遇。抓住机遇，在机遇面前好好地表现自己，对事业发展来说十分重要。

在业务上展现优势。学校是教书育人的场所，教师职业决定了其专业属性。作为一名教师,专业能力是至关重要的。担任学科教学,要创新教学方法,构建良好的师生关系,注重抓好课前、课中、课后相关工作,让自己的教学深受学生欢迎,用学生的优秀来证明你的优秀。担任班主任,则要和学生打成一片,做学生的人生导师和知心朋友,让学生亲其师而信其道,所带的班级各方面表现好、竞争力强,用班级的优秀来证明你的优秀。一般来说,只要你的专业水平足够高,就会引起学校领导的注意,接下来学校领导可能就会给你提供一些发展和进步的机会。

在活动中展现水平。学校经常开展与教育有关的活动,这些活动有的与你当前的工作有关,有的则没有关系。教师要意识到,如果学校领导安排你负责与你当前工作不相关的活动,就是有意给你提供展示自我的机会。不同的领导工作风格不同,有的领导在给你安排工作之前,会把意图对你说清楚,但多数领导是不会说的,此时完全要靠你自己去领悟。在负责某项活动时,最好能亲力亲为,不能领导安排你负责,你又接着安排别人负责。因为亲力亲为的过程,就是积累经验、锻炼能力的过程。要注重细节,凡事多想一层、多做一点,确保活动完整流畅、少出差错。例如,学校领导安排你负责筹备一次联盟学校校长座谈会,在接受任务时你就要向领导请示相关事项,以及有没有特别需要交代的地方。在筹备过程中,要对参会人员的基本信息、来校时间、来校方式、是否在校用餐等弄清楚。如果是外地来的校长,还要问清楚什么时候到、是否需要接站、是否需要帮助联系住宿;会议手册,会议室的灯光、音响、席位牌,主持人等都要事前安排到位,中途有不清楚的地方不能自作主张,要及时向校长或其他领导请示汇报。会议开始后要自觉做好记录,会议结束后要及时编印好会议纪要,主动跟踪纪要的落实情况,等等。这些与专业能力无关,但与个人的悟性有关,与工作是否认真负责有关,如果做得好,无疑会在学校领导的头脑里给自己加分。

在责任中展现担当。能否承担相应的责任,是检验一个人思想品质高低的重要标准。在工作中有一个悖论,就是多干可能多出错,少干可能少出错,不干则不会出错。一名有志于成长进步的教师,应该少一些世俗的观念,积极主动地开展工作。当然,在开展工作的过程中会取得一些成绩,但也难免会出现这样或那样的问题。此时,你切莫把功劳记在自己头上,把责任一股脑儿地推给别人。这样做的次数多了，就说明你的人品有问题。一旦领导认为你的人品有问题，哪怕你的工作能力再强，平常表现再优秀，只要是正直的领导，他大概率也是不敢用你的。例如，学校安排学生外出研学，你是某班的班主任，学校主要领导指定你协助学校分管领导做好相关组织工作。学校分管领导交代你负责研学内容的组织和安排，但在学生到了某个基地后，基地只把学生当作普通游客接待，并没有按照要求为学生提供相应的教学服务，学生和家长意见很大。出现这样的问题，表面上是基地的责任，但实际上与你事前的沟通协调不到位有很大关系。如果学校主要领导过问此事时，你没有主动承担责任，而是一味强调客观理由，他就会认为你不愿承担责任，是没有担当的表现；下次再准备安排你负责某项工作时，他可能就会慎重考虑了。又如，学校有一个重要会议，事先通知你要参加，但你因教学工作忙、班上事情多，把参加会议的事情忘记了。当你接到提醒赶到会场时，会议已经开始了。此时，迟到者一到会场，就会下意识地说："不好意思，我忘记了。"正确的做法应是，先当着大家的面主动承认错误，不讲客观理由，会后再向学校领导解释。其实，作为一名普通教师，你参不参会、是否按时参会并不是很重要，重要的是领导看你对待事情的态度，尤其是观察你在出现差错时愿不愿意主动承担相应的责任。

在小事上展现态度。人们经常说，教育无小事，处处在育人。这不只是说教育的事没有小事，还强调小事中有育人的大文章。事实上，从另一个角度看，教育就是由一件件小事组成的。一名有进步追求的教师，想当校长、想办大事无可非议，但并不是一开始就能当校长，就能办大事。绝大多数教师的成长和进步都是台阶式的，一步一个脚印。只有在小职位上把看起来微不足道的小事情做好了，以后才有可能获得更高的职位、能够做更大的事情。我在担任中学英语教师期间，学校安排我负责卫生工作，每周两次带领校医检查学校各个场点的卫生情况。当时我 20 岁出头，并没有认为该项工作不重要，而是满怀热情地把学校的卫生工作抓得有声有色、风生水起。可能也正是良好的心态和认真的工作态度，让我从此走入领导的视野，才有了后来的一个个成长发展的机会。

路是脚踏出来的，历史是人书写的，人的每一个行动、每一次表现都在书写着自己的历史。我们要苦练内功、提升素质，时刻准备接受党和人民的挑选；同样，我们也要善于抓住各种机会，在机会面前好好地表现、完善自己。这不是投机取巧，更不是见风使舵，而是在书写实现人生价值的壮丽篇章。

# 第4条
# 做好职业发展规划

在我担任某高中校长期间，有两名学生于同一年均以较高的分数考入某师范大学。据他们的班主任说，这两名学生对于读师范大学有些不甘心。于是，在他们去师范大学报到之前，我与他们进行了一次交流，内容大致是听听他们的真实想法，然后鼓励他们安心在学校学习，打下扎实的学业基础，将来做一名受学生欢迎的教师。并提醒他们还要对自己的未来做一些规划（当时还没有职业发展规划一说）。

这两名学生从师范大学毕业后，A同学到了A市直学校任教高中英语，B同学到了B市直学校任教高中数学。20年后，在一次高中同学聚会上，我再一次见到了他们。得知A同学虽然已是中学英语高级教师，但业绩平平；而B同学除了是中学数学高级教师之外，还是省级数学学科带头人，并担任了学校副校长一职位。同一所大学毕业，都被分配到市直学校任教，按理说各方面应旗鼓相当，但为什么20年后相差如此大？再仔细一问，原来B同学在刚进大学时，就听从了我的劝告，对自己的学习和未来职业有一个简单的规划，A同学却随了大流。

当然，B同学取得的成绩和进步，有许多主观和客观的原因，对自己有一个简单的职业发展规划只是众多原因之一。但至少可以说明这样一个道理：在同等条件下，做了个人职业发展规划的人，比没有做的人发展要好些。后来，我又带着这个问题陆续与其他同学进行了一些交流，得到的结论基本上都能够印证这一点。

为什么职业发展规划能够促进人发展和进步？随着新高考制度的实施，职业生涯规划已经被提上了各高中学校的工作日程。经过一段时间的学习和观察，我深刻地感受到很有必要在高中阶段对学生进行职业规划教育，因为这样可以让学生尽早地知道自己的性格特征、长处和短处，明确自己的努力方向和奋斗重点，少走很多弯路。高中学生是这样，对于中青年教师，又何尝不是如此？

教师职业生涯规划就是指教师从自身优势和特点出发，根据时代、社会的要求和所在学校的共同愿景而做出的，能够促进教师进行有计划、可持续发展的预期性、系统性的自我设计和安排。

与学生的职业生涯规划一样，教师如何进行有效的职业发展规划，各路专家名师的解读有很多，其中不乏一些真知灼见。我认为，职业发展规划有一定的作用，但也不是绝对的。人的发展和进步，是多重因素共同作用的结果。个人职业发展规划只是其中的因素之一，任何讲这个就否定那个的做法，都是不负责任地摆噱头。仅就教师职业发展规划而言，可以从以下几方面进行分析和努力。

一是认真思考"走什么路"。教师的职业发展规划离不开教育教学研究、教书育人和学校（班级）管理三个方面。无论是新入职的青年教师，还是有一定阅历的教师，因各自的性格禀赋不同，其发展规划也各有差异。有的教师性格比较沉稳，坐得住，能够静下心来阅读和思考，有一定的教学理论功底，他们就比较适合往教学研究方向发展；有的教师教学能力强，无论发生了什么事，只要进入了课堂，他们就可以忘掉一切而专注于教学，这样的教师就要努力在教学上形成自己的风格，朝着教学名师的目标努力；有的教师组织管理能力比较强，尤其擅长与不同的学生打交道，学生也乐于和这样的教师在一起，这样的教师可能更擅长做班级管理工作，应努力朝着名优班主任的目标迈进；有的教师综合素质较高，尤其是沟通协调能力比较强，这样的教师就可以做些学校管理方面的工作。需要指出的是，教师在进行个人职业发展规划时，要消除功利化倾向，不能一味不切实际地往学校管理的方向挤，可以朝着各级"名优教师""名优班主任"目标努力（毕竟一个学校的管理人员就那么几个，而各级"名优教师""名优班主任"的数量相对较多）。总之，教师可以围绕"我喜欢做什么""我能做什么""做什么能有更好的发展"问题展开思考，并在三个问题的交集处寻找自己"应该做的事情"。这个"应该做的事情"集中体现了教师的职业兴趣、职业能力与职业支持，这三者的最佳结合就是教师努力的方向。当然，教师虽然可以对未来的发展做些思考，但并不是想做什么就能做什么，他还受到许多客观条件的制约。此外，在扬长和补短之间，应以扬长为主、补短为辅。学校领导有必要对教师的具体情况做客观深入的了解和分析，尽可能地把他们安排在合适的工作岗位上。教师的期望与学校领导的工作安排取得一致，这才是学校对教师的安排人尽其才的最佳状态。

二是积极践行"做什么事"。在确定了职业发展的努力方向后，接下来就是"做什么事"了，具体可以围绕个人职业发展规划，上好课、多学习、勤写作。

上好课。把课上好是教师的本分。在上好课的基础上，形成自己独特的教学风格，是个人从教师群体中胜出的法宝。我们要把每一堂课都当成公开课来对待，对同一节课进行反复设计和反复修改，力求将同样的教学内容上出与别人不同的风格。要想做一名优秀的教师，光把课上好还不够，在上完课之后还要及时进行反思，针对教学中不足的地方寻求有效的改进对策，尤其要从不足中找到自己的短板，然后有针对性地进行提高与完善。对于那些受学生欢迎与喜爱的教学设计，我们可以试着迁移到其他教学内容中。此时我们就要多留意：这样的教学设计，无论是学生还是我们自己，是否都感到比较舒服，而且教学效果比较好？如果是，那么很有可能你就此摸索出了适合自己的教学风格。当然，想要成为名师，我们还得研究同事和其他名师的课堂，或是反复观摩他们在各级比赛中的获奖课例，在反复观看中，学习先进的教学方法与技巧；还要学习他们在遇到问题时是如何高效解决的，然后有选择性地将其应用到自己的教学当中。

多学习。不断学习是胜任工作、在工作中取得进步的必由之路。学习为我们的进步提供了可能，而拒绝学习就意味着拒绝成长。我们要清楚，光在大学学的那点儿东西是远远不够的。我们要制定自己的职业发展目标。一是有意识地多阅读相关书籍，力求在阅读中获取营养，提升自己的专业素养。

在信息化时代，网上资讯铺天盖地，我们很容易用网上学的碎片化知识代替系统化学习。这种学习方式作为一种消遣没有问题，但仅在网上学些皮毛，是很难在专业上有所成就的，这就需要我们发挥毅力和定力。无论是何种方式的学习，我们都要结合教育教学实际进行比对和思考，从中找到帮助我们解决问题、提升自己的方法和途径。二是尽可能多地参加各类竞赛活动。普通教师接触名师专家的机会比较少，只有多参加各类教学比赛，才有可能得到名师专家的现场指导和帮助。在参加各类教学比赛时，要摆正心态，把学习当作头等大事，而对于能否获奖不必太在意。"好心态很重要。并不是所有的比赛都要追求赢。人生的另一种赢叫作圆满。"只要坚定学习的心态，获奖就是迟早的事情。

勤写作。学习是输入，写作是输出。光学习并不意味着我们掌握了某项技能或理论，会写作、善表达才说明我们真正掌握了它们。要克服对写作的畏惧心理，首先从课堂实录、工作日记开始，记录过程和事实，慢慢地用所学到的知识分析这些过程和事实，从而形成自己的认知。不学习，就难以有真正的思考，更难以用理论指导实践，形成自己的教学或班级管理风格。然后，可以尝试着对所发现的问题，用自己所学到的知识，结合实际提出相应的观点和看法。刚开始时，不要期望这些观点和看法能在报纸杂志上发表，但可以与同事或同行分享，请他们提出改进意见。学习、思考、写作，周而复始，总有云开日出的那一天。

为了使我们的工作和生活更有意义，为了发现和培育自己的隐藏潜力，为了我们在工作中取得更好的成就，从现在起，我们有必要对自己的职业发展作出规划。规划可以分为短期（一般是1年）、中期（一般为2～3年）、中远期（一般为4～5年）、远期（5年以上），每期要有相应的具体工作目标，然后朝着既定的方向不断努力，每个阶段进行一次简单的小结，必要时，对规划做出适当的调整。待某天离开学校和学生时，即使不能得到我们想要的结果，至少也会让我们离目标更近一步，从而人生无憾也。

## 第5条

# 专业成长是立身之本

影响教师形象的最重要因素是什么？不同的人有不同的回答。我认为，是教师的专业成长。只有不断注重专业成长，教师才能在处理各种复杂的教育事件时游刃有余，才能让学生更容易取得进步和提升，这样的教师才会有挺直腰杆儿的底气！

什么是教师专业成长？就是教师在教学工作历程中，积极、主动、持续地参加各种正式与非正式的学习反思活动，以促进专业技能与专业态度的提升和改进，实现自我。教师专业成长包括三个维度：专业理念与师德（职业理解与认识、对学生的态度与行为、教育教学的态度与行为、个人修养与行为）、专业知识（教育知识、学科知识、学科教学知识、通识性知识）、专业能力（教学设计、教学实施、班级管理与教育活动、教育教学评价、沟通与合作、反思与发展）。

教师专业成长是一个不断学习的过程。教师在大学里学的教育理论知识、教学知识与技能，只是作为教师的基础条件，并不意味着成为教师后就能一劳永逸。教师在参加工作后，会遇到各种各样的学生，要处理五花八门的教育教学事件，如果仅凭在大学里学到的那点儿东西，是难以有效应对的，最好的办法就是在实践中学习，在学习中提升。随着新课程标准的陆续实施，对教师阅读教材、处理教材、教学方法的要求越来越高。很明显，当年在大学里学的教育理论知识是无法预见若干年后教材和学生的变化的，教师要把教材消化好并以合适的方式呈现给学生，同样需要不断地学习。因此，教师能否树立牢固的学习意识、自觉自愿地学习，是衡量其是否注重专业成长的第一个维度。教师如果能够把不断学习作为自己的第一需要，他就确实注重专业成长，在成就学生的同时也在成就自己；反之，如果他在进入教师队伍后，对自己的继续学习持消极甚至抵触的态度，他就是在拒绝改变和成长。拒绝改变和成长的教师，会离一个优秀甚至合格教师的标准越来越远，最后在学生的抱怨和自己的遗憾中结束教师生涯。通俗地说，教师专业成长要做的第一件事就是"活到老，学到老"，在不断地学习、反思中提升和改变自己。

专业成长是不断改变的过程。教育工作不像其他工作，有淡季或旺季，有高潮或低潮。在很多情况下，教师至少连续三年都要面对同样的学生，拿着同样的教材，处理同样的教学问题，就这样周而复始。在这种单调乏味的气氛中，除了少数能力不足的教师之外，多数教师会在不知不觉中进入舒适区。注重专业成长的教师，此时就应该警醒，要以学期或学年为单位，主动寻找教育教学中存在但多数教师容易忽略的问题。找到这些问题后，要积极应用所学的教育教学知识去思考和探究，力求找出答案或好的解决办法。要用纸笔记录思考和探究问题的过程。自己一时不能找到答案或解决办法时，要主动向其他教师请教或认真阅读相关书籍。实际上，教师这种自我加压的过程，就是提升自己的过程。保持危机感，远离舒适区，主动自我改变和迭代，是教师专业成长要做的第二件事。

专业成长要在教学上精益求精。教师的职责是教书育人，课堂是教育教学的主渠道，教师把课上好是本分。有专家认为，当前课堂教学所面临的最大瓶颈不是专业知识问题，而是教师教育观念和教育策略的深度转型问题。高效课堂建构和教师专业化成长，必须顺应时代发展，立足课堂，从"形"转走向"心"转，从一般的认识层面上升到理性的系统层面和行动层面，务实地解决课堂上学生"精力流失率过高"和课堂教学的"高效学习率过低"问题，提高课堂教学的深度、广度和精度，不断优化教学过程。这就要求教师不断地反思自己的教育教学实际，经常有意识地向其他优秀教师学习，在备课时对所教授内容的三维目标、教材编写特点等了然于胸，同时结合学生的实际发展情况，使拟定的教学目标处于学生的最近发展区，即"跳一跳就能摘到果子"；上课时不但要考虑让学生学习和掌握多少知识，更要考虑如何才能让学生学习和掌握这些知识，即从"教什么"转向"怎样教"，做到心中有教材、眼中有学生、课堂有目标，让学生学习有收获。要对课堂教学改革持一种开放的态度，多向书本学习，多向同行学习，多向学生学习，不断反思和改进教学方法。与其他行业一样，改革是一种趋势，教师要以积极的心态对待教学改革，这也是一个愿意成长的教师所应有的担当。

专业成长要有良好的师德修养。良好的师德修养是教师做好教学工作的基础，也是我们在谈教师专业成长时容易忽视的方面。衡量一名教师是否具备良好的师德修养，一是看他是否热爱教育事业、是否喜欢学生。一名热爱教育事业、喜欢学生的教师，在工作中是充满激情的；学生受教师的影响，也会热爱学习、热爱学校、热爱生活。二是看他是否愿意相信学生。教师要相信学生的学习具有主动性的特点。此特点表明多数学生本来是愿意学习的，后来有的学生不愿意学习，主要是由于他在学习上遇到了一些问题没有及时得到解决，进而慢慢地变得不愿意学习了。教师要想办法及时帮助学生解决在学习中遇到的问题，学习无阻碍了，学生自然就愿意学了。教师要相信学生的学习具有独立性的特点。此特点表明除少数情况特殊的学生之外，多数学生是具有潜在的和显在的学习能力的。现在我们看到的学生好像不会学、不能学，主要是因为我们长期以来不愿意相信学生，怕他们学不好或犯错误，在教学中过于包办代替，他们的学习能力由于得不到及时的强化而慢慢丧失。因此，教师在教学中要善于启发、善于放手。只有教师放手了，学生才能真正得到成长。三是看他是否善于引导学生。学生是成长中的人，在成长中遇到这样或那样的问题再正常不过。教师的责任是发现学生的问题并正确地引导他们，要做到：当学生迷茫时，教师就是一座灯塔，要为学生指明前进的方向；当学生失去信心时，教师就是一个火把，要为学生燃起奋斗的激情；当学生骄傲狂躁时，教师就是一桶冷水，要为学生找回真实的自我；当学生进步时，教师就是一座奖杯，要给学生充分的肯定、无尽的动力和自信。

专业成长既是教师的立身之本，也是加强教师队伍建设的关键所在。教师要充分认识到专业成长的重要性和紧迫性，在专业知识上加强学习、不断提升自己；在专业能力上坚持自我改进，力争精益求精；在专业品质上自觉遵守师德规范，热爱教育，喜欢学生、相信学生、引导学生。教师安心做教育、用心做教育，不仅能成就自己，也能成就学生。

第6条

# 用责任体现对职业的忠诚

我曾看到这样两则报道：

报道一：1999 年 3 月 14 日晚 7 时左右，黄志全在驾驶中突然心脏病发作。在生命的最后一分钟，他强忍剧痛，做了三件事——把车缓缓停稳，拉下手动刹车闸；用最后的力气把车熄了火，保证行人和旅客的安全；把车门打开，让旅客安全地下车。

报道二：武汉市鄱阳街有一座建于 1917 年的 6 层楼房景明大楼，该楼的设计者是英国的一家建筑设计事务所。20 世纪末，在这栋楼宇于漫漫岁月中度过 80 个春秋后的某一天，它的设计者远隔万里，给这栋大楼的业主寄来一份函件。函件告知：景明大楼为该事务所在 1917 年所设计，设计年限为 80 年，现已超期服役，敬请业主注意。

读完这两则报道，我生出这样的感叹：是什么促使黄志全在生命的最后一刻还想着别人？又是什么促使事务所的工作人员在大楼到了服役年限后，主动给大楼的业主寄去函件？应该别无其他，是对用户高度负责的精神、强烈的工作责任心使然。试想，几十年后，我们的工厂能为消费者提供一份当年产品的说明书吗？我们的学校能为学生提供当年的成绩报告单吗？我不敢说没有，但能够做到的肯定屈指可数。为什么我们就难以做到呢？我想与技术、条件无关，只与责任有关。

人有强烈的责任感，才能赢得尊重；企业有高度的社会责任感，才能在激烈的市场竞争中得到消费者的青睐。学校同样要有高度的社会责任感，所培养的人才才能共筑美好明天。人通过自己的劳动为社会发展尽一份力量，企业依靠物质产品为社会提供服务，学校通过培养人才为社会提供服务，虽然方式不一样，但本质都是提供服务，都要有高度的社会责任感，而一个有高度社会责任感的组织是由一个个有着强烈工作责任心的人所组成的集体。强烈的责任心又是从哪里来的呢？应该是源于忠诚。古今中外，忠诚是一种美德，也是一种稀缺资源。

如果你是学校的人事专员，在招聘教师时与应聘者谈论关于忠诚的话题，相信大多数人都会说会忠诚于教育事业。但进入学校工作后，你会发现部分教师的表现不尽如人意：不愿学习、业务不精、拖沓懒散、虎头蛇尾、团队意识薄弱等问题时有发生，讲待遇时慷慨激昂，讲奉献时顾左右而言他。稍微做些分析，就会发现这些问题都指向一个共同的词——责任心。因为缺乏责任心，所以不愿意认真学习，不去主动钻研教育教学业务，更不用说精益求精了；因为缺乏责任心，所以在工作中提不起精神，拖沓懒散、虎头蛇尾；因为缺乏责任心，所以在工作中不愿合作、不会合作，甚至有时还会与其他教师发生冲突。由此可见，对职业的忠诚不能仅表现在口头上，更应落实到行动上。一个人负责任地做好每一件事，其实就是在体现他对职业的忠诚。如何培养对职业的忠诚呢？

一是不断学习，勤于钻研，提升从业本领。学习与忠诚，似乎是两个不相关的话题，但在信息科技高度发达的今天，学习比任何时候都显得更加重要。如果不持续学习，我们就无法了解和掌握当今世界发展的形势，就会沉浸于若干年前学的那点儿知识而故步自封；如果不持续学习，我们就无法真正了解和掌握新时期青少年学生的身心发展特点，而满足于用老一套来教育新一代；如果不持续学习，我们就无法了解和应用新的教育科学理论、科学技术，更不愿意接受新的教育方法和手段。本领不会从天上掉下来，也不会从地里长出来，只能在不断地学习思考中得来。当今世界，不再是苦干的时代，而是智慧的时代。苦干作为一种精神固然值得提倡，但作为一种工作方式就值得商榷了。学校要发展，要跟上时代的步伐，要培养更多、更好的人才，只靠教师不计方法和成本地苦干是不够的，因为苦干本身不能产生价值，只有良好的结果才能产生价值。一个人产生的价值越大，他对所在组织的贡献就越大。换句话说，对组织缺少贡献的所谓"忠诚"是没有多少说服力的。

怎样才能有良好的结果? 自然是需要智慧的方法、高超的本领。要掌握这些方法和本领,别无他途,只有不断学习、勤于钻研。

二是要注意方式和方法,耐得住孤独和辛劳。教育是育人的事业,而人的工作是最难做的,尤其是我们面对的是心智、身体发育尚不成熟的青少年学生,他们思想活跃、行为超前,许多想法与教师并不在同一频道上,完整的世界观远未形成。对他们进行有效的教育、帮助和引领,是我们教师应尽的责任和义务,也是一项十分艰巨的工作。有一位哲人曾经说过,能够改变自己的是人,能够改变别人的是神。"人最难做的工作就是把自己的思想装进别人的大脑"。当然 ,作为教师,我们未必要去改变每一名学生,但至少要用社会主义核心价值观去帮助他、引领他。但这种帮助和引领,很多时候在学生身上取得的效果是短期的,他们经常会故态复萌。这种反复还表现在教学上,一道简单的题目,教师辛苦讲半天而学生还不懂的情况经常出现。还有一些比较极端的情况,如教师的帮助和引领,学生或家长未必理解和支持,他们会埋怨甚至指责教师。此时教师是孤独的,不免会感叹教育工作的艰辛。要知道,此时正是体现教师工作责任心的时候。如果我们因畏惧困难而选择退缩或逃避,学校就会因为我们的不作为而面临困境,我们对职业的忠诚也会因为我们的不作为而无从谈起。在当前的现实条件下,教师的工作的确辛苦。但理性地想一想:世上哪有不累人的活儿,哪有不受委屈的工作? 工作累、工作难、工作苦都不是懈怠、逃避、应付的借口。船停在港口最安全,但那不是造船的目的。逃避,不一定躲得过;面对,不一定最难受。我们要理性面对教育教学中的问题和困难,做到科学施教、潜心育人,还要耐得住孤独和辛劳,以教育好、引导好学生为己任,体现教师对职业的忠诚和担当。

三是要为人师表,树立个人工作品牌。检验一名工作人员对职业是否忠诚,不能脱离该职业的关键品质。作为教师,其关键品质就是为人师表。例如,教师要求学生诚实善良,教师本身就要先做到不说假话、不弄虚作假、不投机取巧,做到言必信、行必果。再如,如果学校安排我们负责某项工作,我们就要打起十二分的精神,以认真细致的工作态度圆满完成工作任务。此时我们的表现就是对学生的示范,就是在践行为人师表。在注重为人师表的同时,我们还要认真钻研教学业务，不断改进教学方法，以个人的优异表现和学生的良好反馈树立个人工作品牌，增加我们对学校发展的贡献度。正如数个品牌科室可以帮助一所医院在众多医院中脱颖而出一样，当一所学校拥有众多品牌教师时，同样可以帮助学校在众多的同行中声名鹊起，赢得学生和家长的称赞。当然，如果教师要在工作中树立品牌，他的工作就不仅要优秀，而且要有比较鲜明的特色。当前，中小学校很少提及教师个人品牌的话题，好像只有企业才需要品牌。其实，学校同样需要有众多品牌教师，学校应该旗帜鲜明地发现和培养他们。毫无疑问，品牌教师需要比别人付出更多，需要拿出比别人更耀眼的成绩，因为没有强烈的事业心和责任心，是树立不了个人品牌的。在工作中树立品牌、做出优异成绩，就是对职业忠诚的最好诠释。

一所学校要想在学生和家长的期盼中站稳脚跟，需要大量忠于职守的教师。体现教师对学校、对职业忠诚的方式有很多种，而认真做好本职工作，对自己做的每一件事、说的每一句话负责，在工作中取得优异成绩，树立个人工作品牌，无疑是对职业忠诚最好的证明。

## 第7条

# 做有品质的努力

在某县一所乡村学校调研时，该校校长向我介绍了这样一个案例。

刘老师在该校任教初中语文，他工作有一个特点，就是十分勤奋。他上课的时间永远只会多不会少，提前一两分钟进教室、推后三五分钟下课是常事。除此之外，他几乎每天会给学生布置作业，而且作业量还不少。与其他教师只布置作业却很少批改不同，他对自己所布置的作业几乎是全批全改，经常是其他教师都下班了，他还在办公室批改学生作业。每周一、三、五早读，学生自然是要按照要求读语文的，刘老师每次早读都会到场检查督促，从不缺席。学生上晚自习时，刘老师只要有时间，就会拿起语文练习册，到班上为学生讲解题目，一讲就是一节课。其他教师对他这种工作热情既佩服又不满，说他是一头不知疲倦的老黄牛。饶是如此，在学校组织的与其他学校的联考中，刘老师班上学生的语文成绩并不是年级里最好的。尤其令他不解的是，在学校组织学生对教师进行教学测评的问卷调查中，他的满意度得分在全语文教研组近20个教师中靠后，部分学生家长和其他科任教师对他的工作方法也不以为然。

当学校领导把问卷调查的结果和学生家长的意见向刘老师进行反馈时，刘老师感到十分委屈，流着眼泪对学校领导说："难道我这样努力工作，也有错吗？"

在听完校长的介绍后，我接着问学校里还有多少位这样的教师。校长告诉我，他们学校的教师工作都很努力，虽然不一定有刘老师这般勤奋，但情况都差不多。我又接着问随行的县教育局同事："既然这所学校的教师如此努力，教学质量应该很好吧？"县教育局同事告诉我："还好，在同类学校中处于中等偏上水平。"我转而问校长："是否思考过学校教学质量一直达不到预定目标的原因？"校长思考了一会儿说："我们有的教师工作还不够努力。"我笑着对校长说："不是教师不够努力，而是太努力了，只是这些努力不到位，做的大多是无用功。"校长听后也是一脸茫然。

什么样的努力才是有品质的努力呢？

首先，要客观认识努力。努力，就是不怕吃苦，认真做好每一件事情，它既是一种工作态度，也是一种传统美德。无论在什么年代，无论做什么工作，要想取得一定的成就，努力是必需的。许许多多普通的人，他们都是因为努力，才从芸芸众生中脱颖而出，成为受人尊敬的人。但努力和成就无法画上等号。努力者未必能够取得预期的成就，当然，不努力的人则注定不能取得成就。努力是成就的必要条件，但不是充分条件。低层次的努力往往是消耗大量体力的重复性劳动，有时因为方向不对，甚至还有可能出现越努力越被动的后果。

其次，要以科学的理论和方法做指导。努力意味着不怕吃苦，但努力不等于蛮干，更不等于不计后果地付出。教师努力提高学生的学习成绩无可非议，但这种努力需要尊重教学规律和学生的认知规律，不能靠简单的重复性劳动提高学生的成绩。上述案例中,刘老师只要有时间就盯着学生学习语文,会让学生过度学习。长时间盯着学生学习语文科目,一方面容易使学生产生精神疲劳,另一方面也会让本来对语文学习有兴趣的学生开始厌倦语文——所谓过犹不及就是这个道理。当然,教师在上语文课时,如何以科学的方法组织学生进行语文学习,也是影响教学效果的一个重要因素。虽然多年前就倡导课堂教学改革,但时至今日,还有不少教师上课时习惯于"满堂灌",一个人讲到底,学生只是接受知识与方法的容器。有的教师在讲台上滔滔不绝,表面上看起来很努力,但他只是在完成教学任务,几乎没有把心交给学生,也不愿去学习和思考如何将现代教学理论应用到学科教学中,更不愿意去改革,最终没有搞清楚何为教育、何为教学。我们的教学需要努力,更需要改变。在教育科学比较成熟、发达的今天,已经不需要"摸着石头过河",只要能够积极应用现成的教学理论和方法做指引,加上必要的努力,虽不好说能够取得多大的成就,但胜任课堂教学是没有问题的。

再次,要团结协作、持续奋斗。学校办学的目标是培养全面发展的社会主义建设者和接班人,"全面发展"就是各门学科协调发展,不能让学生学了某门科目而忽略了其他科目。道理很简单,学生若只学好某门科目,他可能只掌握了某方面的知识和技能,其他的科目没有学好,相应的知识和技能原则上是不具备的,毕竟课堂教学是学生发展能力和技能的主渠道。只关注某门科目而忽略其他科目,只注重个人奋斗而忽视群体力量,这样的教育是走不稳的,学校也是办不好的。上述案例中,刘老师只要有时间就到班上盯着学生学语文,让学生做大量的语文练习,学生学语文的时间多了,用在其他科目上的时间必然就少了。时间一长,学生和其他科目的教师就会有意见。当然,出现这种情况也不能全怪刘老师,学校在团结协作精神的培育方面也是有所欠缺的。另外,努力作为一种精神值得肯定和赞扬,但这种努力不能"三天打鱼,两天晒网",应该是持续、常态化的。只有持续、常态化的努力,加上科学的理论和方法的指导,才会有力量,才能取得"滴水穿石"之效。

最后,要学会阶段思考,总结经验教训。日本北海道大学的研究小组曾做过一个实验:他们观察黑蚁群的活动,发现大多数蚂蚁都很勤快地寻找、搬运食物，只有少数蚂蚁东张西望，似乎一直在偷懒。可当生物学家断绝蚁群的食物来源后，那些勤快的蚂蚁一筹莫展，而那些平时看似懒惰的蚂蚁则发挥了作用，带领众蚂蚁转移到它们早已"侦察"到的新食物源。

原来，"懒蚂蚁"们并不是真的无所事事。它们把大部分时间都花在了"侦察"和"思考"上，保持对新食物源的探索状态，从而保证大家(庭)不断得到新的食物。

这就是著名的"懒蚂蚁效应"。工作是我们生命中的一部分，是我们实现人生价值的重要媒介，我们要时刻保持一种奋发向上的拼搏精神状态。但我们在前行时，不能只顾奔跑，而忽略了前进的方向，必要的休息和思考可以让我们跑得更快、更好。要学会每隔一段时间，就对前一阶段的工作进行一次梳理和复盘，看看哪些方面做得好并继续坚持，哪些方面不足并及时改进。这样做的好处是能够随时掌握工作的方向和路径，即使出了问题也可以及时修正，而不至于在错误的道路上越走越远；若到最后各项工作已经定型时才发现错误，则不仅纠错的成本太大，还有可能使前期的所有努力都变成无用功。在进行阶段思考时，我们要秉持一种开放的心态，虚心听取领导和其他同事的合理化建议。正如自己脸上的污点，如果不照镜子，自己就无法及时发现一样，领导和其他同事的善意提醒和帮助，就是我们的镜子。当然，我们的团队中如果有几个类似"懒蚂蚁"的思想者，就可以在我们遇到困难时，帮助我们尽快走出困境。努力是必需的，但和谁一起努力，会直接影响我们努力的质量和成效。

大多数教师希望成长，也愿意付出努力。但我们应该明白，有价值的努力，应该是在坚持中不断地递进、改变和精进，要时刻关注努力的方向是否正确、方法是否得当。只有在正确道路上的努力才是有品质的，才能让成功成为可能，才会收获明朗。

第8条

# 从细微处改变自己

许多教师既有生活的压力，如赡养父母、养育子女，还有房贷、车贷等；也有工作的压力，如提高教学质量，处理好与同事、学生及家长的关系等。在各种压力之下，有些人急切盼望出人头地，却因能力水平有限，只能眼睁睁地看着别人取得一个个成绩、一项项荣誉，既升职又加薪；有些人眼看前途渺茫，就想干脆得过且过，自由自在地轻松生活，但因为生活中的种种压力，却没办法轻松起来。可谓"卷又卷不动、躺也躺不平"，变成了一种"45°"人生。有心改变自己，要么对自己缺乏足够的信心而踌躇，要么不知怎样改变而彷徨。于是，各种纠结、烦躁接踵而来，工作和生活有着诸多不如意。

每个人都有追求美好生活的愿望，为了过上幸福生活，大多数人愿意改变自己。但从现实情况来看，或许策略不当，或许毅力不足，能够真正改变自己的人并不多。怎样才能实现自我改变，从而改变自己的命运呢？

一要正确认识自己。很多人经常想到的是如何正确认识客观世界，却很少考虑怎样正确认识自己。其实，正确认识客观世界不容易，正确认识自己更难。心理学研究表明，人为了追求自我满足，会刻意回避自己的缺点和不足，在遇到困难和挫折时，总是习惯性地把原因归咎于他人。一个人要改变自己，就要敢于剖析自己。剖析自己是违背人类天性的，是一件痛苦的事情，没有一定的决心和毅力是难以做到的。剖析自己，就是要对自己的兴趣爱好、性格特征、行为习惯、学习水平、工作态度、身体状况、人际交往等情况做实事求是的分析和评价。只有正确认识自己，才能知道自己有哪些优点和不足，从而有意识地进行巩固或改进。正确认识自己有多种方法，常见的有自我分析法和同伴互助法。所谓"自我分析"就是自己进行剖析和反思；所谓"同伴互助"就是虚心听取领导、同事、朋友、亲人对自己的分析和评价。古时唐太宗就经常用以人为镜的方式观察自己,从而真正做到了勇于改过、从善如流。后来魏徵死了,唐太宗惋惜地说:"以铜为镜,可以正衣冠;以古为镜,可以见兴替;以人为镜,可以知得失。魏徵没,朕亡一镜矣!"像唐太宗这样伟大的君主尚且要听取他人对自己的意见和看法,我们作为普通人,更加要保持一种谦虚的心态,注重听取他人对自己的评价。

二要从细微处改变习惯。人的行为,绝大多数是习惯养成的结果。习惯是从小养成的,但出于这样或那样的原因,我们当年没有养成好习惯,现在我们要做的不是感叹时光不能倒流,而是要静下心来,对自己各方面的行为习惯进行认真反思。通过反思,确定哪些习惯是我们所需要的,必须坚持;哪些习惯是不好的,必须努力加以改变。在尝试改变时,不要指望一口吃成胖子,而是要通过一次次小小的进步,实现大的改变。例如,李老师最近总感觉上了两节课后,身体很疲劳,到医院检查又没有发现大的问题。此时,医生提醒,应该是他运动太少导致身体机能下降,建议他每天早点起床,加强锻炼,而这恰恰是李老师最不愿意做的事情,因为他长期有睡懒觉的习惯。现在医生要他加强锻炼,就意味着他要改变睡懒觉的习惯。喜欢睡懒觉的人都知道,最难的就是起床。要改变这个习惯,有两种途径:其一是快速改变,其二是从细微处改变。快速改变就是不管上午有课没课,他都必须早上6点起床。也许一天两天没有问题,但时间一长,因突然改变太大,身体会出现严重的不适感,最后也难以坚持下去。从细微处改变,就是每天(每周)改变一点点,积小步为大步。李老师从每天早起半小时开始,慢慢改变了自己睡懒觉、不愿运动的习惯。事实证明,从细微处实现改变,比快速改变更容易,效果也更好。需要特别注意的是,选择改变的切入点要小,要是相对容易改变的习惯,因为面对这样的改变,我们内心的抵触情绪会少很多。

三要有毅力和坚持。以细微的改变,实现大的进步,是我们改变习惯的可行策略。在现实生活中,有的人试图改变自己,但最终山河依旧,甚至还不如下决心改变之前的状态。究其原因,是缺乏足够的毅力和坚持。例如,张老师参加工作十年了,现在已经是中级职称,在学校担任年级组副主任,可以说是比上不足比下有余。张老师也知道,当今社会正处于信息爆炸的时代，如果不加强学习，说不定自己哪天就会落伍，但大学毕业后，他就没有过系统地阅读了，更不愿意动笔。现在每当他拿起书本想阅读、拿起纸笔想写作的时候，他就感到头痛，打瞌睡。有一天，在听了一位名师关于改变自己不良习惯的讲解后，他就强迫自己每天先看一页书、每天写100字左右的日记或工作反思，一个月以后再慢慢增加。刚开始时做得不错，但是在坚持了两个月以后，他感觉这样做太辛苦，牺牲了很多与家人和朋友在一起的时间。思想一松懈，原来觉得不难做的事情突然就变得可怕了。现在已经过去了三年，张老师的阅读和写作计划还是没有落地。所以，知道从何处改变自己，只是找到了改变的切入点，但要想真正获得成效，还必须有坚强的毅力和持久的坚持。道理大家都懂，但真正能够坚持的人并不多。

伟人成就大业要有毅力和坚持，普通人成就梦想同样需要毅力和坚持。我们要知道：成功的道路其实不拥挤，因为能够坚持下去的人并不多。只要正确地认识自己，从细微处改变自己，加上必要的毅力和坚持，我们就会离目标越来越近。

## 第9条
# 学会用结果说话

对于知行合一，我起初的理解是既要学习也要实践，两者要相结合，才能学以致用。再次读了度阴山先生写的《知行合一王阳明(1472—1529)》后，我才明白这种理解是非常肤浅的。

书中，王阳明用孝敬父母当作例子。他说，有些人知道要孝敬父母，但实际上对父母并不好。这种没有做出实事的人，实际上是不知孝的。只有真正地去孝敬父母了，有了这样的行动，才能说他是知孝的。

知孝是他行孝的开始，而孝敬父母的行为是他认识的结果。也就是说，知道了不去做，那不是真知道；知道并去做了，那才是真知道。

所以王阳明说："知是行之始，行是知之成。"他认为，凡是那些嘴说知道实际上做不到的人，他们的知和行已被私欲隔断，不是知行的本体了。"未有知而不行者，知而不行，只是未知。"

"知行合一"理论在今天的工作和生活中，有很强的现实意义：有些所谓的专家总喜欢大谈教育教学理论、如何提高教育教学效果，但如果让他带一个班或上一节课，结果却是一塌糊涂，让人大跌眼镜。用王阳明先生的观点来解释，如果不会用良好的结果来证明自己，不能用事实说话，一个人哪怕懂得再多的知识和道理，都不是真正的知行合一，只是一种自欺欺人的自我感动，是在浪费资源。要证明自己优秀，就要真正践行知行合一，学会用结果说话。

一是在思想上要追求做好。有些教师，对学校安排的各项工作从来都不讲条件，只会认真地去做，但最后的结果却不怎么样，事实上他们也不会特别在意结果。在他们看来，愿不愿做是态度问题，做得好不好是能力问题。学校安排的工作，只要他们去做了，就无愧于心。相比于对工作挑三拣四、拖拖拉拉的教师来说，这些教师的工作态度是值得肯定的，实际上一所学校也确实需要大量对工作认真负责的教师。但是，一所学校要在激烈的竞争中脱颖而出，一名教师要在众多的同行中引人注目，只满足于愿意做事是不够的。我们在思想上要树立这样一种理念：作为一名教师，按照学校的要求和职业规范做事是本分，但只有立足于把事情做好才是本领，这样的教师才是为学生、家长和学校所欢迎的。其实在许多情况下，有些工作不是做不好，是因为我们只满足于付出了行动、完成了任务，而没有把事情做好的强烈意识。要知道，认真做事充其量只能感动自己，只有把事情做好了、取得了预期的结果才能感动别人。遗憾的是，有的教师不习惯用结果说话，总觉得自己努力了、付出了，没有功劳也有苦劳，没有苦劳还有疲劳，应该得到肯定和奖励。其实，这只是简单地把"做了"当成"做好"，将两者的价值画上了等号。

二是在过程上要细致周到。要想有好的结果，细致周到的过程安排就是前提。有细致周到的过程不一定会有好的结果，但没有细致周到的过程是难以有好的结果的。怎样才算是细致周到的过程安排呢？在质量管理学中，有一个非常不错的检视工具——PDCA循环，即plan(计划)、do(实施)、check

(检查)、action(行动)。意思是先计划,确认目标以及实施步骤,而后开始实施,在实施中不断检查确认,有问题马上修正,直至达成目标。假设你是学校办公室的一名工作人员,有一天学校领导安排你负责做好迎接省教育厅领导来学校视察的相关准备工作。接受任务后,你就要拿出一个工作方案,内容要尽可能详细:省教育厅领导什么时候到,学校哪些领导在哪里迎接、各站什么位置,厅领导到了以后的参观路线、点位,哪个人在哪个点位迎接、怎么介绍、所需时间,领导参观完了学校以后在哪里听汇报,汇报会由谁主持,汇报会的议程安排,汇报材料由谁执笔、由谁来把关,学校专题片需不需要放、由谁来放,还有灯光、音响、端茶倒水、席位牌的摆放、会议记录、摄影、宣传报道等都要考虑进去,做到相关人员人人有事做、事事有人做。在校长审定通过方案后,接下来就是实施,即请学校有关领导召集相关人员开会,明确各自的工作任务和要求。接下来就是检查,过了一段时间以后,你就要拉上学校有关领导按照方案,把每个过程、各个时间段、各个点位的准备情况检查一遍,发现问题及时修正。最后就是行动,前面三项工作做完后,就是迎接厅领导来校的时间,此时你要做的就是再次确认相关工作是否已经按要求准备到位,然后你在现场附近,随时听候学校领导的安排,做好打前站等工作。只有等学校把该展示汇报的都展示汇报了,给厅领导留下了良好的印象,你的这项工作才算是圆满完成。有的人对此可能不以为意,心想不就是省教育厅一个领导来学校看看,至于那么郑重其事吗?其实这很有必要,一所学校固然要自身办得好,但办得好的学校肯定不止你这一所,学校也要宣传,也要用结果说话,而各级领导的肯定就是对学校最好的宣传之一。

三是在方法上要科学实用。要做好工作,用结果证明自己,良好的工作态度是前提。但只有良好的工作态度、做好工作的愿望未必会有满意的结果,还必须有科学实用的方法。教育是育人的工作,也是一门科学性、专业性较强的职业,我们要通过必要的勤奋和努力,系统学习教育教学的相关理论和方法,用这些理论和方法来指导我们的实践,才有可能获得满意的结果。例如,随着中小学"双减"工作的全面推进,学生的作业量、参加校外培训的机会大幅减少,如何在作业量和校外培训减少的情况下,有效提高学生的学习成绩,增强学生学习的获得感,就需要教师改革课堂教学方法。当然,改革的方法和途径有很多,但归根结底就是要调动学生学习的积极性和主动性,变"要我学""教我学"为"我要学""我会学"。在作业布置上,要切实改变大水漫灌的题海战术,为学生提供分层次作业,并在评价激励上做适当的调整。再如,你班上有部分学生不热爱学习,学习成绩差。班上之所以有学生出现这样的情况,有的归因于学习方法问题,有的归因于学习态度问题,有的归因于家庭教育问题,有的归因于行为习惯问题,有的归因于同伴关系问题。如果你是班主任,你就不能只盯着学习成绩而对学生作出一刀切式的严格要求,这样有可能引发学生的逆反或抗拒心理。要利用所学的教育学、心理学知识,对不同的学生采用不同的方法因势利导,做到"一把钥匙开一把锁"。只有通过深入细致的思想工作,学生才有可能在你的引导和帮助下,慢慢学会学习、爱上学习,从而在学习上取得进步。

成功与磨难是相辅相成、相伴而生的。当大多数人只满足于"做了"而不是"做好"的时候,而你选择用结果说话,用结果证明自己的能力和价值,这就意味着你不甘于平庸。

## 第10条
# 锻造良好的团队精神

在某年高考的第一天,上午在陪同领导巡视考场时,我看到不少高三班主任和任课教师,站在考点为他们准备的休息区内,神态各异地议论着什么。是在猜测今年语文高考的作文题? 是在考虑成绩出来后,怎样帮助学生填写高考志愿? 还是在担心自己的学生考试时能否正常发挥? 我没有走过去与他们聊天,但在想:高考有这么多门考试科目,如果某个班有不少学生某一门学科成绩优秀,而其他学科成绩平平,这个班的整体成绩肯定不会太好。只有各科成绩比较均衡,考试总分才会比较高。对任课教师来说,高考表面上考的是他所任教学科的知识,实际上还有他的团队精神;对于班主任来说,高考考的不仅是学生在考场上的发挥水平,还有班主任平时的管理和协调能力。因为只有学生在考试时每门科目都发挥出色,教师的优秀才能真正体现出来。同样地,只有一个班的大多数学生考出了理想的成绩,这个班主任才是真正优秀的。

在实际工作中,由于学校教育教学工作的特殊性,无论是学校还是教师,都在有意无意地强调教师的综合素质和敬业精神,这从表面上看没有大问题。诚然,离开了综合素质和敬业精神,教师难以在教育教学上获得学生的尊敬和认可,但正如一个木桶能装多少水,不取决于那块最长的木板,而受最短的木板的限制一样,如果有的学生某一科或几科成绩比较好,而有一科或几科明显比较薄弱,或思想品德、行为习惯等方面出现问题,他们通往理想大学之路还是会充满坎坷的。只有全体任课教师在班主任的统一协调下,共同关注和培养学生良好的思想品德和行为习惯,科学分配各门学科的学习时间,共同探讨提高教育教学效果,才能较好地达成我们的奋斗目标。

对于学校或年级组来说,要营造团队协作的良好氛围。学校领导或年级组负责人,要经常在相关会议和场合宣传团队协作的重要性和意义,要整理和挖掘注重发挥团队作用的班主任和任课教师的好经验、好做法,并有意识地进行宣传和表扬。同样,对于不太注重团队协调、喜欢单打独斗的教师,要私下找他们谈心、谈话,即"公开场合表扬,私下场合谈话",形成一种关注团队共同发展和进步的舆论场。另外,学校和年级组要有计划地安排不同主题的团建活动,在一种看似宽松的环境中让教师谈想法、谈体会、谈建议,营造和谐融洽的良好氛围。要精心安排学科集体备课和教学交流展示活动,让每个参与集体备课和教学交流的教师都有所感触、有所收获。在对教师进行学期或学年绩效评价时,要科学设置评价指标,加大对团队的考核分值。这是形成团队精神的一项重要的基础性工作。在管理学中有一个说法,就是评价什么就有可能带来什么,评价团队才有可能形成团队。假设某个教师单科教学成绩很好,但他所在学科或班级整体成绩很一般,或者他的徒弟教学成绩不理想,原则上该教师就不能在考核中被评为优秀。当然,这样做有可能会造成一种新的平均主义或"大锅饭"现象,这就需要学校领导或年级组负责人做好日常工作,要针对各种可能出现的现象细化考核标准,不能为了评价团队而评价团队，从而影响优秀教师的工作积极性。

　　对于教师个人来说，要有强烈的团队协作意识。教师的工作有其特殊性，从工作性质来说，自然是教书育人，教书是方式，育人是目的。从工作本身来说，一是相对比较独立，不像生产线那样需要一环扣一环，只要一个环节出了问题，其他的环节就会受到影响，这也是有的教师不重视团队合作的原因，他们认为只要自己把本职工作做好就算尽职尽责了；二是团队合作短期内难见成效，需要不断优化过程，抓好总结提升。随着新课程标准的全面实施，学校的育人方式和手段也在发生变化。以往学生可能在某方面具有比较丰富的知识，技能水平尚可，就可以在社会上立足。现在是信息时代，社会分工越来越细，对人才的要求也越来越高。评价人才的标准变了，我们教育的方式也要改变，如果教师不会合作或不愿合作，所培养的学生也只能限于在某一学科比较优秀。大多数情况下，这些学生并不具备跨学科的知识结构和学习能力，也没有合作意识。从教师目前最为关心的考试来看，如果每个教师都只关心学生是否在认真学习自己任教的学科，一味地强调学生有空余时间就要复习本学科和做本学科的作业，要么就会造成学生严重偏科，要么所有任课教师都来抢学生的学习时间，势必会给学生造成严重的课业负担。从提高备课、上课、作业质量来评判，一个人的认知水平、信息来源毕竟有限，如果同学科的几位教师能够坐下来，一起真诚探讨学科教学中的问题和方法，其效果肯定会比单个教师的努力好很多。此时，学科组负责人的作用就显得很重要。另外，学科之间虽然性质不同，但学习品质、学习方法基本是相同的，学习主体也是同一个班级或年级的学生，某个学生在一个学科中存在的问题，在其他学科中也大概率会存在。此时，班主任就有必要有计划地把各学科教师聚集在一起，共同分析学生的思想状况和在学习上存在的问题，在班上形成教育合力，以免教师各吹各的号、各唱各的调。至于团队协作短期内难见成效的问题，实际上还与教师之间是否愿意真诚合作有关。如前所述，学校要加大对团队协作的考核力度，使团队协作意愿、水平和成效与教师个人的实际利益挂钩，如要像一些知名企业一样，明确规定教师评优晋级的条件之一是所负责指导、帮扶的教师在规定时间内有实实在在的进步。如果每个优秀教师都能带动两个或者三个教师共同进步，学校团队协作的氛围自然就形成了。

总之，加强团队协作，既可以提升教师个人的工作绩效，也可以提升人才培养的质量。教师个人要做的是提高对团队协作的认知，在内心深处认同团队协作，在行动上积极参与团队协作。作为学校，其任务主要是加强宣传引导，营造浓厚的协作氛围，在制度建设上及时跟进，让广大教师愿意协作、善于协作。众人划桨开大船，只有大家齐心协力、共同进步，学校才有可能越办越好！

# 第11条
# 及时走出舒适区

李梅，1996年毕业于某师范专科学校。当时，大学录取比例比较低，国家对大学生实行统包统分，只要考上了大学就意味着有了一份正式工作。李梅从专科学校毕业以后，被分配到某县城初中任教。刚开始时，她有些不适应，但经过一年多的历练，她已经能够较好地适应教学工作，还担任了班主任。由于她教学能力比较强，对班上学生要求严格，很多学生家长都要求把孩子放到她的班上。

日子就这样平稳地过着，除了起初的大半年之外，无论是教学工作还是后来的班级管理工作，李梅都表现得很优秀，教学深受学生欢迎，班主任工作做得有声有色，多次被评为学校和县里的优秀教师。参加工作三年后，李梅与一名男教师结婚，一年后生了一个大胖小子，可以说是工作顺利、家庭幸福了。李老师对此感到十分满足。

1998年的一天下午，学校校长找到她，对她说了两件事：一是要她报名参加本科函授学习，争取三年后通过自学考试拿到本科文凭；二是要她把教学和班级管理工作经验整理出来，形成书面材料，最好在省级以上刊物上发表，这样有利于她的职称评审。李梅听了校长的话，虽然觉得有道理，但她认为现在的工作做得很好，实在没有必要去吃这份苦。所以，她表面上应承下来，实际上却没有任何行动。就这样，几年过去了，其他与她学历差不多的教师大多拿到了本科文凭，有几位教师还相继在省级以上刊物上发表了文章，而她除了在工作上表现较好之外，确实没有可以称道的地方。

转眼 15 年就过去了，与李梅同时参加工作的几位教师都评上了高级职称，但李梅因为专科学历，又没有在省级以上刊物上发表过论文（当时评中学高级职称有发表论文的要求），她的中学高级职称足足比其他情况相似的教师晚了 3 年才评上。不仅如此，其他的诸如省、市学科带头人及特级教师等评选，也因为她没有拿得出手的教学成果，本来教学水平过硬的她，却与这些机会擦肩而过。

现在我们来分析一下，李梅本来有着较好的条件，按理说她应该是最早评上高级职称的那个人；同样，以她的工作能力和成果，早就应该是省学科带头人，甚至还有可能冲刺省特级教师的荣誉。但事实是，她未能如愿以偿。究其原因，其中一个原因就是她在春风得意时，没有意识到未来形势的变化，及时跳出舒适区，去迎接挑战，而这些挑战恰恰是她要进一步证明自己的必要条件。从某种意义上说，及时走出舒适区，就是违背人贪图安逸的本能。无数事例证明，人若不能控制本能，就很有可能会被本能所打败。而不能控制本能的人，虽然表面上看他似乎满足于当下，但若干年之后，他往往是工作、生活得不如意的那个人。

何为舒适区？心理学家认为，舒适区是指一个人所表现的心理状态和习惯性的行为模式，人会在这种状态下或模式中感到舒适，一旦走出这个区域就会感觉到不自在或不舒服。受本能影响，人喜欢留在舒适区域，但人是有意识、有思维的高级动物，不能沉迷于舒适的环境中。如果出现不愿意改变、不愿意尝试、不愿意挑战，甚至刻意闭上耳朵和眼睛，不愿意去了解外面世界，那么离温水煮青蛙的结局也就不远了。

要有丰富的学识和长远的眼光。虽然许多人都知道"人无远虑，必有近忧"的道理，但为什么要远虑？远虑为何物？如何远虑？这并不是每个人都会思考这些问题。除极少数天资聪慧者之外，大多数有长远眼光的人需要丰富的学识做基础。丰富学识的来源不外乎以下几个方面：一是在学校里认真学习，打下扎实的科学文化基础，这个时间段对于已经参加工作的教师来说已成了过去时；二是走上工作岗位后，在做好工作的同时继续学习，这种学习不但是有关自身业务的，还可以是天文、历史、地理、政治、经济、科技、哲学、教育学、心理学等方面的，只有不断学习才能打开思路、拓宽视野；三是不断总结反思，有的教师很注重平时的学习，但其思想境界、看问题的眼光却没有提升多少，根本原因就在于只学习不思考，而不思考的表现之一就是不愿意进行有效的输出。输出的方式是与人交流和分享，其中包括语言、文字、图片等。不会输出，就意味着没有真学，就意味着没有消化，自然而然思想境界、看问题的眼光就难以提升。从某种程度上说，一个人是否有长远的眼光，就在于他是否愿意学习、是否愿意思考。

要刻意改变追求安逸享乐的行为。人人都喜欢追求安逸享乐，如喜欢睡懒觉，喜欢躺在床上看电视、刷手机，喜欢吃各种美食，不愿接受有挑战性的工作等，这都是人的天性使然，不存在任何对错。但如果希望改变、希望过上更好的生活、希望实现自己的人生梦想，就必须奋斗，而奋斗就是要与人追求安逸享乐的本能做斗争。为什么大多数运动爱好者敌不过专业运动员？因为运动爱好者大多偏重于以自己喜欢、以自己感到舒服的方式去运动，这些方式对于锻炼身体有效，但是要提高技能就必须按照某种标准，以人们不愿意或不舒服的方式去运动。例如，足球运动员为了在比赛中取得好成绩，不得不用各种不舒服的方式去踢球，其过程虽然艰辛，但他们的足球技能提升很快，会变得更优秀。他们在训练时会被有经验的教练要求用反脚踢球，或者以最快的速度跑全场。而足球爱好者没有教练强迫，更倾向于用他们喜欢的方式去踢球，他们只是享受踢球的过程，只愿意待在自己的舒适区，当然他们的水平也就难以提高。再如，某人对自己的肥胖身材很不满意，做出改变的方法之一就是加强锻炼、控制饮食。无论是加强锻炼还是控制饮食，实际上都是在与人贪图安逸享乐的天性做斗争，就是要远离自己的舒适区，但没有坚强的毅力和吃苦精神是难以做到的。

及时走出舒适区要有勇气和行动。现在不少人，一有时间不是想着去加强学习、提升自己，而是用于刷手机、玩手游或与人进行无谓的闲聊。刷手机可以获得感官上的即时满足，玩手游由于有即时的评价和反馈，令很多人沉迷其中而不能自拔，无谓的闲聊可以让人获得精神上的满足。从另外一个角度来说，追求感官的刺激和快乐也是人的本能，本身无可非议。但我们如果想要在事业上有所成就，就必须从刷手机、玩手游和闲聊的快感中挣脱出来，把时间用在学习和思考上，而挣脱这些习气是需要勇气的。事实上，仅靠减少相关活动还不能建立长效的应对机制，还要用另外一些有意义的事去代替原来的活动、填补原来的时间空白。最好的办法就是行动，即把用来刷手机、玩手游或闲聊的时间用在有意义的活动上，这些活动可以是阅读思考，也可以是与同事、朋友的交流辩论，还可以是陪伴家人或参加社区公益活动，等等。当决定突破舒适区的时候，我们可能会遇到很多阻力，此时千万别受他人的干扰，自己决定好了就去做，义无反顾地做，要有迎难而上、排除万难、坚持到底的勇气，当有一天我们突破自我的时候，一定会庆幸自己当初的选择。当然，行动需要毅力，也需要方法，如可以尝试一边慢慢做减法，即逐渐减少刷手机、玩手游或闲聊的时间，原来玩一次要 1 小时，可以先试着减少10 分钟；一边慢慢做加法，即把从玩手机这边减下来的 10 分钟，用于阅读思考、交流分享等有意义的事情上。一段时间之后，一边把时间量减少到最低，一边把时间量增加到最高。这样做可以降低大脑的抗拒程度，有利于形成习惯，帮助我们走出舒适区。当然，走出舒适区所需要的品质远不止这些，还需要高度自律、学会及时止损等，无论何种品质的形成都需要勇气和行动。

吴军在《见识》一书中说："很多人之所以成不了大气候，不是因为能力不行、机会不够，而是因为……过早地选择了安逸的生活，停止了奔跑。"真正有所作为的人，从来不会躺在安逸的生活中享受，而是走出舒适区，彰显自己的能力和价值。

第12条

# 不让拖拉成为常态

所谓"拖拉"，通俗地讲，就是想到一件事不马上去做，而是自我安慰地等待所谓"更合适的时机"，以至于空有许多美好的想法，因没有及时动手去实施，最后成为遗憾。

在现实生活中，有的人学习成绩好、专业能力强，但在工作表现和业绩上总是难以令人满意。人到中年，除有一份看似光鲜亮丽的工作之外，个人几乎没有能够拿得出手的业绩。按理说，一个人学习成绩好，说明他的智力水平比较高；专业能力强，说明他有较强的适应能力，工作上应该比较容易出成绩。是什么使一个各方面条件都不错的人，到头来却一事无成？原因当然有很多，最常见的就是办事拖拉，习惯于把今天的事留到明天去做。

小赵毕业于某部属师范大学，除自身条件不错以外，还写得一手好字，大学时参加演讲比赛多次获奖。10年前通过人才引进特别通道，经面试后进入某市直学校任教高中语文，与他同时入职的还有8名其他省属师范大学的研究生或本科生。虽然小赵的学历在这批新入职的教师中不算高，但因为他毕业于部属师范大学，有名校的优势，加上他在大学的良好表现，很快便引起了学校领导的关注。

在小赵参加工作的第二年，他就与本校一名女教师喜结连理。不久以后，学校领导安排他到学校团委，协助团委书记做一些学生工作。刚开始时，小赵的工作热情还比较高，对领导安排的工作会很快去落实。但干了一段时间后，他觉得学生工作就是那么回事儿，加上可能是新婚宴尔，在家的时间较多，慢慢地对工作就不怎么积极了，对领导安排的工作也是一拖再拖，到了实在拖不下去时就简单应付了事。在教学上，他觉得自己是堂堂部属师范大学的毕业生，教高中学生没有一点儿问题，对于学校让新教师经常旁听老教师讲课的要求，他认为实在是小题大做。在此心理影响下，对于学校安排的集体教研活动，他就有些心不在焉了。刚参加工作时，小赵曾经下定决心，要在一年内读多少本书、写多少篇文章，坚持了一段时间以后，因教学工作和团委日常事务太多，无论是读书还是写文章的计划，他都一再往后推。

学校领导察觉到小赵的变化后，曾经多次找他谈心，让他正确认识自己，鼓起热情，一步一个脚印地把工作做好。同时，领导还要求他改掉拖拉的毛病，想做的事情就要克服困难赶紧去做。小赵虽然当时没说什么，心里却不以为意。

10年过去了，与他同时入职的教师大多成了学校的教育教学骨干，其中3名教师成为市级教学名师，1名教师被评为全市优秀班主任，还有1名教师进入了学校管理团队担任教务处副主任。而当初各方面条件较好的小赵，如今却还是一名默默无闻的普通教师。因为办事拖拉，学校团委后来也不再让他协助工作了。

从小赵的经历中，我们可以受到这样的启发：决定一个人在职场中能走多远的，除了工作能力，更重要的是他的工作态度和工作作风。工作能力不足（实际上，大多数人入职时的起点和条件都差不多），可以通过慢慢学习来提高；但如果工作态度不端正、工作作风不踏实，就是个人的习惯问题，不是说改就能改的事，需要引起我们的高度警觉。

第一，要充分认识办事拖拉的危害。当今社会到处都存在着竞争，也告别了物质短缺时代。竞争在促使人提高学习和工作效率的同时，也使很多人内心充满焦虑；物质不再短缺在使人衣食无忧的同时，也使得一部分人缺乏斗志、得过且过。从某种程度上说，办事拖拉就是物质不再短缺的副产品。办事拖拉一方面导致人们工作效率大大降低，另一方面会让人们错失许多发展和提升的良好机会。许多事情，今天做还是明天做，现在做还是以后做，其效果和影响是有很大不同的。例如，张老师是某班的班主任，随着天气转热，班上有学生私下议论哪天放学后到学校附近的河里去游泳，周一下午班长听到议论后，马上向张老师报告。张老师觉得此事事关重大，有必要针对此事专门召开一次主题班会。一般情况下，主题班会是安排在星期五下午召开的，张老师心想也不急于这一时半刻，必须准备充分再召开班会。他收集了上级关于学生游泳"六不准"的文件和相关视频，安排了几个学生代表发言。但是，还没等到开班会，周四下午课外活动时，张老师班上就有几个学生相约去河里游泳，幸好被在附近巡逻的保安发现并将他们从水里拉上来，才没有酿成大祸。学校对这些学生给予了纪律处分，同时在全校教师大会上对张老师提出了严肃批评，对此张老师感到十分憋屈。会后，刘校长与张老师做了一番交谈。在听张老师介绍完相关情况后，刘校长告诉张老师，办事要分清轻重缓急。"重要而紧急的事情要马上办"，如果不马上办就意味着拖拉，就会错过处理问题的最好时机。尽管这样的拖拉与一般的工作散漫有所区别，但所造成的后果是一样的。假如张老师在接到班长汇报后马上就找相关学生谈话，在班上对学生重申相关纪律和要求，这几个学生很有可能就不敢私自下河游泳了。"重要但不紧急的事情要有计划地办"，如果工作没有计划，想一出是一出，就会使工作处于无序的状态。经过刘校长的教育与帮助，张老师才意识到自己工作中的不足。

　　第二，要根据工作性质确定应对策略。在工作中，我们反对拖拉，但并不意味着所有的事情想到了就要立即去办，总的原则是"该办的要马上办，该放的则放一放"。一般来说，以下工作不能拖延，需要马上就办：一是职责范围内的事情。这些工作大多是日常工作，是各类工作人员履职尽责的主要抓手，如果没有按照规范要求办理，就不能说是一个称职的工作人员。例如，王老师周五组织了一次单元测验，按理说他应该利用周末时间赶紧把试卷批改好，周一时把试卷发给学生并讲解。可是，王老师觉得好不容易休个假，周末用来改学生试卷太不值，于是他就把批改学生试卷的事情放在一边，周末两天都和朋友在一起玩。新的一周开始后，王老师今天改一些、明天改一些，到周五才终于把批改好的试卷发到学生手中，而此时学生对测验的新鲜劲头已过，大多数学生拿到试卷后只简单看了一下分数就把试卷塞进了桌洞。很明显，王老师组织的这次单元测验并没有收到应有的效果，原因就在于他办事拖拉，未能及时批改试卷。而批改试卷恰恰是王老师职责范围内的工作，是不应该拖延的。二是紧急而重要的事情。不管从事什么职业，都会有一些紧急而重要的事情。这些事情虽然占比不高，但如果没有得到及时有效的处理，很有可能会出大问题。上文提到的张老师对于防溺水的处理就值得商榷：虽然张老师主观上没有故意拖延，但客观上险些造成严重后果，其工作方法需要改进。正确的做法是：在得知有学生密谋到学校附近的河里游泳的消息后，他就应该立即找相关学生调查了解，把情况了解清楚后，一方面对这些学生进行严肃批评，另一方面利用课间的几分钟向其他学生重申相关纪律要求。至于周五召开主题班会的事，仍然可以认真筹备。三是重要但不紧急的事情。有些事情很重要，但由于不紧急，许多人就容易出现拖拉的问题，以至于"明日复明日，明日何其多"，最后"白了少年头"，耽误了大好时光。例如，大家都知道在职学习很重要，但又认为几天不学习似乎天也不会塌下来，于是就把学习的事情一再往后推；或是毅力不足，学了几天后就没有再坚持下去，本来很容易的事往往也变成了很难的事——实际上，能够克服各种困难坚持学习的人确实太少。再如，大家都知道锻炼身体的重要性，但现实中每天能够坚持锻炼的人并不多，尤其是年轻人。因此，对重要但不紧急的事情能否马上就办，是检验一个人有没有决心和毅力的重要标准。当然，对于一些重要但不紧急的事情，该深思熟虑时自然也不能匆忙去做，这与反对办事拖拉是两回事儿。

伟大领袖毛泽东说过："一万年太久，只争朝夕。"我们要抓住美好的青春年华，以一种时不我待的精神和作风，积极主动地把各项应该做的事情做好。我们在工作中偶尔拖拉在所难免，但绝不能让拖拉成为常态。

## 第13条

# 利用好碎片化时间

现在的中小学教师，除了完成与教育教学有关的工作，还承担了大量事务性工作，加上家庭的责任和义务，每天自己真正能够有效利用的时间确实有限。除了节假日，平时即使有些时间可以自由支配，但大多也是碎片化的。

这些时间长则一两个小时,短则可能只有十几分钟。随着移动终端的普及,很多教师的碎片化时间大多用在手机短视频、网上购物、手机游戏等上面,能够把这些碎片化时间有效利用起来进行学习提升的教师并不多。那么问题就来了,平时的碎片化时间没有得到好好利用,而节假日虽然空余时间比较多,但要会朋友、做家务、陪家人,有时还可能要出去旅游、参加相关培训,这样一来,能够坐下来认真学习和思考的时间几乎就没有了。于是,许多教师刚参加工作时的宏伟蓝图就被这些大大小小的杂事弄成一地鸡毛,每次谈及这些事情,有的教师就会感叹:"我也想学习提升,我也想在工作之余做些有益的事情,可是你看我工作那么忙、事情那么多,哪里有时间?"中小学教师工作忙是事实,平时没有太多的空闲时间也是事实,但忙到没有时间学习提升倒也未必,关键是想不想、愿不愿、能不能利用好碎片化时间,去做自己最应该做的事情。

除了工作,什么是我们最应该做的事情?不同的人有不同的答案,可能是锻炼身体,可能是陪伴家人,可能是学习充电,可能是广交朋友。不管做什么事,都需要时间。时间是个常量,也是个变量,要学会挤,更要学会用。下面以学习充电为例谈些个人观点。

一是要制订学习提升的实施计划。当今世界,知识在以几何级数增长,很多在几年前听起来还是高不可攀的知识,现在已经耳熟能详。作为教师,要适应新课程标准的要求,要培养更多合格人才,仅靠在大学里学的那些知识或技能是远远不够的,只有不断学习才有可能跟上时代发展的步伐。教师要根据自己的学科特点和知识结构,系统地学习教育教学理论,了解当今世界教育发展的形势和特点,学习借鉴名校名师的育人经验,掌握教学改革的基本理念和方法。在制订此类计划时,目标要明确,过程要清楚,措施要具体,结果要可考核和验证。总之,不要追求"高大全",而是要可操作、可检验。例如,肖老师是一名刚工作两年的中学物理教师,通过两年的教育教学实践,他感觉自己的教育教学理论是短板。于是他就为自己制订了学习提升计划:用两年的业余时间系统学习中外教育名家的教学理论,重点了解和掌握布鲁纳的学习理论和加德纳的多元智能理论,并为此定下了每周学习一个章节、每周参加一次学习交流、每周做一次专项练习的学习任务。为了检验计划执行的成效,他要求自己每读一个章节、每参加一次学习交流、每做一次专项练习后,都要写书面反思。为了保证学习效果,他还邀请了一位与他有相同学习意愿的教师共同学习、互相监督。实践证明,肖老师的学习提升计划是可行的。两年后,学校领导和其他教师惊奇地发现,肖老师对教育教学的认知水平和操作能力有了很大的提高。

二是学会利用"番茄工作法",每次只做一件事。我们所说的"碎片化时间",通常是指延续时间在两小时以内的时间,这种时间往往出现在比较大的活动(如做家务、陪伴家人、朋友聚会等)的间隙,稍不留神,这点儿时间就会一闪而过。所谓"番茄工作法",是一种简单易行的时间管理方法,在时间管理方面更加微观,适用于对碎片化时间的有效利用。大致的程序为:①选出想要做的事情,然后开始工作。②将计时器设置到25分钟,开始计时,并专注地工作。③25分钟就是一个"番茄时间",在这25分钟里,必须做到专心致志,如果你突然想打电话、网上购物等,都需要记录到番茄记录表的"计划外事项"清单中,记录完毕之后,马上回到专注的工作中来。④当25分钟结束,闹钟响起,一个"番茄时间"结束,立即停下工作,在番茄记录表的该事项后面做一个完成的标记,开始5分钟的休息。在休息期间,就是纯粹地休息,不去想与工作有关的任何事情。⑤5分钟休息时间结束,便开始下一轮的"番茄时间"。当完成4个"番茄时间"之后,就有较长时间的休息,长度为15分钟。在一个"番茄时间"里,每次只做一件事情,如思考、读书、写作、做题、小组讨论等,也可以是阅读某本专著的某个章节。在阅读某一章节时,如果觉得用一个"番茄时间"不够,也可以用两个"番茄时间"。同理,如果一个或两个"番茄时间"有剩余,则可以做些练习题或者与别人讨论某个章节的有关问题。总之,要学会将一个大任务分解成若干个小任务,然后用一个或两个"番茄时间"去完成一个或几个小任务,原则就是每个"番茄时间"只做一件事,如此日积月累,学习效果自然就会聚沙成塔,我们的思维就会精进,认知和能力就会有明显的提升。

三是要持之以恒,不断总结。我们提倡教师要利用碎片化时间自觉学习充电,然而一次两次做起来不难,难就难在坚持。而要实现自己的理想目标,需要的恰恰就是坚持。坚持就意味着要牺牲不少自己的业余爱好,坚持就意味着要克服许多意想不到的困难，坚持就意味着比别人付出更多，坚持还要忍受常人难以承受的孤独。当然，坚持还要注意方向的正确性和方法的科学性，要做有品质的努力。以记英语单词为例，正确的方法是要熟悉读音规则，根据读音规则，结合短语或句子记单词。如果只是一味地死记硬背，对于成年人来说，效果会比较差。另外，我们无论利用碎片化时间做何种有意义的事情，都要立志比别人做得好，做得与别人不一样。怎样才能与众不同？除学会运用"番茄工作法"、贵在坚持之外，还要经常性地进行反思和总结，如要强迫自己养成写日记的习惯，或者有意识地与别人分享自己的心得体会。要知道，学习是输入，其效果如何，需要通过输出来检验。无论是写日记还是分享，都是对学习结果的输出。当你能够自如地输出时，你所做的事、所学的知识就真正内化成了你能力的一部分，此时你离成功就更近一步了。

有人说，人与人之间的差距，是在 8 小时工作之外逐渐拉开的。一个能够有效利用碎片化时间的人，其思想深度、思维高度和生活品质，会比在工作之余无所事事、不思进取的人强太多。把工作之余的碎片化时间利用好，会让我们的人生更有意义，让我们活成自己希望的样子。

# 第14条
# 任何时候都要为人师表

中小学教师最重要的工作品质是什么？不同的人会有不同的答案，我认为应该是为人师表，这是由教师的工作性质决定的，也是学生和家长对教师的普遍期待。

"为人师表"一词出自唐代李百药《北齐书·王昕传》："杨愔重其德业，以为人之师表。"后人据此概括出成语"为人师表"。如今所说的为人师表，主要是指人的人格魅力能够为别人所效仿。教育家陶行知曾说："要人敬的必先自敬，重师首在师之自重。"教师要自敬自重，就是将对教育事业的坚定信仰，化为自己双肩上的职责。作为中小学教师，要热爱教育事业，要具备良好的专业素质，要有爱人如己的品格，最重要的还是为人师表。教师要用自己的人格和实际行动去教育和感化学生，这样的教育才会有生命力。

我国著名教育家张伯苓，1919年之后相继创办南开大学、南开女中、南开小学。他十分注意对学生进行文明礼貌教育，并且身体力行，做到了为人师表。

一次，他发现有个学生的手指被烟熏黄了，便严肃地劝告那个学生："烟对身体有害，要戒掉它。"没想到那个学生有点儿不服气，俏皮地说："那您吸烟就对身体没有害处吗？"张伯苓对于学生的责难，歉意地笑了笑，立即将自己的烟全部取来，当众销毁，还折断了自己用了多年的心爱的烟袋杆，诚恳地说："从此以后，我与诸同学共同戒烟。"打那以后，他再也不吸烟了。

当今时代，教育发展的环境和条件发生了巨大变化，对中小学教师要为人师表的要求，也赋予了新的意义，主要表现在以下几个方面。

一是在职业精神上树师表。随着时代的发展和变化，有些原来被人普遍接受的价值观开始动摇了，如"干一行、爱一行、精一行"的说法，有的年轻人就不以为然。他们也许会说，都什么年代了，还喊这样的口号；想干就干，不想干时说走就走，任凭后面洪水滔天。实事求是地说，现在社会环境变了，人的职业选择多了，并非要一辈子只从事一门职业；但是在从事一门职业时，遵守该职业的道德规范，对所做的事情承担相应的责任，是任何时候都必须遵守的基本准则。我们当然希望教师在选择这门职业以后，能够立志终身从事教育事业，但愿望虽好，实际上只是我们的一厢情愿。有的教师在从事了一段时间的教育工作后，可能会想趁着年轻去尝试其他职业，这也在情理之中。但是，教师不同于其他职业，他还承担着教书育人的重要任务。教师的一言一行，都在对学生的健康成长产生影响。因此，他只要在教师工作岗位上一天，就要承担24小时的教育职责，如果"身在曹营心在汉"，或者"说走咱就走"，对学生的负面影响是很大的。广大中小学教师要有强烈的职业责任感和使命担当，自觉遵守中小学教师职业道德规范，认真做好每一项工作，高标准地完成每一次教育教学任务，在工作中做到心无旁骛、兢兢业业。如此才能以自己的实际行动在学生心目中埋下爱岗敬业的种子，承担起教育工作者应尽的责任和义务。

二是在自律自强上树师表。中小学教师虽然不太直接与金钱等打交道，但并不意味着教师职业就没有风险点，对此教师要保持清醒的认识，增强自律意识。例如，在教辅资料的征订、校服的选购中，教师会与学生和家长产生交集，此时教师要本着方便学生、利于学生、服务学生的原则，在学校的统筹安排下把服务工作做好，决不能从中搞变通、捞好处，决不能因为一些蝇头小利败坏了教师形象；而私自违规办班、违规到校外培训机构或民办学校兼职、巧立名目乱收费等，则是教育行政主管部门所明令禁止的行为，教师要时刻警醒，不要去踩这些红线。前些年，媒体陆续报道了少数教师借节日、喜日、病日之机，暗示学生家长送礼等事件，极个别教师还对没有"做好"的学生大发雷霆，造成了恶劣的社会影响。教师要清楚，师生关系应该是清清爽爽的，不能夹杂任何经济往来。教师虽然也需要钱，但钱的来路必须正当，不能靠违反教师职业道德规范来获得，所谓"君子爱财，取之有道"就是这个道理。要做好这些，除了学校和教育行政主管部门加强教育和管理，教师本身的自律也十分重要，毕竟等到学校或教育行政主管部门介入时，不良的社会影响已经形成，此时对教育和教师本人实际上都已造成伤害。另外，当前受不良社会风气的影响，在一些行业的从业人员中，流行着"躺平""摆烂"之说，我们暂且不去深究此说法的缘由，但有一点可以肯定，无论是"躺平"还是"摆烂"，都是一种消极颓废的生活方式，都与社会主义核心价值观相背离。作为教师，我们没有能力改变这些消极现象，但我们可以做好自己，成为学生的榜样，影响和教育我们的学生。而自觉学习提升、不断进取、独立自强是我们为人师表的重要内容。

三是在个人品行上树师表。个人品行修养有私德和公德之分。所谓"私德"，是个人品德、修养、作风、习惯，以及个人生活中处理爱情、婚姻、家庭、邻里关系的道德规范。私德通常以家庭美德为核心。而公德则是对公共生活中的方方面面提出的基本规范和要求，通常包括文明礼貌、爱护公物、保护环境、遵纪守法、遵守规则等。在以往的道德教育中，我们可能更关注个人的公德意识和行为，而对私德养成有所忽略。实际上，许多贪污腐败分子，表面上在遵守公德上做得不错，但却因在私德上放松、放纵自己，从而慢慢走上了违法犯罪道路。因此，教师既要不断强化公德意识、自觉遵守社会公德，也要在私德上严于律己，如要忠于家庭、同情弱者、尊老爱幼、关心他人、正确处理好邻里和同事关系等。只有在公德和私德上都做得好，才说明他的个人品行是真的好，这样的教师才是学生应该学习和效仿的榜样。

身教重于言传，"其身正，不令而行；其身不正，虽令不从"。2000 多年前孔子的这番教诲，对当今广大中小学教师仍然有很强的教育意义。我们要自觉遵守中小学教师职业道德规范，牢记教育立德树人的根本任务，在职业精神上树师表，在自律自强上树师表，在个人品行上树师表，为培养更多更好的人才、为办好人民满意的教育奉献自己的青春、热血和力量。

# 第15条
# 知己知彼，方能行稳致远

夏朝末年，伊尹作为商汤大臣和夏桀的军队对峙。为了探听夏桀的军队力量，伊尹就对商汤提出建议："要和桀的军队作战，就要知道他的军力有多强、号召力有多大，这在一时之间看不出来，需要采取抗贡的手法，来探测一下他的军力虚实。"

第一年，商汤没有给桀进贡，桀非常生气，调了九夷之兵来讨伐商汤。这个时候，伊尹便对商汤说："桀号召力很大，不宜和他作战，应该赔礼道歉，尽快给他补送优厚的贡品。"

第二年，商汤又抗贡，桀更加愤怒，向九夷调兵，企图讨伐商汤，但是由于九夷的军队疲劳，反对战争，已经不听调动，最后桀只征集到三夷之兵。这个时候，伊尹就说："桀已经没有什么号召力了，三夷之兵的战斗力也不强、士气不高，我们可以对他进行讨伐了。"

于是商汤联合诸侯讨伐夏桀，这一场战役就是历史上的鸣条之战。

这个故事说明了这样一个道理：一场战争的胜负，很大程度上取决于你对自己和对对方实力的认识，只有充分了解对手，才能击败对手。《孙子·谋攻》曰："知己知彼，百战不殆；不知彼而知己，一胜一负；不知彼，不知己，每战必殆。"意思是，了解敌方也了解自己，不会陷入危险；不了解敌方而了解自己，胜负各半；既不了解敌方，又不了解自己，每战必然危险。

中小学教师不是处在战场，未必要通过打败对手来成就自己。教师之间更多的是一种合作共赢的关系，可以你好我好大家好，但有人的地方就会有江湖，有人的地方就会有竞争。做到知己知彼，对提高我们的教育教学效果还是很有帮助的。

首先，要客观认识自己。教师可以通过自我反思，思考自己对特定事物的观点和看法、自己愿意交什么样的朋友等，从而认识到自己的专业优势和不足、自己的性格特征、自己的管理长处和不足、自己对工作的态度(敬业精神)、自己在学校中所处的位置、自己的同伴关系和师生关系等。客观认识自己的目的是要知道自己有哪些长处和优点，在以后的工作和生活中尽可能发扬和放大；对自己的缺点和不足，能改正的尽量及时改正，一时实在难以改正的也要多一分警醒。例如，个人的专业学识、性格爱好、管理效能等相对比较稳定和持久，一般情况下，短时间内不容易改变，在应对实际工作时，就应该尽可能扬长避短；而与个人主观努力相关的特征，其灵活性较强，相对更容易发生变化，在实际工作和生活中，就应该尽可能补短。如某教师不喜欢与领导相处、不愿意与同事交流、不关心学生学习状况等，都可以通过主观努力加以改变，可以有意识地予以改进。总之，客观认识自己的目的在于该扬长时果断出手，该避短时甘拜下风，可补短时勇于改进。

其次，要全面了解工作对象。除了"知己"，还要"知彼"，即全面了解工作对象。教育教学工作中的"彼"范围比较广泛，最重要的无疑是学生。我们提倡教师要关心爱护学生，要与学生建立良好的师生关系，这样学生才会"亲其师，信其道"。这是一种教育理念，也是我们教育教学成功的基础。在实际工作中，仅有理念是不够的，还要付诸具体的行动，这个行动就是全面准确地了解学生，如学生的姓名、学习经历、性格特征、兴趣爱好，学生的朋友圈，学生的家庭情况(是否为单亲家庭、父母关系与亲子关系、家庭基本经济状况等),还有学生的学习状况(学习态度、上课的投入程度、学习习惯、考试成绩),学生的优势学科、短腿学科,学科中的短腿知识点,学生当下和未来的需求等。如果一位教师把所任教班级学生的上述情况都了解清楚了,他的教育教学工作就可以做到有的放矢,工作效果自然就会好很多。遗憾的是,有的教师因不担任班主任,除了学生姓名,对其他事项基本上一无所知。即使担任班主任,有的教师也未必能够把上述信息了解清楚,因此也就很难做到因材施教,教育教学效果自然就打了折扣。除了重点关注学生,其他方面,诸如教材的编写体系、新课程标准、学科品质和精神、教学和考试改革、教育形势和政策,往往会被一些教师忽视。但教育改革是全方位的,我们每个人都处在这股浪潮中,会碰到各种新情况、新问题、新挑战,这些已经成为教师必然要面对的东西。我们必须有大局意识、前瞻眼光。只有这样,我们才能对可能面临的问题或困难事先做到心中有数。反之,如果我们不去了解大方向、总目标,做得再多恐怕也无用,甚至南辕北辙,离目标越来越远。

最后,要有知行合一的工作作风。无论是知己还是知彼,都是为了提高我们工作的有效性和针对性。如果只"知"不"行",这样的"知"是没有多大意义的。例如,某数学教师通过分析,发现自己虽然教了多年数学,对数学精神却说不出一二,诸如数学学科最新的发展状况,学科课程的组成、知识结构、能力要求,单元、章节的教学目标、能力培养要求,学科在中高考中的考试重难点、在考试大纲(说明)中的表述,学科知识点在考试中常见的呈现方式、考试路径、命题的切入点,学科知识点未来可能的考查方式(命题形式的变化),职称评聘、评优对专业能力的要求等方面,也不甚了解,以往的教学都是跟着感觉走。该数学教师赶紧制定相关的学习改进方案,计划用一年时间把该学习了解的东西都补上。再如,刘老师任教某班快两年了,但除了能叫出为数不多的学生的姓名,对学生的其他相关情况几乎是一无所知。此时刘老师要做的是尽可能地创造条件与学生接触和交流,试着与学生交朋友,寻找机会到学生家里家访。只有对知道的东西抱着积极的态度,逐项进行改进,努力做到最优,这样的知己知彼才有实际意义。

第16条

# 把握做人做事的底线

中小学教师靠什么赢得别人的尊重？有人说是靠过硬的专业能力，使教学深受学生欢迎；有人说靠对教育事业的热爱和执着，无论发生什么事情都不改初心；有人说靠关心爱护学生，把学生当作自己的儿女或朋友。这些答案都是对的，但又好像缺少了什么。著名作家冯骥才的一句话，也许给出了答案："有底线，起码在'人'的层面上，获得了成功的自我与成功的人生。"底线是每个教师做人做事的根基，更是为人处世的核心。正所谓"仰不愧于天，俯不怍于人"。有底线，行事堂堂正正，才能受他人尊重。在我看来，中小学教师唯有守住该有的底线，才能久立于世而不败。

再穷，不能打学生的主意。中小学教师也是普通人，他们也要生活，要赡养父母、抚育子女，要负担房贷、车贷等。虽然近年来中小学教师待遇明显有所提高，但对有些教师而言收入水平可能无法满足其消费需求。教师希望有更多的钱，这本身无可非议，但要谨记：君子爱财，须取之有道。作为教师，这个"道"就是不能打学生的主意，或者说不能把手伸向学生。打学生的主意生财，不仅会损害教师的师道尊严，还会污染学生幼小的心灵，使他们对本该尊敬的教师生出怠慢轻视之心。

再难，不能有失诚信。有一则寓言故事，大意是这样的：驴子与狐狸本是亲密好友，它们商量着一起去打猎。谁知途中遇到了老虎，狐狸见大事不妙，立即跑到老虎面前，许诺把驴子献给它，只求让自己免于危险。老虎答应了。于是狐狸便引诱自己的朋友掉进了一个陷阱里，此时，老虎见驴子已经是囊中之物，扭头便把狐狸抓住吃了，然后再去吃驴子。这虽是一则寓言，但折射出一个道理：人要守诚信，不能坑害别人，不然终会害人害己。现在不少学校都在推行绩效考评，按理说，绩效考评时应坚持全面发展的教育理念，不能简单地用一两个指标来衡量一个教师是否称职或者优秀。但实际上有的学校只是把学生的考试分数作为一个高利害的指标，其他诸如道德与法治、音乐、体育、美术、劳动等只是象征性地意思一下。如此考评带来的结果，就是有的教师会为了让学生在考试中获得理想的分数而不择手段。例如，在安排考试座位时，有意让平时学习成绩好的学生与所谓的"差生"坐在一起，然后明示或暗示成绩好的学生在考试时要帮助成绩差的学生，甚至还美其名曰同学之间应该互相帮助。虽然这可能是极个别现象，但哪怕只有一次，教师在学生心中的高大形象也会轰然崩塌。教师平时教育学生要讲诚信，否则哪怕说得天花乱坠，学生也不会再相信。曾经有报道说，某小学一名女教师，以家庭急需用钱为由，向不同的学生家长借钱，到了约定时间却赖账不还。在此我们暂且不讨论教师向学生家长借钱是否合适，仅就借钱而言，到了约定时间就该还钱。欠债还钱天经地义，教师不能辜负了学生家长的这份信任，这是做人的基本道理和底线。在前面的章节里，我曾经提到教师的首要品德是要为人师表。通俗的解释就是：凡是要求学生做到的，教师要首先做好；凡是要求学生不能做的，教师坚决不做。教师教导学生必须诚实做人，教师要用自己的实际行动为学生做榜样，而不是说一套做一套。客观地说，绝大多数中小学教师是自觉遵守教师职业道德规范的，能够坚守做人做事的底线，但极个别教师的不当行为，一经网络自媒体宣传放大，就会严重损害教师的良好形象。

再苦，不能没骨气。所谓"骨气"，通常指刚强不屈的人格及操守。人的欲望是无止境的，我们希望得到更多的名和利，但却因能力水平有限，或者得不到，或者暂时得到了却守不住。作为教师，希望能够评上高一级的职称、能够获得更耀眼的荣誉、能够担任更高的职位，都是很正常的事情，关键是以什么样的方式去获得。根据学校工作的特点，中小学教师的骨气，我认为主要应体现在坚持公平公正地对待学生上。例如学生犯了错误，该批评的要批评，该处罚的要处罚，不能因为某个学生的家长有钱有势就轻描淡写地放过，而对一些普通家庭的子女则区别对待。还有诸如座位的安排、各类优秀学生或班干部的评选，无论是来自什么家庭的学生，都适用于同一套规则，在规则面前一视同仁。另外，教师在与社会上各色人员打交道时，要展现正气和阳光，不能成为"两面人"；在面对权贵时，不奴颜婢膝，做到有礼有节、不卑不亢；在面对弱势群体时不装腔作势，尽可能做到谦虚低调、和颜悦色；在利益面前要坚持原则，自觉遵纪守法，不损害学校和学生的利益。对权贵、百姓、利益的态度和作为，同样是检验一个教师骨气的重要方面。

人们常说"桶无底则不装水"，而人无底则无品。没有底的东西不能装东西，不能装东西的则是无用的东西。广大中小学教师要时刻牢记自己的职责和使命，心有所敬，心有所畏，做干净正直的人。在纷繁复杂的现实生活中，保持我们内心的定力和善良。倘能如此，就算外界风雨欲来、浊浪排空，我们也可泰然处之，做真实善良的人。

# 第17条
# 把课堂还给学生

我曾在一所乡村学校听过一节课。那是一节语文课，教学内容是一篇散文。教师先是把作者的基本情况简单地介绍了一遍，然后开始滔滔不绝地讲了起来，从遣词造句到段落大意，从文章背景到中心思想，教师一个人讲得津津有味，不少学生却边听课边打瞌睡。好不容易讲完了，也许是看到教室后面有领导听课，教师便在下课前几分钟向学生提了几个问题。这些问题本来没有什么难度，即使学生自读课文也是能回答出来的。出乎意料的是，教师连续叫了三个学生回答，却没有一个学生能够回答得比较完整。学生急得手足无措，教师则烦躁得脸颊通红，想发脾气又因为后面有领导听课而忍住了。大家都看出了教师深深的失望，学生也因没能给老师争面子而一个个低下了头。好不容易下课了，该教师走到我们面前说："不好意思，这个班的学生学习基础差，他们上课的时候跟不上，让领导见笑了。"我当时没有说什么，离开教室后，我对陪同的校长说："这样的课文大多数学生通过自读都能够看得懂，为什么不先提出一些问题，然后让学生带着问题去阅读、去做题呢？

教师最后只需要把一些重点、难点讲清楚就可以了，这样教师上课也没这么累，学生学得也轻松，效果会比教师一个人讲到底要好得多。"校长听了连忙点头称是。

在连续听了两节课后，我与部分教师进行了座谈。在座谈会上，有的教师谈到，他们也知道上课满堂灌不好，但在农村中学，大多数学生基础比较差，如果让学生自主学习，一来怕他们学不好，二来怕费时费力，影响教学进度，所以只好教师多讲一些，他们这样做也是无奈之举。如果学生能够自主学习，他们也乐意少讲。后来，我又到其他县的中小学听课，既有农村学校，也有县城学校，发现情况大体一样，大多数都是教师一个人讲到底。在与教师交流时，他们给出的理由出奇地一致：学生基础差，教师只好多讲一些。

事后，我就想，有的教师上课时总是有意无意地独霸课堂，表面上是教学方式的问题，实际上是教学理念的问题，是对教学应该坚持"教师为主导，学生为主体"的认知产生了偏差。教师要把课堂还给学生，关键是要对"教师为主导，学生为主体"有一个正确的认知。

怎样理解"教师为主导"？

首先是从教师本身的作用来看。教师是成年人，比中小学生接受了更多的教育，受过系统的专业训练，他们的知识和阅历比中小学生丰富得多。他们应该了解中小学生的成长特点和认知规律，知道哪些是学生想要的、可以学习和掌握的，哪些则是现阶段难以认知和了解的，从而决定教学的内容和方法。其次是从教学的进程来看。因为教学的需要，教师无论从事哪个年级的教学，一般情况下都会比学生早拿到教材和相应的参考资料。在拿到教材和相应的参考资料后，教师应以集体或个体的方式，对教材和参考资料进行认真研读，从而决定教学的进程。另外，给学生布置什么作业、要求学生完成哪些学习任务，也是教师主导作用的一个具体体现。最后是从教师的性格品行来看。相对于处于成长期的中小学生来说，教师是专业的教育工作者，他们的性格品行已较为稳定，且接受了社会的主流价值观。教师可以通过日常的教育教学活动，以身作则，对学生产生影响。当然，以上这些方面只是教师本身具有的有利条件，能不能对学生的学习和成长起到良好的主导作用，还取决于两个方面：一是教师自己对这些有利条件是否有清楚的认识，是否明白自己在学生的学习和成长过程中需要做什么、能够做什么；二是教师是否知道并且愿意以一种科学有效的方式把这种主导作用发挥出来，并且在实际工作中身体力行。在现实中，有的人知道该做什么但未必愿意做，有的人愿意做但未必会真的去做。因此，教师发挥在学生的学习和成长中的主导作用，必须坚持知行合一的原则。

怎样理解"学生为主体"？

首先，学生学习具有主动性。学生是成长中的生命个体，他有权利做他愿意做的事情。学习是学生成长的需要，但这种需要体现在不同的学生身上是不一样的。当他对学习感兴趣的时候，他就会主动去学习，就会克服各种困难去学习。比如有些体育项目，诸如足球、篮球、排球、游泳、田径、滑雪等，是运动量比较大的活动，有的还充满着艰辛，但一个对此感兴趣的人不但不会感到厌倦，还会在流汗、吃苦中找到快乐。学习也是很辛苦的，如果学生对学习感兴趣，他就会认为学习是很有意义的事情，即使过程会很辛苦，他也愿意承受并且可以从中找到快乐；如果他对学习不感兴趣，他就会认为学习很痛苦，每读一页书、每做一道题、每上一堂课，都意味着煎熬。还有一种情况，就是有的学生虽然不热爱学习，但对他来说学习可以改变命运，如果他的意志足够坚定，他也会硬着头皮去认真学习，从而慢慢走上正轨。因此，学生学习的主体性表现为他可以决定学习还是不学习、以什么样的方式学习。教师要想让学生发挥学习的主动性，最重要的是培养学生对学习的兴趣，唤起他内心对于学习改变命运的信念。

其次，学生学习具有独立性。学生学习的主动性是指"我愿学"，而学习的独立性则是指"我能学"。有的教师认为，学生年纪小，不具备独立学习的能力，所以必须有教师教。对于小学低年级的学生来说，这种说法也许是对的，他们的学习需要教师的指导和示范。但是，当学生进入小学三年级以后，他们能够自己识字、表达、观察、思考，此时他们已经初步具备独立学习的能力了。教师的作用就不再是牵着、扶着他们走，而应该是在该放手的时候放手，让他们尝试独立学习和思考，教师只在关键处予以指导。正如走路一样，当孩子能够走路时，如果家长还是抱着他们走、背着他们走，久而久之，孩子可能就走不好路了。当学生能够自主学习时，如果教师还是像早期那样一切都包办代替，不愿意放手让他们独立学习，日久天长，他们的学习能力就会退化，就真的不知道怎样独立学习了。遗憾的是，有的教师并不明白这个浅显的道理，或者虽然明白，但是担心放手让学生学习，会对学生的考试成绩产生影响，为了保险起见，最好的办法还是教师在课堂上多讲一些。殊不知，这种过度的关心和呵护，实际上是对学生本来已经具备的独立学习能力的一种破坏。

综上所述，要把课堂还给学生，就要在明确教师主导作用的同时，充分尊重学生学习的主动性和独立性，在日常的教育教学活动中注重培育学生的学习兴趣，帮助学生掌握正确的学习方法。有一点要明确，不能因为要发挥教师的主导作用，教师就可以独霸课堂；同理，也不能因为要发挥学生学习的主体性，教师就可以袖手旁观。当然，学校在考评教师时，要认真思考如何以制度的形式消除教师把课堂还给学生后可能在短期内影响学生学习成绩的担忧。只有教师在思想上认识到位、在行动上积极作为，加上学校相应的制度保障，把课堂还给学生才能落实到位。

# 第18条
# 增强教研活动的针对性

教研活动是以促进学生全面发展和教师专业进步为目的，以学校课程实施过程和教育教学过程中教师所面对的各种具体的教育教学问题为研究对象，以教师为研究主体，以专业研究人员为合作伙伴的以校为本的实践性研究活动。当下的中小学校，无论规模大小，都会安排教研活动，教研活动的广泛开展有效地促进了教师的专业化成长。但是，由于学校管理水平、教师认知能力、学科组负责人组织协调能力等方面的差距，有的学校的教研活动质量不高，亟待改进和提升。综合来看，当前的教研活动，主要存在以下问题。

第一，教研活动主题不突出。一般来说，学校会每星期或每两个星期安排一次集体教研活动。在教研活动中,有的学校会组织一些简单的学习活动,由学科组长传达一下上级文件或学校领导的工作要求就草草收场;做得好一些的,除了学习传达,还会对学科教学重点难点、教学过程与方法、练习与考试内容等进行一些交流和探讨,至于专题研讨、课题研究等其他活动大多比较缺乏。其实,要开展一次成功的教研活动,除了做好以上工作,还必须明确教研主题,有计划地展开学习和讨论。可以说,没有意义明确的教研主题,只是对某些教学问题泛泛而谈,或者把教研活动等同于集体备课,并不能有效地提升教师的专业水平,也不是完整的教研活动。

第二,具体责任人不明确。虽然有的学科组在组织教研活动之前会事先确定一个教研主题,但这个主题往往是学科组长预设的,并没有与同组其他教师进行充分讨论和沟通。这样,教研活动的研讨主题就成了学科组长要讨论的问题,而不是全体教师需要关心或解决的问题,以至于有的教师在教研活动中兴趣不浓、积极性不高。还有一种情况是,某次教研活动的研讨主题是大家关心和认可的,但学科组长没有在教研活动开始前将任务分解到具体的教师,让他们提前做好相应的准备,以至于教师没有对问题进行思考或思考不深入,这样同样起不到教研活动应有的效果。

第三,学习研讨内容泛化。不少学校的教研活动都会指定学习或研讨的内容,如教育政策法规的学习、上级文件精神的学习、课程标准的学习、教育教学理论的学习、先进教学方法的学习等,但内容泛化,主次不明。这些学习活动虽都很有必要,但未必都适合放在教研活动中进行。教研活动是专业活动,最重要的学习内容无疑是对课程标准和教育教学理论、方法的系统学习和研讨,做得比较好的,还会对课题相关事项进行讨论和交流。但实际中,不少学校在其他方面上的学习往往占用了教研活动的大多数时间,却把教研活动真正要学习或研讨的内容放在了次要位置。

第四,缺乏明晰的工作流程。虽然教研活动是一项常态性活动,也有相应的管理制度进行约束和规范,但有的学校和教师对于教研活动究竟要做什么、先做什么、后做什么、由谁来做、应达到什么样的标准和要求,并没有建立明晰的工作流程,多数情况下是“脚踩西瓜皮,滑到哪里算哪里”,教研活动能够取得多少成效也就可想而知了。

　　教研活动在学校教育教学工作中起着举足轻重的作用，更是一所学校教学高质量发展的基础和根本。我们要提高对教研活动重要性的认识，解放思想，转变工作作风，用创新的理念和方法，切实把教研活动抓紧抓好，抓出成效。

　　一是确定教研活动的主题。虽然不少学校的学科教研活动有主题，如学习新课程标准、分析期中(末)考试、交流教学经验等，但这样的主题太笼统、不够深入，缺乏明确的指向意义，在实际活动中收效不大。比较可行的做法是尽可能把主题细化。例如，学习新课程标准，要具体到学习新课程标准的哪一部分、由谁来领学、由谁来解读；分析某次考试，要具体到某个(类)考题、某个考试内容、由谁来分析、由谁来补充。对于活动主题的确定，学科组长在前一次教研组会上就要征求意见、做好安排，或者在此次教研组会前通过面对面交流或微信群等形式征求意见并做出相应安排。要避免在教研组会上临时抛出一个问题，在教师没有任何准备的情况下让教师展开讨论；或者拿出一则学习材料，临时指定某个教师领学。这样一方面容易引起部分教师的不配合；另一方面因为没有充分的准备，研讨学习的效果也会大打折扣。

　　二是在内容上要突出重点。首先要明确教研活动的功能定位。教研活动是专业性比较强的活动，原则上应以研讨学科教学问题为主，至于其他的政治理论学习、传达上级文件精神或领导指示，最好放到年级组会上进行，实际上不少学校的教研组会与年级组会也是交叉安排的，只是教研组会与年级组会的功能定位不清晰。其次要认真组织对新课程标准的学习和研讨。随着新高考改革的推行，考试大纲已经退出历史舞台，所有考试均以学科课程标准为基准，所以教研活动要将课程标准的深度学习作为重点。在组织教研活动时，务必要坚持对学科课程标准的不断解读，如每个学科教师都必须承担解读任务，每次开展教研活动时都要安排一两名教师解读相关部分，其他教师参与讨论和交流。同时，将课程标准分解到每一册教材，每一个单元，甚至每一个章节、每一篇课文之中，心中有课程标准，才能让课堂教学有的放矢，更加有效。最后要对教材处理、考试练习等进行交流。这是教研活动的一个保留环节，可以是某位教师作为主要解析人，主讲教材及落实课程标准的途径，重点是对教材重难点的确定、对教学方式的选择、对教材的拓展延伸,尤其是对作业高精准的、有质量的布置等进行深度分析,其他教师参与补充和丰富,最后呈现集体智慧的结晶。

三是明晰教研活动流程。什么是"流程"?通俗地说,流程就是我们做事情时先做什么、后做什么、应该怎么做的具体要求,是为了完成某一目标而进行的一系列逻辑相关的活动。流程的重要特征是重复性、目标性和过程性。流程客观存在于我们日常工作和生活中,不管我们是否意识到其存在。在多数学校,教研活动每周或每隔一周就要开展一次,每次活动都要解决某一方面的问题,每次活动都有一定的程序。因此,有必要根据学校实际和学科特点,为教研活动建立一套活动流程。以集体备课为例,首先,学科组或备课组集体讨论某个教学内容的教学目标、教学重难点、拟采用的教学方法等原则性问题;其次,确定由某个或几个教师作为主备课人;再次,在下一次教研组或备课组会上,在听完主备课教师的详细介绍后,组内教师展开深入细致的讨论;最后,由主备课教师根据讨论意见修改完善,形成教研组或备课组的教学资源。这样,"集体备课议重点—个人主备成教案—交流讨论提意见—修改完善促提升—形成资源易共享",就是集体备课的流程。一旦全体教师对此达成共识,无论是学科组长(备课组长)还是相关教师都要自觉遵守,不可随意搞变通或偷工减料。

四是认真抓好课题研究。课题研究是学校教研活动的较高境界,也是培育办学特色、促进教师专业成长、提升教师职业幸福感的有效途径。从目前的情况来看,课题研究在相当一部分学校内还没有形成气候,主要原因在于不敢做、不会做、不愿做。为此,学校领导要充分认识到课题研究的重要意义,不断加强对教师的宣传引领和学习培训,同时要制定鼓励课题研究的激励性措施,修订相关考核评价办法。对于课题的选择,可采取学校公布课题由教师认领,也可以由教师自主申报课题再由学校张榜公布等方法。刚开始时,课题要立足于"小",着眼于当前教育教学的实际问题开展教育行动研究;要立足于"低",以校级课题为主,在此基础上选择一些水平较高、有一定竞争力的课题报上级教研部门参加评审。在实际工作中,不少教师对于课题研究有一定的畏难情绪,只有"由小到大,由低到高",教师才会有参与课题研究的积极性。

除做好以上工作，还有两件事要特别引起注意。一是保证教研活动所需要的时间。有的学校名义上有教研活动，但往往只持续两节课甚至一节课的时间，这样可能教师还没有到齐活动就结束了。实际上，一次较为充分的教研活动，至少需要半天，有的可能还需要更多时间。学校可以在排课时，在某段时间内，让某个教研组(规模大的学校可能是备课组)的所有教师不安排课程，这样就可以让有关教师专心参加教研活动。二是所有教师都要在思想上高度重视教研活动，对教研组布置的任务要精心做好准备；没有任务的，要以一种谦虚好学的态度积极参加相关教研活动，做到认真思考、踊跃发言、勤做笔记。要时刻牢记，学习成长是自己的事情，与有没有考勤考核无关，与有没有人监督推动无关。只有充分利用每一个可以促进自己学习提升的机会，才能有效提升自己的专业能力和水平，使自己变得优秀或保持优秀。反之，每次都错过机会，久而久之，则会在不知不觉中落伍。

教研活动既是学校提升教学质量的主要抓手，也是教师经常参加的一项业务活动，与其他集体活动有较大的区别。许多事实证明，教研活动质量的高低，会对学校教学质量的高低产生直接影响。同样，教师参加教研活动的态度和表现，也直接影响到教师的专业成长。提高学校教学质量、提升教师专业水平有很多方法，把教研活动做实做细，切实提高教研活动质量，无疑是行之有效的方法之一。

## 第19条

# 提升课堂管理水平

2019年7月，江西省吉安市教育体育局在井冈山举办了一期全市中小学班级管理培训班，参加培训的人员大多是各县(市、区)推荐的优秀班主任和学校负责学生工作的处室负责人。我应邀到场为参训学员做了一堂讲座。在与班主任代表座谈时，他们提到一个共同的问题：有的科任教师只负责上课,对学生在课堂中的表现要么不愿管,要么管不了,发现问题就向班主任反映。班主任接到科任教师反映的问题后,自然要去做调查了解,确实属于学生的责任,班主任相应地就会对相关学生做出处理。次数多了,班主任们忙于应付这类事务,十分疲惫。随后,我就这个问题陆续向其他教师了解情况,发现他们反映的情况与班主任反映的情况基本一致。以往我们的教师培训内容更多的是对班主任工作和教师教学能力的培训,教师如何加强课堂管理一直是我们的短板,这也引起了我对教师提高课堂管理水平的思考。

课堂管理不同于班级管理。课堂管理是指在课堂教学过程中所进行的管理,即在课堂教学中,教师与学生须遵循一定的规则,有效地处理课堂上影响教学的诸因素及其之间的关系,使课堂教学顺利进行,提高教学效率、促进学生发展、实现教学目标的过程。而班级管理是班主任根据一定的目的要求,采用一定的手段措施,带领全班学生,对班级中的各种资源进行计划、组织、协调、控制,以实现教育目标的过程。这种表述比较抽象,我们可以结合实际来总结课堂管理与班级管理的不同之处。一是主体不同。课堂管理的主体一般是各科任教师;而班级管理的主体主要是班主任。二是内容不同。课堂管理主要是管理学生的学习状态,通过建立和执行课堂规则、维持课堂秩序、创设良好的课堂氛围来确保教学活动顺利进行;而班级管理主要依靠纪律和规则,以防范和解决问题为目的,抓好对学生的行为习惯和品德养成教育,打造健康向上的学习团队。三是方式不同。课堂管理是科任教师依据一定的规则对学生的学习状态进行管理,目标只限于本学科学习目标的达成;而班级管理则是根据班级工作计划,通过组织、协调、控制等方式,认真抓好班级活动开展、班级文化培育、班级小干部培养、班集体建设,实现班级年度或学期工作目标。四是对问题的处理方式不同。对于违反课堂规则的学生,科任教师以批评教育为主,可以实施一般教育惩戒,如课堂罚站、罚写作业、背课文等;而对于违反班级管理制度的学生,班主任有权对学生进行严厉的教育惩戒,如让其参加学校公益劳动、通知家长配合教育、限制其参加相关集体活动、报送学校对其进行纪律处分等。简言之,属于学科课堂教学相关内容范畴的事务由科任教师自己负责,超出科任教师处理权限的事务要通报给班主任处理,但不能一有事就找班主任;学科教学以外的事情原则上由班主任负责,相关问题班主任要及时与科任教师沟通。

在明确了课堂管理要做什么之后,接下来就是讨论如何才能抓好课堂管理,提高课堂教学效果。

第一,要强化课堂管理意识。一堂课时长为40分钟或45分钟,此时科任教师就是课堂的主导者。科任教师要深刻认识到,通过教师的教育和引导确保全班学生有一个文明向上的学习环境,是教师应尽的责任和义务。强化课堂管理意识主要体现在以下方面。一是敢管。只要是课堂中出现的问题,无论牵涉到哪个学生,不管他学习成绩好还是一般,教师都必须旗帜鲜明地、及时恰当地予以处理。例如,某个学生上课时持续做小动作影响其他学生,教师可以暂时停下讲课,或者用眼神对其予以制止,或者让他回答某个问题。二是愿管。管理学生在课堂时的学习状态有时会劳神费力,但如果对某个学生违反课堂纪律的现象不及时制止,就会有更多的学生效仿;有的学生虽然没有违反课堂纪律,但学习行为不规范,教师要及时发现和纠正,尽管这样的纠正会耽误一些教学时间,但此时教师不要怕麻烦,要愿意管。三是会管。对于学生违反课堂纪律或学习规范的问题,教师要知道如何以正确的方式或方法进行管理。例如,某个学生上课时总是坐不住、喜欢开小差,此时教师可以有意识地走到他身旁,虽然教师没有任何动作或言语,但这个学生大概率是能够感觉到的,从而收敛自己的行为。我们可以设想一下,如果教师发现某个学生的问题,没有注意方式方法,而是停下教学训斥该学生,顺带把其他学生也批评一顿,效果自然就不会太好。

第二,要建立适切的课堂规范。成熟的班级管理,大多包含学生在上课时应如何表现的规范性要求。但这些是总的原则,具体到不同的学科,对学生的规范性要求是不一样的。例如,文科类教师,他们比较喜欢学生多阅读和背诵,多开展一些交流性、讨论性活动;而理科类教师,则更希望学生多做一些题目,多参加一些实验类、操作类活动。有序的课堂应该动静结合,但此动与彼动、此静与彼静,是因学科而异的。一名有经验的教师,他会在接手某班的学科教学任务以后,与全班学生共同商议他所任教学科的课堂规范,经过全班学生认可后执行。例如,某位任教道德与法治学科的教师就对学生回答问题的方式与全班学生共建了一个模板:回答问题先说答案或结论，再说理由。而在同一个班，数学教师在要求学生回答问题时，要求先介绍思考的步骤或方法，他认为解题重在过程和方法，过程和方法对了，答案自然也就出来了。还有诸如听课的要求、小组合作的要求、作业的要求、复习预习的要求等，都要尽可能早地向学生明确，这样学生就会知道某个学科应该怎样学习才更符合教师的期待，同时也比较容易养成严谨细致的学习品格。当然，如果能够针对不同的学生分层次提出规范性要求，效果会更好。

第三，要认真准备好每一堂课。教师有强烈的课堂管理意识，也有课堂管理的方法，这只是抓好课堂管理的基础。要使课堂管理产生润物细无声的效果，最关键的还是要让学生喜欢上课。因为喜欢，他就会乐意听从教师的教导；因为喜欢，他就会自觉克制自己的言行；因为喜欢，他就会自觉抵制其他同学的诱惑；因为喜欢，他还会深入思考，积极回答课堂问题。让一堂课为学生所喜欢，是教师抓好课堂管理的基础。学生喜欢上课，教师用于课堂管理的时间和精力就会减少，即使有个别学生出现违纪违规的言行，教师也可以在短时间内进行把控。精心准备一堂课，重点要关注以下内容：精心设计教学过程和内容，科学把握教学重点和难点，以多数学生能够理解和接受的方式授课，创设良好的教学环境，因材施教，积极推进小组合作，让更多的学生参与教学，关注每一个学生上课的情绪状态，等等。要做好以上工作，教师精心备课是前提。教师如果没有对教学设计进行精心打磨，没有全面考虑课堂的各个环节和可能出现的问题，在没有充分准备的情况下仓促走上讲台，自然会影响学生的学习状态，也必然会影响课堂管理的效果。

德国教育家赫尔巴特说："如果不坚强而温和地抓住管理的缰绳，任何功课的教学都是不可能的。"课堂是学生接受教育的主要载体，是落实立德树人根本任务的主渠道。只有每一位教师重视课堂管理，把学生的进步和成长放在教育教学的中心位置，立足各自的学科，切实提高教学的有效性，各自做好自己的事，管好自己的课堂，我们的教育才不会是一盘散沙，才会形成合力，全面提高教育教学质量才有可能。

# 第20条

# "把枪口抬高一厘米"

柏林墙是二战后德国分裂和冷战的重要标志。这道约155千米长、4米多高,用水泥混凝土浇筑而成的柏林墙,几十年来一直阴森森地横亘在民主德国与联邦德国的分裂线上。柏林墙的两边分别由荷枪实弹的士兵严密守卫着。1989年2月的一天傍晚,下着沥沥小雨,大地笼罩在一片朦胧之中,民主德国士兵英格·亨里奇正警惕地守卫在柏林墙民主德国一边。因为柏林墙的建立,常有民主德国的公民翻越柏林墙偷越到联邦德国去。突然,他发现有一个人正乘着雨雾,迅速攀爬到柏林墙上,试图逃到联邦德国去。英格毫不犹豫地举起手中的冲锋枪,向那人射去。随着砰的一声刺耳的枪声和紧接着的一声惨叫,22岁的民主德国青年克里斯·格夫洛伊被守卫士兵英格击毙……

没想到的是,仅过了几个月,1989年底,柏林墙被推倒,民主德国、联邦德国回归统一,克里斯成为这堵墙下的最后一个遇难者。1992年2月,卫兵英格因开枪射杀了攀爬柏林墙的青年克里斯而在统一后的柏林法庭上受审。法庭最终判处卫兵英格三年半徒刑,不予假释。这个士兵的律师辩护道:这些士兵是执行命令的人,他们根本没有选择的权利,谁在这个岗位上都得这么做……但是律师的辩护意见并没有被法官采纳。法官西奥多·赛德尔在解释判决时说:这个世界在法律之外,还有良知这个东西。当法律和良知冲突的时候,良知才是最高的行为准则。尊重生命,是一个放之四海而皆准的原则。不执行上级命令是有罪的,但打不准是无罪的。作为一个心智健全的人,此时此刻,你有"把枪口抬高一厘米"的权利,这是你应主动承担的义务。

良知才是最高的行为准则,这是在二战结束后"纽伦堡审判"上确立起的一项国际性法律原则。当时纳粹战犯赫尔曼·戈林在接受审判时，他坚持认为自己只是奉希特勒的命令行事，只是执行法律，所以是无罪的。但国际法庭的法官驳斥：尊重生命是放之四海而皆准的原则，法西斯的屠杀违背了最高的良知原则，任何有良心的人，都不会执行恶法，最起码也应当"把枪口抬高一厘米"。

这则故事，引发了我对当前一些教育问题的思考。在我们的教育教学中，在陪伴孩子成长的过程中，教师是否也有必要"把枪口抬高一厘米"呢？来看以下案例。

马老师大学毕业后，被分配到某初中任教。马老师所在的学校是一所优质初中，历年中考成绩在片区 6 所初中中独占鳌头，许多家长会想方设法把孩子送到这所学校。马老师也因能够在这样一所学校工作而感到自豪。

马老师在大学期间就加入了中国共产党，是所在大学的优秀毕业生，虽然她刚参加工作，但学校对她很信任，安排她担任初一（2）班的班主任，同时执教初一（2）班和另外一个班的数学。

马老师在学校工作一段时间以后，她发现了一个普遍现象：除了正常上课，学校的其他活动很少，即使是课外活动时间，不少教师还是会要求学生留在教室里看书、做作业。另外，她还发现，课表上安排的体育、音乐、美术、劳动课，经常会被语文、数学等中考重点科目的任课教师占用，学生们虽然有意见，但看到其他班级都是这样，慢慢也就习惯了。以马老师对当代教育的理解，她认为好的教育不应该只是追求考试成绩，还要立足于学生全面发展。于是，她带着这个问题与其他教师交流意见，得到的答复是：没有办法，为了让学生在中考中考出好成绩，也为了自己的切身利益，只有牺牲学生的活动时间，让他们加班加点学习。

听到教师们的回答，马老师感到很无奈。她觉得在学校片面追求升学率的大背景下，一个普通教师是不可能改变现状的。她想：既然我无力改变大环境，是否能够通过自己的努力改变一下小环境？于是，她主动找到相关教师，把她的想法与他们进行交流，得到了大多数人的理解和支持。慢慢地，学校师生惊奇地看到，每到课外活动时间，初一（2）班的学生就在室外开展各种活动。在马老师班上，该上什么课就上什么课。马老师在班上对同学们说，平时上课要认真，该学习时不马虎，下课该放松就放松。放松不意味着放任，活动可以搞，但纪律和秩序不能少。与此同时，她还利用家访、微信群交流等机会，向家长宣传她的教育理念，得到了多数家长的支持。

三年后的中考，马老师所在的班尽管没有像其他班级那样加班加点，但还是考出了理想的成绩，其中有的科目还在年级中排名第一，引起了学校领导和其他教师的关注。

党的教育方针要求我们的教育要培养德智体美劳全面发展的社会主义建设者和接班人，我们必须毫不动摇地坚持，但这种坚持也应该是有原则的，即必须有利于学生的健康成长。在上述案例中，学校为保持"名校"的形象，片面追求升学率。马老师作为一个刚参加工作的普通教师，自然是无法改变大环境的，但她能够坚守对教育本质的理解，在自己的能力范围之内为提高学生学业成绩和促进全面发展做一点儿工作，并取得了较好的成效。实际上她的做法就是在把"枪口"对准升学率时，把"枪口抬高了一厘米"。

"把枪口抬高一厘米"，既是一种包容，也是一种人文关怀。我们的教育要培养的是更多有家国情怀、有血有肉的时代新人，这就要求教师要多一些恻隐之心，多一些爱和善良，真诚呵护学生的健康成长，如此才是教育该有的样子。

## 第21条
# 防止破窗效应

前不久,偶遇了一位多年未见的教师,其精神状态让我大吃一惊。

记得这名教师是在某县中学任教数学。多年前,市教育局召开高考总结表彰会,他的先进事迹曾被印发成会议材料在会上交流,受到了同行的广泛关注。看到这名教师的模样,我不由得好奇,刚好附近有一个茶室,遂邀请他一起闲聊。

在交谈中,这名教师说道,他也曾是一个充满理想的青年才俊,因为专业基础扎实,课也上得好,学校领导对他颇为器重,经常让他任教高中重点班的数学。他也不负众望,所任教班级成绩的优秀率和及格率均在学校遥遥领先,他也多次被评为市、县优秀教师。就在大家对他的前程一片看好之时,一次偶然的机会,他迷上了手机游戏。

也许是参加工作以后,神经一直处于紧张状态的缘故,在玩手机游戏的过程中,他感到一种前所未有的放松和刺激。学校领导看到他除了上课就是玩手机游戏,遂多次提醒他注意节制。他虽然口头答应,但没有行动。后来,他觉得在手机上玩得不尽兴,还专门买了一部高配置的台式电脑,通宵达旦地玩。他也曾经多次告诫自己,游戏只是游戏,偶尔玩玩可以,但不能沉迷其中。但每次对自己说,今天是最后一次,明天不能再玩了,但到了第二天,手却不由自主地打开了游戏界面。由于用在玩游戏上的时间多了,用于备课、批改作业、钻研教材和考试的时间相对就少了许多,以至于他在教学中经常不在状态,导致课堂教学质量直线下降,学生开始以各种方式向学校提意见。经多次批评教育无果后,学校无奈之下,只好让他卸去任教重点班的课务。从此,他沉迷游戏就更厉害了。几年以后,曾经意气风发的优秀教师变成了现在这副失落的模样。等他意识到不能再这样下去的时候,课堂的高光时刻已经离他远去。

听了这名教师的介绍，我不由得想起了"破窗理论"。美国斯坦福大学心理学家菲利普·津巴多于 1969 年进行了一项实验，他找来两辆一模一样的汽车，把其中的一辆停在加州帕洛阿尔托的中产阶级社区，而另一辆停在相对杂乱的纽约布朗克斯区。他把停在布朗克斯的那辆车车牌摘掉，把顶棚打开，结果车当天就被偷走了。而放在帕洛阿尔托的那一辆车一个星期也无人理睬。后来，津巴多用锤子把那辆车的玻璃敲了个大洞。结果呢，仅仅过了几个小时，这辆车也不见了。

以这项实验为基础，政治学家威尔逊和犯罪学家凯琳提出了"破窗效应"理论，他们认为：如果有人打坏了一幢建筑物的窗户玻璃，而这扇窗户又得不到及时维修，别人就可能接收到某些示范性因素从而去打烂更多的窗户。久而久之，这些破窗户就给人造成一种无序的感觉，在这种公众麻木不仁的氛围中，犯罪就会滋生、猖獗。

从"破窗效应"中我们可以得到这样的启发：任何一种不良现象的存在，都在传递着一种信息，这种信息会导致不良现象的无限扩展，同时必须高度警觉那些看起来是偶然、个别、轻微的"过错"，如果对这种行为不闻不问、熟视无睹、反应迟钝或纠正不力，就会纵容更多的人"去打烂更多的窗户玻璃"，极有可能演变成"千里之堤，溃于蚁穴"的恶果。上面提及的那名数学教师，因为第一次玩手机游戏后没有及时刹车，到后来已经欲罢不能，曾经的优秀教师变成了一名没精打采的消沉者。

作为一名教师，如何防止"破窗效应"在自己身上上演呢？

首先，拒绝诱惑，不要迈出第一步。正如一扇窗户被打烂后，会有更多的窗户受到损坏一样，人的不文明、不健康的行为一旦开始，就会有更多的不文明、不健康行为出现。当今社会，各方面的诱惑很多，作为教师，哪些事情应该做、哪些事情不能做，应该做到心中有数。对于应该做的事情，自然要多做，而且要做好。例如，我们倡导教师要多学理论、学思想、学经验，我们就要克服各种干扰，每天坚持学习，学习后要有笔记或心得，要有反思。学习时间不在乎长短，关键在于坚持。事实证明，搞好一次学习、一天的学习乃至更长时间的学习都不太难，难的是长年累月每天坚持学习。对于不能做的事情，最好的办法就是抵制诱惑，坚决不迈出第一步。有的人虽然知道不能做这件事，但怀着好奇的心理，或者过于相信自己的意志力，不由自主地还是想去试一试。殊不知，大多数人在做了第一次以后，就往往会有第二次，再多做几次意志力就没有了。尽管理论上说，人一旦发现某件事情不宜做，可以通过自己的意志力进行修正，但实际上，大部分人是没有这样坚定的意志力的。这也许就可以解释为什么有些人在错误的道路上迈出第一步后，就再也难以回头了，如吸毒、收受不义之财等。因为这些都会直击人性的弱点，有了第一次以后，便很可能会有未来的无数次，如同打开了潘多拉的魔盒。

其次，严以修身，养成良好的学习生活习惯。如上所述，不要迈出错误的第一步至关重要，但仅仅意识到这一点还不够，还要有良好的学习和生活习惯作为支撑。会开车的人都知道，交通规则要求汽车在拐弯前必须打转向灯，否则因未打转向灯而出了安全事故要负主要责任。尽管开车的人都知道这项规则，但在行车转弯过程中，有些人还是不打转向灯，没有养成正确良好的行车习惯。再如，许多教师都知道加强学习的重要性，但能够真正坚持学习的人很少，原因就在于他没有养成每天坚持学习的习惯，没有把学习当成生活的一部分，而只当作一项任务去完成。由此可见，知道是一回事，做不做又是另一回事，而人在很大程度上是会被自己的习惯支配的。想要养成良好的学习和生活习惯，一是要知道应该具备哪些良好的学习和生活习惯，二是要不断练习和强化，在不断练习和强化的过程中将其变成一种自觉的行为。人在养成了良好的学习和生活习惯以后，就会自觉抵制或远离各种诱惑，即使在条件恶劣的环境下，他也能洁身自好，不轻易打烂自己的第一扇窗户。比如，一个人习惯了不乱扔垃圾，在干净整洁的环境里他自然不会乱扔，在肮脏的环境里他也不会乱扔，因为这种习惯已经深入他的骨子里。同样，好的学习和生活习惯可以让我们远离一些不文明、不健康的行为，为我们的"窗户"增加防护的硬度和厚度。因此，我们要经常反思，有哪些好的学习和生活习惯需要坚持、有哪些学习和生活习惯需要改进，在不断反思中筑牢我们的防护之堤。

最后，严于律己，发现错误及时补救。教师的工作是教书育人，其最重要的操守是以身作则、行为世范。这既是教师要坚持的高线，也是教师要坚守的底线。当然，教师也是普通人，难免会犯错误，但如果能够知错就改，还是好同志，至少可以把损失或影响降到最低。例如，某教师平时教学很受学生欢迎，某校外培训机构就许以高薪，聘请该教师到该培训机构上课。该教师到校外培训机构兼职，一是违反了教育部的有关规定；二是他到校外培训机构兼职后，他用在正常教育教学的时间精力就少了，时间长了，对教学效果和教学质量也会产生影响。如果任由这种现象泛滥，就会有更多的教师丢下本职工作，而到校外培训机构兼职。学校发现这个情况后，及时找该教师谈话，向他宣传教育部的有关规定和相关师德规范，晓以利害。该教师在接受谈话后，也意识到自己的错误，立即与校外培训机构终止了合作。事后，在学校有关会议上，该教师还主动做了检讨，表示今后要自觉严格要求自己，不再做类似的事情。学校由于处置及时，且该教师也对问题及时采取了补救措施，取得了"处理一个人，教育一大片"的效果。

有人说，放纵、懈怠一天，就相当于打破一个小洞，如果对此意识不到严重性，不及时收敛的话，那么人生就会出现越来越多的破洞，最后便会千疮百孔。我们要做的，就是努力不要打破第一扇窗户。如果万一不小心打破了，一定要及时修补。只有严于律己，养成良好的学习和生活习惯，"勿以恶小而为之，勿以善小而不为"，我们的人生道路才会少有波折。

# 第22条
# 以优良的作风做事

中小学教师的日常工作主要分为三类：一是与教学有关的工作，二是与班级、学生管理有关的工作，三是学校的事务性或临时性工作。具体到个人，工作任务和数量是不一样的。例如，大多数普通教师的主要精力就是做好与教学相关的工作，其他工作相对比较少；而班主任既要做好自身的教学相关工作,还要做好班级、学生管理工作,学校的一些其他工作也需要班主任去落实。教师如果进入了学校管理团队,其工作重点大多是处理学校的事务性或临时性工作。三项工作彼此相连,又相对独立、各有侧重,教师要明确职责定位,科学合理安排时间和精力,以优良的作风,把各项工作做好。

所谓"工作作风",是指人们在工作中所体现出来的行为特点,是贯穿于工作过程中的一贯风格。教师工作作风,就是教师在执行教育教学任务过程中所表现出来的行为风格和特点。对于大多数学生和家长来说,他们评价一所学校及其教育质量就是通过与他们经常接触的教师来进行的。在他们眼里,他们接触到的教师是什么样子,所在的学校及其教育水平就是什么样子。因此,教师的工作作风已经不再是个人行为,教师是在代表学校对学生实施教育和管理,其工作作风如何,不但直接影响到教育教学工作的成效和相关工作任务的完成,更直接关乎学校乃至教育系统在人民群众中的形象。平常我们关注得最多的是学校领导干部的作风建设,其实作为普通教师,作风建设同样必不可少。

中小学教师要以什么样的优良作风做事呢?

一是要牢固站稳学生立场。学校的培养对象是谁?无疑是学生。学校的服务对象是谁?当然还是学生。其他对象,诸如学生家长等,只是学生利益相关方。既然学校的培养对象是学生,服务对象也是学生,学校的所有工作就都应该围绕学生,立足有利于学生健康成长而展开。同样地,教师应该立足于本职工作,服务好学生,为学生创造和提供良好的教育成长环境。例如,我们举办教学活动,就要充分考虑学生的身心特点,以学生的视角和眼光去设计和安排相关的活动内容,而不是站在成人的角度。只有我们做的是学生希望我们做的、我们说的是学生希望我们说的,这样的活动才会为学生所理解和接受,才会有应有的教育意义。再如,学生之间难免会发生矛盾和冲突,教师在调解时要站在学生的角度去思考:这次冲突是怎样发生的?为什么会发生?应该怎样处理?是否还有更好的解决办法?如果我们以成人的视角去分析和处理,学生是难以理解和接受的,效果自然也不会太好。

二是坚持要做就做到最好。学生是成长中的生命个体,教师的一言一行都会对学生的成长产生潜移默化的影响,越是低年级的学生这种影响越深刻。现在有的学生大学毕业后求职困难,或者参加工作以后在工作单位不受欢迎,除了自身的专业能力、性格品质等方面存在不足,其中一个重要原因就是对待工作没有一种精益求精的态度,而这种态度在很大程度上受成长环境的影响。教师如果无论做什么工作,不是仅考虑做完,而是致力于做好;不是仅满足于能够交差,而是要勇争第一,这种工作作风就会对学生产生润物细无声般的影响。教师如果在做每一件工作时,都争取做到最好,还能够适时以适当的方式把这种理念传递给学生,学生也会在潜意识中慢慢培育这种理念。这种理念随着时间的推移,在学生的心中生根发芽,逐渐成为他们行为习惯中的一部分,这对他们以后走上工作岗位后快速打开局面将会起到积极的促进作用。当然,教师如果养成了要做就做到最好的工作作风,在成就学生的同时,也能成就自己。

三是要养成马上就办的习惯。学生每天上什么课,他们暂时还无法选择,但如何安排课余时间,是先复习还是先做作业,是先运动还是先进图书馆,节假日要做什么、先做什么后做什么,他们还是有选择的权利的,这实际上就是时间管理。普通教师除了进行正常的教育教学活动,也有一个如何有效利用课余时间的问题。虽然学生与教师所要做的事情有所不同,但都要贯彻"要事优先"原则,这一点在前面的篇目里已有介绍。除做到"要事优先"之外,还有一点要特别引起教师的注意,就是做事不能拖延,想好了的事情要马上就办。有的教师心中有很多想法,但不付诸实施,再好的想法就只是空想,是不会产生任何实际效益的。例如,某语文教师感觉到有必要提高自己的课堂教学水平,领导要求他加强学习,其中一点就是要多看看校内外名师的讲课实录,在看实录时对照自己的教学情况进行反思。该教师也觉得这是快速提升自己的一个好方法,但一想到看一个视频差不多要一个小时,就开始犹豫了,心想现在工作那么忙,不如等到学校放假之后再坐下来认真观看和思考;可等到学校真正放假时,他又去忙别的事情了。就这样,几年过去了,该教师还没有系统地看完几个名师的讲课实录,更不用说进行有效的反思了,他的课堂教学水平还是在原地踏步;而其他教师意识到问题后说干就干,他们的教学水平也因此迈上了一个新的台阶。

四是要经常性总结和复盘。教师每天都有许多工作,有的是分内的工作,如与教学有关的活动、处理班务等,有的则是学校或年级组(学科组)安排的临时性工作。如果我们把工作做完了就丢在一边,不去总结和复盘,那么无论做了多少工作,都可能难以使自己真正得到提升。例如,小王是某学校的英语老师,一天上午,学科组长告诉他,下周有外校的教师到学校听课交流,要小王老师上一堂英语教学公开课,课后交流时他还要做中心发言。小王老师接到任务后,赶紧做好了相关准备并如期上公开课、做中心发言。就在他信心满满的时候,学科组长告诉他,公开课上得还好,中心发言则反响平平。小王老师听到反馈之后,有点愤愤不平。他心想,自己的课一向上得不错,而且这次还做了充分准备,可到头来只得到一个"还好"的评价,于是流露出不该接受此任务的态度。学科组长对小王老师的心情表示理解,并让他到办公室坐下来,一起对公开课和中心发言的场景进行复盘:先是肯定成绩,指出问题;其次是查找问题出现的原因;最后提出对问题的改进措施。经过复盘,小王老师认识到自己犯了自以为是的错误,无论是公开课还是中心发言,事前都没有征求过其他教师的意见,更没有做一些必要的演练,而自认为很满意。通过复盘,学科组长也做了自我批评,他原以为以小王老师的功底和平时表现,上一堂这样的公开课、做一次中心发言,应该是手到擒来的事,自己犯了主观主义的毛病。通过这次复盘,两个人都吸取了教训。又过了一个多月,全县中学的英语骨干教师到学校听课交流,还是小王老师上公开课、做中心发言,但这次得到了全体与会教师的高度评价。

俗话说"勤能补拙",意思是人只要勤劳肯干就可以弥补最初的笨拙。教师只要有良好的工作作风和敬业精神,同样可以弥补不足,取得较好的工作业绩。教育是育人的事业,教师是教育教学工作的具体执行者,其工作作风如何,直接影响到教育教学工作的成效和学校在人民群众中的形象。广大教师要坚守初心,牢记使命,"不因成功而忘乎所以,不因平淡而放松要求,不因挫折而丧失斗志",坚持站稳学生立场,以要做就做到最好的态度,为办好人民满意的教育事业做出自己应有的贡献。

第**23**条

# 管控好自己的情绪

2021年4月21日,教育部对8起违反"教师职业行为十项准则"典型问题进行了公开曝光,其中就包括陕西省宝鸡市某县小学教师赵某某体罚学生问题。通报称,赵某某的行为违反了《新时代中小学教师职业行为十项准则》第五项规定。根据《中国共产党纪律处分条例》《事业单位工作人员处分暂行规定》《中小学教师违反职业道德行为处理办法(2018年修订)》等相关文件,赵某某被给予党内严重警告、降低专业技术职务等级的处分,并被调离教师岗位。学校校长被给予全县通报批评,并被责令向县教体局做出书面检查。

读罢该通报,我不免生出几分感慨:学生作业中一道数学题未标注计量单位,这本是一件再小不过的事情,赵某某不至于如此大动肝火。赵某某在看到学生闪躲后,下意识地认为学生不接受教导,于是情绪上来,心里充满怒火,才出现后面的失当行为。人一旦怒火中烧,便会头脑发热,只顾发泄自己的怒气。等到怒气发泄之后,闯了祸,才追悔莫及。由此看来,学会控制情绪,是一个教师做好教育教学工作的基本功。

第一,正确认识情绪。所谓"情绪",是对一系列主观认知经验的统称,是多种感觉、思想和行为综合产生的心理和生理状态。最普遍、通俗的情绪有喜、怒、哀、惊、恐、爱、恨等,也有一些细腻微妙的情绪,如嫉妒、惭愧、羞耻、自豪等。情绪常和心情、性格、脾气等因素互相作用,也受到激素和神经递质影响。无论正面还是负面的情绪,都会成为引发人们行动的动机。人有感情、有思想,对事物会表现出相应的情绪,这是正常的心理现象,没有必要谈虎色变。一个正常人可以有情绪,但这种情绪应该控制在合理、适度的范围内,否则就会影响正常的思维和判断,甚至会被别有用心的人利用。凡古今成大事者,不仅能力出众、认知超群,而且内心强大,懂得克制自己的情绪,因为他们内心很清楚:发脾气并不能解决问题,反而有可能使事情变得更糟,朝另外的方向发展。

第二,要苦练内功,增强自信。心理学研究表明,人往往会特别在乎自己缺少的或希望得到的东西。因为在乎,就容易引起思想的高度紧张,而越是高度紧张,就越容易出现过度反应。为什么赵某某对一个看似平常的小事反应如此激烈?实际上是他对自己的教学能力和水平缺乏自信,而缺乏自信的深层次原因则是教学基本功不够扎实。设想一下,如果赵某某是一个教学能力出众的教师,他会关注学生学习中出现的问题,他会和颜悦色地向学生指出并给予帮助。他不会因为这样一件小事而大发雷霆,因为他相信以他的能力和水平,完全可以教育好学生,他也相信在他的帮助引导下,学生能够学好。有人说:有本事的人没脾气,因为他对自己充满自信;没本事的人脾气大,因为他对自己缺乏自信。事实上,越缺乏自信的人就会越担心自己的面子,就会越担心他人对自己的评价。要知道,一个人越是能力不足的时候,越执念于那些无足轻重的面子或权威,处处都要表现出自己强大的自尊心。其实,这种自尊不过是一种建立在不安全感之上的脆弱的自我陶醉。因此,教师仅仅知道控制情绪是不够的,重要的是要加强学习,提升自己的教育教学能力和水平。教师能力强了、水平高了,对自己就会有充分的自信。有了自信后,即使碰到这样或那样的问题,也会比较冷静,不容易失态。

第三,要学会控制情绪。人有七情六欲,在面对特定事物或环境时,都会有自己的情绪。关键是在有情绪时,不能放纵情绪的宣泄,而是要通过合理的方式进行控制。学会控制自己的情绪,是一个人最大的修养,也是一个人最深的福报。具体来说,可以从以下方面多加修炼:一是冲动时反问自己。每当碰到不如意的事情,自己感觉快要爆发时,强迫自己冷静下来,深呼吸,并不断地反问自己:我这是怎么了?为什么要发脾气?这样连续问三遍以后,情绪就会逐渐回归正常状态。例如,某教师在课堂上接连问学生几个简单的问题,但没有一个学生能够回答出来,不仅如此,不少学生还表现出一副无所谓的样子。面对这样的情况,修行不够的教师往往会狠狠地批评学生们一通,说着说着脾气就会上来。此时,如果教师能够连续反问自己,过一会儿情绪就会平复下来。二是难受时转移注意力。在感觉自己快要发脾气时，如果可以的话应暂时离开当下场合，或者看看迎面的风景、听听音乐，或者与其他同事谈些别的事情转移注意力，待情绪平复后再回到现场。三是难过时参加运动。此方法适用于不紧急的场合。当因为某件事难过时，你可以试着去参加户外运动。在运动的过程中，人体分泌的激素会帮助我们从难过的压抑气氛中解脱出来，开始新的生活。四是心烦时多读书。每个人都会有那么一段时间感到心烦，莫名其妙地想发泄一番。心烦则意乱，意乱则在遇到一件哪怕是很小的事时都会大发脾气，事后冷静下来又感到后悔。很多时候，人之所以会陷入狭隘的迷茫和烦恼中，根本原因就是读书太少。因为我们的情绪就藏在我们的认知里。认知不够、智慧不够，就没有稳定的情绪来破解生活中的难题。书读多了，格局、眼界扩大了，加上生活的历练，许多原来看起来是天大的事情可能也就不值一提了，此时你自然就不容易有情绪，更不会发脾气了。

学会控制情绪，是我们人生的必修课。但一个人无论修养再好，也难免会有情绪失控的时候。当我们意识到情绪管理出现了问题时，我们要不断总结和反思，多问自己为什么会情绪失控，如果不发脾气，结果是不是会比现在好一些。当下一次再遇到类似事情的时候，要想到曾经发脾气并没有带来好的结果，就不会情绪失控了，呈现在我们眼前的世界也许就是另外一副样子。

## 第24条
# 用正确的方法读书

有一个听过我报告的学员给我发私信，言及他几年前响应县教育局和学校的号召，在工作之余读了不少书，但几年下来，自己好像没有什么改变。现在他感到有些困惑：读书对于教师究竟好在哪里？教师应该怎样读书？

这个学员的私信引发了我的思考：我们的教育主管部门和学校一直要求

教师多读书，对于读书的重要性、必要性讲得太多，但究竟应该怎样读书，这方面的指导和帮助则相对较少。虽然表面上看教师队伍是一个知识分子高度集中的群体，但很多人从小学到中学再到大学，接受的是一种拿文凭、考级的教育，知识结构是单一的，他们各自的专业知识也许比较出色，但专业以外的知识结构相对比较单薄，正是这种单薄的知识结构限制了不少教师的视野和眼光，普通教师很难通过读书学习打通通往优秀教师的"最后一公里"。在当代知识大爆炸的大背景下，教师要有效地提升自己，读书是一条必不可少的途径，但教师的读书应该与学生的读书有所不同，他们需要建构或补充的是有关教育教学的系统性知识。因此，教师读书的正确方法应该是系统性读书。

首先我们要了解和建构正确的知识体系。瑞典著名生物学家卡尔·林奈在《自然系统》一书中指出：知识的第一步，就是要了解客观事物本身。这意味着对客观事物要有正确的认识，通过有条理的分类和确切的命名，就可以区分和认识客观事物。卡尔·林奈的植物分类法就让人类能够更清楚地认识纷繁无比的植物世界。

卡尔·林奈的植物分类法给我们读书带来的启发是，读书也要大体上采取"先总后分"的方法，即先要把"纲"抓住，确定读哪些源头性的图书，然后顺着这个"纲"往下延伸和拓展，进而建构起相对完整的知识体系。前述学员之所以感觉到读了这么多书，好像没有起到什么作用，原因可能就在于要么读得太杂，要么过于偏科，缺乏"纲"的引领，故而遇到现实中的教育教学问题时会感到迷茫，好像读的书用不上。

美籍奥地利人弗里兹·马克卢普把我们要学的知识分成五大类：一是实用性知识，主要是对人们工作、生活、决策和行为有参考指导价值的知识；二是学术性知识，主要指能够满足人们在学术创造上的好奇心的知识；三是闲谈与消遣的知识，主要是指满足人们对轻松娱乐和感官刺激方面的知识；四是精神知识，主要是与宗教相联系的知识；五是不需要的知识，主要是指通过一些偶然的机会看到的或无意识保留下来的知识。对比一下当前我们教师所读的书：一是大多关注的是实用性知识，如怎样管理好一个班集体、怎样备课上课、怎样处理人际关系、如何健康保健等；二是闲谈类或消遣性的知识，如一些趣闻故事、心灵鸡汤等；三是不需要的知识，虽然这些知识在教育教学上用不上，但它能满足人们某个方面的需要或好奇心。而对于学术类知识和精神类知识，或者是难以集中精力阅读的知识，或者是晦涩难懂的知识，或者是个人不感兴趣的，教师读得普遍较少，造成其知识体系不完整，客观上阻碍了教师的进步和提升。

由此看来，教师要建构相对完整的知识体系，除了读一些实用性书籍，还要系统地读一些学术性著作和精神性著作。这些著作理论性强，虽然有些表述比较抽象，好像不具备多少实用性，但正是这些抽象的表述，构成了我们读这些实用性知识的基础。我们之所以感觉读不懂，并不是理论有多么抽象，而是我们的知识体系还没有达到这个高度。我们不仅要学习实用性知识，更要知道这些实用性知识的理论基础，即这些实用性知识是怎么来的。实践证明，对于所谓的"实用性知识"，即使读得再多，但如果缺少理论指导，这些知识也很难内化成我们的能力。现实生活中经常会出现这样的情况：遇到所读书中描述的同样问题时，我们能够参照处理；但如果换一个问题场景，我们就会束手无策。正如教师在面临学生犯的错误时，不仅要知道错误的性质，更要知道学生为什么会犯这个错误，不仅要知道是什么，更要知道为什么，然后才能知道怎么办。

其次是要系统性读书。教师的工作特点，决定了我们主要是阅读教育类书籍，其他类型的书籍较少涉猎。一是要选择一两个教育理论作为我们阅读的源头性知识，从而选择相应书籍认真进行研读。例如，美国教育家布卢姆的结构课程理论，他在代表作《教育过程》中强调学习学科的基本结构，提出了早期学习和发展学习的理论。布卢姆认为，教学应该以掌握学习为指导思想，以教育目标为导向，以教育评价为调控手段，形成完整的掌握学习理论体系。苏联教育家赞科夫在其代表作《教学与发展》中，以一般发展为出发点，提出了"高难度教学""高速度教学""理论知识起指导作用""理解学习过程""使所有学生包括差生都得到发展"的五大教学原则。对于这些理论性著作，我们能够通读最好，如果通读有困难，也要了解理论的基本观点，并放在案头随时查阅。二是阅读一些主干类书籍。例如，心理学著作属于源头性知识，教育心理学则是从心理学中派生出来的，属于主干类知识。同样，管理学著作属于源头性知识，而教育管理学就是由管理学发展而来的。这些书籍属于可拓展阅读的书籍，对提升我们思考的广度和深度很有帮助，我们最好能通读一两本。三是树权类书籍。这些书籍大多是在主干类书籍的基础上进行细化和研究，与我们工作的联系比较密切，也是我们阅读的重点，例如与教学改革、班级管理、教学管理、学生心理健康等方面研究相关的图书。四是树叶类书籍。这些书籍主要是介绍一些实用性知识，如留守儿童的教育和管理、语文教学如何实现高效、怎样提高英语表达能力等。教师对这些书籍比较感兴趣，但最好在阅读前面三类书籍的基础上再来研读这类书籍，这样效果更好，否则就容易出现学难致用的情况。五是现实题材或案例类书籍。教师有时间的话，可以适当阅读一些这类书籍，对我们深刻认识一些理论或了解某种现象会有所帮助。至于微信公众号、短视频上的一些文章，大多是针对某个问题的碎片化信息，其观点对错难以一概而论，教师作为参考可以，但最好不要将其作为主要的阅读对象。原因很简单，碎片化的信息带来的是碎片化的阅读，对构建完整的知识体系、提升教师的综合能力没有多大帮助，若应用得不好反而容易造成思维混乱。

最后是带着问题读书。教师不仅要多读书，而且要带着问题读书，这既是提升教师综合素质的内在需要，也是更好地解决相关教育教学问题的需要。一般来说，我们的问题主要来自两个方面：一是在教育教学过程中遇到的问题；二是在读书过程中生成的新问题。我们希望通过读书找到现有问题的答案，这是实用型的读书方式，可以提高我们解决问题的能力，但往往只立足于当下；而对于在读书过程中生成的问题，我们仍然要通过继续读书来寻找答案，这是探究型的读书方式，是在真正地提升自己，着眼于未来。很多教师一开始大多都带着问题去读书，但感觉已经找到答案后就不读了。这种读书方式也不好。我们既要想办法解决当前的问题，更要对我们未来可能面临的问题做思想上的准备。只顾解决当前的问题而不为未来着想，从长远眼光看对教师的成长是不利的。我们既要鼓励教师在读书中找到现有问题的答案，更要鼓励教师在读书中不断地发现问题并找到问题的答案，这样教师就可以有丰富的知识储备应对教育教学工作中的不确定性，也能够更快地提升自身的专业能力和水平。

第**25**条

# 在帮助他人中成就自己

　　我的老家在江西省吉安市青原区大山里的一个小山村。记得小时候我常与爷爷去走亲戚，山里的泥泞小路上散落着一些枯树枝。每每看到，爷爷都会停下脚步，把这些枯树枝清理干净。我对此颇为不解，问爷爷："这些树枝又没有挡到我们的路，为什么还要耽误时间去清理它们？"爷爷微笑着对我说："我们爷俩身体好，腿脚方便，又是在白天赶路，自然不会被绊倒。但是，如果是晚上，刚好有一个腿脚不便的人路过，他就很容易摔跤。还有，如果我们回来的时候，路上这么多枯树枝，我们自己也不好走。我们现在把这些枯树枝清理干净了，一是方便其他人路过，二是我们自己返回时也会好走得多。"因年纪尚小，我听得似懂非懂。实际上，爷爷乐善好施，乐于做这些没人看见的好事。另外，看到穷苦人家遇到困难时，只要在能力范围之内，他都会伸手帮他们一把。他经常对我说，人一辈子要多做好事、善事，这样才会有福报。

　　后来我慢慢长大了，考上大学，毕业后又当了教师。在平时的教育教学工作中，我慢慢地理解了爷爷所说的话和所做的事：人不能太自私，要学会帮助他人，帮助他人也会方便甚至成就自己。《三字经》开篇就说："人之初，性本善……苟不教，性乃迁。"意思是说，人人都有善良的基因，都有利他的本能，关键是要通过良好的教育和引导，同时创造良好的环境，把人的善良和利他的品质激发出来。当人人都在努力为他人着想、愿意关心帮助他人的时候，人间才会充满温情，世界才会变得更加美好。

　　利他之心人人都有。人类社会自有史以来就有竞争，有竞争是好事，但竞争是否要利他，不同价值观的人对此有不同的解读。多数观点认为，竞争是人类获得社会财富或利益的一种方式，需要大力提倡，但竞争时既要考虑自己的利益，也要考虑对方或他人的正当利益，这样的竞争才是文明社会所需要的。这种观点实际上是基于人生来就有利他之心的良性假设。究竟是否人人都有利他之心，现代科学对此有所研究。以色列有个心理学家叫爱伯斯坦，他领导的研究小组在研究人的基因过程中首次发现了促使人类表现"利他主义"行为的基因。同时通过调查发现，约三分之二的人携带这种基因。它可能是通过促使受体对神经传递多巴胺的接受，给予大脑带来愉悦之感。通过实验，科学家认为大多数人只是没有挖掘利他之心，当真正去挖掘时，利他之心就可以显现。教育工作者在相信学生具有利他之心的同时，要通过日常的教育引领、榜样示范、活动激发等方式，唤醒隐藏在学生内心深处的利他之心，认可"帮助他人最有意义"的价值观，让帮助别人成为一种修养和德行。

正确看待帮助他人。帮助他人的方式有很多，可以是在钱财上给人以救济，可以是在生活上予人方便，可以是在工作上提供建议，也可以是在精神上给人带来光亮。人人都有可能遇到困难，人人都有可能需要别人的帮助。行走于人世，没有谁会是永恒的强者，也没有谁是永恒的弱者。谁都有雨天没伞的时候，帮他人搭起的桥都会变成我们未来前行的路。今天你主动帮助别人，明天别人才有可能愿意帮助你。因此，我们为他人提供的帮助应该是主动给予的，不是为了表现自己或为了博取他人眼球的作秀；我们提供的帮助应是用我们某一方面的优势，在他人遇到某方面困难时给予的帮助。也就是说，我们帮助他人要在他人需要的时候帮，要雪中送炭，而不是锦上添花。而且我们对他人的帮助应是不求回报的。有些人愿意为有困难的人提供帮助，但内心希望被帮助的人给予回报，虽然这种想法无可厚非，但带有功利之心，有了功利之心以后，所提供的帮助就失去了味道。我们为他人提供力所能及的帮助，是为了让我们的内心能获得幸福安宁。俗话说："善有善报。"即使被帮助的人没有给予我们应有的回报，命运也很可能会让我们在其他地方得到恩惠。

帮助他人要注意方式方法。为别人提供力所能及的帮助是一种美德，但也要注意方式方法，否则有可能好心办坏事。一是态度要真诚。在别人需要帮助时，我们要以平等的姿态、协商的语气、友好的态度提供帮助；切莫居高临下,以一种救世主的姿态自居,让被帮助者丢掉人格尊严,否则很容易引起被帮助者的反感,造成吃力不讨好的尴尬局面。例如,有的个人或企业,为中小学的贫困儿童捐款,这本是一件好事,但让接受捐助的学生站成一排,举着写着赞助金额的牌子拍照留念,这种做法在早期比较普遍,随着人们扶贫观念的改变,这样的做法可能会伤害受捐助学生的人格尊严,也就值得商榷了。二是要注意保护自己。帮助他人要量力而行、确保自身安全,不盲目见义勇为。三是要减少功利之心。帮助他人是一种美德、一种修行,在帮助他人的过程中,我们也可以找到自己的快乐、实现自己的价值。帮助他人成就自己是一种信念,成就自己并不是马上就可以实现的。如果指望一帮助别人,立马就可以成就自己,或者很快就会得到回报,这就是一种带有功利心的想法。假设你是一个教学经验丰富的教师,学校实施"青篮工程",指定你作为某个年轻教师的导师,你要愉快地接受任务,积极主动、毫无保留地给他提供帮助。经过你的帮助,他的教学水平提高了,反过来又可以促进你的教学,你也因此会变得更优秀。这就是回报,就是在成就自己。

《道德经》有言:"天道无亲,常与善人。"人们常说:"好人有好报。"所有的好运,不过都是日积月累的善良。当我们帮助了他人时,终有一天我们会从他人那里获得最好的福报,也会在帮助他人中成就我们自己。

第**26**条

# 构建良好的师生关系

影响教育教学效果最主要的因素是什么?有人说是教师的工作责任心,有人说是教师的教学能力和水平,有人说是学校的办学条件和学习环境,有人说是学生的知识基础和智力水平。我认为,以上虽然是影响教育教学效果的因素,但不是最主要的因素,最主要的因素应该是师生关系。

为什么说师生关系是影响教育教学效果的最主要因素?原因主要有以

下几个方面。一是师生关系影响教师的工作心情。在师生关系良好的状态下，教师的心情是愉悦的，愉悦的心情会让教师对工作产生积极的情感，他会以更认真的态度准备每一堂课，在上课时能够全身心投入，思维活动始终处于一种最佳状态。学生表现好时，他会发自内心地表示欣赏；学生犯错误时，他也会选择宽容，愿意像父母对待孩子一样对待学生，不会轻易与学生较真。二是师生关系影响学生的学习状态。生理学研究表明，当师生之间产生融洽、亲密的情感时，这种积极的情感往往能使学生的大脑皮层处于兴奋状态，从而使学生能更好地接受新知识，提高学习活动的效果。反之，如果师生之间情感对立，相互持敌视的态度，那么就会抑制大脑皮层活动的积极性，从而对学生的学习造成消极的影响。因此，在师生关系良好的情况下，学生对教师上课会怀着期待的心情，在听课时会全身心投入，积极回答教师提出的各种问题；对于教师的教导，会自觉地接受。即使教师言辞比较激烈，学生也会认为老师是为自己好而不放在心上。三是师生关系直接影响教育教学效果。美国教育心理学家布卢姆认为，决定教学效果的变量主要有以下三个：认知、情感和教学质量。其中，情感是影响教学效果的主要变量之一。布卢姆认为，良好的师生关系会让学生对学习产生更强烈的兴趣和热情，而那些带着兴趣和热情进入学习任务的学生比那些没有兴趣和热情的学生学习更容易、速度更快、达到的成绩水平更高。

怎样才能构建良好的师生关系呢？在当前世界面临百年未有之大变局的背景下，在新生代儿童成长深受外界影响和干扰的今天，构建良好的师生关系面临新的挑战，过去一些行之有效的思想和方法虽然可以作为参考，但未必可以依葫芦画瓢、照单全收。我认为，主要应关注以下方面。

第一，重新认识爱心和责任心在师生关系中的作用。许多教师倾向于认为，只要对学生有爱心和责任心，大概率就可以构建良好的师生关系。这种观点，放在10年、20年前应该是比较准确的，但现在的中小学生绝大多数都是"05后""10后"，他们所受的家庭教育、成长环境、对世界的认知，与我们20世纪70年代、80年代出生的教师有着天壤之别。这些教师在他们还是少年的时候，物质条件相对匮乏，生活也比较艰苦，在他们的记忆里，每天能够吃饱饭、有衣服穿就已经比较满足了，有玩具玩就更高兴了。而如今的学生绝大多数不愁吃、不愁穿，也不缺少玩具，他们被父母宠着、爷爷奶奶惯着，对他们而言，爱已经不再是一种稀缺资源。至于物质生活，"70后""80后"教师奋斗了几十年，好不容易有了住房、汽车，闲暇时甚至可以出去旅游，但对于现在的中小学生来说，其家庭往往早已拥有了住房、汽车，童年时期便能体验旅行，至于吃穿更不是问题。物质对于他们不是不足，而是相对富余，吃不饱、穿不暖的处境在他们看来是不可能的事情。以往教师只要对学生在思想上予以关心、生活上予以帮助，师生关系往往就会比较好。在爱已经不再稀缺、物质高度丰富的今天，虽然爱心和责任心仍然是构建良好师生关系的基础，但如果仅有这个基础，学生未必会领情。换句话说，师生关系未必会好。

第二，学会以青少年学生的视角看问题。如前所述，现在学生的成长环境与教师相比有很大的不同，他们对某些现象的立场观点和价值观也发生了较大的变化。一是对特定事物在认知上存在差异。有些在教师看来难以理解的事情，在学生看来却是稀松平常的事；有些教师认为必须做好的事情，学生反而不以为然。如果教师在思想认识上不能做到与时俱进，还是"穿新鞋走老路"，势必会与学生在认知上产生冲突，影响师生关系。例如，对于网络游戏，年龄大一些的教师大多持排斥心理，有的甚至视其为洪水猛兽，一旦发现学生玩网络游戏就批评训斥，学生则会视教师为老古董，从而把教师的劝导当作耳边风。再如，勤俭节约是一种美德，很多教师在少年时期甚至还有一件衣服"新三年，旧三年，缝缝补补又三年"的经历。现在时代变了，环境变了，虽然勤俭节约作为一种传统美德值得提倡，但如果不注意方式方法，仍用旧的消费观简单粗暴地要求学生勤俭节约，学生很难认同。二是对待非原则问题的评价。教育要立德树人，但这个"德"包含什么内容、有哪些标准，许多学生是不清楚的，教师应该按照教育相关准则和要求，与学生平等协商、达成共识。对于原则性的价值观，如做人要诚实、善良、尊敬师长、奋发向上等，教师当然要坚持原则，该教育就要教育，该引导就要引导，该批评制止的就要批评制止，不能因学生做不到或不愿意做就退让；而对于一些非原则性问题，如穿戴、发型、业余爱好等，只要没有违反校纪校规及中学生行为规范，不是太出格，可以适当引导，但不要与学生较真，否则就容易引起学生与教师的对立,造成师生关系紧张。

第三,要学会妥善处理与学生有关的问题。现在的学生在充满爱的环境中长大,看问题往往习惯以自我为中心,但也有较强的平等意识。他们在评价教师时,不但会看他有无爱心和责任心,更会看他如何处理与学生有关的问题。因此教师的做法直接会影响师生关系。作为教师,在处理与学生有关的问题时应注意以下几点。一是做到公平公正。例如,有的教师在课堂上对学生提问时,往往喜欢提问成绩好的学生,久而久之,成绩一般的学生就会认为老师偏心,心中就容易对老师产生不满。再如,甲、乙两名学生都犯了同样的错误,甲学生因为家庭条件好,教师只对他简单批评了事,而乙同学家境一般,教师又是要求他公开检讨,又是请家长来学校。这种做法无疑没有做到公平公正对待学生,势必引起学生不满。二是要维护学生的自尊。现在的学生对此表现得特别敏感。例如,他会很在意自己对教师提的意见或建议是否会受到重视,他也会因其他人侵犯他的隐私而暴跳如雷。因此,想要建立良好的师生关系,教师要学会倾听学生的意见,理解他们的担忧和苦恼,让他们有更多表现自己的机会,这样的教师,学生就会认为他有亲和力。三是要学会讲故事而不是讲道理。有专家经大量研究,总结出新时代学生有"三不"的特点:不迷信宣传,不崇拜权威,不轻易服从。所以,在解决学生问题时,教师要做到问清楚、理清楚、想清楚。"问清楚"即问清楚事情发生的过程,不主观臆断,不误判学生。"理清楚"即梳理清楚事情的因果、条件等逻辑关系,分清主次和轻重。"想清楚"即寻找合理的解决办法,既要能解决问题,又要让学生心服口服。例如,某个学生违反了学校纪律,如果在问清楚、理清楚以后,能够通过讲故事的方式,将道理寓于故事中,用学生能够理解和接受的方式对学生进行教育帮助,效果应该会好很多。当学生都乐意接受教师的教导时,师生关系往往比较好。

第四,要练就过硬的教学本领。要构建良好的师生关系,教师除了做好以上工作,还要练就过硬的教学本领。现在的学生比以前更信奉"强者为王、能者为师"的人生哲学,良好的教学水平、高度负责的精神,是教师征服学生的最好方式。当学生百思不得其解时,教师如果能用三言两语就让学生豁然开朗,学生就会对教师充满信服。学生只有信任自己的教师,才会愿意跟教师一起探讨问题，接受教师的建议，甚至以优秀的教师为自己人生道路上的榜样。所谓"亲其师，信其道"就是这个道理。反之，如果某个教师的教学水平比较低下，尽管他十分关心爱护学生，也能够以正确的方式处理与学生有关的问题，但无法成为学生学习之路的良师益友，不能给予学生更大的帮助。所以，作为教师，我们不仅要增强责任意识，更要加强学习和钻研，不断提高自己的教学能力和水平，力争在教学业务上成为强者，这样才能在学生心目中树立起良好形象，从而为构建良好的师生关系打下坚实的基础。

## 第 27 条
# 努力挤进上进的圈子

　　我的两个学生，他们都毕业于某师范大学，在大学的成绩和表现都差不多。大学毕业后，甲同学到 A 学校任教，乙同学到 B 学校任教。A 学校管理规范，教师争先创优的氛围浓厚，甲同学在这样的氛围里工作，自然不敢怠慢，无论做什么事都认认真真，久而久之便养成了要做就做到最好的态度；而 B 学校管理比较松懈，无论教风还是学风都比较散漫，教师的工作积极性不高。刚参加工作的前两年，乙同学还是想做出一番成绩的，各方面工作都很努力。时间一长，禁不住环境影响，他慢慢地也就随波逐流，工作上也不那么努力了。2019 年 7 月，我应邀参加了这两名同学班级的毕业 10 周年聚会。甲同学已是市级学科带头人、学校科研处副主任，整个人看起来精神抖擞、意气风发；而乙同学则默默无闻，显得自卑起来。由此我想起孔子的一番话："与善人居，如入芝兰之室，久而不闻其香，即与之化矣。与不善人居，如入鲍鱼之肆，久而不闻其臭，亦与之化矣。"我们与什么样的人为伍，在很大程度上决定着一个人能够走多远。教师如果能够在一个校风、学风、教风良好的学校工作，又主动结交了一批充满正能量的教师，这就意味着他挤进了一个上进的圈子。无数事实证明，如果能经常与优秀的人在一起，往往更容易学到他们身上难能可贵的品质，自己也更容易走向成功。反之，如果不幸处在一个整天只想着吃喝玩乐的圈子，日积月累，他也会深受影响，慢慢地就会变得不思进取，难有成就。所谓"近朱者赤，近墨者黑"，讲的就是这个道理。

可能你会说，谁都想到一所优秀的学校里工作，可现实中可能不幸只能去一所各方面都不如意的学校工作。诚然，我们可能无法选择任职的学校，但与什么样的人为伍，是否努力奋发有为，我们是可以选择的。事实上，有不少在普通学校工作的教师，通过自己的不断努力，也得以从一个并不优秀的群体中脱颖而出，实现自己的人生梦想。因此，我们要树立这样的理念：无论在一所什么样的学校工作，努力和成长都是自己的事情；要积极创造条件，挤进一个上进的圈子，经常与优秀的人在一起。

许多人都明白经常与优秀的人在一起的益处，但要想挤进一个上进、优秀的圈子，必须在提升自身素质上下功夫，要意识到自己身上还有很多缺点和不足，与优秀的人相比，无论在思想、工作态度、行为习惯还是工作绩效上都有很大差距。我们要和优秀的人在一起，就必须在以上方面积极加以改进，努力缩小自己与优秀的人之间的距离。

我们现在之所以没能进入一个上进的圈子，是因为我们自己还不够优秀。仅知道这点还不够，还要知道自己究竟在哪个方面存在不足。有的是对教育工作不热爱，不热爱就没有热情，没有热情就做不好工作；有的是不愿意学习，更不愿尝试新鲜事物，总是以一种抱残守缺的心理对待自己的工作；有的是工作态度不端正，做事缺乏主动性，对学校安排的工作持一种天然的抗拒心理，能拖则拖，拖不了就马虎应付；有的情商不高，不愿与人沟通或不会与人沟通，虽然自己工作能力和绩效都不差，但曲高和寡；有的是教学方法不当，工作责任心欠缺，教学效果不好，不受学生欢迎。总之，自己还不够优秀是有原因的，我们要学会解剖自己，吾日三省吾身，把自己身上存在的缺点和不足毫不留情地找出来，然后给自己制定一个改进的路线图和时间表，一项一项去改正、去提高。当自己变得优秀时，优秀的人自然就会和你交朋友。

圈子决定着我们的眼界和格局，同时也藏着我们的未来。有一句话说得好："一根稻草，扔在街上，就是垃圾；跟白菜捆在一起，那它就值白菜的价；

而如果把它跟大闸蟹绑在一起，那它就值大闸蟹的价格。"稻草尚且如此，何况人类。为了变得优秀，我们就要设法挤进上进的圈子，与优秀的人为伍，学会从他们身上汲取进步的动能和力量。

## 第28条
# 学会与别人分享你的优势

为了帮助新教师快速成长，许多学校都推出了由名师带新教师的"青蓝工程"，倡导师徒结对、共同成长。该工程实施以来，不少新教师虚心向名师请教，大多数名师都虚怀若谷，悉心传授教育教学经验，使大批新教师得以迅速成长；但也有不少名师不愿教，不愿与人分享自己多年来形成的教学优势，同时也存在少数新教师不愿虚心学习的情况：从整体来看，此项工作还有很大的提升空间。

小李是某高中的高一语文教师，毕业于某部属师范大学。前不久参加某高中的自主招聘，以较好的成绩和表现被该高中录用。

由于小李是新教师，学校特意安排了市级语文学科带头人王老师担任他的指导老师。小李很珍惜这个与学校名师近距离接触的机会，不但经常去听王老师的课，还会时不时地向他请教一些问题。刚开始，王老师也很热情，基本上能做到有问必答，有时还会主动前去旁听小李的课，并给小李指出一些问题。看着师徒俩经常形影不离的样子，有些教师开始不乐意了。在一次年级组会上，趁着小李还没来，一名教师对王老师说："你这样全心全意地辅导年轻人，他本身又是名牌师范大学毕业，很快就会超过你的。"王老师本来没有多想，但听了这名教师的话以后，不由得心里一激灵：是啊，现在学校内部竞争这么激烈，徒弟取代师傅的情况时有发生，我何必如此认真呢？

从那以后，凡是小李要求去听王老师课的时候，王老师就说"今天讲练习题，没什么可听的"；问王老师问题时，王老师又说"现在没空，等会儿再说"。刚开始，小李并没有在意，后来被拒绝的次数多了，小李就明白了：原来王老师不愿意带他这个徒弟了。好在小李自身素质不错，又肯积极钻研，能够吃苦，很快他就适应了高中语文教学工作。三年后，他也成了市级语文学科带头人；又过了三年，他成了全省最年轻的省级语文学科带头人。而这位心有顾虑的王老师还在原地踏步。当然，如果小李老师在承担辅导年轻教师任务时，也怀着与王老师同样的心理，很难说小李老师不会成为第二个王老师。

学校推行师徒结对工程，本意是通过名师引领来帮助新教师快速成长，但在实际操作过程中，名师不愿意教新人或不会教的情况不少。师徒结对工程之所以会出现这样一种尴尬的局面，主要是因为有的名师思想认识不到位，当然也有学校宣传引导不到位、考核评价机制不当等方面的原因。事实上，善于与别人分享自己的经验或优势，无论是对团体还是个人而言，都是一件好事。

教师身处在学校这个大的环境中，离不开周围人和事的影响。只有工作的环境、氛围越来越好了，周围人共同进步，互相之间不断地影响和刺激，教师自身才会变得越来越好。所以，一个教师要想走得更远更好，要学会与志同道合者分享你的优势，不吝惜分享自己的经验，这样大家才能共同进步。

首先要善于发现自己的优势。每个人都有自己的优势，相比于普通教师，各级名师的优势会多一些，但也并不是在所有事项上都有优势。例如，有的名师善于表达：许多课文中晦涩难懂的语句或概念，他三言两语就能很好地解释清楚。有的教师善于解题：无论是易错题，还是刁钻的难题，他都能快速而巧妙地指导学生掌握方法、思路。有的名师善于讲解文言诗词，有的名师善于讲解作文，有的名师善于做学生工作，有的名师善于与家长沟通，等等。无论是哪类名师，他们都有自己的优势，也有自己的不足。而且任何优势都不是绝对的，如果不加强学习和提升，优势也可能不再属于他。在现实生活中，一个人能不能在团队中发挥更大的作用，就看他有没有他人不具备的优点。所以，当衡量自己有没有优势的时候，不妨先和身边人比较一下，看看自己具不具备和他人不一样的优点。要有和别人不一样的优点，这才是我们能够依靠的优势。

其次要学会利用自己的优势。在发现自己在某些方面具备优势后，接下来就要学会利用好自己的优势，从而为社会、为所在的团体或组织做出更大的贡献。例如，某个教师的课上得很好，教学效果也不错，但如果只会单打独斗，不愿融入集体、分享优势，对学校、对社会的贡献是十分有限的。但如果他能用自己的优势培养、带动更多的人，众志成城之下，他对学校、对社会的贡献就会呈几何级增长。我们在利用自己的优势帮助别人时，我们自己也迟早会得到回馈。因为当你周围的人都变得优秀时，你所处的周围环境也会越来越好，也会让你变得越来越好。善于与别人分享自己的优势，让更多的人因此获益，是对我们现有优势的最好利用。

最后要营造让人愿意分享优势的良好环境。虽然从道理上来说，与别人分享自己的优势，让更多的人因此获益，在成就他人的同时也在成就自己；但在实际工作中，因没有建立科学合理的考核评价机制，要么是悉心传帮带的教师并没有因为自己的尽心尽力而获得相应的报酬或奖赏，要么是名师（师傅）带出来的新教师（徒弟）评优晋级优先于名师（师傅），以至于出现徒弟取代师傅的情况。我们不排除少数名师思想觉悟高，不在乎名利这些身外之物的情况，但名师也有他们内在的需要，他们也希望在付出努力以后被肯定和认可，当然包括物质上的激励。这就要求学校领导在做好宣传引导工作的同时，通过制度的激励或约束，让名师放下思想顾虑，放心大胆地与新教师分享自己的教学经验或优势。例如，可以让名师与新教师自由结对，让他们各自寻找心仪的师傅或徒弟；举行隆重的师徒结对仪式，让他们感受到浓浓的仪式感，在思想上引起高度重视；在教学业绩上实行师徒捆绑考评机制，做到一荣俱荣、一损俱损，从而增强各自的责任心；在年终绩效考评时为取得帮扶成效的名师单独加分，消除他们"徒弟取代师傅"的思想顾虑；在新教师取得教学成果时，负责指导的名师一并受表彰，让负责指导的名师得到相应的荣光等。只有从制度上入手，在全校上下营造一种互相学习、互相帮助、共同提升的良好氛围，才能更好地解决名师在与他人分享优势时所产生的问题。

学会与别人分享自己的优势，会让教师心胸更加开阔，也会让教师在帮助别人时更加深切地体会到自己的价值。要知道，每个人的能力和资源都是有限的，但是如果团队中的每个人都能分享自己的优势，把各自的长处都叠加起来，那么这支团队的力量就是难以想象的，甚至能取得"1+1>2"的效果。

# 第29条
# 多为成功想办法

现在的人，大多面临巨大的工作和生活压力，也比以往任何时候更渴望成功。无论做什么工作，在什么样的工作岗位，虽然成功的定义各有不同，但人们都向往成功。对成功的理解，不同的人有不一样的认知。学生可能认为考上了一所名牌大学就是成功，应届毕业生可能认为找到了一份好工作就是成功，已工作多年的人可能把成功理解为把自己的工作做到出色，能够得到领导和群众的广泛认可，能够对所在的行业或单位的发展进步做出自己应有的贡献……成功实际上是一种信念，是一种激发人们上进的精神力量。要想真正成功，主要应关注以下方面。

第一，要立足于做好本职工作。成功是一种目标、一种信念。它可以指某一个人或群体通过不懈努力，在某一方面取得了令人瞩目的成就；也可以指通过一件件细小的工作，满足了一个人、一个家庭或一个群体的需要。前者固然会受人尊重和景仰；后者看似平凡，但正是这些平凡的工作挽救了一个人、一个家庭或一个群体，这同样是一种成功。对于教师来说，能够在教学上有巨大成就最好，然而并不是每个教师都能做到，但至少要立足岗位，做好本职工作，而且要努力做到极致。然而在现实中，有的人虽然渴望成功，但对当下的工作却没有做到尽心尽力，这山望着那山高，或者觉得自己的工作无足轻重，没有必要为此劳心劳力。要知道，大多数人都是普通人，不能一心指望做一些惊天动地的事情改变世界，而是要通过做好本职工作来实现自己的价值。如果每个人都能立足于本职工作，为做好本职工作多动脑筋、多想办法,成功就已经来到你身边了。

第二,坚定信念,不轻言放弃。不管从事哪个行业,做的是什么工作,要简单地把事做完并不难,难的是要做得与众不同,甚至做成行业(单位)的标杆,成为别人努力的天花板。要达到这样的要求,就意味着要比别人付出更多,就意味着要坚定信念,不轻言放弃。柏拉图说,成功的唯一秘诀就是坚持到最后一分钟。牛顿说,胜利者往往是在坚持最后5分钟得来成功的。当我们在工作中遇到困难时,我们一方面要认真反思工作中的每一个细节,从中找出需要改进的地方;另一方面要咬定青山不放松,扎实做好每一项工作。例如,张老师班上有一个学生,他因父母离异由爷爷奶奶抚养长大。受家庭成长环境的影响,他对别人总有一种敌视的目光,一言不合就与别人大打出手,原来的班主任在各种方法都试过之后选择了放弃管他。张老师接手班级的时候,该学生几乎与班上每个同学都发生过大大小小的冲突。张老师在了解情况后,经常找他谈心,有时候还会带他到自己家里吃饭,该学生情况有所好转。但过了一段时间,他又与其他同学发生冲突了。对此张老师进行了认真反思,觉得问题可能出在他只注重对该同学的关心帮助,而忽视了对其他同学的引导上。于是他一面继续关注该学生,一面教育引导其他同学正确看待该学生过去的行为,不但不能嘲笑或歧视他,而且要多理解、多帮助他,让他感受到班级大家庭的温暖。在张老师和全班同学的共同努力下,该学生终于改正了缺点,学习成绩也有了较大提高,最后还顺利考取了一所名牌大学。张老师的工作看起来并不惊天动地,但他挽救了一个孩子,作为教师他是成功的,值得我们学习和尊敬。

第三,行成于思,多为成功想办法。有时我们在开展一项工作时,虽然付出了很多努力,但最后的结果却不尽如人意。此时人们往往有两种表现:一种是强调外部原因,推卸责任,习惯于为失败找理由;另一种是对事情的整个过程进行有效复盘,认真分析问题出在什么地方,当时采用了什么样的处理方式,如果让自己重新做一遍,又会如何处理,这就是为成功想办法。强调外部原因就会产生抱怨,抱怨就会让人失去理智和斗志;有效复盘则会产生积极的心态,积极的心态就会让人重拾奋斗的激情。多为成功想办法,并不是每个人都能做到的事。我们不仅要满怀热情地去开展工作或学习,还要在遇到困难或挫折时,不怨天尤人,不推卸责任,而是针对工作或学习的整个过程进行复盘,从中吸取经验教训,这才是为成功想办法。很多问题表面上看起来很棘手,但只要厘清思路、对症下药,就可以避免陷入两难窘境,取得比较好的结果。例如,刘老师响应学校号召,积极实施课堂教学改革,但改革实施一年来,学生的学习成绩不仅没有进步,反而出现了退步的现象。此时,无论是其他教师还是学生家长,都发出了质疑的声音。对此,刘老师一方面正面回应各方面的关切,另一方面找学生谈话,向其他优秀教师请教,反复对整个教学改革过程进行复盘。通过复盘,他找到了问题的症结,原来是没有正确处理好传统教学与教学改革的关系,有为改革而改革的倾向,导致有些教学过程华而不实。找到原因之后,刘老师主动与学生家长沟通,说明后期的改进措施。为了增加权威性和可信度,刘老师还请学校校长出面,为他撑腰打气。刘老师在遇到挫折后,没有轻言放弃,而是认真进行了总结反思,这使得他所任教的班级和学科的教学改革得以顽强进行下去,如今已经取得了丰硕的成果,刘老师也被评为全市课堂教学改革标兵,并因此被破格晋升为中学高级教师。

任何收获都非源于巧合,而是靠每天的努力与坚持得来的。人生因有梦想而充满动力。广大教育工作者要坚定理想信念,立足本职工作,多为成功想办法,少为失败找借口,从现在开始努力,从小事做起,一步一个脚印,每天进步一点点,我们的人生将因为我们的奋斗而绚丽多彩!

# 第30条

# 以教师成长带动学生成长

9月10日是教师节。对于有的教师来说,教师节年年过,除了收获一些来自各方的问候,似乎也感受不到什么特别之处。但对于有思想的教师,他们会在平常的节日中思考不一样的东西,正是由于这些思考,才带来教育的进步和学校的变化，也促使他们快速成长。

改革开放以来，教师社会地位和福利待遇的提升，有三个重要的时间节点值得强调。一是1985年1月，经国务院提议，全国人大常委会同意设立教师节。同年5月，党中央、国务院召开了第一次全国教育工作会议，这次会议以邓小平提出的"教育要面向现代化、面向世界、面向未来"为指针，通过了《中共中央关于教育体制改革的决定》，确立了"教育必须为社会主义建设服务，社会主义建设必须依靠教育"的指导思想，教育和教师的重要作用开始为各级领导和广大人民群众所接受，尊师重教之风开始在社会中形成。二是1994年6月，第二次全国教育工作会议在北京顺利召开，会议进一步动员全党全社会认真学习和贯彻《中国教育改革和发展纲要》，确立了教育优先发展的战略地位，指出"国运兴衰，系于教育；教育振兴，人人有责"。从此以后，教育的重要性更加凸显，学校条件明显改善，教师地位不断提升，待遇得到了优先保障。三是2018年9月10日，全国教育大会在北京召开。中共中央总书记、国家主席、中央军委主席习近平出席会议并发表重要讲话。他强调，全党全社会要弘扬尊师重教的社会风尚，努力提高教师的政治地位、社会地位、职业地位，让广大教师享有应有的社会声望，在教书育人岗位上为党和人民事业作出新的更大的贡献。此次大会后，党中央、国务院先后出台了一系列重要文件，就办好人民满意的教育作出了重要部署，许多以前想解决而未能解决的问题在这些年都得到了比较好的解决，教育出现了前所未有的良好发展局面。在许多地方，尤其是乡镇，最漂亮的建筑是学校，收入较高的人群是教师已经成为现实。

在办学条件已得到极大改善、教师地位和待遇普遍得到较好保障的今天，怎样用自身表现和业绩，展示新时代人民教师应有的形象和担当，帮助学生更好地成长，这是每一位教育工作者要认真思考的问题。

第一，要有一颗愿意成长的心。物质需求的基本满足，无疑是我们安身立命的基础，脱离基本的物质需求谈成长，既不现实也不持久。教师也是普通人，对自己、家人和社会都有相应的义务和责任，基本的物质需求必不可少，但在这些需求基本得到满足以后，还有更重要的东西值得教师去追求和奋斗，那就是教师自身的不断成长。道理很简单，只有教师成长了，教育事业才能富有生命力；只有教师成长了，才会有学校的发展和进步；只有教师成长了，学生才能受到良好的教育和引导，才会在教师的影响下变得更加优秀。然而，教师成长不是轻而易举、一蹴而就的事，需要我们持续不断地学习，克服前进道路上一个又一个困难；教师成长不是一个"短平快"的项目，说成长就能成长，需要我们舍弃一些个人爱好，放下一些身上的包袱，远离一些欲望和诱惑，孤独而执着地去努力和奋斗；教师成长不是一朝一夕的事，需要我们日复一日、年复一年地坚持，今天的优秀并不代表明天的辉煌，我们要经常把教师成长这一追求记在心里、落实到行动上、体现在教育教学活动中。只有愿意成长，我们才会积极想办法提升自己，我们的成长之路才会变得清晰。只有愿意成长，我们才能成长，因为任何人都没有办法唤醒一个装睡的人。

　　第二，抓住成长的各种机会与可能。有了愿意成长的心，接下来我们就要努力抓住能够有利于我们成长的各种机会与可能。一是要多读一些有利于我们成长的重要书籍。虽然现在是信息时代，阅读并不是我们获取知识的主要来源，但离开了系统而有计划的阅读，我们无疑会变得肤浅。静下心来系统地阅读一些重要书籍，才有可能让我们获得完整的认知，让我们的内心沉静和安详。作为教师，我们要阅读的书很多：首先无疑是教育教学方面的名师、大家的著作，这些著作会让我们知道什么是教育、如何才能做好教育；其次是与教育教学有关的书籍，无论是古代还是现代的，无论是自然科学还是人文科学的，无论是本国还是外国的，只要有价值，导向正确，我们都可以拿来系统地阅读；最后是可以帮助我们提高教育教学技能和水平的书或文章，这些书或文章可以指导我们如何去面对一个又一个具体的教育教学问题，让我们在应对实际问题时不会迷茫、少走弯路。二是要善于利用各种学习和培训的机会。教育主管部门和学校每年都会举办各种各样的学习或培训活动，也会派教师到外地外校参与教育教学相关活动、接受现场培训等。面对这样的学习和培训机会，有的教师只是把它当作一项任务去完成，很少会去思考为什么要参加这样的学习和培训，如何才能在这些学习和培训中有所收获。我们应该抓住每个学习和培训的机会，如饥似渴地吸收有助于成长的营养。可以说，我们对于学习的不同态度和表现影响着我们的成长，在某种程度上决定了我们能够走多远。

第三，自觉向优秀教师学习。优秀教师身上有许多常人所不具备的优点：有的人师德高尚、热爱教育事业，为了学生的进步和成长愿意付出自己的一切；有的人教学水平高，无论碰到多么难教的学生，遇到多么复杂的问题，他总会有办法让学生心服口服；有的人教育科研能力出众，在做好本职工作的同时，他们主动思考、善于总结、勤于动笔，取得了一项又一项教育科研成果。我们要认真思考：为什么同在一个地方、同在一所学校，他们就能做到这么优秀？他们有哪些品质值得我们学习和借鉴？对照优秀教师，我们自身又有哪些缺点和不足？这些都需要我们调整心态、放低身段，以一种心悦诚服的态度自觉地向优秀教师学习，主动向他们请教。只有明确自己所处的位置，把成为优秀教师作为我们的目标，我们就会有努力的方向，成长之路就会越走越宽。

第四，认真做好教学反思。华东师范大学资深教授叶澜说："一个教师写一辈子教案也不可能成为名师，而如果一个教师写三年教学反思，就有可能成为名师。"教学反思是教师以自己的教学活动过程和课堂教学实践为思考对象而进行的全面、深入、冷静的思考和总结，对自己在教学活动过程和课堂教学实践中所做出的行为决策以及由此产生的结果进行审视和分析的过程，是教师专业发展和自我成长的核心因素，是一个优秀教师在成长过程中不可缺少的重要环节。具体来说，教学反思要从教学优点、教学问题或不足、教学改进措施、存在的困惑四个方面去深入思考，应做到：思所得，发扬长处，发挥优势；思所失，吸取教训，弥补不足；思所疑，加深研究，解惑释疑；思所难，突破难点，化难为易；思创新，扬长避短，精益求精。教学反思中的收获，不管有多少，都要用笔记下来，形成自己的总结性内容。每隔一段时间，可以拿出来读一读，对照着看一看自己哪些方面有了进步，哪些方面还需要继续努力。这样坚持3～5年之后，我们离优秀教师也就不远了。

党和政府高度重视教育事业，既是国家和民族之幸，更是广大教师之幸。教师是人类灵魂的工程师，理应受到广泛的尊重。教师在享受这份荣光的同时，也要经常反问自己：我们靠什么让自己值得被尊重？不同的人有着不同的答案。以教师的成长带动学生的健康成长，为祖国培养更多更好的建设者和接班人，是对新时代教师之问的最好回答。

## 第31条

# 以开放的心态应对变革

教育是育人的事业，教育因其行业的特殊性，其内部改革往往比其他行业滞后，但并不意味着教育就不需要改革。事实上，改革开放以来，教育改革按照"迈小步，不停步"的方式一直在进行，不过改革力度和深度相对于经济领域来说，没有那么深入和彻底。即便如此，有相当一部分人对教育主管部门推出的改革举措，还是感到不太适应。以基础教育课程改革为例，改革开放以来，我国先后进行了9次课程改革。其中，从2001年开始的第八次课程改革，提出要构建起21世纪符合素质教育要求的基础教育课程体系(不同于以往课程改革就是改换教材的做法)，提出了从课程目标、课程结构、课程内容、课程实施、课程管理到课程评价等方面进行全方位深度改革，并先后在2010年7月、2014年3月、2019年6月以规范性文件的形式进行了深化和完善。2022年4月，教育部发布了《义务教育课程方案和课程标准(2022年版)》，提出打造以学生为中心的课堂、统筹设计综合课程和跨学科主题学习、作业设计要更高效更个性化等具体要求。

纵观改革开放以来的9次课程改革，尽管提法和要求有所不同，但总的目标并没有变，就是要全面推进素质教育，全面提高育人质量，培养德智体美劳全面发展的建设者和接班人。对于教师来说，每次课程改革都是一次重新洗牌，一批原来的名师会逐渐褪去光环，一批新的名师也在课程改革的浪潮中脱颖而出。

为什么每次课程改革过后，都会有一批原来的名师黯然退场？除少数因年龄大退休的老教师以外，有相当一部分名师在思想上没有顺应改革的要求，行动上未能跟上课程改革的步伐。他们认为改革会带来较多的不确定性因素，害怕按新方法和要求组织教学会影响学生成绩，影响自己的声誉和既得利益。还有一些人潜意识中认为自己已经做得很好了，实在没有必要去搞什么改革。当然，他们知道个人是无法阻止改革的，于是消极对待就成为他们应对改革的方式。刚开始时，学校会对这些教师进行帮助和引导，有的教师接受了现实，逐渐按照新课程要求组织教学，主动顺应课程改革带来的新变化。这些态度积极的教师尤其是名师因此会比原来更优秀；而不愿顺应课程改革的教师，虽然还处在教学一线，但随着新的优秀教师群体的兴起，他们也就逐渐声名不再了。要知道，无论哪个行业，改革都是大趋势，只不过是步子大与小、节奏快与慢的区别而已。改革开放给我国经济、社会、文化事业带来了巨大发展，同样，教育要发展，要想赶上世界先进水平，唯有不断地进行改革。教育改革不是改不改的问题，而是怎么改更有效的问题。在此大环境下，教师也要以开放的心态去适应，在改革开放的氛围中取得新的业绩。

首先，教师对教育改革要持悦纳的态度。如前所述，在百年未有之大变局的背景下，不管身处哪个行业，要实现发展和进步，改革是常态，不改是例外。教育作为改革开放进程中内部改革相对较慢、步子相对较小的行业，同样要依靠改革来解决发展过程中面临的困难和问题。彼得·德鲁克说过："所有的组织都应该明白一点，如果没有一点改革和调整，任何一个项目或活动都无法长期拥有生命力。"所以，变革应该成为我们的准则，而不是我们无可奈何接受的东西。当我们把心态调整了，更加乐观地对待它，愉悦地接受它、拥抱它，我们对教育改革就会从开始的排斥或抗拒，变为主动接受和积极参与。至于对改革风险的担忧或恐惧，我们可以有，但一定要适度。学校要通过加强学习和宣传、细化改革方案、实施分步走策略、制定相应的保护性措施等，将风险控制在最小的范围内。例如，某初中学校在推进课堂教学改革时，明确规定参与改革的教师，所任教班级当年的考试成绩与其他平行班相差在一定分数范围内的，都被视为同一个档次，这样的保护性措施让教师得以在思想上放下包袱，悦纳改革的各项措施。没有了明显的后顾之忧，大多数教师都能以积极的心态投身课堂教学改革，三年后该校教学改革取得了较好成效，教师的切身利益并没有受到多大影响，有的教师甚至还有意外之喜。教师对改革由开始的抵触变成了悦纳，由此学校继续推进教学改革也有了强大的群众基础。

其次，教师要实事求是地面对改革中出现的问题。教育改革与其他行业的改革一样，出发点是要承认我们现行的体制机制、教育方式方法存在不少问题，也正因为有问题，才需要改革。在中小学教学改革中，我们能明确地感受到追求变革的力量始终都在与追求保守的力量进行博弈。变革的力量来自对现实的不满和对更好结果的追求，保守的力量来自对不好结果的恐惧和惯性，这两股力量一直都在左右着我们的教育教学改革，但很多时候保守的力量会占上风。因为无论是改革还是变革，都意味着要打破旧秩序，建立新秩序。在建立新秩序的过程中，不可避免地会产生两个问题：一是会打破原有的资源分配规则，参与改革的人会因为自己的既得利益受到影响而对改革心生恐惧或不安；二是会出现许多意想不到的问题。对于第一个问题，刚开始时改革的步子可以小一点、慢一些，在资源分配上可以"雷声大雨点小"，即在制定措施时要求可以高一些、情况说得严重一些，这样就会让相关人员不敢对改革掉以轻心，在最后呈现结果时可以在力度上小一些。例如，某校刚开始推行教学改革时，学校明确指出，教学改革的成效会与教师的年终绩效挂钩，而且教师之间差额会比较大，但实际上最后年终总结时主要还是看教师的工作态度和表现。因此，在兑现考核结果时，多数教师的绩效不仅没有减少，相反有所增加；当然，对个别工作态度差、表现不好、业绩不佳的教师，则另当别论。这样做看似有和稀泥之嫌，实际上却可以最大限度地争取大多数人的支持，减少来自教师的阻力，随着改革的推进今后可以再逐渐加大工作力度。对于第二个问题，要教育和引导教师，改革就是摸着石头过河，有问题很正常，没有问题倒显得不正常。对于改革中出现的问题，我们既不要惊慌失措、大惊小怪，也不能将问题束之高阁、爱搭不理。例如，某学校在推进教学改革的过程中，组建了跨学科专家教师问诊团队，专门对教学改革中教师的疑惑、学生的问题进行分析和研究，然后有针对性地提出对策。对于一时难以解决的问题，还通过县教研室广泛征求其他学校教师的意见，实在难以处理的，则留给时间去解决。

最后，教师要建立"绿灯思维"，愿意做出改变。普通教师与有创造性的教师是有区别的，其事业发展的高度也是不一样的。有创造性的教师心态积极，愿意接受和尝试新生事物，愿意对自己习以为常的工作路径做出改变。即使面临失败，他们也会乐观地接受，大不了从头再来。他们更关心的是工作和事业，而不是个人利益的得失。有创造性的教师在面对改革挑战时，为自己亮起的是绿灯。因为愿意接受挑战，他们的事业会不断地向前发展。而普通教师在面对新生事物时，往往不会先关心它是什么、怎么做，而是立马亮起"红灯"，直接抗拒或拒绝，连试错的机会都不给自己。他们关心的是自己在改革中是否能够得到好处，至少既得利益不要受到影响。一旦他们认为改革触犯了他们的利益，他们就会选择消极怠工或者无声地对抗，这样他们就再难有进步的空间和可能。作为新时代的人民教师要成长和进步，就要学会把思维里的红灯关上、绿灯打开，要学会悦纳变革，用开放的心态面对并做出改变，不断迭代思维和技能，去尝试更多的可能性。只有这样，我们才能跟上时代发展的步伐，为办好人民满意的教育做出更大的贡献。

## 第32条
# 条条大路通罗马

大多数教师对"条条大路通罗马"这条谚语并不陌生，但很少有教师会结合自己的工作实际进行深入的思考，更少有教师会创造性地将之应用到自己的工作和学习中。其实，只要静下心来认真思考，"条条大路通罗马"对我们的工作和学习是有很多启示的。

第一，选择比努力更重要。有的教师从参加工作那天起，就立志要当一名优秀教师。他们一心扑在工作上，整天与学生在一起，恨不得让学生把所有的时间都花在自己任教的学科上，这样学生的考试成绩就会大幅提高。作为任课教师，一方面有了面子，大家会认为他们是好老师；另一方面又有了资本，学生的考试成绩就是自己工作业绩的最好证明，学生考好了，他们才有资格、有底气与其他教师竞争评优评职称和晋升。尽管确实有一些教师通过这种方式得到了他们想要的,姑且不论这些教师的做法是否符合教育规律、是否有利于学生的健康成长,但是在实际工作中这种做法很多情况下并不尽如人意。此时,教师是继续按照原来的工作模式走下去,还是静下心来想想:是自己努力不够还是方法有问题,或是自己努力的方向出了偏差?诚然,努力是做好一切工作的基础,但没有品质的努力只会使人心生疲惫,甚至会打击人的自信从而使人自暴自弃。此时,这些教师就面临一个选择的问题:是继续走成绩路线还是选择一条新的适合自己的赛道?其实,成为优秀教师的途径远不止提高学生考试成绩这一种方式,如参加各级优质示范课评比、当班主任管好一个班级、指导学生参加相关活动、从事教育教学科研、专注于教育反思与写作、做好一名教学辅助人员、从事学校行政管理工作等,只要在某一方面做得比别人好,并能够做出一定的成绩或成果,该教师就是优秀的。因此,我们要扩宽自我认知,认真分析自己的优势和不足,不要在一条走不通的路上走到"黑",要果断选择一条适合自己的赛道,加上必要的努力,这样才有可能实现自己的目标。例如,一名初中数学教师上数学课不受学生欢迎,但学校领导发现他在信息技术上很有天赋,就让他改做信息技术方面的工作。该教师到新岗位后如鱼得水,凭借在信息技术领域的突出优势,很快成为全省信息技术学科带头人。

第二,鼓励学生多元发展。现在的中小学生"内卷"现象严重,许多家长在"不要让孩子输在起跑线上"的口号席卷之下,想方设法地给孩子报辅导班,不少孩子双休日参加了数个兴趣班,不断地"赶场"。家长让孩子参加多种兴趣班的目的是希望孩子能够全面发展,但进入小学尤其是初中以后,家长看重的就不再是全面发展而是考试成绩了。大多数学生家长并不是专业的教育工作者,他们的行为常常随大流。但作为专业教育机构的学校和专业教育工作者的教师,如果也盲目忽视学生的全面发展、过度看重学生的考试成绩,就有所失职了。在唯考试成绩是举的评价机制下,无论是学生还是教师都会把考试成绩作为衡量学生和教师好坏的主要标准:任教班级的学生在统考中考得好,任课教师就是好教师;学生在统考中考得好,就是好学生。这种评价导致的结果是学生放弃了其他兴趣爱好,专攻考试成绩,造成了千军万马挤升学独木桥的局面;同样,教师也会有意无意地忽略其他所谓的"非统考科目",压缩活动课的时间,为学生在各种统考中取得好成绩创造条件。本来,有的学生擅长文化知识的学习,他自然想要把文化科目学好,以后走相关的专业发展道路;有的学生虽然文化科目成绩一般,但他在艺术、体育或其他方面比较有天赋,只要加以适当的训练,就有可能在艺术、体育或其他方面走出一条路子,实现"条条大路通罗马"。但如果学校在评价教师或者学生时过分看重学生的文化考试成绩,就是在堵塞他"条条大路通罗马"的可能,是在扼杀他发展其他方面的天性。我们的教育应该是有温度的教育,是人文的教育,这种教育应该以人为本。而以人为本的主要内容就是要尊重学生人格,尊重学生选择今后人生发展道路或方向的权利。有人说,多一把评价的尺子,我们眼前就会多一批优秀的学生。我们鼓励学生多元发展,关键是要在优化评价机制上有管用的举措,而不是只有一句简单的宣传口号。

第三,学会必要的坚持或者适时的放弃。"条条大路通罗马"给我们的启示还有:人生在世,要想夺取成功的桂冠,当然要有对目标的执着,但如果这条路一直走不通,说明这条路并不符合个人的资源禀赋,此时就必须忍痛割爱,适时放弃。有的教师平时很努力,选择的发展道路或方向也符合自己的性格特长,但是在通往"罗马"的过程中遇到了许多意想不到的困难,由于缺乏必要的坚持,在困难面前打起了退堂鼓,没有踢好"临门一脚",最后"饮恨沙场"。这种情况就必须坚持,中途放弃实在可惜。有的教师虽然很努力,但选择的发展道路或方向不对,可悲的是自己还意识不到,盲目地认为自己没有取得理想的成绩是因为不够努力,于是仍做着没有意义的坚持,这种情况就不能叫执着、坚定了,而是糊涂、蛮干。因此,学会坚持是一种智慧,懂得适时放弃、另辟赛道同样也是一种智慧。如果某个人走的路本来就是错的,他还要以百折不挠的精神去坚持,那么只会南辕北辙,离目标越来越远。

愿所有教师都能做有智慧的人,在适合自己的赛道上取得优异的成绩;同样,我们也要引导学生,为他们积极创造条件,让他们选择一条适合自己的道路到达"罗马",让学生因为遇到我们而感到幸运,让学校因为有我们而充满活力!

第二部分

# 校长修行篇

第33条

# 建立正确的自我认知

自我认知也叫"自我意识"，或叫"自我"，是个体对自己存在的觉察，包括对自己的行为和心理状态的认知。自我认知主要包括以下三方面。一是自我认识。自我认识是主观自我对客观自我的认识与评价，自我认识是自己对自己身心特征的认识，自我评价是在这个基础上对自己做出的某种判断。正确的自我评价，对个人的心理生活及其行为表现有较大影响。二是自我体验。自我体验是主体从对自身的认识而引发的内心情感体验，是主观自我对客观自我所持有的一种态度，如自信、自卑、自尊、自满、内疚、羞耻等都是自我体验。自我体验往往与自我认知、自我评价有关，也和自己对社会的规范、价值标准的认识有关，良好的自我体验有助于自我监控的发展。三是自我监控。自我监控是自己对自身行为与思想、言语的控制，具体表现为发动作用和制止作用，也就是支配某一行为，抑制与该行为无关或有碍于该行为进行的行为。进行自我认识、自我体验的训练目的是进行自我监控，调节自己的行为，使行为符合群体规范，符合社会道德要求。

自我认知在个体发展中具有十分重要的作用。首先，自我认知是认识外界客观事物的条件。一个人如果不了解自己，就无法把自己与周围相区别，他就不可能认识外界客观事物。其次，自我认知是人发展自觉性、自控力的前提，对自我教育有推动作用。人只有意识到自己是谁、应该做什么的时候，才会自觉自律地去行动。一个人能意识到自己的长处和不足，就有助于其发扬优点、克服缺点，取得自我教育的积极效果。最后，自我认知是改造自身主观因素的途径，它使人能不断地自我监督、自我修养和自我完善。可见，自我认知影响着人的道德判断和个性的形成，尤其是对个性倾向性形成的影响。

作为中小学校长，应建立哪些正确的自我认知呢？

一是自己的性格特征。人们常说，一个好的校长可以带出一所好的学校。同样，校长的性格特征如何，在一定程度上也会对学校师生产生比较大的影响。根据知、情、意三者在性格中何者占优势，人的性格可以划分为理智型、情绪型和意志型。理智型的人，通常以理智来评价、支配和控制自己的行动；情绪型的人，往往不善于思考，言行举止易受情绪左右；意志型的人一般表现为行动目标明确、主动积极。无论何种性格，都各有所长，也各有所短，具体何时为长、何时为短，则要看具体的情况。例如，理智型的校长往往思路比较清晰，考虑问题比较周到，但相对来说，对集体活动往往表现不太积极，不太容易融入喜欢热闹的年轻人队伍；情绪型的校长往往富有激情，做事风风火火，时间观念比较强，但比较容易冲动，考虑问题不是很细致。因此，性格没有好坏之分，只是各有特点。校长作为学校的领头人，应该清楚地知道自己的性格特征，以便在处理具体问题时有意识地取长补短。具体方法可以通过相应的测量量表进行评估，也可以通过回忆自己喜欢和什么样性格的人在一起，或者身边关系密切的朋友是什么样的性格来自我衡量。因为一个人喜欢和什么样的人在一起，他大概率就是一个什么样的人。

二是自己的能力倾向。校长虽然综合素质较高，但并不意味着样样优秀。有的校长擅长计划，凡事都能够事先想好多种应对方案，但在执行过程中却比较粗枝大叶；有的校长擅长组织，对某项具体的活动能够考虑到各种细节，相关人员各安其位、各尽其责，但在通盘考虑全局上有时比较欠缺；有的校长专业能力比较强，无论是教学还是科研都颇有建树，但沟通协调能力较弱，尤其是不愿意与上级领导和有关部门打交道。了解了自己的能力倾向后，在处理相关学校事务时就可以扬长避短，决定是自己出面还是委托其他人处理。另外，校长在了解学校情况时的工作风格也不一样。有的校长是读者型的，在了解情况时偏向于完整的文字材料，在阅读文字材料时容易找出关键信息并据此提出处理意见。有的校长是听众型的，喜欢当面听取汇报或相关情况介绍，在当面交流过程中容易迸发思维的火花，提出建设性的指导意见。有的校长是参与型的，喜欢融入师生中，在与师生的沟通交谈中获得所需的信息。无论是哪种类型的校长都各有其特点，并无明显的优劣之分，但作为校长，有必要知道自己属于什么类型的领导，以便做出正确的决定。

三是自己的管理风格。一般来说，管理可以基于两种假设。一种是基于"性恶论"的假设。"性恶论"认为，人天生就是好逸恶劳的，如果不严格管理，就会比较自由散漫，因此在管理中必须建立和完善各种规章制度，通过不断监督、检查、考核、评比等方式，抑制人好逸恶劳的本性。另一种是基于"性善论"的假设。"性善论"认为，人生来就是向好向善的，只不过受到后天的不良刺激和环境的影响，才会产生一些不良行为。因此，在管理中虽然要建立和完善各种规章制度，但出发点是不断满足人的合理需求，关心他们的生活、进步和成长，从而激发他们向上向好的力量。也就是说，愿意相信"性恶论"的领导，在管理上偏重于控制，强调严格细致的管理，但如果力度把握不好，则很容易造成管理过度；而愿意相信"性善论"的领导，在管理上则比较偏重于激励和放手。校长有必要对自己的管理风格进行反思，看看自己究竟是偏向于哪一种管理风格的领导，从而在两种假设之间找到平衡点，提高管理绩效。

四是自己的价值取向。价值观是基于人的一定思维感官而做出的认知、理解、判断或抉择，也就是人认定事物、辨明是非的一种思维或价值取向，从而体现出人、事、物一定的价值或作用。我国是共产党领导的社会主义国家，学校的育人目标是培养德智体美劳全面发展的社会主义建设者和接班人。校长作为学校的带头人，自身的价值取向如何，将直接影响学校办学成效和育人目标的实现。校长的价值取向包括对什么是人民满意的教育的认知，对什么是好学校、好教师、好学生的认知，对自己为什么要担任校长、凭什么领导学校、怎样做好校长的认知，对怎样抓班子、带队伍、促发展的认知，对政策法规和党风廉政建设的认知，等等。对于这些认知，有的校长是清晰的，有的校长则未必认真思考过，在很大程度上是跟着感觉走，而感觉往往是不确定的，甚至有时候是错的，这就需要校长对自己秉持的价值观进行认真的反思，在实践中不断进行丰富和完善。

建立正确的自我认知，一是为了给自己"画像"，知道哪些方面是自己擅长的，哪些方面相对来说是短板，做到有"自知之明"，从而在自己擅长的方面做优做精，对自己不擅长的方面，要在定好原则后委托学校其他领导去处理。二是可以让自己保持头脑清醒，在自己不擅长的方面不随意表态或干预，同时多向其他人学习，善于借助其他人的力量，让专业的人做专业的事。有哲人说过，最容易的是正确认识自己，最难的也是正确认识自己。了解组织或他人对自己的评价、社会大众对自己所作所为的反馈和进行经常性的自我反省，是建立正确的自我认知的有效途径。

# 第34条
# 把小事做好方能成大事

由于工作关系，我参观过多所省内外名校。由于国家持续多年对教育的加大投入，从办学条件上来说，经济欠发达地区与经济发达地区的学校办学条件已经越来越小。经济发达地区学校该有的教学场地和教学设备，经济欠发达地区的学校也基本有了，少数学校的办学条件甚至超过了经济发达地区。实际上，办学条件只是办好学校的基础，办学条件优越的学校未必就是老百姓心目中的好学校，而老百姓心目中的好学校的办学条件不一定都好。为什么有的学校办学条件大幅改善了，办学水平却还原地踏步甚至出现退步呢？原因自然有很多方面，如校长的思想境界、办学理念、管理水平以及教师队伍的综合素质等。从学校的管理方面来说，有的人在担任校长后，放松了自我思想改造和学习提升，工作中慢慢出现"假大空"的现象，不愿意沉下心来把小事做好，这是一个重要原因。

下面分享一位老校长的真实故事。

任学义，曾长期担任吉安县长塘中学(后改为吉安县第三中学)校长，经历了很多重大事件。无论在哪个时期，无论教育形势发生什么变化，任校长都能坚守教育的初心：关心爱护学生，团结尊重教师。任校长在可能的范围内力求为学生成长做力所能及的事情，为教师解决一些实际问题，把一些看起来很小的事做好，用他的实际行动诠释了一个教育工作者的教育情怀。

任校长工作深入细致。1982年8月25日，我从吉安师范专科学校英语系毕业后，被分配到吉安县长塘中学任教。那天下午，经过多次转车，我好不容易到了学校。在校长办公室，我见到了任校长。他身材魁梧、表情严肃、小麦色的皮肤，戴着一副厚厚的近视眼镜，乌黑的头发中夹杂着少许白发，给人一种不怒自威的感觉。我双手把介绍信递给他，简单地做了自我介绍。微笑着听我把话讲完后，任校长语气缓慢地说出了我的家庭情况、我在大学的学习和表现情况，乃至我因为什么事情受到学校表彰等情况他都一清二楚。我既感到震惊，又感到十分温暖。一校之长对我一个教学新兵的情况了解得如此详细，足以说明他对教师的关心，对新教师到来的重视。在讲完我的相关情况后，任校长又严肃地对我说："欢迎你加入我们的队伍。正如你所看到的，学校的办学条件比较差，你可能会觉得到这里来受委屈了，这我都可以理解。但我要告诉你的是，这所学校有许多老牌大学的毕业生，有的在这里工作了一二十年。他们都有家庭，也有各自的困难，但他们从没抱怨过，而是坚守在这里认真地教书。现在国家越来越重视教育，相信我们学校也会越来越好。让我们一起努力，为这里的1000多个孩子带去希望。对你来说，你不必纠结该不该来的问题，而是要认真思考如何在这里做出成绩，用实际行动证明你的能力和价值。"校长的一席话，朴实而在理，对我确实很有触动。我暗下决心，一定要好好干，不为别的，就为证明自己。

任校长关心师生。任校长虽然平时话不多，但他工作十分细致、认真。无论是哪位教师有什么思想上的问题，或是家里出了什么大事，他都能在第一时间去了解。他会一遍又一遍地找教师交流，对教师的困难他能解决的一定会想办法解决，超出他能力范围的，他也会劝慰开解对方，让人如沐春风。他能够说出大多数高三学生的名字，了解他们的性格特点和家庭状况。有一次，他像往常一样去检查学生就寝。由于寝室的大门已锁，他没有进入学生寝室，只是站在寝室窗外静静地听了几分钟，第二天他就找前一天晚上在寝室里大声说话的同学谈话。被谈话的同学认为校长是瞎猜的，不承想任校长可以清楚复述学生当时讲了什么。在证据面前，学生只好低头认错。这种情况发生过多次，消息传出后，许多同学既感到不可思议，又对任校长表示由衷地佩服。要知道：一届高三学生少说也有200多人，任校长并没有当班主任，他凭声音就知道是哪个学生在说话，这点确实了不起。如果没有平时对学生的深入接触和了解，是无论如何也做不到这一点的。不仅如此，他对每届高三学生的情况也可谓了如指掌，哪个学生某次考试进步了，哪个学生某次考试没有发挥好，哪个学生近期有思想问题，他都能及时了解，他经常在办公室里与学生谈心。多年以后，不少学生对此仍记忆犹新、称道不已。

任校长治学严谨。作为一校之长，任学义先生对教学工作抓得很紧。他自己兼任了两个班的地理课，每次上课他都会精心准备，很少因为行政事务而耽误课程。对刚参加工作的新教师，他总是带领有关教师全程听课，结束后与听课的教师坐在一起讨论，再把意见反馈给授课教师，过段时间再组织听课，一直到新教师教学质量提升到满意为止。除此之外，任学义先生对高考命题很有研究，即使不是他所擅长的学科，他也能够说出一二来。正是因为他这种严谨的治学态度，学校形成了良好的学风和校风。从1977年恢复高考到他1984年卸任校长，吉安县三中的高考成绩一直可圈可点，培养了一大批品学兼优的学生，也涌现了一批颇有影响力的教师。

任校长的故事启示我们：作为校长，既要"顶天"，有深厚的家国情怀，有远大的理想抱负，有先进的教育理念，有良好的政策法规意识；也要"立地"，要通过深入细致的工作，把一件件事关师生进步和成长的小事做好，做到师生的心坎里，落实到一个个具体的行动中。这样的校长才会在师生中有崇高的威信，师生跟着这样的校长才会感到踏实和安心。当然，学校在这样的校长带领下不断发展和进步，终将跻身名校行列。

第35条

# 做教育教学的践行者

教育教学工作是学校的中心工作。如何体现教育教学这个中心，光有制度规范、领导号召是不够的。作为校长，主要时间和精力是否放在教育教学上，以自己的实际行动做教育教学的践行者，既体现出校长是否具备合适的专业领导力，更会直接影响学校的行为文化。

在不少中小学校，尤其是较大规模的学校，校长是不用上课的，即使上课，也是上一些所谓的"非统考科目"，作为完全中学的校长，上统考科目课程的情况更是少见。要办好一所学校，必须坚持以教育教学为主，这既是办学规律的本质要求，也是由学校的性质所决定的。坚持以教育教学为主，其中重要的一条就是校长要把主要精力用于抓教育教学工作，要经常深入教育教学一线发现和解决问题。如果校长能上课，尤其是上统考科目，对教师来说就是一种无声的号召，也是校长重视教育教学的具体体现。从任吉安县敦厚中学校长第一天起，我仍一直坚持担任高中英语科目教师。作为校长，要做好教育教学的践行者，我认为应注意以下几方面。

一是非特殊情况不缺课。非特殊情况不得缺课，既是教学常规工作要求，也是教师职业道德规范的要求。一校之长的事务固然很多，说一天忙到晚也不为过，但并非所有事务都要校长亲力亲为，按要求完成教学任务应该是最重要的工作之一。在我担任敦厚中学领导职务近8年的时间里，除非遇到因公出差、参加重要会议等特殊情况，我从不缺一节课。有时偶尔有事，我也会让教务处的同事帮我与其他教师调好课，忙完后我再把课补上。

二是以实际行动推进课堂教学改革。许多学生虽然学了多年英语，但要么不会说，要么看不懂。从某程度上来说，英语是教学效率最低的一门学科。针对这一现象，我在上英语课时，比较注重学生学习的主体性，尽量给他们创造读和说的机会。例如，我会把一个学期的课文分为必教课文、选教课文和自学课文。换句话说，就是把学生看不懂、学不了的课文认真讲授，对学生可以自学的简易课文，原则上不讲。对于空出来的时间，我为学生准备了一本英语课外读物，有200篇文章，要求学生每学一篇课文，就要对应阅读3~4篇课外读物中的文章，每星期我都会抽出一节课专门对课外读物进行答疑或讲解。由于教师提问随机性较强，有的学生在课堂上很紧张，有的学生则认为教师不会点他的名，上课时容易开小差，为此我制作了一块随机摇号板，原理是把每个同学的学号当作钟表的数字，板中间一个圆心，圆心上安一根指针，指针转到哪个学号，哪个同学就站起来回答问题，这样学生们在上课时就处于一种高度集中的状态，不敢开小差。为了活跃课堂气氛，我经常会让学生代表上来摇号，对回答问题质量高的同学发放一些小礼品。在上课时，我坚持"三讲两不讲"：讲重点、讲易错点、讲联系与比较；学生会的不讲，学生能够自学的不讲。慢慢地，我形成了自己的教学风格，学生的英语运用能力有了较大提高。2000年秋季，吉安市教学研究室组织了全市100多名英语教师到敦厚中学学习考察，我专门为他们上了一堂示范课，在全市英语教学界引起了较好反响。

三是不搞特殊化，与教师同等考核。在某些学校，校长虽然也会上统考科目的课，但在校内教师绩效考评时经常会以工作忙、情况特殊为由，不与普通教师一道参加考评，为此广大教师颇有微词。我无论是任教基础年级还是带毕业班，都坚持不搞特殊化，所任教班级学生的英语成绩与其他班的教师共同排名，排到哪个名次就是哪个名次。我在任敦厚中学副校长、校长近8年期间，除2001年因脱产学习未参加考评外，其余7年的考核名次在英语教研组都排在前三名。我一直认为，只有教学能够拿得起、放得下、排上号，校长抓教学才有底气，对教师提上课的改进建议时教师才会服气。所以，说千遍不如领导带头干一遍，领导能在教学工作中争先创优，就是带领教师快速成长的最好方法。

四是以普通教师身份参加集体活动。校长的身份首先是教师，其次才是校长。当校长是有任期的，而当教师可能是终身的。校长要正确处理好教师与校长的关系，实现二者身份之间的有机转换。按学校规定，单周是年级组活动，双周为教研组活动。不管是年级组活动还是教研组活动，只要我在学校，我就会以一个普通教师的身份参加集体活动，同时尽到一个教师应尽的责任和义务。例如，教研组安排所有高一年级的教师每学期都要上一节公开课，校长也不例外。作为校长，我不但要上公开课，而且要尽量比其他教师上得好，有一定的示范性。我是这样想的，也是这样做的。每次我上公开课的时候，听课的教师都是最多的，不仅本组的教师来听，其他学科的教师也会来听。不可否认，起初教师们来听课，多少会有些看热闹甚至随大流的心理，但他们在听过我几次课后，心态就发生了变化，应该是真正来学习了。当然，由于自己在专业上能够以身作则，我在提出专业能力建设上的要求时，其他教师一般都能心平气和地接受。

学校作为知识分子聚集的场所，校长的专业领导力是一项很重要的能力。有的人在担任校长之前，个人的专业能力是比较强的，但在担任校长后，花在行政事务上的时间太多，相应地用在专业上的时间就少了，加上自己放松了学习和自我提升，慢慢地就变成了一个纯粹的行政管理者，离教育教学践行者的要求也越来越远。虽然在教学业务上他仍是内行，但由于远离了教育教学一线，慢慢就缺少了一种专业上的示范性，专业领导力也在不经意间打了折扣，这是当下许多校长应该注意的问题。抓好学校管理，好的做法和经验有千万条，但校长以身作则、榜样示范永远是最重要的一条。

# 第36条

# 展现良好形象

所谓"形象"，是指能引起人的思想或感情活动的具体形态或姿态。通俗地说，就是一个人的言谈举止。形象是一个人综合素质的外在体现，也是在与人打交道时留在别人脑海里的生动记忆。校长可以没有俊朗的长相，但不能没有良好的形象。校长的良好形象既是校长的名片，也是学校对外宣传展示的生动媒介。外界往往通过辨识校长形象来了解和评价其任职的学校。校长留给他人的形象好,人们就容易想当然地认为他领导的学校应该不会差;反之,如果校长在与外界沟通交流时,给人留下了粗劣的形象,人们就会习惯性地认为该校长任职的学校也好不到哪儿去。这种现象在心理学上被称为"投射作用"。从表面上来看,这样下结论似乎有些不公平,但在没有足够的时间和耐心了解学校的情况下,人们通过校长甚至教师的形象而对一所学校做出直观的评价,在现实生活中屡见不鲜且无可厚非。

作为校长,应具备哪些良好形象呢?

第一,言中有教育。语言作为人与人之间沟通交流的主要方式,对增进互相之间的了解起着重要作用。"言中有教育"有两层意思。第一层意思是校长作为教育工作的实际代言人,在与人交流时,虽然可以海阔天空谈论许多话题,但还是要做到"三句话不离本行",要有意无意地宣传教育形势和任务,介绍学校发展中取得的成就和遇到的问题,交流家庭教育的优秀经验和做法(在许多场合,与校长在一起的既是校长的朋友,也有相当一部分是学生家长)。只有利用各种场合以适当的方式加强解释和宣传,才能让更多的人了解教育工作,支持教育工作,参与教育工作。第二层意思是校长在对社会上具体问题进行评论时,能从教育的角度提出自己的观点和看法,这样可以让交流对象加深对校长和所在学校的良好印象,甚至会说,"你看,人家毕竟是做校长的,谈论问题的观点和深度就是不一样"。从教育的角度提出个人的观点,不是在哗众取宠或者标新立异,而是展现校长良好的专业素质和对教育的深切情怀。

第二,行中有规范。现代社会,有两种现象值得校长特别警醒。一是娱乐盛行。在工作之余,校长可以参加适当的娱乐活动,但要注意时间、场合和方式。在参加适当的娱乐活动时,既要表现得生动活泼,又要张弛有度、温文尔雅,切忌几杯酒下肚就放浪形骸,言谈没有分寸,举止没有规范。在特定的场合,只要不违纪违法,校长可以不理会其他人,但必须以"师者之师"的规范严格要求自己。事实上,大众对校长等教育工作者的道德要求确实不同于普通人。换句话说,普通人可以说的话、可以做的事情,校长可能不宜说更不能做。二是浮躁抱怨。社会的快速发展,使得"快餐文化"广为流行,表现之一是浮躁。有些人不愿意坐下来安心读书,不想静下来潜心思考,许多事情不愿在过程上做优做细,而是希望快速得到想要的结果。校长是党的教育方针的具体执行者,主要职责是把立德树人的根本任务在学校落地。校长一方面要排除各方干扰,安下心来多读书,在读书中增长才干,在读书中拓宽视野,在读书中提升思想境界;另一方面要加强观察和思考,特别是对于学校中司空见惯但违反教育规律和学生成长规律的现象,要有自己的判断,及时做出调整。例如,有的教师在教学中,希望快马加鞭,在教授新课时盲目赶进度,把学生是否真正理解和掌握放在一边;有的甚至只用一年半的时间就结束了初中或高中三年的课程,将其余的时间用来复习、做大量的重复性练习。事实证明,这种做法不但效果不佳,而且会让学生产生严重的厌学心理。此时,校长就要站在规范办学、科学施教的高度,认真思考和研究,与广大教师一道,探索有效提高教学质量的新路子。表现之二是抱怨。有的人不愿认真反思自我、改造提升自己,而是一味地对不良现象不停抱怨。作为不满情绪的一种宣泄,适当地抱怨对人的健康是有利的;同时,管理者也能通过倾听抱怨改进工作。但如果人们总是不愿反思和提升自己,而是把抱怨作为一种常态,在社会上或学校里就会形成一种负面情绪,对做好工作是不利的。面对社会上或学校里的一些消极现象,校长必须有自己的思考,不能人云亦云。如果校长也不顾时间和场合,不假思索地加入抱怨的队伍当中,非但不能解决问题,而且会使问题变得更加难以解决。虽然对于社会上的事情,校长的抱怨未必能产生大的影响,但对于学校教育教学中存在的问题,校长的抱怨不仅无助于问题的解决,相反还会严重损害校长的形象。

第三,举中有修养。在现代汉语中,"举"字的基本解释有:①往上托、往上伸,如举重、举手、高举着红旗;②举动,如义举、壮举、一举一动、一举两得;③兴起,如举义;④提出,如列举、举例、举一反三;⑤推选、选举,如选代表、推举。校长作为学校的法定代表人,对外代表学校形象,对内展示自身素质,必须具备得体的修养。例如,校长应对工作充满热情,对教育充满激情,对师生充满感情,凡事都从是否有利于学校工作、是否有利于学生健康成长、是否尊重他人的角度考虑,在工作和生活中进退有度、宽严有据,不颐指气使,不矫揉造作,让人感觉如沐春风。我曾经与一名校长共进晚餐,席间该校长所在学校一名中层干部打电话向他请示一项工作，该校长没有到餐厅外去接电话，而是直接对着电话大呼小叫，引来全桌人诧异的目光。遗憾的是，该校长不但没有觉察到周围人的目光，还在接完电话后自言自语地说了一句："这样简单的事都不知道怎么处理。"本来，在前期的交谈中，大家对这名校长有比较好的印象，但经此一番电话，该校长的形象在不少人心中就打了折扣。如前所述，"举"还有推选、推荐之意，就是要求校长在学校人事管理工作中注重选贤任能，充分发扬民主，把真正优秀的人放在合适的岗位上；把教师的成长摆在优先位置，善于为教师的成长创设关键性事件、介绍重要人物、搭设成长平台。校长只有真正关心教师的成长和进步，教师才会尊敬、信服这样的校长，公众才会认为校长有胸怀、有魄力。

第四，止中有格局。在汉语中，止的本义是"脚"，脚是用来走路的重要器官。走路自然要到达某一目的地，所以"止"便引申出"至、到"的意思，到达目的地之后自然不再走了，所以"止"又有了"停止"的意思。引申到校长的自我管理，就是校长要心有所戒、心有所愿。校长要从心底里敬畏党纪国法，敬畏教育规律，敬畏先贤之言。有的校长在刚担任校长时是有敬畏之心的，但随着任职时间的延长、工作业绩的提升，获得的荣誉多了，赞扬之声也多了，自己就飘飘然了，不仅听不进不同意见，甚至把党纪国法、教育规律、先贤之言扔在了一边，想怎么说就怎么说，想怎么干就怎么干，最后的结局是轻者黯然出局，重者受到党纪国法的制裁。近年来各地陆续查处了一批中小学校长，他们在各自的工作岗位上大多干得不错，有的还成绩斐然，之所以会出问题，就是因为缺乏敬畏之心，在"止"这方面出了问题。另外，所任职的学校要实现什么样的办学目标、如何实现办学目标，校长既要在尊重教育规律、考虑学校实际的基础上长远谋划，又要有脚踏实地的作风和勇气；要通过做好一项项具体工作，把所任职的学校办出水平、办出特色。知道什么时候、什么地方该停止前进，什么时候、什么地方应奋勇向前，才是止中有格局的应有之义。

# 第37条
# 淡定看待名和利

欲望是世界上所有动物最原始、最基本的一种本能。人类的欲望是由人的本性产生的想达到某种目的的要求，无善恶之分，关键在于如何控制。在欲望的推动下，人不断占有客观的对象，从而同自然环境和社会形成了一定的关系。通过欲望或多或少得到满足，人作为主体把握着客体与环境，和客体及环境取得统一。在这个意义上，欲望既是人类改造世界也是改造自己的根本动力，也是人类进化、社会发展与历史进步的动力。欲望可以使人成功，也可以使人失败。

作为一名教师，受客观因素的影响，上升通道比较窄。如果能有机会当上一所学校的校长，从世俗的观点来说，可以算是成功人士了：师生仰望、领导看重、朋友同学称赞，有形无形的资源都会向他倾斜。大多数教师当上校长后，能继续保持头脑清醒，勤勉做事，低调做人，从而越来越受他人尊重；但也有少数人当上校长后，开始几年还比较谨慎，工作也很努力，在取得了一定的成绩后，慢慢就忘乎所以了，什么话都敢说，什么事都敢做，学校发展也开始走下坡路，问题一个接着一个，结果自然是被撤了职，个别人甚至还会受到党纪国法的制裁。此情此景，未免让人唏嘘。

我从事教育行政管理工作近20年，接触的校长成百上千。据我观察，有些个人素质、能力都不错的校长，到后期会出这样或那样的问题，原因各种各样，除日常的监督管理等体制机制因素之外，与校长自身没有合理管控好自己的欲望有很大关系。尽管"欲望"这个词听起来偏贬义，许多文章或评论也有意无意地回避它，但我认为，人有欲望是很正常的，有了成绩要宣传，有了问题也要勇于面对。

校长要合理管控好自己的欲望，主要体现在以下方面。

第一,管控好对权力的欲望。一个人做校长的时间长了,各方面关系都理顺了,成绩也有了,巴结奉承的话开始环绕于耳,此时正是校长要保持高度警惕、管控好自己的权力欲望的时候。

一是要立足于管大事。学校规模有大有小,各种日常事务不少,管理团队除校长之外,还有副校长、主任等一干人马。校长应该管哪些事,副校长等其他管理人员有哪些权利、义务,要通过完善的制度加以规范,校长要严格执行,把该管的事管好,不该管的事坚决不插手。校长若手伸得太长、管得太宽,势必会造成权限不清、职责不明,学校各种矛盾就会由此产生。

二是在自己不专业的事情上慎言。学校是专门的教育机构,各学科有其专业特点和要求。虽然大多数校长是从学校教学骨干中提拔上来的,在本学科领域可能是权威,但对其他学科就未必事事都懂。作为校长,不免要参加一些非本专业学科的听课、评课等学科交流活动。此时,校长所应体现的是一种姿态,一种对教学关注的态度;对自己不擅长的专业问题,应多听学科成员的意见。如果其他教师还没充分发表意见,校长就以专家自居,一上来就大说一通甚至妄加定论,稍不留意就会徒生笑柄,还容易打击其他教师的积极性。

第二,管控好对名利的欲望。作为一校之长,要时刻保持头脑清醒,正确看待和追求名利。

一是正确对待"名"。学校的职称评定、评优评先、外出学习考察等,都与"名"有关。校长要顺其自然,该是自己的不必刻意推让,不该是自己的就不要勉强去争。某个职称校长可不可以评,某项荣誉校长该不该得,某次外出学习考察校长能不能去,群众的眼睛是雪亮的,广大教师心中自然有一杆秤。如果校长不能做到光明正大、公平竞争,教师就会看在眼里,记在心里。碍于校长的身份和权威,教师一开始可能会忍受,但次数多了,教师必生怨愤。要知道,校长掌握着学校的各种资源,如果校长过分追求"名",甚至为此不择手段,既是对其他教师极大的不公平,也可能让自己因此名声受损。

二是正确对待"利"。学校的利,大到工程项目、招生招聘、饮食校服、教辅资料,小到转学编班、值班加班,在教师看来都是利益所在。校长要严格遵守中央八项规定和党风廉政建设有关要求,按照规定程序操作。该谁管的事就让谁管,该怎么处理就怎么处理。例如,有的学校会设立高考、中考奖励,有的学校会偶尔发一些补助(此处暂不说其合法合规与否),无论是奖励还是补助,校长都要掂量清楚,这些钱自己能不能得、可以得多少。切忌对自己宽,对他人严;或者表面义正词严,背后谋取私利。要解决这个问题,最好的办法就是将看起来有利益的事项都置于阳光之下,公开透明,按制度办事。碰到此类事情,正是考验党性和品质的时候,校长原则上不能有私心。再好的制度、再具体的规定,都需要人去执行。如果校长为了一己之私,利用权力搞弯弯绕,虽然短期可能得逞,但难免有朝一日事情曝光,校长就会颜面扫地,再无威信可言,情节严重者还要受到党纪政纪处理甚至承担法律责任。

第三,管控好对话语权的欲望。学校工作主要是做人的工作,经常有问题需要商议、有事情要协调、有意见需要交流。在商议、协调、交流的过程中,就会有话语权存在。如果处理不好,对校长工作的成效就会产生较大的影响。

一是在讨论工作中慎用话语权。一所学校要正常运转,经常会有这样或那样的会议,有些会议是布置工作,有些会议是交流学习,有些会议是研究对某个问题的处理。但凡校长参加的会议,原则上校长都是主持人。布置工作、交流学习的会议有其固定的程序,一般按部就班即可。如果是讨论某项具体问题,校长的发言和表态就要慎重。原则上应先让参加会议的教师充分发表意见,校长最后做总结性发言,在取得一致或少数服从多数的原则下形成决议。倘若会议一开始,校长就迫不及待地发言,无形之中就给问题定了调,大家再发言就没有意义了。

二是在与师生交流时慎用话语权。一所学校教师多则数百人,少则几十人,思想上有这样或那样的分歧再正常不过。作为校长,要经常与教师交流思想、讨论问题,有时还要与学生交流谈心。在与教师或学生交流时,要防止先入为主,更不要急于让有关师生接受自己的想法。"人最难做的事情之一,就是把自己的思想装进别人的头脑",校长要善于当一个倾听者,以谦虚平和的姿态与师生交流,在春风化雨般的语境中让有关师生接受自己的思想或观点。

在社会主义市场经济条件下,我们不指望所有的校长都能做到"大公无私"或者不能有自己的合理欲望和追求,但严于律己,守住自己的原则底线,是新时代一个合格校长的本职所在,也是校长行稳致远的基础。

## 第38条
# 妥善应对多种角色的挑战

角色理论是一种试图从人的社会角色属性解释社会心理和行为的产生、发展、变化的社会心理学理论。角色理论的中心概念是"角色","角色"一词来源于戏剧,最早指演员扮演的剧中人物。社会心理学家看到这个概念有助于理解人的社会行为和个性,便将之引入社会心理学中。他们认为,人在社会关系中的地位规定了人的社会行为,类似于脚本规定了演员的行为。人的社会角色是人在一定社会背景中所处的地位或所起的作用。人们是在社会化过程中受到角色规则的训练和教育,偏离了社会角色规则会受到社会的排斥和制裁。人在一生中要学会扮演各种角色,如孩子的角色、学生的角色、父亲或母亲的角色、职工的角色、领导的角色等。这些角色使人们在不同的情境中以适当的行为方式与他人进行交往。

中小学校长每天要接待不同的人员或处理不同的事务,同样会在不同的时间和环境中扮演不同的角色,在应对多种角色的挑战时应注意以下两个原则。

一是保持自身人格的统一。所谓"人格",有点类似于人的面具,是构成一个人思想、情感及行为的特有统合模式,这个独特模式包含了一个人区别于他人的、稳定而统一的心理品质。校长在不同的情境中会担任不同的角色,但这只是转换责任系统和思维方式,而不是扭曲自身人格。例如,在接待或处理学生、教师、家长、上级领导的相关事项时,态度都是真诚、热情的。不能在面对普通学生、教师或家长时颐指气使、装模作样,而在面对有权势的家长或上级领导时则表现得低三下四、奴颜婢膝。

二是坚持以学生发展为中心。不同的利益群体,其诉求是不一样的。如果在应对不同的诉求时标准不一、价值观不一致,一方面会让承担具体任务的部门或个人无所适从,另一方面也容易造成学校整体价值观的混乱。党的教育方针是通过合适的教育和引导,培养德智体美劳全面发展的社会主义建设者和接班人。我们要树立这样一种价值观,就是学校所有的工作都是为了学生的成人成才。因此,校长无论应对何种诉求、担任何种角色,都必须坚持学生立场,一切以学生发展为中心。只有这样才能坚守教育的真谛,把学校办成应有的样子。

以下重点谈谈如何做好教育传播者的角色。

首先,充分认识教育传播的重要性。党和政府号召办好人民满意的教育,但人民满意的教育有哪些标准和要求,不同群众的理解是不一样的。不一样的理解在牵涉具体问题的处理时,就容易发生矛盾和冲突。例如,对违纪学生能不能有适当的惩戒和处罚、怎样进行惩戒和处罚等,不同年龄阶段的人、教师和家长的认识是不一致的。再如,当下有些学生家长,简单地把学生考试当成了学习,把考试分数理解为成功,把身体愉悦当成幸福,而把思想品德、行为习惯、劳动体验等作为额外的负担。要知道,不同的群体,由于教育背景、成长环境等因素的影响,其认知能力和水平不一样,在任何时代都再正常不过,作为校长,不能苛求或抱怨,而是有责任和义务利用各种机会和场合传播现代教育的先进理念,向家长介绍或推荐科学教育子女的方法。只有依靠持续不断地努力,不同的群体才会慢慢在相关教育问题上达成一致,最终形成教育良性发展的强大合力。

其次,增强教育传播的针对性。美国社会心理学家埃里克森的"人生发展八阶段理论"认为,人的自我意识发展持续一生。他把自我意识的形成和发展过程划分为八个阶段,这八个阶段的顺序是由遗传决定的,但是每一阶段能否顺利度过却是由环境决定的。每一个阶段对于儿童成长都十分重要,相应地,家长和教师的工作重点也不一样。例如,在学龄期(7~12岁)的儿童,他们绝大多数都应在学校接受教育,其成长特征是勤奋对自卑的冲突。学校和家长的主要任务是训练儿童形成良好的行为习惯,培养对学习的浓厚兴趣和正确的学习态度,从而不断树立和强化他们对学习和未来的信心。在此基础上，如果他们能顺利地完成学习课程，就会获得勤奋感，在今后的独立生活和承担工作任务中充满信心。反之，就会产生自卑心理。另外，如果儿童过分看重自己的学习态度，而对良好的行为习惯等方面毫不在意，这种人的生活是可悲的。因此，家长和教师在此阶段的主要任务是培养孩子对学习的兴趣和良好的行为习惯，而对考试成绩不应过分看重。遗憾的是，由于认知水平的差异和信息的不对称，加上教育传播的方式、方法欠妥，许多家长自从孩子上小学起，就对孩子的学习充满焦虑，担心孩子学习成绩差会"输在起跑线上"。除了应向家长和公众传播子女教育方式方法，党的教育方针政策的宣传解读，也是教育传播的一项重要内容。

最后，采用合适的教育传播方法。校长必须持有符合时代要求的教育理念，但只有校长具备这样的理念是远远不够的，校长还必须通过合适的途径，让广大学生家长和教师认同这些理念。校长在面对不同的群体时，使用的教育传播方式应该是不一样的。以对学生家长的教育传播为例，许多学校习惯以年级为单位召开学生家长会，家长会上一般都有学校领导或教师为家长宣传普及科学育儿知识的议程。根据我的观察，尽管学校为这样的宣传做了充分准备，但实际效果却不够好。究其原因，主要有以下方面：一是传播的内容比较空泛，没有做到理论联系实际，大道理讲得多，实践案例少；二是负责传播的教师自身经验不足，在传播时缺乏激情，过多地使用教育专业术语，未能做到深入浅出；三是听课人员自身素质、文化水平存在差异，不同教育或工作背景的人坐在一起听校长或教师做报告，有的听得津津有味，有的则听得云里雾里；四是不同的学生家长的需求是不一样的，如品行不佳的学生，其家长希望了解如何加强或改进对学生的品行教育，而学习成绩比较差的学生，其家长则更愿意听到如何提高学习成绩的内容。因此，在进行教育传播时要区分不同的群体，对不同的群体采用不同的方法、传播不一样的内容，同时还要用特定群体能够听得懂的语言，结合实际案例进行分析，这样的教育传播才是真实有效的。当然，在向公众进行教育传播时，方法和途径可以多样化，如制定年度教育传播计划，将年度教育传播内容分成若干个板块，确定专门的负责人和审查人员，定期通过校园广播、微信公众号、校报校刊、新闻发布会、新闻报道等形式，对党的教育方针政策、学校文化和办学理念、教师或学生的优秀事迹、学校重要工作安排、家庭教育等方面进行系统的宣传，从而让更多的公众了解教育、支持学校。

# 第39条
# 善于协调与上级领导的关系

管理学理论认为，管理有四大要素：计划、组织、协调、控制。其中，协调好各方关系，是顺利实现组织目标的一项重要活动。

作为中小学校长，协调的内容大致可分为对外协调和对内协调。对外协调包括协调与上级部门或领导的关系、与党委政府各相关部门的关系、与其他学校所在社区的关系，对内协调包括协调班子成员之间的关系、与教师和学生的关系、与学生家长的关系。各方关系协调好了，就能形成办学合力，不断提高教育教学质量；各方关系没有协调好，就会形成办学阻力，制约学校可持续健康发展。有人认为，管理学本质上就是关系学。校长善于协调各方关系，既是搞好学校各项工作的实际需要，也是对校长自身能力素质的考验。

在现行管理体制下，校长一般都是由上级选拔任命的，任职后校长的德行业绩等都由上级考核，学校教师的补充、办学经费等关键要素都由上级给予保障，因此校长比较注重与上级部门和领导保持良好的关系。尽管如此，校长在协调与上级部门和领导的关系方面，仍然有许多值得注意或改进的地方。

一是清楚上级领导的行事风格。不同的领导有不同的行事风格和性格特征，有的领导行事干练、追求高效，有的领导行事谨慎、不紧不慢，有的领导不问过程只看结果，有的领导则喜欢事无巨细，等等。作为下属，在不违反原则的前提下，应努力适应和配合之，使工作协调高效开展。如领导喜欢雷厉风行，我们在贯彻落实工作时就要快刀斩乱麻，不能磨磨叽叽；领导听汇报时喜欢直来直去，有事说事，我们在汇报时就要直奔主题；领导是读者型的，我们在汇报时，不但要口头上简明扼要，还要准备好相应的书面材料；领导喜欢深入基层或现场，我们就尽量邀请领导到现场指导。如果事前没有把上级领导的习性弄清楚，在沟通汇报或落实工作时就难以有效配合甚至出现矛盾冲突，降低工作效率，实际效果可想而知。

二是紧跟上级政策与指示开展工作。学校教育教学工作有其规律和特点，但上级教育行政管理工作在不同时期的目标任务往往是不一样的。我们在与上级领导沟通交流时，必须紧跟上级政策与指示开展工作，这样可以引起上级对学校工作给予更多的关注和肯定。例如，有一段时期，教育部特别关注教育均衡问题，我们就可以多向上级领导汇报学校在促进均衡发展方面做了哪些工作，取得了哪些突出的成效。再如，夏季来临，天气转热，有的地方接连发生学生溺水事件，引起了高层领导和新闻媒体的高度关注。省、市教育行政部门和地方党委政府的领导多次就防范学生溺水提出要求，此时我们就可以向上级领导汇报学校为防溺水工作所付出的努力和取得的成效。我们说的、做的是上级领导希望听到或看到的，领导自然就会对校长和他所在的学校给予肯定和重视。如果我们不能把学校工作与上级的指示要求结合起来，不能上行下效，而只顾"埋头拉车"，与上级协调沟通的效果自然就不会太好。

三是提出合理化建议。办学过程中肯定会碰到这样或那样的问题，而有的问题学校可以或应当通过自身的努力去解决。此时，我们就要有担当精神，该自己做好的事情就不要麻烦上级领导，但有些问题学校是无能为力的，就需要通过上级领导协调才有望解决。此时，我们该汇报时就要汇报，该请示时就要请示，尤其是一些有可能引起连锁反应的问题，更不能怕领导不悦而隐瞒不报。但校长如果仅限于做好以上工作，充其量只能说是一个合格的校长。作为上级领导，他需要处理的事务很多，有时他没有那么多时间去一个个调研或认真思考。在很多情况下，上级领导在听取汇报的同时，会征求校长的处理意见。如果校长只顾反映问题而提不出解决问题的建议，一方面上级领导对校长的印象会打折扣，另一方面可能会耽误处理问题的最佳时机。一个优秀的校长，不但要善于发现问题、及时汇报问题，更应该在深入思考、广泛调研的基础上，提出解决问题的策略，必要时还要有翔实的数据资料作为支撑。例如，针对当前教师反映强烈的各种"进校园"现象，校长不仅要向上级领导反映问题，更应向领导提出妥善的应对策略。这样，我们既反映了问题，又提出了解决问题的建议为领导分忧，就更受领导重视，相应地，问题也可能会更好地得到解决。

四是善于打造工作亮点。作为上级领导，他的工作要对他的上级负责，要对社会有一个好的交代。排除个人品质上的因素，他同样需要有良好的工作业绩。正如教师的成功要通过学生的成长来体现一样，上级领导的工作业绩也需要通过他所领导的学校来证明。因此，上级领导需要合作起来得心应手的下属，更希望下属能给他带来胜利的消息，这样才能你好我好大家好。校长不仅要与上级领导保持良好的个人关系和工作关系，还要立足各自的岗位，根据不同学校的实际，创造性地开展工作，出好成绩，出亮点。例如，对于社会上普遍关注的县域高中问题，我们不但要向上级领导呼吁出台政策支持，想办法留住优秀学生和教师，更要有一种"咬定青山不放松"的精神，苦练内功，全面提高教育教学质量，用办学质量的全面提升来稳定优质生源，回应社会关切。当然，说起来容易做起来难，但正是因为难，才能显示出校长能力强、水平高。把自己的工作做好、做出成效，是对上级领导最大的配合和支持，是上级领导最希望看到的，也最容易拉近与上级领导的关系。

在协调与上级领导的关系时，有一点需要特别引起注意，就是我们不能看人下菜碟。只要是正常的工作，无论是由上级领导出面还是由上级机关一般工作人员布置，是"实权领导"还是"边缘领导"，我们都要尽可能做到一视同仁，把该做的、能做的事情做好。有的校长对上级重要领导恭恭敬敬，而对一般领导和普通工作人员往往不太愿意搭理，这种现象有违真诚、正直的做人基本原则，是校长必须避免的。无论是协调何种关系，都要坚持我们的原则和底线，而这些原则和底线正是我们协调好各方关系的基础。

第40条

# 理性应对变革的压力

改革开放40多年来，人们的生产生活和思维方式发生了巨大变化，生活环境、生活水平和工作条件与改革开放前不可同日而语。可以说，在过去，我们所取得的历史性成就依靠的是改革；在未来，我们要继续迈步向前，实现中华民族伟大复兴，同样依靠改革。习近平总书记指出："改革开放是决定当代中国命运的关键一招，也是决定实现'两个一百年'奋斗目标、实现中华民族伟大复兴的关键一招。我们现在的关键一招还是改革开放。实践发展永无止境，解放思想永无止境，改革开放也永无止境，停顿和倒退没有出路。现在，推进改革矛盾多、难度大，但不改不行。我们要拿出勇气，坚持改革开放正确方向，敢于啃硬骨头，敢于涉险滩，既勇于冲破思想观念的障碍、又勇于突破利益固化的藩篱，做到改革不停顿、开放不止步。"

教育有其自身发展的规律。一般来说，教育改革有滞后的特点。中小学教育尤其如此，如许多年前厂矿企业就推行了工资绩效改革，但时至今日，大多数学校并未推行或推行得不彻底，但这并不意味着教育就可以不改革或不需要改革。如何跟上时代发展的步伐，既以积极稳妥的态度推进学校变革，又立足于中小学教育的实际，通过深入细致的工作让广大教师理解变革、支持变革、参与变革，是对广大中小学校长管理能力和水平的重大考验。

第一，找准学校变革的切入点。中小学需要变革的方面很多，如人事分配制度变革、教育教学方法变革、课程变革、学校治理结构变革、学校文化建设变革、促进教师专业发展变革、后勤管理变革等。很显然，一次性推进这些变革是不切实际的。校长要在充分调研的基础上，与班子成员一道，根据学校实际需要与可能，以问题为导向，找到推进学校变革的若干突破口。为了防止变革被认为是学校领导要的变革，夯实推进变革的群众基础，学校可采取"上理、下提、外联"的方式,找到推进学校变革的切入点。"上理",是指校长组织学校班子成员集思广益;"下提",是学校要发动全体教师就学校管理和教育教学中存在的问题提出意见;"外联",是倾听学生家长、所在社区和有关部门、领导的建议。在此基础上,找出学校亟须变革的几个突出问题,提交教师代表讨论,经教师代表充分讨论研究后,最后确定其中的某一项作为推进学校变革的切入点。一般来说,开始推进变革时切口要小,牵涉面不宜太大,待取得经验、形成共识后,再逐渐深入。例如,某校在推进教学改革过程中,开始没有搞大而全的全面改革,而是就教学的某一方面如备课、作业布置与批改等推进变革,这样教师们虽然觉得有挑战性,但不是特别困难,心理上就比较容易接受。

第二,做好深入细致的思想工作。无论推进哪一项变革,都要打破既有的思维模式和利益格局,这都意味着利益关系的重新调整,有受益的一方,同样就有受损失的一方。这些利益可能是物质上的,也可能是精神上的。不管属于何种利益,受到损失的一方都难以接受。在推进学校某项变革的过程中,要明白这样一个道理:学校变革是大势所趋,但不是迫在眉睫。在得到大多数教师的理解接受之前,就盲目推进所谓变革,大概率结局都不会太好,有的甚至会撞得头破血流。如果第一次变革就中途夭折,以后不管谁担任校长,要想推进变革,困难都会大得多。因此,我们既要增强推进变革的紧迫感,又要周密计划、妥善安排:要向上汇报,争取支持;本级沟通,班子成员统一思想认识;向下解释,把重要性、必要性、可行性向教师、学生和家长宣传解释清楚,争取广泛理解。只有在取得利益相关方多数人的理解和支持后,校长推进变革才会比较顺利。

第三,积极稳妥推进学校变革。在厘清学校变革的切入点和得到各利益相关方的支持后,校长就应着手思考如何推进变革的问题了。一般来说,重点应考虑以下内容:一是明确实施变革的主体,即由谁来具体负责某项变革、参与变革的人员有哪些。要明确各个主体在不同阶段的责任和行为规范,尽可能避免"摸着石头过河"(学校变革不同于党和政府推进的某项改革,其牵涉面比较小,个中艰难曲折一般都是可以预料的)。刚开始时,参与的主体不宜多,以选择对变革比较热情积极的人员参与为主。这样即使在变革中遇到波折，有关人员也有较强的心理承受能力，不易打退堂鼓。二是变革的起点要低。要根据学校的实际，本着"先小后大，先易后难"的原则，选择一些难度比较小、方便大家参与的方面进行"微"变革。一次变革一点儿，积小步为大步，积小胜为大胜。当变革成为广大师生认可和接受的一种文化时，再来推进某项难度较大的变革，阻力就会小很多。三是对变革进行阶段性评估。无论变革是大是小，都会在推进的过程中遇到一些问题，如果不能及时找到正确应对这些问题的办法，变革就有可能半途而废。因此，学校一旦着手推进某一方面的变革，校长就不能做甩手掌柜，要经常深入参与变革的师生中听取意见，了解变革的进展情况。对变革中出现的问题和困难，要及时组织人员进行研究，找到应对办法，必要时还要求助于外援。例如，某校在推进课堂教学改革时，出现了学生小组合作学习如何规范化组织和评价的问题，校长在获悉情况后，及时组织参与教学改革的教师商量，并与市、县教研员保持密切的沟通，最后经大家反复商议，提出了合理的解决办法，有力地保障了教学改革的顺利进行。

第四，坚定秉承的理想信念。校长在学校推进变革前，就要对如何办好人民满意的教育、办好所任职的学校，有着远大的理想和坚定的信念。要相信我们所做的推进学校各项变革的工作是对的，是有利于学生和学校长远发展的，不能因为出现了这样或那样的问题就知难而退。校长要不断利用合适的方式，把自己的信念传导给更多的人，把变革的摇摆者吸引到自己的身边。当校长真正想清楚并为实现自己的目标和人生理想而不懈奋斗时，越来越多的教师就会受到感染，就会被校长的热情和执着吸引，加入变革的队伍中。北京十一学校原校长李希贵曾经说过："当我们真正为学生好，为学生成长着想的时候，全世界都会为你让路。"这既是一种教育情怀，也是一种坚定的信念，值得广大中小学校长认真思考和回味。要知道，任何一个有所作为的校长，都有着艰难曲折的经历，正是因为他们信念坚定、内心强大，在实践中不断反思和改进，才有了现在的成就。只要坚定所秉承的理想信念，保持一颗积极向上的进取之心，加上科学的策略和方法，办让人民满意教育的目标就一定会实现，也能够实现。

第41条
# 能用制度解决的问题就不用会议讨论

不知从什么时候起,会议成为有些中小学行政管理的常态。对于许多事情的处理,都要通过召开会议进行讨论、布置,似乎不开会就显得某件事情不重要或者对某件事情不够重视。于是,无论是学校班子成员,还是班主任或科任老师,似乎都有开不完的会。校长更有些像"会议专业户":上级主管机关召开的会议,校长必须参加,否则有可能被视为"不讲政治";兄弟单位召开的会议,校长要拨冗出席,否则有可能被视为"摆架子";学校内部召开的会议,校长多数情况下必须到场,最好能讲几句话,否则有可能被认为不重视。

对于会议的价值判断,我认为,要用辩证唯物主义的观点来审视,不能简单地说会议好与不好。为了更好地理解和把握上级有关方针政策,明确工作努力的方向和奋斗目标,该开的会议还是要开的,关键是要控制开会的度,提高会议的实效性。无论是校长还是教师,该参加的会议还是要参加的。对于上级部门召开的会议,需不需要开,应该以什么样的方式召开,是上级部门考虑的事情,校长必须认真对待,当然利用适当的场合提些改进建议也是可以的。以下要讨论的是,校长在自己的责权范围之内、在学校内部,怎样尽可能利用制度手段处理和解决问题,尽量减少会议。即使是必须召开的会议,也要注意提高效率。

一是要树立依法治校的办学理念。学校的管理工作,大致可以分为教育教学管理(日常教育教学活动、教育科研、考试作业、课后服务、研学旅行、劳动实践等)、学生管理(班级建设、思想政治、团队活动、家庭教育等)、教师队伍建设(师德师风、专业成长、考勤考核、教师配备、职称评聘等)、党务工作(党的思想建设、组织建设、作风建设等)、行政服务(文书档案、会议活动、公务接待、后勤保障、安全保卫等)五大块。如何使这五大块工作在学校高效协调运转,靠人的主观努力只能管一时,从长期来看,还是要坚持依法治校。依法治校的具体体现就是能够用制度解决的问题,尽可能在制度框架内解决,会议讨论、领导表态只是例外。这就要求学校必须建立科学完善的规章制度。何谓"科学完善"? 主要包括以下两个方面的含义。其一是学校规章制度必须具备合法性。怎样确保学校制度的合法性呢? 就是学校在进行制度建设时,要以党的教育方针、教育法律法规为总纲领,以上级教育主管部门相关的规章、文件、通知为指引,根据学校的办学目标和实际情况制定和完善各种规章制度。校长要组织有关学校领导和职能处室工作人员对学校现有的规章制度、工作流程进行梳理并按以下方式分门别类进行处理: 对于符合上级要求的,予以保留; 对于部分符合上级要求的,保留符合要求的部分,修订不符合要求的部分; 对于违背上级要求的,予以修订或废止。其二是规章制度要具备可操作性。当前有些学校虽然规章制度比较健全,在内容上也与上级有关要求保持一致,但缺少操作执行层面的实施细则,而这些实施细则的缺失,恰恰就是有些学校本来可以用制度解决的问题却要通过会议解决的主要原因。例如,有的学校的制度明确规定,教师必须按时上下班,尤其上课不能迟到早退。这样的规定从理论上说无疑是对的,但在对具体事件的处理中却有很多意想不到(至少在颁布制度的时候没有想到)的特殊情况,如某个教师中午找学生谈话或者调解学生纠纷,历时近一小时,该教师匆忙回到家简单吃了几口饭后,马上就赶回学校,但还是迟到了10分钟。诸如此类情况,应该如何处理? 很明显,如果简单机械地照章办事,必然会在教师中引起不满。学校应该根据教师职业的特点和教师平时的努力程度区分出若干情形,经过教师代表大会讨论通过后提出具体的处理意见。制度在操作层面有了明确的实施细则,相关人员在处理类似的问题时就不会再纠结了。总之,只有能够解决具体问题的制度才会有生命力。既然该制度是有生命力的,是大多数教师认可的,在遇到具体问题需要处理时,学校就没有必要召开会议反复研究了。

二是要精简会议,提高会议效率。所谓"精简会议",就是要建立会议审批制度,做到可开可不开的会议坚决不开,能合并召开的会议不分别召开,没有明确议题的会议、准备不充分的会议暂时不开。学校是教书育人的专业场所，教育教学是教师的主要任务，而要使教育教学取得应有的成效，教师就要花大量的时间做好相关准备，在实施过程中还有大量的事中和事后工作。能够参加会议的人员，多数是学校的教育教学骨干，如果他们用在会议上的时间多了，相应地，用在教育教学上的时间就少了，一次两次、一个两个人可能没多大关系，但次数多了、人员多了，对学校的正常教育教学活动难免会产生影响。根据著名管理学大师德鲁克的观点，管理人员参加会议的时间不能超过他们工作时间的25％，否则就要重新思考各方面工作安排的合理性。所谓提高会议效率，就是不要召开议而不决的会议。有些会议之所以会出现议而不决的情况，主要是对于一些重要或敏感的事项，领导班子之间事前没有做好充分沟通，到了会上，大家各执一词，校长或会议主持人自然就难以决断了。因此，对于需要提交会议讨论的重大事项，校长与相关人员要在会前做好充分沟通，形成一个基本意见后再提交会议讨论，这样就比较容易获得通过。但是，有时这方面的工作做好了，可在提交会议讨论时，相关的背景材料或数据不充分、不翔实，在会议上仍容易出现争执。因为既然参加了会议，参会人员就有权利和义务对事件的来龙去脉做充分的了解，如果校长以有关人员已经达成一致意见为由强行通过决议，日后必然会留下隐患。当然，会议还要做到主题集中，既要让参会人员充分发表意见，又不能想怎么说就怎么说，而且校长或会议主持人应在最后发表意见，这些都是提高会议效率应该注意的问题。

学校管理有很多方法，召开会议只是其中一个而已。会议太多不仅浪费大家的时间，降低管理效能，而且可能成为学校管理混乱的开始。

第42条

# 加强自我管理

王某从师范大学毕业后，来到某县一所初中任教。他由于教学能力强、为人热情，深受学生欢迎。王某先后担任过该校团委书记、教务主任、副校长，后来成为所在县最年轻的校长。

王某担任校长的头一年，一心扑在工作上，经常和教师们探讨教育教学有关问题，学生们有什么问题和困难，他也乐于提供帮助。他每天似乎都有做不完的事，晚上和节假日加班加点是常事。虽然他总是感到时间不够用，但看到学校教育教学质量在稳步提升，他感到所有的付出都是值得的。县教育局对他的工作成效十分肯定，授予他"优秀校长"称号。

随着教学规模不断扩大，王某的工作也显得更为忙碌：接待来访者、与教师谈话、参加各种会议，还有赴不完的饭局。慢慢地，教师们发现，虽然王校长每天看起来都很忙，但深入课堂的时间越来越少，有时与教师交流也显得心不在焉。学校里的大小事务都需要经过他同意，如果碰巧他在外出差或者开会，相关工作只好暂停，因为副校长不敢擅自做主。等到他出差回来后，他的办公室门口就会排起长长的队伍。曾经有教育局领导善意地提醒他，要学会抓大放小，他就苦笑着说：没有办法，自己就是个劳碌命。

7月，中考成绩出炉，王某所在学校学生考试成绩平平，其间学校还出了几起不大不小的安全事故，这给他带来了不小压力。为此他感到十分困惑：为什么自己工作比以前更努力，学校反而在退步？他怎么也想不通，最后向县教育局领导提交了辞呈。

上述案例可以带给我们几点思考：王某对自己的办学目标、实现途径、方法步骤是否清晰？对自己的时间是如何管理的？工作有没有做到突出重点？是否做到合理授权？这实际上反映了一个校长如何加强自我管理的问题。

"自我管理"理论由美国管理学大师德鲁克提出。他在《卓有成效的管理者》中提出了意味深长的五条建议。从德鲁克的五条建议中，我们可以受到这样的启发：作为一名优秀的管理者，首先要学会管理自己。今天，越来越多的劳动者和大多数知识工作者都面临着"自我管理"的挑战，需要学会如何发展自己，学会选择适当的方法和时机去调整他们的工作方式方法和时间，这样才有可能取得事半功倍的效果，更好地实现组织和个人的奋斗目标。

第一，牢记初心使命，明晰奋斗目标。作为新时代党的教育工作者，要时刻牢记"为党育人、为国育才"的初心使命。要在初心使命的指引下，明晰自己的短期、中期和长期奋斗目标，然后分别围绕短期、中期和长期奋斗目标，制定实现不同目标任务的工作路线图，一步一个脚印抓好落实。初心使命是灯塔，是稳定不变的。有了灯塔，我们就不容易迷失方向。目标任务是要到达的地方，是相对稳定的。有了目标任务，我们就能坚定信念和决心。路线图是方式方法，是灵活多样的。有了路线图，我们就知道由谁去做、怎么做。例如，某人担任校长后，提出要牢记育人宗旨，以"办好人民满意的教育"为目标，用三年时间改变学校落后面貌，为此提出了一系列改进学校工作的举措。该做法的初心使命是对的，目标任务也是对的，方式方法也明确了，似乎无懈可击，但稍微分析一下，就可以看出，目标任务过于笼统：怎样才算改变了落后面貌？有哪些具体的指标作为印证？事实证明，目标必须以清晰明确的方式来表达，缺乏明确指标的奋斗目标是难以考核的，难以考核的目标从某种意义上来说就是无效的目标。

第二，分析长处和短处，明确努力方向。德鲁克认为，大多数人认为他们了解自己的长处。但他们通常都错了，更多的时候他们更了解自己的短处。可是，人们只能在工作中发挥自己的长处，而不能靠短处创造绩效。例如，某个校长擅长做计划，他能够根据他对教育形势的判断和学校的了解，制订出未来三年甚至更长时间的学校工作计划，而且这些计划都是具体的、可考核的。但是他的短处也比较明显，就是在组织安排上考虑问题不够细致，容易忽略关键环节。如果该校长能够正确认识自己，有自我管理的意识，他就会在他的长处上做优做细，而把过程管理这类组织工作交由其他学校领导去做。也许有人会说，该校长可以在加强组织管理上多努力，实现取长补短，其实大可不必。德鲁克认为，在改进弱项上，我们要尽可能少浪费精力。要把精力集中在具有较高能力和技能的领域。要知道，从根本不具有能力提高到具有中等偏下水平能力所需的时间，要比从第一流的绩效提升到优秀所需的时间多得多。我们应该集中所有的能量、资源和时间，帮助一个能干的人成为最优秀的人。校长的自我管理如此，对于优秀教师的管理也一样，扬长避短比取长补短更具有实际意义。

第三，抓好时间管理，提升工作绩效。时间看似取之不尽、用之不竭，但它既是最稀缺，也是最刚性的，是无法置换的。校长必须尽可能避免把时间浪费在一些毫无意义的事情上，如无时间限制的闲谈和应酬、总是讨论一些未见有结果的事项等，而是要把主要时间用在处理一些重要但不紧迫的事情上，如思考学校的昨天、今天和明天，学习讨论教育政策法规，推进教育教学改革，抓好师德师风建设，等等。当然，校长要贯彻"要事优先"的原则，集中时间和精力做重要但不紧迫的工作，并不意味着其他工作就可有可无，而是在把握大原则的前提下，把其他工作委托给学校其他领导。因为任何一个管理者都没有足够的时间去完成他想完成的事情，所以管理者应该学会放权，没有必要把所有的工作都抓在自己手中。尽量减少管理，放手让别人干，这才是明智之举，也是校长得以集中力量办大事的关键。案例中的王校长正是因为不会合理授权，才让自己身心疲惫，还严重影响了其他校领导工作的积极性和主动性。

第四，觉察自我，提高决策成效。所谓"觉察自我"，就是校长作为学校负责人，对学校各种事件的处理，其实在心里都隐藏着连自己也不曾觉察的想法，只是缺乏合适的机会正式表达出来而已。例如，某班发生了一起学生不服教师教育而与教师发生激烈言语冲突的事件。校长在得到报告后，大脑中的第一反应就是，学生是受教育者，与教师发生争执是不对的。在派人实地了解情况后，校长发现教师在对学生进行批评教育时，情绪比较激动,说出的话让学生一时难以接受,故而发生争执。在学校有关负责人的调解下,学生向教师承认了错误,教师也为自己的冲动言行向学生表达了歉意,事情得到了较好的解决。这种第一反应,就是隐藏在校长头脑里的原始想法或价值观。校长要善于觉察自我,就是经常假想自己遇到某些事情时的第一反应,把这种反应与学校倡导的价值观相对照。如果是一致的,就坚定自己的想法;如果是不一致的,就要做出适当的修正。前述学生与教师发生言语冲突的案例,学生必须尊重教师是隐藏在校长潜意识里的价值观,但学校所倡导的价值观也清楚地表明:教师要关心爱护学生,尊重学生的人格尊严。如果校长在前期自我反思时,能够把学生尊重教师与教师关心爱护学生有机地结合起来,事先设想发生问题的处理办法,一旦遇到类似情况时,处理起来就不容易迷失方向。所谓"提高决策成效",就是我们在商议对一些重大问题的处理时,既不能搞一言堂,必须让与会人员充分发表意见,也不能为追求全体一致通过而没有或不允许有不同的声音。德鲁克认为:真正重要的决策可能都不是在一片掌声当中通过的,其通过很多时候都是非常艰难的一个过程,甚至是领导者力排众议的一个结果,所以这才是决策的本质。没有不同的意见,就说明我们对这个事情的认知实际上是非常肤浅的。当然,这种观点与我们通常奉行的文化和行为哲学似乎有些格格不入,但为了让决策更加科学,降低决策风险,我们必须学会接受不同意见。

　　当然,校长加强自我管理要做到的远不止这些,关键是校长要有自我管理的意识,在实践和反思中学会如何发展自己、完善工作方式方法,以更好的工作状态应对各种挑战,坚定信念,砥砺前行,不断为办好人民满意的教育贡献自己的力量。

# 第43条
# 争做师者之师

严玲珍现任中山市南头镇民安小学党支部书记、校长，特级教师，20 多年来勤勤恳恳耕耘在南头教育第一线。

她为人师表，精通业务，严谨治学，获评广东省特级教师、广东省南粤优秀教师、广东省中小学"百千万人才培养工程"小学名校长培养学员等荣誉称号。

她出版了专著 1 本，主持和参与了国家级、省级课题 15 项，开党课、家教讲座近 250 场，为 4000 多名家长进行了家教指导。她还带领教师到西藏以及广东汕头、广东饶平等地支教，为贫困山区的孩子们点燃希望之灯。

在她的带领下，民安小学形成了"强党建、聚力量、促发展"的党建品牌，树立了"以武育德、文化引领、自主管理"的德育品牌，提炼了"厚德笃学、崇文尚武"的特色，打造了"小组合作自主探究"的教学模式，荣获省、市荣誉 31 项。学校还培养出了世界南拳武术冠军吴毅懿、全国散打冠军胡桥峰等优秀人才。

严玲珍校长的事迹也许不是十分耀眼，但却是众多优秀中小学校长的真实写照。校长要想在教师中有威信，让教师打心眼里敬佩，就要有个人的人格魅力和品德修养，有成为师者之师的愿望和能力，这样的校长才能带领学校和教师克服各种各样的困难，不断创造出新的业绩。

第一，校长要真正热爱教育事业。一个人能否把工作做好，除具备基本的能力、素养之外，最重要的是看他是不是对所从事的工作倾注了全部的热情。热爱是做好一切工作的基础。判断一名校长是否真正热爱教育事业，不仅要看他怎么说,关键要看他怎么做。例如,在遇到问题或困难时,是否能坚守教育初心,是否会选择退缩;在个人蒙受委屈时,能否坦然面对;在个人利益与学校利益发生冲突时,是否优先考虑学校利益;在遇到挫折和失意时,是否从不后悔自己当初的选择。如果在遇到上述情况时能够泰然处之、矢志不移,这样的校长大概率是热爱教育事业的,他的所作所为无疑会被广大教师所学习效仿,他们会自觉地把校长作为学习的标杆,增强理性应对困难挑战的信心和决心。

第二,校长要真心关心爱护教师。一是在思想上关心教师。针对教师中存在的这样或那样的思想问题,校长能够做到心中有数,他会积极主动找教师谈心,用自己的亲身经历、用师德规范和社会主义核心价值观引领他们走出思想误区,自觉向美向善。二是在工作上成就教师。真正关心爱护教师的校长,会自觉把教师的专业成长作为学校工作的头等大事,除了重视在学校开展形式多样的教研活动,还会不断为学校教师创造与名师对话交流的机会,克服各种困难让学校教师参加各种学习培训交流活动,在带头阅读的基础上为学校教师推荐优秀读物。当然,在学校领导岗位出现空缺时,他也会积极主动地向上级推荐本校优秀教师进入管理团队。三是在生活上帮助教师。真正关心爱护教师的校长,会对学校每个教师的家庭生活情况了如指掌,例如,孩子读书遇到困难他会帮助联系;父母生病需要照料,他会积极协助做好相应安排;家庭中出现磕磕碰碰他会现身调解。慢慢地,全校教师都知道,"有困难可以找校长",虽然校长未必有如此大的能量,能够帮助教师解决所有困难,但至少找到了校长,教师心里就会感到踏实和安慰。当然,为了学校教师的正当权益,他还会积极主动奔走呼吁。四是在专业上引领教师。校长要主动学习教育教学理论和其他知识,经常与教师分享交流学习心得和成果。除特殊情况之外,校长应坚持承担教学任务,做到尽量不缺课,不轻易让人代课,把课上好,在考评时不搞特殊化。校长也要把主要精力用在教育教学上,关注学校教育教学活动相关计划和安排;遇有教育教学相关活动时,只要在校就自觉参与;在参与交流讨论时应多听少说,对不专业的学科、不熟悉的领域,不随意发表意见,做到不说则已,说则说到点子上。当前,根据校长的工作性质和特点,提倡校长对教师的专业引领,更多的应该是一种行动上的引领，是一种重视教育教学的态度的引领。

第三，校长要做良好师德的践行者。近年来，党和政府高度重视教育事业，同时强调抓好师德师风建设。校长不但要经常组织教师学习师德师风相关要求和规范，在教师中发现和培育师德师风的经验典型，更重要的是校长要自觉做践行良好师德的模范。凡是要求教师做到的，校长要首先做到；凡是禁止教师做的，校长坚决不能做。例如，师德规范要求教师热爱教育事业，校长就要一心扑在教育工作上，让学校的事情胜过自己的事情；师德规范要求教师要关心爱护学生，校长就要善待教师(当然，也要关爱学生)，要通过善待教师来实现教师对学生爱的传递；师德规范要求教师要遵纪守法，校长在面对金钱利益的诱惑时，就要坚守自己的道德和法纪底线。

校长要想领导好一所学校，首先要在思想上领导，其次要在行为上示范。其实，提倡校长要做师者之师，对其专业要求并不高，教师看重的更多的是校长个人的品行修养，如对教育要热爱、对教师要真诚、对法纪要尊崇，如果再做好一些模范带头作用，这样的校长虽说不上可以一呼百应，但基本上可以被称作师者之师了。

# 第44条
# 关注师生中出现的小事

我在担任校长时，无意中遇到的一件事，引起了我的注意。

一天早餐时，我照例到食堂巡视。我刚走到食堂门口，就看到几个学生边走边用筷子将碗里的饭扒拉出来，弄得地上到处是饭菜。刚开始时，我以为只是个别现象，过了一会儿，又发现几个学生在做同样的动作。我当时就想，为什么饭还没有开始吃，就开始扒拉，浪费粮食不说，还破坏环境卫生？第二天，我带着总务主任再次到食堂察看，情况基本上一样。我让总务主任把几个在门口扒拉饭菜的学生叫过来询问原因，他们回答是饭太硬了，不好下咽，故而把成坨的米饭扒拉出来。我当时的感觉是，几粒米饭事小，但浪费粮食、影响环境卫生事大，必须为此做点什么。我一方面安排政工处主任利用周一升旗的机会，为学生作了一次国旗下的讲话，主要内容就是要珍惜粮食、保护环境卫生；另一方面要求食堂师傅在煮饭时多加几次水（以前办学条件比较差，煮饭时是将浸泡好的米放到一个大木桶中，加上水后用大火蒸，每蒸一段时间须加一次水，同时用大铁铲翻动，多加一次水意味着劳动量要增加）；同时让总务处在门口增设了几个装剩饭的木桶。多措并举之下，学生乱倒剩饭的现象很快得到扭转。

由此，我想到一句话：教育无小事，处处在育人。有人片面地认为教育没有小事，所有的事都是大事。其实这是对教育的误解，平常所说的"教育无小事"，不是真的没有小事，而是指在很多小事中蕴藏着教育的机会，我们不能掉以轻心。我们关注教育中发生的小事，就是关注教育中的细节，只有把教育细节处理好，立德树人这一教育的根本任务才能得到真正落实。

在实际工作中，关注师生身边出现的小事，要注意以下方面。

第一，要有一双善于发现的眼睛。法国著名雕塑家罗丹说，这个世界上不是缺少美，而是缺少发现美的眼睛。艺术工作是这样，学校工作也是如此。我们天天在学校里学习、工作和生活，对周围的一草一木、师生的言谈举止已经习以为常。如果平时不注重学习与思考，不注意观察，我们就会慢慢变得麻木，无论是好事还是坏事，都不容易发现，更谈不上进行有效的处置，直至一些影响较大的事情似乎突然出现在我们面前。这类事情如果是我们希望看到的，自然皆大欢喜，但现实中此类事情往往不是什么好事。有人说过，一个可怕事情的发生，一般在此之前会有数十个类似的小事或征兆。我们如果发现不了师生身边的小事，等到真正的大事发生时就会措手不及，处理起来就会手忙脚乱。因此，能否及时发现师生身边的小事并为此做好相应的准备，就成为衡量校长治校能力强弱和水平高低的一个指标。为此，校长要经常走出办公室，深入师生中，与他们一起参加活动、一起用餐、一起分享，这样才不至于等到某个大事酿成以后，校长成为最后一个知道的人。除此之外，还可以定期或不定期地邀请上级部门领导、学校专兼职督学、学生家长代表到学校走访、观摩，他们在学校的时间比较少，对师生身边的小事往往比学校的同事更敏感,也更容易在早期发现问题。

第二,学会运用正面小事。如前所述,师生身边的小事,有正面的,也有负面的。有的校长容易犯选择性注意的毛病,对正面的小事没有好好利用,而是对一些负面的小事上纲上线、如临大敌。皮格马利翁效应告诉我们,人们基于对某种情境的知觉而形成的期望或预言,会使该情境产生适应这一期望或预言的效应。换句话说,我们倡导什么,就有可能发生什么。如果我们经常宣传正面的小事,慢慢地学校里发生的事情更多的就是正面的,学校的校风自然就会变好;但是,如果我们经常拿一些无关紧要的负面小事做文章甚至过度处理,久而久之,学校里发生的事情更多的就是负面的。因此,当校长发现了希望看到的小事时,校长应大张旗鼓地进行宣传和推广,必要时要进行表彰;而对一些非原则性的负面小事,不是放任不管,而是以私下交流、个别处置为主。一张一弛之间,实现对师生的因势利导和对学校的无为而治。

第三,理性处理身边小事。对于师生身边的小事,校长一方面要积极关注、分类处理;另一方面没有必要过度解读、草木皆兵。如果是符合学校办学价值观倡导的小事,我们可以按前述办法处理,这里要强调的是,对于一些所谓负面的小事,也要实事求是地区别对待。例如,对于教师中一些个性化的爱好、有口无心的言语,校长不必太在意;同样地,对于学生中的一些非品德性的小问题,如同学之间的小打小闹、个性化的举止、课堂上偶尔开小差等,也不可小题大做、过度管理。例如,有个别学校因曾经有学生课间活动时,到户外玩耍出了一点儿小问题,学校就做出规定,学生课间除上厕所之外,不得离开教室。这种做法则因噎废食了。要知道,我们需要培养的是德智体美劳全面发展的社会主义建设者和接班人,而不是只会死读书的机器。我们如果对学生中发生的一些非品德性小事过度管理,对学生的健康成长是不利的,也有违教育为学生成长奠基初衷。当然,对于事关学生品德养成和校园安全的"小事",就不能忽视,而需要采取及时有效的措施做好引导教育。

总之,对于发生在师生身边的小事,我们要实事求是地分析和处理,既不要视而不见,也不要小题大做。基本原则是:原则性的"小事"再小也要当成大事,把问题消灭在萌芽状态;而对于一些非原则性的小事,则可以本着育人宗旨灵活应对。团结、紧张、严肃、活泼是我们追求的学校基本样态。

第45条
# 用正确的方法做事

某省教育厅印发通报,对某县高中利用周末违规组织非毕业班补课一事在全省通报批评,并要求当地教育主管部门对该校校长做出行政处理,处理结果在规定时间内报省教育厅。看到通报以后,该校校长感到十分委屈,找到县政府分管领导和县教育局,诉说学校的想法和无奈。

利用节假日补课不仅牺牲了学生正常的休息时间,而且违反了该省教育厅关于规范普通高中办学行为的规定(该省教育厅规定:除毕业班可以在暑期组织学生补课外,其他年级一律禁止补课,且毕业班补课时间不得超过假期的三分之一)。在工作中,是做正确的事重要还是用正确的方法做事重要,引发了许多校长的思考和讨论。

我认为,没有必要把这两件事对立起来,应该说做正确的事是基础,背离了这个基础,我们的工作就容易走入歧途;用正确的方法做事是保障,方法不对,结果就有可能南辕北辙。例如,我们的办学目标是培养德智体美劳全面发展的社会主义建设者和接班人,教育教学质量是其中一项十分重要的指标,如果忽略这项指标,不但人民群众不答应,而且难以实现育人的目标。追求较高的教学质量是正确的,但如何才能有较高的教学质量,却有不同的方法和途径。培养学生良好的学习习惯、改革教师教学方法、提高课堂教学效果是选项,依靠不断地加班加点、牺牲学生正常的休息时间搞题海战术也是选项。根据教育相关政策和学生的学习成长规律,前者无疑是正确的选项;后者有违教育相关政策和学生学习成长规律,就是错误的选项。如果我们采用后者,就是在用错误的方法做正确的事。要做正确的事是世界观,用正确的方法做事是方法论。在目标正确的前提下,我们要学会用正确的方法做事。

首先要增强规矩和规律意识。学校人员众多,教育事业事关千家万户。

这样人员庞大的群体，关联如此巨大的行业，必须有完善的政策法规来约束和规范。这些政策法规就是平常所说的规矩。既然是规矩，大家就必须共同遵守。广大中小学校长不仅要加强对教育政策法规的学习，还要知晓开展某项工作相应的制度规定，更重要的是要结合本校实际，认真抓好贯彻落实。不能学一套做一套，或者各唱各的调、各吹各的号。同时，教学有其自身的规律，学生有其成长的规律，任何不尊重这些规律的行为都无异于蛮干。例如，违规组织学生补课，也许在短期内可以取得一些效果，但从长远来看，却得不偿失。无节制的补课只会让学校步入一个巨大的恶性循环，无论是教师还是学生，他们对教学质量的理解就是用时间换分数、用健康拼分数，而用时间和健康换来的东西总有枯竭的时候，伴随着失去的还有更重要的东西，就是教师对教育的热情、学生对学习的兴趣和创新精神的缺失。因此，校长要努力站得高一些，看得远一点，既要有做好当下工作的紧迫意识，更要有带领学校健康可持续发展、为学生的未来奠基的强烈责任感，做到用规矩规范行动，用规律引领工作。也许这说起来容易做起来难，但作为一个合格的中小学校长，就必须有这种担当和勇气。这样我们的教育才会有希望，我们的孩子才会有更好的未来。

其次要掌握正确的方法。学校工作虽然说不上千头万绪，但校长每天要处理的事情的确不少。校长无论能力再强、身体素质再好，精力终究都是有限的，不能把所有的工作都在规定的时间内凭一己之力做好，学会有效利用时间和合理授权十分重要。

如何合理利用时间，提高工作效率？这就需要校长养成提前规划的习惯，即在每天下班前(或在当天上班前)，用笔把次日或当天要做的若干件(通常不超过五件)事情，按重要性和紧急程度写在纸上，优先处理重要且紧急的事情。在具体的工作中，我们经常会被表面上看起来紧急的事情干扰，把大多数时间都用在应付这些所谓紧急的事情上。实际上，据专家分析，真正紧急的事情在我们每天处理的事情中不会超过20%。但如果只以紧急的事情为先，我们在处理了一件所谓紧急的事情后，另一件次紧急的事情又上升为紧急的事情，导致我们整天都有可能陷于被动的应付状态，而把一些重要的事情放在一边。为了提高工作效率，除了优先处理真正重要的紧急事情，还要坚持每天处理重要但不紧急的事情,这样紧急的事情就会慢慢减少。例如,推进课堂教学改革、提高课堂教学效果,是我们提高教学质量的有效途径;关注教师的思想动态、加强师德师风建设,是教师队伍建设的具体内容。但无论是教学改革还是教师队伍建设,对多数学校而言都不是紧迫的事情,但却是十分重要的工作,直接影响到学校教育教学质量的提高和学校的持续健康发展。

如何合理授权?其一是校长要破除"包打天下"的能人思想,要有别人可能比我们做得更好的理念,有授权的意愿和意识。其二是要明确哪些事情可以授权、哪些事情不宜授权,如重复性强的工作、专业性的工作、风险性低的工作,原则上就可以授权,而对外的重要接待、出席重要的会议、制定管理制度或标准、学校重大决策,就不宜授权。其三是要知人善任,把权力授予合适的人。其四是授权后要把工作要点阐述清楚,切忌让下属凭经验或悟性去猜测校长的真实意图。其五是要有周全的应对计划和考核时间。例如,学校准备组织开展一次为期三天的研学活动,整个初二年级近500名学生参加。这样的活动虽然参加的人员比较多,但属于学校的常规性工作,且风险相对较低,此时校长就可以授权某个校级领导负责组织和协调工作。虽然已经授权了,但校长还是要把一些具体要求向负责人讲清楚,提醒一些注意事项。同时,对于中途进展情况,校长尽量不要随便干预,但必须随时掌握相关动态。授权不等于推卸责任,信任不等于放任,这是有效授权的基本原则。

作为校长,时刻提醒自己做正确的事,是底线,是基础;学会用正确的方法做事,是能力,是境界。坚守底线可以让我们走得更稳,提升境界则可以使我们走得更远。两手抓,两手都要硬,才是我们实现办学目标的制胜之道。

第46条

## 把学校的事当作自己的事

有人说过，人活着就是要做事。做事可以不断地证明自己，更能够使人生更有意义。做事又可以分为做自己的事、做别人的事、做学校(单位)的事。大多数人在做事时能够做到公私分明、尽心尽责，但也有人在做自己的事时格外认真、精打细算，在为别人做事时却斤斤计较，为学校(单位)做事时粗枝大叶、敷衍了事，个别人甚至还巧立名目、假公济私，损害学校(单位)利益。校长大多数时间是在为学校做事，但能否全心全意为学校着想，把学校的事当作自己的事，既影响事情完成的质量，也反映着校长个人的思想境界。

1991—1995 年，我曾经在吉安县教育局劳动人事股工作过一段时间。按照惯例，局领导和机关各股室都要经常下乡检查指导工作，一般是一个局领导和其分管的股室包管一个片区。我所在的劳动人事股负责的是值夏、文陂、新圩、云楼、富田和东固6个乡镇。

劳动人事股包干的6个乡镇，办学条件普遍较差，存在大量的破旧房，相应地，教师的精神状态和学校的管理水平也一般，但凡事都会有例外。

富田中心小学原来坐落在富田老街，学校面积小，教室基本上都是破旧房，周边环境较差，每逢富水河发大水，学校经常被淹。时任富田中心小学校长的胡会郁，看到学校的破败景象，决心异地建一所新的中心小学。想起来容易做起来难，无论当地政府还是百姓，普遍都没钱。胡校长只好到处化缘，好不容易筹集了一笔钱。在当地政府和村委会的支持下，胡校长在离街道不远处的山冈上，选了一块较为平坦的场所，开始了新学校的建设。没有钱请民工，胡校长就带领教师一锹一铲地平整场地；来了建筑材料，胡校长不顾年事已高，和教师一起动手搬运。经过两年，一所新的中心小学硬是在艰苦的条件下拔地而起。学校建好了，胡校长也病倒了。

云楼中学坐落在公路旁边,学校面积不大,但同样破旧房多,办学条件很差。尽管学校条件不好,但教师的工作劲头很足,教学质量在东路片8所中学中也排在前列。原因在于有一个以校为家的老校长——张修波。张校长艰苦办学、勤俭办校,爱学校胜过爱自己的家。学校的每一分钱,他恨不得分作两半花。有时候,学校缺点什么东西,而他家里又正好有,他就会不由分说地拿到学校来用。一次两次也就算了,次数多了,家里人不乐意了,为此事经常和他得不愉快。他却笑嘻嘻地对家人说:"没办法,谁让我是校长呢?"看到这样一个爱校如家的校长,学校的教师都说"不努力工作都不好意思"。

现在距当年下乡已过去近30年,当年劳动人事股包干的东路片6个乡镇也早已划归青原区管辖。上述两位校长,胡校长早已作古,张校长也已逾80岁高龄。这两位校长在任职期间,在师生中享有很高的威望,不是因为他们个人的教学能力有多强,而是他们做到了以校为家,把学校的事当作自己的事。学校有这样的校长领导,教师们感觉到心里踏实,学生和家长能够放心,即使办学条件较差,也没有动摇他们对学校的信任,这是办好学校的最大资源。

随着国家经济发展,政府对教育的投入越来越大,办学条件与往日不可同日而语,办学经费虽说不上充裕,但基本上够用,至少校长不需要绞尽脑汁把一分钱分作两半花,可以把更多的时间用在管理好学校、提高教学质量上。但实际是不少学校的条件好了,管理水平却下降了,教师们的意见也是此起彼伏,敬业精神也不可同日而语。其中原因固然有很多,但与有的校长私心太重、过多考虑个人利益也有很大关系。作为校长,管理能力不强是能力问题,可以慢慢提高;但如果只顾谋取私利,则是品德问题,在某种程度上是无可救药的。时代在变,校长艰苦奋斗、以校为家的精神却不能丢。把学校的事当作自己的事,就是这种精神的具体体现。

第47条

# 增强大局意识

一名学校校长，无论是参加上级召开的工作会议，还是自己主持召开有关会议，都会经常听到或者用到"增强大局意识"这个短语。这说明大局意识是作为学校领导的校长所应必备的素质，也是学校领导顺利开展工作、带领学校实现健康可持续发展的关键。

增强大局意识是一位合格的学校领导干部的必修课。什么是大局意识？大局意识指的是从全局观察、思考、分析和解决问题。拥有大局意识的学校领导能够站在学校乃至本系统、所在地教育的整体和长远的角度思考、决策和开展工作，保证学校健康、可持续发展。根据中小学校长工作的实际，增强大局意识主要应注意以下方面。

第一，要站在他人的角度思考和谋划。作为校长，站在任职岗位的角度思考问题、谋划工作是本能，每个校长都可以做到，只是有做得好与不好的区别；能够站在他人的角度思考问题、谋划工作才显境界，并不是每个校长都有此胸怀。这里所说的"他人"，既包括上级领导，也包括其他部门或单位的负责人。当上级领导布置一项工作，或者其他部门或单位的负责人来学校协商某项工作时，我们不但要考虑学校能不能做、适不适合做，也要站在上级领导或其他部门单位负责人的角度，考虑此项工作学校可不可以做、应不应该做。例如，某市争创全省文明城市，其中就包括学校对社区街道的帮扶任务。此时，如果只考虑学校本身的性质和特点，学校往往不愿意在这些方面花时间，但如果换位思考一下，创文明城市需要全民参与，光靠领导和少数部门是不够的，如果每个单位都只强调自身需要，创文明城市就不可能实现。如此一想，学校也就责无旁贷，下一步配合开展工作会顺理成章了。还有其他各种"进校园"工作，有些是与学校密切相关的，校长既要有大局意识，也要坚持原则，能做的、该做的，一定要大力支持和配合；不能做的、不该做的，要学会拒绝。当然，即使拒绝，也要注意方式、方法。

第二，要把教师专业成长作为大事来抓。振兴民族的希望在教育，办好教育的希望在教师。只有建立一支素质过硬、业务精湛的教师队伍，我们的教育、我们的学校才有希望。受教育行业长期以来计划体制的影响，有的校长会花大量时间使教师数量满足学校要求，而对于教师专业成长则是强调得多，落实得少。在这些校长看来，专业成长是教师自己的事情，学校充其量只能为教师专业成长提供条件和支持。即便如此，在实际工作中，因为工学矛盾或经费的问题，有的校长对教师外出学习、培训、参加教学研讨活动等并不热心支持，有的甚至设置诸多条件和门槛。这样做的结果是，表面上教师都在学校上课，完成学校布置的相关工作任务，但因为缺少岗位学习和提升，他们尽管是在正常工作，但这种工作往往也是低效率的。有的校长不愿意派教师外出参加相关活动，减少了教师学习和成长的机会，这就是典型的缺乏学校发展大局意识的表现。正确的做法应该是：校长要积极创造条件，让教师有机会与名师面对面交流，在与名师的交流中取得真经、获取营养；向教师推荐一些有利于教师专业成长的读物，或者有意识地使用学校公用经费采购适合不同学科教师专业成长的书籍，举办一些学习交流活动；为教师提供机会和平台，即选派教师参加外地外校举办的学术交流活动，在校内举办学习沙龙、讲课大赛、名师讲堂等活动。这些事情未必会在当下显现多大效果，但从长远来看，对学校可持续发展是十分重要的。

第三，要高度重视师德师风工作。一所学校的师德师风如何，既直接影响学校在社会上的整体形象，也会对学校教育教学质量产生很大影响。假设某个学校领导在师德师风上出现了问题，一经调查核实，他就要接受相应的处理。本来由该领导负责的一项工作，很有可能就会因为他的被处理而中断，组织上不得不选派另外一位领导来负责，且不说新的领导能力素质如何，至少他需要一段时间熟悉情况，这样一折腾，学校既破坏了现在的形象，又影响了长远的形象。还有，如果某个教师师德师风出了问题，在网上被曝光，影响的不仅是他个人，还有学校集体，甚至一个地方教师队伍的整体形象。因此，抓师德师风既是教师队伍建设的需要，也是学校领导大局意识的一项具体表现。

总之，增强大局意识，就是要看清事情的本质。校长遇事要多思考，尤其要学会深度思考，拥有"直达问题本质"的能力，不能只见树木、不见森林。增强大局意识，就是要跳出学校看学校，跳出问题看问题，不只顾当下，更要想到未来。要努力避免当局者迷，看待事物不能只局限于自己的思维，而要多用他人的眼光。增强大局意识，就是要与时俱进处理新形势下出现的新问题，如关注教师专业成长、重视师德师风建设等。对我们来说，与时俱进，增强我们的大局意识，不是口号，而是态度，更是职责和使命。从今天做起，再晚也不迟；总期待明天，再早也晚了。只有把当下事关学校长远发展的一些重要工作做好，才有可能"任凭风浪起，稳坐钓鱼船"，展现新时代党的教育工作者的应有形象。

# 第48条
# 以系统思维推进工作

系统思维就是人们运用系统观点，把对象之间互相联系的各个方面及其结构和功能进行系统认识的一种思维方法。整体性原则是系统思维方式的核心。这一原则要求人们无论干什么事都要立足整体，从整体与部分、整体与环境的相互作用过程来认识和把握整体。领导者在思考和处理问题时，必须从整体出发，把着眼点放在全局上，注重整体效益和整体结果，不能局限于就事论事，要把想要达到的结果、实现该结果的过程、过程优化以及对未来的影响等一系列问题作为一个整体系统进行研究；也不能想一出是一出，否则就容易顾此失彼，使管理工作陷入混乱，轻则影响工作成效，重则对事业发展造成严重损害。以系统思维推进工作应注意做好以下方面。

一是要突出工作重点。系统思维强调要站在全局的角度思考和处理问题，但并不意味着可以眉毛胡子一把抓。校长要根据学校的具体情况，结合上级指示精神,确定每一天、每一周、每一月、每一学期、每一学年的工作重点。要对各个时期重点工作的完成情况进行阶段性评估,以确定哪些工作还要继续抓好、哪些工作可以告一段落、哪些工作还可以改进和完善。例如,在把提升教学质量作为学校的工作重点的基础上,校长还要把相关工作细化到更小的时间单位,如周、月等。每个时间段的工作要有目标任务、工作方案、推进措施和过程要求、评价考核方法,做到"人人有事做,事事有人做,事事巧安排,事事有评估",通过实现一个个小目标,达到完成大目标的目的。

二是要厘清推进工作的相关要素。在确定某项工作任务或目标后,要通过个人分析、集体讨论等方式,把与之相关的各种要素寻找出来。然后,把这些要素分解到具体的部门或负责人去抓好落实、限期完成。在诸多要素中,有的是关键性的、起决定性作用的,这类要素往往就要配置较强的工作力量,有的甚至需要校长牵头;对于一些次要的或非关键性的要素,则可以根据要素性质合并到某个部门或个人去完成。为了掌握工作的进展情况,不断发现和解决问题,校长每隔一个时间段就要听取相关工作汇报,做好调度完善。与提高教学质量相关的要素有:领导班子的工作作风,教师教育教学观念的学习和转变,工作责任心和敬业精神的培育,教学方法的改进,学生学习兴趣的培养,良好学习习惯的养成,学习方法的交流和分享,课外阅读与课外活动的组织与管理,课务的安排,教师集体备课,课堂教学及突发教学事件的处理,优化作业布置,作业批改与讲评,考试的安排和组织,学生食宿管理,等等。校长要把这些工作一一分解到相关的部门和个人,然后要求他们分别拿出具体的改进方案,经过充分的讨论协商后,再由相关部门和个人努力去抓好落实。其中,领导班子工作作风、教师教育教学观念的学习和转变、工作责任心和敬业精神的培育,是诸多要素中的关键性要素,校长必须亲自落实和督办。只有把事关提升教学质量的要素抓好了,教学质量才有可能真正得到全面提高。

三是学会跳出问题看问题。要办好一所学校会牵涉很多方面,校长无疑是关键性因素。虽然说一个好校长有可能就是一所好学校的说法失之偏颇,但没有一个好校长是难以成就一所好学校的。衡量一个校长是否优秀,能否带领学校不断走向辉煌,其中一个重要的方面是校长的眼界是否开阔,是否能跳出教育看教育、站在高处看学校。道理很简单，但真正有此眼界的校长并不多。因此，校长要加强学习，不断地从外界，包括国外的形势变化中获取办学的信息和营养，不能迷信已有的所谓"经验"。对于经验，北师大良乡附中原校长刘建友认为：经验具有两面性，有积极的一面，也有消极的一面。积极的一面在于事物之间客观上是存在联系的，未来的事物和今天的事物、过去经历过的事物，彼此之间是相联系的。这种事物的连续性，决定过去的经验能够为我们解决现实所面对的问题和未来即将面对的问题提供参考价值。消极的一面是经验只指向过去，创造则面向未来。如果我们只依靠经验，指向未来的创新意识就会下降，保守就会禁锢我们的思想。经验具有典型的个案特征，众多的个案性经验组合到一起就相当于形成了个体的组合、局部的组合，还需要系统化，只有系统化的经验才有经验价值。因此，经验是个好东西，可以让校长在学校管理中少走许多弯路，但经验往往又是负担，它会限制校长的思维和想象。如何既相信经验又不依赖经验，进而跳出问题看问题，唯有加强学习和思考，不断地把零散的经验变得系统化。

四是把握系统思维的关键环节。系统是由一组相互连接的要素构成、能够实现某个目标的整体。任何一个系统都包含三个要件：要素、内在联结、功能或目标。没有联结，就构不成系统，像马路上散落的沙子。首先，对一个系统来说，要素、内在联结和目标都是必不可少的，它们之间相互联系、各司其职。一般来说，系统中最不明显的部分即功能和目标，才是系统行为最关键的因素，如办学到底是为了什么，我们到底要培养什么样的人，明确这两个问题是办好教育的根本。目标定位不同，学校的样貌也就不同。其次是内在联结，因为改变了要素之间的联结，通常会改变系统的行为，如教师与学生、领导与教师、教与学的关系到底如何联结就极其重要。好的关系联结，会让人获得动力和成长，师生把在学校的工作、学习看作愉悦的，他们在学校收获知识、健康、快乐和成长；而坏的关系联结会打压人，甚至摧毁人，让师生感到在学校多待一天都是痛苦的事情，在这样的人际关系中，好的教育自然就难以发生。

当前，许多学校到处学经验，费心费力多年，也曾风生水起，但随着时间的推移，却发现工作越做越难，越做越迷茫，预期的改革成效并没有出现，于是不知道该坚持还是放弃。有些变革,则随着校长的更换而中断以致销声匿迹。出现这样的局面,并非校长、教师不努力,而是因为我们的学习或者试验往往是断章取义、零散的,只是简单地对某一方面进行变革或改进,缺乏系统性改变的信念、方法和决心。在此背景下,出现雷声大雨点小的现象,最后销声匿迹也就在所难免了。

# 第49条
# 让教师感受到你的善意

学校管理应该是严格一些好,还是宽松一些更合适?这个问题没有标准答案,应该是因校而异。有效的管理方式是"当严则严,当宽则宽",严要严得有分寸,宽要宽得有原则。学校管理无论是严格还是宽松,关键要使学校井然有序,让教师感受到满满的善意,这样才能做到严而不死、宽而不乱。为此,校长应做到以下几点。

第一,要对工作充满热情。校长要热爱教育事业,对工作充满热情。对工作充满热情的校长像是一团火,既会让教师感到温暖,也会使教师受到感染,在面对困难时从容不迫,在迎接挑战时热情高涨。一个对工作充满热情的校长,他会经常出现在师生中,他会耐心地倾听师生的呼声,他往往是最先到达学校、最后离开学校的人。在遇到问题或困难时,他不会抱怨,更不会推卸责任,他会以一种坚强的姿态,团结班子成员和学校教师共同面对。他会积极参加师生的相关重要活动,并以一个普通者的角色履行他的职责或义务。他会关注教育行业内外的形势变化,以一种开放的姿态提出相应的应对策略。他总是面带微笑,脚步坚定有力,声音爽朗响亮。总之,热情是一个个具体的行动,一句句朴实的话语,一次次富有成效的沟通,它是校长留给教师的外在形象。这种形象会让教师看到教育的曙光、学校的未来和自身的希望。

第二，要做一个真实的人。所谓真实，就是前后一致、表里如一，说话做事有着自己的原则和底线。真实的校长做人真实，无论是在校内还是校外，他都会真诚对待每一个人。例如，面对上级领导时，他既能做到尊重服从又不卑不亢；面对普通教师时，同样笑脸相迎，即使时间、地点不合适，他也不会表现出不耐烦；真实的校长做事真实，只要是他承诺的事情，就会努力去做好，做到事事有着落、件件有回音。例如，对于师生提出的无论是生活、工作还是学习上的要求，他都会认真考虑，能满足的尽量满足，实在有困难时也会耐心解释。他不会为了迎合某方面的要求而弄虚作假，总是喜欢展现自己和学校本来的样子。如面对上级一年一度的督导评估，他更看重把平时工作做实做细，而不是临时抱佛脚、突击应付。学生参加校际联考，他强调功夫做在平时，教师要上好每节课、批改好每次作业、做好每次辅导；他会狠抓考风考纪，严肃处理违反考试纪律的人和事。教师跟着一个真实的校长，他会自觉认真地做好每一件事情，更重要的是，他会感到安全和放心。

第三，要关心爱护教师。一是了解教师的实际需求。关心爱护教师是校长的一种治校理念，前提是要了解教师的实际需求，针对教师实际需求的关心才能真正起到激励作用。有的教师在生活上有困难，如家中有年迈的父母，或者孩子还小需要照顾，对这些教师就尽量少安排他们晚上值班或出差；有的教师夫妻分居两地，可能的话校长要为夫妻团圆提供支持和帮助，节假日尽量不要安排他们值班或加班；有的教师专业成长的愿望比较强烈，校长要尽可能为他们提供参加较高层次的学术交流或培训学习的机会，要为他们介绍或引荐一些名师专家，介绍或推荐一些引领性的书籍。再如，有的教师希望能够进入学校管理团队，校长就要尽可能为他们提供或创造锻炼的机会，可能的话，还要安排一些老教师做好服务指导。二是要给教师适当的自由空间。信息社会中各方面资讯传递迅速，人们的思想也相对活跃，尤其是年纪较轻的教师。在政策法规允许的范围内，校长不宜过度控制教师的言语和行为，要为他们创设相对自由的空间。例如，教师在做好工作后的一些业余爱好，对学校工作发些议论或牢骚，个人的穿着打扮，平时与人的交流互动等，只要不是太出格，校长原则上不要干预；即使是教育教学活动，只要遵守大的原则，就应当允许他们发挥个性和特长。当然，对于事关师德师风的言行，如利用课堂宣传反动思想、体罚侮辱学生、违规收费等，要发现一起查处一起，绝不姑息。

第四，要加强平时教育和管理。抓好教师队伍建设有一个底线要求，就是教师不能出现违纪违法行为；有一个高线要求，就是想方设法促进教师的专业成长，努力打造一大批优秀教师。无论是底线还是高线要求，都不是说说而已，而是要通过平时有效的教育管理来实现的。比如，要确保学校教师不违法违纪，校长就要在广泛征求各方意见的基础上，修订和完善各项管理措施，把校长的治校理念转化成全体教师的共同意志。再如，校长要组织教师加强政策法规的学习，并把政策法规要求与学校规章制度有机地结合起来；要利用各种场合，通过相关案例进行警示教育；要加强平时的检查和交流，对于一些不好的苗头，要抓早抓小。只有平时多念紧箍咒，在教师心目中铸牢法纪和制度观念，才能把教师违法违纪的概率降到最低。至于教师专业成长，校长要通过各种激励措施，激发教师乐于学习、希望成长的动力。道理很简单，只有教师希望成长，他才能正确面对在成长中遇到的困难，不断挑战自己，在辛劳和汗水中收获成功。

第五，要有一颗包容的心。尽管学校为教师做了大量的工作，校长更是殚精竭虑，但俗话说"人上一百，形形色色"，教职人员多了，难免总有人会犯错误。有的错误可以原谅，有的错误则必须受到惩处。如果前述工作做好了，当要真正处分某个教师时，他也不会有大的怨言，毕竟他的错误不是学校疏于管理造成的，而是他咎由自取，其他教师更会从中体会到学校和校长的良苦用心，更加明白"严是爱，宽是害"的道理。当然，即使某个教师因为犯了错误受到处分，只要他还是学校的一员，校长还是要多与当事人做好思想沟通，让他重新振作起来。只要当事人真正认识到自己的错误并下决心痛改前非，校长就要有一颗宽容的心，尽量为他创造将功补过的机会，同时要求其他教师也伸出援助之手。在这样的学校工作和生活，教师才会有安全感，才会由衷地感受到校长的善意。

# 第50条
# 遇事要勇于担当

　　程秉抱头鼠窜，回奏吴主曰："蜀不从讲和，誓欲先灭东吴，然后伐魏。众臣苦谏不听，如之奈何？"

　　权大惊，举止失措。阚泽出班奏曰："现有擎天之柱，如何不用耶？"权急问何人。泽曰："昔日东吴大事，全任周郎；后鲁子敬代之；子敬亡后，决于吕子明；今子明虽丧，现在陆伯言在荆州。此人名虽儒生，实有雄才大略，以臣论之，不在周郎之下，前破关公，其谋皆出于伯言。主上若能用之，破蜀必矣。如或有失，臣愿与同罪。"权曰："非德润之言，孤几误大事。"张昭曰："陆逊乃一书生耳，非刘备敌手，恐不可用。"顾雍亦曰："陆逊年幼望轻，恐诸公不服；若不服则生祸乱，必误大事。"步骘亦曰："逊才堪治郡耳，若托以大事，非其宜也。"阚泽大呼曰："若不用陆伯言，则东吴休矣！臣愿以全家保之！"权曰："孤亦素知陆伯言乃奇才也！孤意已决，卿等勿言。"于是命召陆逊。

　　后来，陆逊火烧连营，大败刘备，使东吴转危为安。这个故事充分显示了阚泽负责任的精神，先是说"如或有失，臣愿与同罪"。见有很多人反对，进而大呼曰："若不用陆伯言，则东吴休矣！臣愿以全家保之！"这是何等的气魄。倘若陆逊真的有失，阚泽全家便会被抄斩。然而，为了国家利益，他不怕，在重大问题上，他勇于担当。

　　作为学校领导，校长遇事也要勇于担当。这主要体现在以下方面。

　　一是在决策时勇于担当。当今社会治理和经济工作中，由于信息技术高度发达，各方利益盘根错节，一些重大问题的决策，要求领导要具备更全面的素质、更长远的眼光、更过人的胆识。虽然中小学校管理过程中的决策没有社会治理和经济工作那样复杂,对校长未必会有如此高的要求,但决策前深入搞好调研、决策中广泛听取意见、决策时独具慧眼勇于决断,对学校的健康可持续发展起着重要作用。大到学校的发展方向、特色和发展路径,再到对于某个具体问题的处理,无不体现校长的决策能力和水平,尤其是班子成员对于某个问题争执不下时,校长最后的意见更能体现其眼光和担当。如某学校对于如何推进课堂教学改革,学校内部意见不统一,此时就需要校长根据上级要求和学校实际尽快做出决定。有的学校在一些重大问题上经常出现议而不决的现象,主要还是与校长缺少决断、不敢担责有关。

二是在执行中勇于担当。某项决策一旦做出,得到有效执行是关键。在实际工作中,有的学校在决策前做了分析调研,在决策时也比较顺利,但在执行过程中却遇到许多困难和阻力。出现这样的情况,一方面可能是决策前的调研工作虽然做了,但不够深入、不够细致,甚至闭门造车,导致决策依据出现了偏差,这样的决策自然就很难有效执行下去;另一方面可能是决策在执行过程中不断出现新的问题,这些问题在汇总到校长处以后,校长或者官僚主义思想比较严重,对一线情况不了解,由于信息不对称而难以决策,或者不愿得罪人而不敢担责,知道这些问题以后,不是主动协调,而是借口工作忙而让有关教师找分管领导或相关处室。出现一次两次这样的情况教师可以理解,但次数多了以后,校长就会给教师留下遇事不敢担当的印象,导致决策执行不力也就不足为奇了。

三是对结果勇于担当。事物的发展不外乎两种结果。一种是人们希望看到的结果或者说好的结果,当这种结果出现时,自然皆大欢喜,此时也正是显示校长思想境界的时候。此时校长不要把功劳全揽在自己身上,要多顾及班子成员和其他一线教师的感受。校长在对结果表示肯定的同时,要认真对事情的进展情况进行总结,整理出一些典型的人和事,利用适当的场合进行宣传表彰。即使校长没有一句自我肯定的话语,大家心里也都清楚校长所起的重要作用,对校长的高风亮节也会发自内心地认可,从而激发班子成员和一线教师进一步做好工作的热情。另一种是人们不希望看到的结果或者说不好的结果,当这种结果出现时,也正是显示校长担当的时候。此时校长不能将责任全推给其他人,而是要主动在公开场合承认自己工作的失误(尽管可能是其他人造成的失误）。校长在主动承担责任时，既体现了勇于担当的可贵精神，更会让其他人产生自省甚至羞愧之情，从而认真总结经验教训，在以后的工作中取得好成绩。否则，班子成员和其他教师会觉得缺少安全感，从此就会变得小心翼翼，不敢大胆开展工作。例如，有一年高考某校学生发挥失常，学生考试成绩远低于预期，学校内外对此情绪很大。此时如果校长不分青红皂白地对具体负责高三工作的校领导和高三教师批评一通甚至处罚，尽管可以引起一部分人的反省，但大多数校领导和教师的第一反应大概是：今年学生没有考好，我们固然有责任，但一校之长难道就没有责任吗？这种将责任推给他人的行为，容易引发其他同事条件反射般的反感，他们在感到不服气或寒心的同时，可能也会把责任归咎于别的因素，甚至引发破罐子破摔的心理，效果可能适得其反。如果校长在总结时，先是对自己的工作进行一番自我批评，主动将责任揽到自己头上，反思自己工作中的不足，然后实事求是地进行分析，这样教师们一方面会敬佩校长的担当精神，另一方面也会自省，从而主动认真分析自己工作中的过失或不足，真正改进工作。

　　一个校长要实现对学校的有效领导，不仅需要良好的理念和方法，更需要一种遇事勇于担当的品质，做到不揽功、不诿过。这样的校长才会让教师有安全感，让教师形成在各自岗位上敢于负责的品质。当大多数教师都对工作敢于负责、勇于担当的时候，学校的兴旺发达就为期不远了。

# 第51条

# 新官要理旧账

　　随着校长任期制的普遍推行，在同一校长岗位上任职6年以上的校长，原则上都要交流轮岗，这就意味着每个校长都要面对前任留下的摊子。如何正确看待前任校长，尤其是对前任校长没有完成的工作、一些遗留问题如何处置，是对新任校长的一项考验。

在实际工作中，多数校长到任新岗位后，能够正确评价前任的工作，妥善处理前任遗留的一些问题。其实，正确看待前任的工作，从一定程度上来说，就是在尊重历史。任何一位校长都有他的优点，同样也有他的缺点和不足，能把学校各项工作做得十全十美的校长是不存在的。继任校长正确的做法是，高调发现和宣传前任校长所取得的成绩，低调纠正前任校长做得不够好的方面，包括一些遗留问题。正确看待前任校长的工作，实际上也是在肯定以前任校长为代表的班子集体的工作，这样做非但不会让教师们质疑新校长的工作能力，反而会让大家觉得新任校长是一个有智慧的领导者，跟着这样的校长才会有安全感。

首先，新任校长要客观分析评价原有的规章制度。学校规章制度是治校之根本，一个学校办得好与不好，与规章制度是否科学完善有很大关系。校长在到任新的岗位后，除了尽快融入新的学校环境之外，要做的重要事情就是了解和熟悉学校各项规章制度。一般来说，学校规章制度的制定过程往往比较严谨和规范，大多数要经由教师代表大会讨论通过，在程序上应该是没有问题的。但是，我们还应该清楚，规章制度实际上就是校长治校理念的具体表达，体现着校长的教育思想、观念和行为，不同的校长带领的群体，其制定的规章制度是不一样的。受校长专业水平、办学思想、教育观念等因素的影响，规章制度也有科学和不科学之分。衡量一所学校的规章制度是否科学，方法之一就是将其与党的教育方针政策相对照，与办学基本规律相对照。事实上，多数学校的规章制度还是比较科学合理的，对促进学校全面提高教学质量、全面实施素质教育起到了良好的促进作用，教师们普遍比较认可。对于这样的制度，新任校长切莫为了显示自己的权威、刷存在感，上任不久就另起炉灶。正确的做法是，不仅短期内不宜进行否定或修改，还要大张旗鼓地继续抓好原有制度的落实。当然，对于有违党的教育方针政策和办学规律的规章制度，新任校长要本着"只说现在，不谈过去"的原则，在广泛听取各方意见的基础上，按照规定的程序进行修订和完善。例如，有的学校的绩效考评制度规定，教师职称的评审推荐要根据教师年度考核结果来确定。假如学校当年有两个高级教师推荐指标，就推荐年度考评前两位的教师参加评审。这乍一看似乎很合理公平，但仔细推敲就可以发现原考评制度中的漏洞，即考试成绩所占的分数比例过大，结果虽然说是综合考评，实际上就是分数决定一切。很明显，这样的考评制度只会引导教师为了追求高的考试分数，而忽视学生的全面发展。所谓"考分考分，师生的命根"，说的就是这种现象。显然，这样的规章制度虽然在程序上是合理的(经过教师代表大会讨论通过)，但内容是违背党的教育方针和学生成长规律的，这样的规章制度就需要做出修改。需要特别指出的是，这样的规章制度既然能够堂而皇之地存在，必然有其生长的土壤，新任校长即使要修改，也不能操之过急。要利用各种场合进行宣传和引导，在教师中取得基本一致后，再来着手考评方案的修改工作，这样才容易得到教师的思想认同。

其次，新任校长要正确对待前任校长的遗留问题。前任校长的遗留问题主要包括以下方面。

一是教育科研项目或改革实验。无论是教育科研项目还是改革实验，所需要的时间往往都比较长，短期内难以结题或看到成效。新校长到任后，不能凭个人喜好选择是继续推进还是让其不了了之。只要科研项目是有利于教育教学的，只要改革实验是有利于教师或学生成长的，就应该毫无条件地继续予以大力支持。当然，对于推进的过程、方法和步骤等细节性问题，可以在听取各方意见后进行完善。

二是重点培养的优秀教师。干部的成长是一个循序渐进的过程，有时候某个优秀教师被学校列为重点培养对象，这或体现在专业成长上，或体现在干部任用上。在新校长到任之前，学校已经为培养某位优秀教师做了大量的工作，只不过因为时候未到或条件不成熟，还没有实现培养目标。新校长到任后，经过调研，只要这位教师确实是优秀的，是值得重点培养的，就应该接过前任校长的接力棒，加快对该优秀教师的培养和任用步伐，切莫认为他是前任校长要培养的人就弃之不理，搞"一朝天子一朝臣"那一套，这样做只能说明新任校长心胸狭隘。

三是未完成的建设项目或未支付的款项。学校的建设项目是有一定的时间周期的，在项目完成之前原校长就被调离是常见的事情。同样，有些款项的支付是分阶段的，项目进展到哪个阶段就付多少钱，这些往往在合同里都有约定。还有一种情况就是，某个项目已经按照合同约定完成，但当时学校预算不足，上级拨款又没有下来，无奈只好先欠着，等学校有钱了再支付。对于这些项目和未支付的款项，新校长同样要秉承"新官要理旧账"的原则，把前任校长未完成的项目按合同约定完成，把前任校长没有支付的款项按合同约定如数支付。在实际工作中，有的新任校长以"这是上任校长的事情"为由，对未完成的项目或未支付的款项拖延支付甚至不予支付，这是一种短视的表现，会极大地损害自身声誉，必须予以避免。

新官要理旧账，既是一种工作要求，也是一种为官之德。相对于学校的悠久历史，任何一位校长都是学校发展进程中的一个过客。今天你是新校长，若干年之后，或者是因为年龄大了，或者是因为任期到了，抑或因为其他原因，你也要成为前任校长。不管是年轻校长还是资历老的校长，都有成为前任校长的那一天。今天你怎样对待前任校长，明天新校长就有可能怎样对待你。我们要本着对学校负责、对师生负责、对个人负责的态度，正确对待前任校长的工作，做到新官会理旧账，一任接着一任干，共同把学校各项工作不断推向新的高度。

# 第52条
# 做一个受欢迎的校长

我国哲学泰斗冯友兰先生讲，做人有四重境界——自然境界、功利境界、道德境界和天地境界。此四重境界是递进关系，需要时间的累积和叠加，更需要校长不断学习、提升、整合、修行，方能达到最上层之境界。

无论是做人还是做校长，上述表达固然很有哲理，但较难理解。我认为，根据境界的不同，可以把当前的中小学校长划分为三种类型：第一类是受人欢迎、广受敬重的校长；第二类是业绩和表现一般，谈不上多受欢迎，但也不为人所讨厌的校长；第三类是不受欢迎甚至令人讨厌的校长。实事求是地说，第一类校长的比例不高，大多数校长应该归于第二类，也有极少部分校长属于第三类。尽管这种表述听起来让人感觉不舒服，但事实基本如此。

做受人欢迎和敬重的校长，是校长们的奋斗目标。要实现这个目标，我们首先要知道第三类校长为什么不受人欢迎甚至令人讨厌。校长也是普通人，有缺点在所难免，但不能有让人十分讨厌的缺点。一般来说，以下缺点需要努力避免。

一是行为偏袒。所谓"偏袒"，就是指没有原则地偏向、袒护，处理问题不能做到公平公正。例如，同样是上课迟到早退，校长对一般教师提出严肃批评，而对某些家庭背景好的教师却视而不见。再如，派人外出学习考察，按理说哪些人能派，哪些人不能派，先派哪些人，后派哪些人，学校应该有一定的规矩，但某校长却凭个人的主观印象，想派谁就派谁。还有，同样是出差，有的人出差的所有费用能如数报销，有的人则只能严格按照财经制度报销。校长诸如此类不公平的做法会给教师们留下没有原则、有意偏袒的印象。

二是思想狭隘。"狭隘"是指不宽阔，更多地引申为心胸、气量、见识等不宽宏或非常局限。在学校管理工作中，校长思想狭隘主要指听不进不同意见，容不得不同观点；或只顾眼前利益，缺乏长远眼光；或思想观念落后、不开放，对新生事物反应迟缓甚至持抵触抗拒心理，等等。也就是通常所说的眼光短浅、心胸气度小、格局层次低。我曾经遇到过这样一件事，每年高考过后，省高招办都要抽调一批高中骨干教师参与高考阅卷。这本来是一次学习交流、提升专业水平的好机会，大多数高中学校都比较支持。但也有个别校长以派出去阅卷的教师已经得了阅卷补助为由，拒绝为参加阅卷的教师报销差旅费，让教师自掏腰包。这样，被抽调参加阅卷的教师自然心生不满，第二年再抽调他去参加高考阅卷，他就会推托。个别校长的这种行为，就属于典型的思想狭隘。还有的校长无论是对于其他学校派人来本校听课还是本校派人到外面参观学习，都以可能耽误教学为由，能推则推，实在不能推的能拖就拖。这种关起门来办学的做法，对学校的发展和教师的专业成长都是不利的，这也是思想狭隘的表现。教师如果遇到一个这样的校长，就会产生强烈的无助感，严重影响其工作积极性。

三是犹豫不决。这主要指行动迟疑、不果断，对事情难以做决定。在学校管理工作中，校长的犹豫主要表现为在面对复杂局面时，前怕狼后怕虎,迟迟难以做出决定;或者虽然做了决定,但没过多久又反悔,朝令夕改;在需要做出是非评判时,没有清晰的价值判断。从广义上来说,言而无信也属此列。例如,当前教育改革风起云涌,张校长看到别的学校通过教学改革或课程改革,把学校办得风生水起,心里有所触动,遂组织了一班人到外校参观学习。参观学习的人回来后,热情十分高涨,在规定的时间内拿出了本校推进课堂教学改革的初步意见。部分教师听到学校要推进课堂教学改革的消息后,多次到校长处陈述改革的不成功案例,强调稳字当头,建议校长不要折腾什么改革。听到部分教师的反对之声,本来踌躇满志的校长一时拿不定主意,跑到教育局去请示,教育局的答复是由校长根据学校的具体情况做出决定,但前提是不能出现影响校园稳定的事件。在此情况下,校长由开始的有想法,到后来的犹豫,最后主动打了退堂鼓。被派出去参观学习的教师本来希望借助课堂教学改革来带动其他方面的改变,看到校长这样的举动后心里凉了半截,只能无奈叹息。随后几年,其他学校一个个借助于各种改革,实现了跨越赶超,而张校长任职的学校不进反退,许多优秀教师和学生认为是张校长的畏首畏尾、犹豫不决使学校错失了发展的大好机会,纷纷以各种理由离开。

　　一般来说,校长具有以上缺点之一的,他就是一个不受欢迎的校长,是不合格的校长。为了使自己成为一个受欢迎的校长,校长必须在处理各种事情时,带头讲党性、讲原则、讲纪律,力求做到公平公正;在评判事物时,要有开阔的胸怀、敏锐的感觉、全局的眼光;在行动上要慎终如始,言必信,行必果;在应对重大问题时,要坚决果断。公平公正是处理问题的基本原则,开明开放是应对挑战的必然选择,坚决果断是完成使命的制胜法宝,一个校长如果具备了这三个关键品质,他大概率就会成为一个受欢迎的校长,加上其他的一些必备品质和修养,他就能在学校拥有较高的威信。教师跟着这样的校长,就会舒心、安心、有信心,从而不断克服各种困难办好教育。

第53条

# 提升课程领导力

什么是校长的课程领导力？它是校长依据学校培养目标和办学定位，对学校课程进行整体构建、研发设计、组织实施、评价督导的能力，主要表现在为课程开发、建设和实施提供民主、合作、开放的氛围，吸收各学科优秀教师，组建强有力的课程团队，共同参与课程改革，实现学校建设与个体发展合作共生。

在新的教育大环境中，一所学校的办学理念、育人目标、特色发展都是通过课程这一主要载体来实现的。对于学生个性发展、教师专业发展及学校特色发展而言，课程是一个看得见摸得着的有力抓手，是实现立德树人目标的必然选择。

因此，学校工作的首要任务就是抓课程建设，校长的第一要务和核心竞争力就是提升自己的课程领导力，依据国家课程改革纲要、课程方案及课程标准制定学校的课程实施方案。

提升课程领导力，校长主要应从以下方面做好工作。

第一，加强对学校课程构建的思想引领。课程是指学校场域中存在和生成的有助于学生积极健康发展的教育性因素以及学生获得的教育性经验，可以分为国家课程、地方课程和校本课程。怎样才能让国家课程在学校得到有效实施？地方课程如何与国家课程有机结合？如何开发校本课程？开发哪些校本课程？如何正确处理国家课程、地方课程、校本课程之间的关系？这无不体现出学校的办学理念和校长的价值观。校长要站在全面贯彻党的教育方针、全面推进素质教育的高度，抓好国家课程全面实施、地方课程选择实施、校本课程自主实施。在校本课程的开发和构建中，要坚持全面发展的理念，开发尽可能多的校本课程，让学生在学好国家课程之外有更多的选择；

要坚持特色发展的理念,结合学校办学条件、师资水平、社会资源、地方文化等因素,开发一些富有地方和学校特色的校本课程。实施这些课程,使学生既有国际视野、中国情怀,又有地方文化、学校情结,真正做到全面发展、立德树人。例如,井冈山是全国著名的革命纪念地,孕育了可歌可泣的红色文化。井冈山实验小学在课程的实施和建设中明确要求,一方面要认真抓好国家课程在学校的全面实施,另一方面要以传承红色文化、培育革命事业接班人为目标开发校本课程。自学校"小小红色讲解员"校本课程实施十年来,人人都能讲红色故事,个个都能讲解革命经历,在日常学习和生活中自觉用井冈山精神要求自己,一批时代新人正在茁壮成长。

第二,加强对课程使用和开发的指导。课程是先使用还是先开发,不同的学校有不同的做法。对于大多数学校来说,受师资、环境等方面影响,目前并不具备开发课程的能力。对于这些学校来说,合理使用好现有课程是课程管理的基本任务,等有条件的时候再来考虑课程开发的问题。因此,对于大多数中小学校长来说,首先是高效运用国家课程。国家课程的使用是刚性要求,学校不能按自己的要求取舍。也就是说,对于国家课程,不是用与不用的问题,而是怎样用好的问题。校长的领导力主要体现在抓好制度的顶层设计,通过制定实用、管用的规章制度,激励广大教师认真钻研教材所蕴含的教育内容,积极参加学科教研活动,研究以何种方式取得最大的教育效果,实现立德树人的教育目标。例如,在各类学校普遍推行的集体备课,在不同的管理制度和管理方式下,集体备课所产生的效果是不一样的,完善对集体备课的日常管理就显得尤为重要了。其次是要把合理开发和运用校本课程摆上议事日程。课程开发包括方案制定、教材研发、资源整合、教师配备等。要按照特色化、个性化的要求,开发适合不同年级学生特点的课程群,有条件的可在此基础上开发基础型、提高型、拓展型课程,实现"用文化抓内涵,以课程显特色"的办学目标。此时,校长的指导作用主要是审核校本课程开发计划,确定校本课程的编写体例和具体负责人员,明确相关人员的责任和课程编写及审定流程,为校本课程开发工作提供必要的人力和物力支持,等等。同时要对校本课程的使用和考核提出明确具体的要求,不能开发时轰轰烈烈,使用时顺其自然,考核时可有可无。当前,利用课后服务和节假日用好校本课程是一项很好的选择。例如,成都高新区实验小学新川分校秉承"让每一个生命自由生长"的生命教育思想,提出了"和花儿一起成长"的教育理念,并以"创造最适宜儿童成长的花园学校"为办学目标,开发了"花儿朵朵"系列课程。学校以月季花为载体,在学校建成月季花博物馆,开设月季花研究课程。

第三,加强对课程评价科学性的指导。增强评价的科学性,首先要了解当前课程评价的发展趋势。有专家指出,对新课程评价有四个特点:由旧知识转向新知识,即由具体的、单一的学科性知识转向概括性、综合性、可迁移运用的新知识;由旧能力转向新能力,即由学习中的解题能力转向生活中解决实际问题的能力;由旧价值转向新价值,即从满足单一学科知识体系和学习者近期发展的需要转向有利于学生全面发展、未来发展的需要;由小概念转向大概念,即从以学科知识为导向的知识碎片转向以学生素养为导向的普遍、基础的概念,这些概念能够帮助学生理解生活中不断发生的许多现象。其次要加强对科学性评价的指导。新课程倡导的是发展性评价,这就要求我们的评价不仅要了解学生当下的学习体验,更要关注他们的未来发展;要关注学生既要从教师对自己的评价中找到需要改进的方面,也要让学生在自我评价中不断建构和完善个体人格;既要关注学生当下对知识的学习和掌握程度,更要关心是否有利于促进学生综合素质的提高;要树立"多一把评价的尺子,就多一批优秀学生"的理念,改变以考试成绩作为单一标准评价学生的现象,对学生多一些评价的标准和方式,如可以通过操行评定、谈话、活动分析法等方式对学生进行评价;要充分考虑学生的个体差异,因材施教、因人施评,开展可反映每个学生各自特点的典型特色评价。要改变以往教师评价单一主体的现象,评价的主体可以多样化,如建立学生、教师、家长、管理者、社区和专家等共同参与、交互作用的评价制度,以多渠道的反馈信息促进被评价者的发展。

课程作为教育教学的基本载体,课程的完整性、科学性、系统性都与校长对课程的领导力有很大关系。在当前教育改革的大背景下,中小学校长要认真分析研究所在学校新课程的使用情况,要把高效运用国家课程、统筹用好地方课程、合理开发校本课程作为教育教学改革的突破口,既要引进新思想，又要坚持优良传统，及时了解和解决实施过程中出现的问题，不断在研究中学习、在学习中探索、在探索中改进，以课程领导力的提升促进学校教育教学质量的全面提升，更好地实现育人目标。

# 第54条
# 低调处事是一种智慧

在普通中小学教师眼中，能够坐上校长位置的人，也算得上是一个成功者了。大多数人在担任校长之后，都能保持谦虚低调的工作作风，无论说话、处事都保持一种谦恭的姿态，不摆谱，不张扬，更不会盛气凌人，受到师生和家长的好评。但也有些人初担任校长时比较低调，随着担任校长的时间日久，学校声誉日隆，找他办事的人多了，阿谀奉承的人也多了，慢慢就生出骄纵之心。他开始对一般教师和普通学生家长爱搭不理，一言不合就暴跳如雷、脸红脖子粗，严重地损害了校长的良好形象。更有甚者置党纪国法于不顾，把学校当成自己的一亩三分地，想怎么办就怎么办，最后落个身败名裂的下场。我认为，校长可以有才，但不能恃才而骄；可以不拘小节，但不可目空一切；正确处理好"静、进、禁"三者之间的关系，方能行稳致远。

首先要保持一种宁静的心态。《诫子书》有曰："夫君子之行，静以修身，俭以养德。非淡泊无以明志，非宁静无以致远。"意思是说德才兼备之人的所作所为，是依靠内心宁静、精神集中来修养身心的，是依靠俭朴的作风来培养品德的。不恬淡寡欲就不能表明自己的志向，不安宁清静就不会有远大的理想。结合校长的实际情况，这两句话可引申出以下几层意思。一是要静下心来学习和思考问题。无论是读书学习还是思考问题，心态稳定是前提，否则就无法排除纷繁复杂的外界干扰，既学不进去也学不好，更不用说全面思考学校如何发展了。二是在面对复杂问题时要内心平静。学校许多问题的出现，大多都不是孤立的，必须用系统思维进行处理，而系统思维的前提就是心平气和。有研究表明，人在紧张、慌乱的情况下，心跳往往会加速，容易出现思维紊乱，此时做出的决定往往是有缺陷的。我们平常所说的"心慌意乱"就是这个道理。因此，校长要加强平时的学习和锻炼，克服患得患失的心理，在面对复杂问题时保持镇定。这样不仅做出的决定比较客观，对其他班子成员和教师也会产生积极影响，无形中会赢得教师对自己的敬佩和好感。三是在接待群众来访时心态冷静。无论是教师还是学生家长，他们都有可能找校长反映这样或那样的问题，或者要求帮助解决某方面的困难，其中不排除有的来访者情绪激动、言辞激烈，校长在接待他们时要放下架子，与他们"坐在同一条板凳上"，耐心倾听他们的诉求。对于要求正当合理的，校长要千方百计地予以满足或解决；对于一些不符合事实甚至无理取闹的，校长同样要保持冷静，耐心做好宣传解释工作。俗话说"有理不在声高"，假如来访者情绪激动，校长又表现得不耐烦，甚至与来访者发生争执，不仅会使情况变得更复杂，还会给人留下校长官威重、不冷静的话柄，从而无助于问题的解决。

其次要保持一种奋进的姿态。校长处事要低调，并不意味着可以"躺平"；相反，要在学习和工作上精益求精、力争上游。低调的前提是自己要有真才实学、有内涵，否则就是懦弱、无能的表现。一是在学习上不断探索。只有学习才能使人进步，学习方能知不足，尤其是在各种资讯高度发达的今天，停止学习的脚步就意味着退步，管理的学校也难以办出成绩和特色。应该注意的是，校长的学识应体现在个人的内涵和修养上，体现在对一个个具体问题的见解和处理中，而不是在公众面前卖弄或者炫耀。二是在工作上要力争上游。校长受党和政府委托，管理一所学校，受管理者少则几百人，多则几千人。学生的学习是否每天都有进步，教师的工作是否每天都有收获，学校的各项工作与同行相比处在一个怎样的位置，师生反映的问题能否得到及时解决，这些都需要校长去重视和关心。学校办出了鲜明特色、取得了优异成绩而不张扬，可以称该校长行事低调；如果学校平平淡淡、师生意见不断，该校长非但没有可供张扬的资本，还会被认为无能。校长要有坚定的争先创优意识，在校内营造"比学赶帮超"的良好氛围，促进学校各项工作不断迈上新台阶，这样校长才会有低调的资本。三是在情感沟通上要主动跟进。学校教师的思想状态如何，他们有什么困惑或困难，学生对学校管理、教师教学、后勤保障等方面有什么意见或建议，如果校长整天坐在办公室听汇报，是无法真正了解的，一个个原本很小的问题也就得不到及时解决。一个个小问题堆积起来，往往就演变成大问题。因此，校长想要在萌芽状态把问题处理掉，就必须在第一时间掌握第一手资料或信息，主动深入师生中，与他们经常进行情感沟通，这样往往能够取得事半功倍的效果，实际上这也是校长行事低调的一种表现。

最后要看淡个人得失，看开功名利禄。一是在荣誉面前多谦让。学校办好了，政府肯定、群众认可，荣誉自然就会接踵而来。对待各种荣誉，我们一方面要怀着敬重之心，因为荣誉既是外界对学校工作的认可，也是学校全体成员共同努力的结果；另一方面敬重荣誉不意味着校长把各种荣誉都堆在自己身上，要多考虑其他班子成员和普通教师。与此相对应的是，如果学校工作出了什么差错，校长最好能够主动承担责任。这样，既能体现出校长的务实低调，又展现出校长崇高的精神境界。二是对犯错误的师生多宽容。一所学校有几百上千人，各种情况的人都有，其中有些教师或学生不免会犯错误。对犯错误的教师，只要所犯错误不是原则性的大问题，不是屡教屡犯，校长就要对他们多宽容、多帮助。爱是可以传递的，宽容也一样，当犯错误的教师得到宽容时，教师才会对犯错误的学生宽容。许多事例表明，对他人的小过以大度相待，实际上也是一种低调做人的态度，这种态度会让当事人没齿难忘、终生感激。三是禁止跨越法纪红线。有的人担任校长之初，各方面还比较谨慎，不敢越雷池一步。随着担任校长时间日久，加上学校取得了一些成绩，自己也获得了不少荣誉，慢慢就生出了骄纵之心。骄纵之心一旦产生，就容易自以为是，认为自己无所不能，听不进不同意见，容不得不同的观点，"一把手"变成了"一霸手"，个别情节严重者还会视法纪红线为无物，最后走上违法犯罪的道路。虽然这样的校长是极少数的，但教训是极为深刻的。

总之，低调是一种智慧，是一种黄金法则。行事低调的人，更容易赢得他人的尊重，他的思想和主张也更容易被他人理解和接受。学校是知识分子集中的地方，校长保持必要的低调，可以赢得更多的信赖和尊重。

第55条

# 找到激励教师的入口

心理学研究表明，激励和惩罚是组织规范员工行为的两个基本手段。激励是巩固和保持员工正确行为的措施，属于"正强化"；而惩罚是减弱员工错误行为的措施，称为"负强化"。不过，无论在理论层面还是在实践层面，人们对于激励的讨论和运用往往多于惩罚。人本主义心理学认为，人的内心本质是向善的，人的行为选择一般会以理性判断为基础，其行为会更倾向于符合大众所普遍接受和认可的标准。因此，积极、正确、健康的行为应远多于消极、错误、病态的行为，所以各类社会组织对员工的行为总是激励多于惩罚。学校作为社会组织的一部分，如何激励教师，充分调动教师工作的积极性，是学校管理的一项重要课题。

要有效激励教师，就必须了解和分析影响教师工作积极性的主要因素。

一是职业认同度。教育是育人的事业，工作相对复杂、烦琐、枯燥，需要较强的爱心、责任心和耐心。有的人对教育的重要意义认识不够，加上受社会上流行的"快餐"文化影响，感觉教育过程太漫长，教育结果来得太慢，渐渐地由参加工作之初满腔热情到后来得过且过，有的甚至心生倦意。

二是福利待遇。人有多种需要，其中最基本的需要是物质的满足。虽然我们强调人必须有理想、有抱负，但如果个人基本的物质需求都得不到满足，谈理想和抱负往往是苍白的。近年来，党和政府高度重视教育事业，教师待遇大幅提高，满足基本生活需要已经没有问题，但分配上的平均主义却又产生了新的不平衡。

三是人际关系。有的教师由于个人性格等方面的关系，不善于与学校领导和其他教师沟通，在与学生交往中也是态度生硬，造成人际关系紧张，这又影响到师生关系和教育教学效果。如果人际关系长期得不到改善，就容易使教师产生失落、自卑感、消极性。

四是学校内部管理。 有研究表明，小环境的优劣程度对员工工作积极与否的影响有时候会超过大环境，这就能较好地解释为什么有的教师在甲校表现懒散而到乙校却热情高涨。一般认为，校长的个人品质、管理风格、管理水平，学校领导班子的工作作风、对教师是否关心，学校的考评制度是否公平公正、职称评审是否有利于优秀教师成长等，与教师工作积极性的高低有较大关系。

针对以上问题，作为校长，我们可以从以下方面做好激励工作。

一是帮助教师认清教育工作的意义和价值。德国著名社会学家和哲学家马克斯·韦伯认为，人的社会性行为有四个方面的理由或理性：价值理性、工具理性、情感理性和传统理性。所谓"价值理性"，就是大多数人在做他们认为有价值、有意义的事情时，会表现得比较积极。同样地，当他们感觉所做的工作价值不高、意义不大时，往往就不会表现得太好。有鉴于此，校长有必要帮助教师寻找工作的成就感和价值，引导教师发现工作的意义，从而让他们对工作充满热情。即使碰到一些问题或困难，也不会轻言放弃。需要指出的是，这种帮助或引导不能只说大道理，而是要用教师能够接受的方式、能够听懂的语言进行，更要用身边鲜活的优秀事例教育身边人。把帮助引导工作寓于学校的日常管理工作中，这样才能起到"润物细无声"的效果。

二是努力满足不同个体的需要。激励的基础在于符合个体的实际需求，脱离实际需求的激励是没有多大效果的。首先要找准激励的着力点。例如，中老年教师，他们经历过物质短缺的时代，加上普遍上有老下有小，家庭经济负担比较重，他们相对更在乎物质利益，在此基础上兼顾实现自我价值。因此，对他们激励的重点是尽量满足他们合理的物质需求，同时为他们畅通职称晋升通道，鼓励他们参与学校管理。当然，优秀的校长不只能发现和满足这些教师的现实需求，更重要的是通过各种途径将他们的需求引领到更高层次，即扩大他们对学校和社会的贡献，实现自身价值。但是对于"90后"特别是"00后"的青年教师，他们大多数生活条件优越，至少没有经历过"60后""70后"教师的生活磨难，他们的起点可能就是"60后""70后"教师奋斗的终点。相对来说，他们对于物质利益没有那么敏感和迫切，他们更在乎的是有一个好的工作和生活环境，得到肯定和重用，他们的个性化追求得到理解和满足。因此，对他们的激励更多的是多关心他们的情感生活，多开展符合青年特点的集体活动，多为他们提供展示自身能力的平台。其次要找准激励的重点。正如教学上的因材施教一样，不同群体的激励重点也应有所不同。例如，对于优秀教师，激励的重点是让他们保持旺盛的工作热情，促使他们进一步起到模范带头作用；对于中间状态的教师，重点是激励他们在工作中争先创优，向优秀教师看齐，创造良好的工作业绩；对于工作比较被动、业绩比较差的教师，激励的重点是让他们自觉遵守教师职业道德规范，加强学习提高自身专业素质，争当合格教师。

　　三是注意激励的方法。本着一把钥匙开一把锁的原则，对于不同的教师，激励的方法应不一样，即使是同一个教师，不同时期激励的方法也是不一样的。对教师常见的激励方法有：沟通(情感)激励、物质激励、荣誉激励、岗位(责任)激励、时间激励、培训激励、惩罚激励等。沟通(情感)激励，就是校长或其他班子成员要经常有意识地与教师进行谈心谈话，了解他们的所思所想，及时肯定他们在工作中获得的进步或成绩，尽可能地帮助他们解决在工作和生活中遇到的实际问题。物质激励，就是根据教师的工作表现和业绩，为他们提供合适的奖励或报酬。需要特别指出的是，使用物质激励时，要合理拉开差距，防止分配上的平均主义，不能出现干多干少一个样、贡献大小一个样的情况。荣誉激励，就是根据工作表现和业绩，让他们获得各种荣誉，如不同层级的优秀教师、学科带头人等。在应用荣誉激励时，要事先有明确的申报奖励制度，要充分听取群众意见，尤其要防止授予荣誉的"轮流坐庄"现象，还要减少马太效应。岗位(责任)激励，就是对某方面表现优异的教师，让他担任学校某个管理职务或安排他担负特别的责任，以示对他的肯定和重视。时间激励，就是在特定的时间内，安排某位有特别贡献的教师带薪休假或外出参观考察。培训激励，就是按照学校工作计划，分期分批组织符合条件的教师参加各种专业培训或担任培训讲师。惩罚激励中的惩罚是一种对违反某规定或制度的人员的负面强化。对违纪者没有适当的惩罚，实际上就是对循规蹈矩者的不公平。当不良行为得不到制止、相关责任人没有受到应有的惩罚时，其他人就会效仿；反之，其他人就会从中吸取教训，进一步强化自己的正当行为。

对教师进行激励，是学校管理的重要内容。对教师激励得当，可以激发起巨大的精神力量，可以把许多不可能变为可能，关键是要找到激励教师的入口，掌握正确的激励方法。只要付出真情实感，真正和教师打成一片，不断总结和改进方法，激励工作就是可以做好的。

# 第56条
# 学会从日常琐事中解脱出来

有一天上午，我到外地出差，顺便去看望一个在当地中学担任校长的朋友。到了他办公室，还没有说上两句话，副校长就过来请示：下午的复习迎考会有领导参加，主席台上是否要摆放席位牌，会议有哪些议程。校长一一做了回答。刚说完，总务主任又来了，报告说市场监管局一行人马上就来学校检查食堂卫生工作，问校长是否参加接待，中午是否要安排午餐，哪些领导去作陪。总务主任离开没两分钟，政工处主任又来了，他报告说昨天晚上有两个高二学生差点儿打起来，现在双方家长已经来到学校，对此校长有何处理意见。就这样，一个接一个的学校管理干部或教师来到校长办公室，或请示，或汇报，或反映问题，校长忙得不亦乐乎。好不容易处理完这些事，已经快到下班时间了。我饶有兴趣地问了他一句："你每天都这么忙吗？"他无奈又有些自豪地说："是的，只要没有外出，每天都有忙不完的事。"

由此我想到我们许多校长的工作状态。他们很有责任心，事无巨细；他们很敬业，工作就是他们生活的全部；他们很忙，一天到晚都有忙不完的事情；他们基本上没有属于自己的时间，学校的大事小情都必须事必躬亲；他们很累，工作总是处于一种应急的状态；他们很烦，付出了很多，但办学绩效却往往不尽如人意。

对于管理，人们曾经有过困惑，就是究竟应该用自己的能力做事还是用能人做更多的事。诚然，作为管理者，必要的能力是毋庸置疑的，因为没有能力就做不了管理者,也做不好管理者。但是,一名管理者只会用自己的能力做事,哪怕他的能力再强,他能够起的作用也是有限的。正如俗话所说,一个人纵然浑身是铁,也打不了多少钉子。但是,如果一个管理者善于培养众多的能人,驱动众多能人各展所长去做事,发挥的就是集体的力量,其作用远非用一个人的能力做事所能比拟的。因此,用能人做事远比只会用自己的能力做事更重要。

在前述案例中,校长忙得不可开交,大事小事都要亲自拍板,这一方面说明他平时没有注意培养能人或得力的下属,他觉得如果完全把工作交给他们,他们肯定会出差错,所以只能事事操心;另一方面说明他缺乏足够的自信,总感觉如果不把一切都掌控在自己手中,自己的权力就会出现失控。这样做表面上看似很有责任心,但什么事都要抓在手上,实际上是缺乏自信的表现。校长不善于放权,还会带来另外一个后果,那就是下属因得不到应有的锻炼而难以成长,有的甚至还会心生怨言。

如何让自己从烦琐的日常琐事中解脱出来呢?可以尝试从以下方面入手。

首先是要转变思想观念。一是要明确校长的主要职责。校长的主要职责是"把方向、出主意,用干部"。评价一个校长的能力和水平,不是看他自己干了多少事,而是培养了什么人,培养了多少人为完成工作目标而努力,这也是一般管理者与校长的本质区别。校长的工作重点必须由自己干了多少事向让别人自觉自愿干事转变,要在管理好自己的同时注意培养好更多的可用之人。二是要增强自信心。当然,自信心不是说增强就能增强的,需要有自省和积淀。具体来说,要有"小胜靠智、大胜靠德"的理念,自觉以教师职业规范要求自己,不断提升自我修养,做同事和下属修身齐家的典范,从而增强对他人的品格影响力;要不断加强学习,提高自身的管理水平和处理问题的能力,让同事和下属感觉到校长的精明和温情,自觉自愿按照规范要求把工作做好;要加强与同事和下属的情感沟通,在沟通中增进互信,当然也可以在沟通中发现问题的苗头,从而做好预防和应对工作。

其次是要注意选拔和培养管理骨干。选拔培养管理骨干,让身边有能用之人、可用之人,是校长从日常琐事中解脱出来的关键。选拔培养管理骨干不是"广撒胡椒面",要注意选对人、做对事。所谓"选对人",就是要通过科学的考核评价体系,把真正优秀的人筛选出来,再看其中哪些人可以培养成管理骨干。判断哪些优秀的人值得进一步培养,一般来说,可以从以下方面进行考察。是否有担当精神,在困难面前是积极面对还是设法躲避,出了问题以后是否敢于承担相应的责任。是否有策略,即开展某项工作之前有明确的思路和计划,而不是习惯于打无准备之仗。是否德才兼备,其中"德"要放在第一位。"德"的考察可以看以下方面:一是看他有无同情心,即看他对弱者的态度;二是做事是否坚持原则,即在大是大非面前能否坚持自己的底线;三是看人格是否保持一致性,即有无当面一套、背后一套,或者对领导一个面孔,对普通人另一副嘴脸,还有与他关系要好的人是什么样子的。如果以上方面都比较满意,这样的人就值得培养。所谓"做对事",一是要牢记干部应该在使用中培养,要多给他们实操的机会,正如教练员训练运动员一样,他的职责是指导而不是代替运动员上场。同样,校长对下属的培养,要做的是在旁边观摩、点拨而不是样样都亲力亲为。二是要建立容错机制。干部的成长有一个过程,如果下属不小心犯了错误,校长不分青红皂白零容忍,下属就会畏首畏尾、放不开手脚,也发挥不了主观能动性,此时下属最保险的做法就是事事请示、时时汇报。这样,校长还是难以从日常琐事中脱身,培养管理骨干的目标也难以实现。

最后是要抓好时间管理。校长每天都有忙不完的工作,他的主要时间放在哪里,相应的影响和效果就会在哪里。例如,当校长的时间主要用在课堂上,用在与师生的交流上时,教师对于抓好课堂管理、提高课堂教学活力就不敢怠慢,相应的教学效果就会比较好。对于影响师生关系的一些重要因素,教师也会引起重视,师生关系好又会对提升教学效果起到良好的促进作用。因此,校长要认真抓好时间管理。一是认真规划每天、每周、每月、每学期的时间。时间跨度越短(如一天、一周),规划越详细、越具体越好;时间跨度越长(如一个月、一个学期),规划就可以粗略一些。二是围绕学校办学目标、年度(学期)工作计划规划时间的投向,任何背离办学目标、年度(学期)工作计划的时间规划都是没有意义的。例如,学校的办学目标是促进学生全面发展、全面提高教学质量,围绕这个目标,校长能对学校的年度(学期)工作计划做一系列的安排。但是，有的校长在规划自己的时间时，把办学目标和工作计划中的安排放在一边，想到什么就做什么。到了学期快结束时，发现努力方向与当初的计划大相径庭。虽然有时间管理，但没有起到应有的效果。事实上校长的特殊影响还会使学校的整体工作偏离方向。三是要贯彻要事优先的原则，在每个时间段，校长都会有很多事情需要处理，而且往往习惯于处理紧急的事情。除个别确实是紧急的事情需要赶紧处理之外，校长要把主要时间锁定在重要的事情上。重要的事情处理好了，紧急的事情慢慢就会减少。例如，学生的养成教育是学校的一项重要工作，也是落实立德树人根本任务的具体举措。校长要持续关注、亲自推动工作的进展，而不是今天处理一个学生打架、明天处理一个学生考试舞弊，这些事情完全可以由分管校长甚至政工处的干部去处理，当然情况复杂、影响恶劣的事件另当别论。

从日常琐事中解脱出来，校长就有时间去思考和处理重要的事情，其他干部也有机会得到锻炼和提升，这是提高校长工作效率的一条实用途径，应该引起校长们的高度重视。

# 第57条
# 养成反思的习惯

叶澜教授曾说，一个教师写一辈子教案不一定成为名师，但如果一个教师写三年反思则有可能成为名师。相信大多数教育工作者对这句话都耳熟能详。仔细审读这句话，我们可以从中受到启发：写三年反思可能成为名师，也有可能不会成为名师。也就是说，能否成为名师，除了师德师能是否过硬，就反思本身来说，反思的方法对不对、反思的质量高不高、反思以后是否会做相应的改进等，与提高反思的成效都有较大关联。同理，整天忙忙碌碌的校长未必能成为优秀校长，如果他能坚持进行三年的学校管理反思，就有可能成为名校长，但也只是可能。相对于成为名师，成为优秀校长的制约因素更多。校长坚持对自己的学校管理工作进行反思，只是他成为优秀校长的途径之一，并不意味着凡是坚持管理反思的，都可以成为优秀校长。仅就管理反思而言，反思的方法对不对、反思的质量高不高、反思结果能否有效应用等，都需要校长认真思考和研究。

所谓"反思"，是近代西方哲学中广泛使用的概念之一。这个词原本指光的反射，作为哲学概念，借用光反射的间接性意义，指不同于直接认识的间接认识。现在，反思的含义主要指思考过去的事情，从中总结经验教训。就学校管理工作而言，大多数校长应该会进行适当的反思，但实际效果有限。究其原因，与没有掌握正确的反思方法有关。方法不当必然导致反思的质量不高，反思的质量不高又直接关联到结果的应用。因此，掌握正确的反思方法就显得很有必要。

一是加强学习，提升自己的思想境界和认知水平。学校管理中的同样一件事，不同校长的观点或看法、处理方式是不一样的。例如，某中学要向上级推荐一名教师担任学校教务处主任，哪位教师更符合条件，采取什么样的方式推荐，是有很多讲究的。王校长准备推荐体育组的张老师，理由是张老师年轻、有干劲，除做好体育教研组长的工作之外，其负责训练的学生在全省中学生运动会上成绩斐然，为学校争得了荣誉，像这样的教师理应受到重用。其他学校领导对此有不同看法，认为张老师虽然个人专业能力确实比较优秀，也取得了优秀的成绩，但他性格比较急躁，考虑问题不够周全，与其他学科的教师关系也比较紧张，让其担任副职也许问题不大，但要担任教务处主任独当一面不一定合适。但由于王校长力主推荐，最后经学校校务委员会研究，学校还是推荐张老师并上报给县教育局。不久，县教育局正式任命张老师担任学校教务处主任。张老师任职后，先后因工作上的事情与学校多位教师发生过争执，最后都是在王校长的介入下才勉强平息。

王校长的决定显然是值得商榷的。张老师的专业能力确实强，但他的沟通协调能力比较欠缺，而担任学校中层干部不仅要看个人专业能力，更重要的是沟通协调能力。显然，王校长过分强调了专业能力。还有，干部推荐是件很严肃的事情，应该走群众路线，只凭几个人的意见(事实上几个人的意见也并不一致)就做出决定是不合适的。这里就关系到什么样的人适合从事学校管理岗位的认知问题。如果不加强学习，个人的思想境界和认知水平没有提高，王校长事后无论怎样反思也只会在原地打转。以后碰到类似的情况，问题仍然会出现。

二是围绕年初工作目标和计划进行反思，及时纠正偏离现象。校长要养成定期(如一个月一次)反思的习惯，但这种反思不是漫无目的的反思，而是要紧密结合年初学校工作目标和计划进行，否则时间越长，离年初工作目标和计划就会越远，越到后面修正或弥补起来就越困难。例如，某学校为了配合县里创建省级文明县城，最近一直在忙于开展文明校园创建活动，学生只要有时间就打扫卫生、整治校园环境。不知不觉两个月过去了，省里的评估检查也终于结束了。一天下午，校长召集校务会成员开会，对前期工作进行总结和反思。不反思不知道，因为前段时间全校师生的主要时间和精力都用在创建省级文明县城相关工作上，学校工作计划中安排的其他教育教学活动基本上处于停滞状态(正常上课除外)。学校配合县里开展相关重大活动是义不容辞的责任，但学校领导不能把所有人的课余时间都用在一个方面，而把学校正常的教育教学活动丢在一边。这样做既不是创建省级文明县城的本意，也偏离了学校年初工作计划和学校主责主业，显然是学校领导调度安排失当了。在意识到存在的问题之后，校长主动做了自我批评，要求对照学校工作计划采取补救措施，同时会议做出决定，为了避免类似现象再次发生，以后要把每月一次工作反思作为一项制度。

三是根据问题促反思，以反思促整改。在开展学校教育教学活动过程中，不可避免地会出现这样或那样的问题。因此，学校在安排某项重大活动前，可组织相关人员进行前瞻性思考，把在推进活动过程中可能出现的问题推演出来，并就这些推演出来的问题做好应对预案；也可以在活动推进过程中组织相关人员进行监控性反思，发现问题随时修正或整改；尤其是某类问题连续出现时，更要引起学校领导的警觉，应反思问题背后的原因。常见的反思是在活动结束后，对整个活动进行复盘，这种复盘具有批判性，旨在发现问题、总结经验。例如，某校计划开展"书香校园"创建活动，在出台方案前，学校领导班子就认真做了研究，预判在推进过程中可能会出现认识问题和策略问题。为此，学校安排了多次会议和集体活动，由学校领导就创建"书香校园"的重要性、必要性、目的、意义等进行宣讲,并现场解答教师提出的相关问题。在推进策略上,提出了"全科、全员、全时"的理念。在推进过程中,学校成立了"阅读指导小组",目的有二:其一是督查师生阅读的开展情况;其二是收集在创建书香校园活动中出现的问题,并定期进行讨论解答。活动开展两个半月(半个学期)以后,学校召开了读书分享会,同时对创建"书香校园"工作进行了阶段性小结,对整个推进过程进行了复盘,收集了教师和学生提出的若干问题。这些问题有学校组织管理上的、有教学本身的、有学生家长配合方面的、有考核评价方面的。校长将这些问题分派到各相关处室,由校级领导牵头提出整改意见,经校务委员会和教师代表讨论后付诸实施。由于注重了事前、事中、事后反思,该校创建"书香校园"活动推进得比较顺利,现在已经进入常态化管理阶段,师生阅读的积极性、主动性显著增强,教学质量稳步提升。

Windy Liu在《心智突围》一书中指出,清晰而有效的反思包含 6 个要素:回顾事实,记录思绪,发现问题,归因改善,关联迁移,行动对照。当然,校长对学校管理工作进行反思,未必要遵循如此规范的程序和步骤,但养成反思的意识和习惯,有时比反思本身更为重要。

## 第58条
# 善于讲学校故事

俗话说"酒香不怕巷子深",这句话放在以前可能是对的,因为在当时的生产力条件下,交通条件和信息传递不发达,人们面临的选择机会比较少,某件产品、某项活动、某个社会组织只要是真正优秀的,迟早会被人发现,故而有"皇帝的女儿不愁嫁"的优越心理。但是在当今世界,交通网络四通八达,信息传递高效快捷,同样一件产品、一项活动、一个社会组织,即使在一个地区范围内,可供人们选择的数量也十分可观。在质量相当的情况下,人们最容易选择能够打动心灵、激发兴趣的东西。同样，作为一件名优产品的制作者、一项激动人心的活动的参与者、一个著名社会组织的工作者，他们会倍感自豪，充满积极向上的正能量。怎样才能打动人们的心灵、激发人们的兴趣？首先当然是靠质量，其次就是靠宣传，但这种宣传不是平淡无奇的，而是有故事、有活力的。也就是说，有故事的宣传最有力量。学校虽然是专门从事教育活动的公益组织，但本质上还是为社会大众提供教育服务的专门机构。既然是服务机构，就应该有好的服务质量，就应该得到消费者和参与者的认可。获得认可的渠道有多种，但最主要的，一是服务（教育）质量，二是有故事的宣传推介。因此，校长除了抓好学校日常管理、努力提高服务（教育）质量，还要学会向消费者（学生和家长）、参与者（学校师生）讲好学校故事。所有校长都应该意识到，讲好学校故事，不是校长的可选项，而是必选项。

第一，办好学校是前提。校长固然要会讲学校故事，但前提是要把学校办好、办出特色。只有把学校办好了，有一定的特色，由此产生的故事才有可信度，才会有感染力。当然，学校不是说办好就能办好的，除校长和教师共同努力之外，还需要有时间的积淀。我们不能等学校办好了，才想到讲学校故事，除非校长运气好，接手的学校就是一所群众心目中的好学校。办好学校既是校长努力奋斗的目标，也是一个不断总结和完善的过程。我们一方面要全面贯彻党的教育方针，遵循教育教学规律和学生成长规律，努力把学校办好、办出特色；另一方面要在办学过程中不断地"睁大眼睛"，努力发现优秀的教师和学生，把这些教师和学生的优秀事例整理成一个个鲜活的故事，这样的故事才是真实和可信的，才是富有教育和启发意义的。

第二，要提炼整理学校故事。学校每天都会发生很多事件，但不是每个事件都可以成为故事。哪些事件可以成为故事？首先是判断事件本身是否符合学校秉承的办学价值观。有的事件听起来很感人，但如果与办学价值观不符，在选择时就必须慎重。例如，有一个夏天，某学校几个学生私自结伴到学校附近的河里游泳，在水里嬉戏时，其中一名学生突然大腿抽筋沉入水底，被同行的伙伴及时发现，大家一起努力，终于把沉入水底的学生抢救上来。相关教师将这件事汇报到学校以后，有的校领导认为这是一个救人于水火的典型案例，应该大张旗鼓地进行宣传和表彰。但政工处主任提出了不同意见，他认为非但不能表彰，还要对当事学生给予纪律处分，原因是上级教育行政部门和学校明确规定，学生不能未经批准或在没有成年人陪护的情况下私自下河游泳。校长经过一番思考，同意了政工处主任的意见。于是学校一方面对这些私自下河游泳的学生做出了纪律处分；另一方面由政工处主任出面，单独找到几个救人的学生，对他们救人的行为进行肯定和表扬，同时也对他们私自下河游泳的行为提出严肃的批评。其次要相对真实。在提炼整理学校故事时，不能凭感觉或想象无中生有。虽然故事可以有一些人为加工的成分，但前提是事情本身是在学校真实发生的。人们常说，教育无小事，处处在育人。如果我们给师生讲述的故事是根本不存在的，无疑是在引导师生说假话，做两面人。最后是要有教育或启发意义。事实上，每天学校发生的大多数事件都是些琐碎的日常小事，不适宜整理成学校故事去宣讲。例如，某个学生课间去厕所时不小心摔了一跤，尽管感觉很疼，但他还是顽强地爬起来，咬着牙关去厕所。如果要把这件事情整理成一个表现学生坚强的故事，明显就很牵强，当然如果该学生情况很特殊则另当别论。但是，如果某个学生在去上厕所的路上，看到路边有一堆废纸，他停下脚步，把这些废纸拾起来丢进不远处的垃圾桶，而这所学校学生的文明卫生意识普遍比较差、行为习惯不够好，此时这个学生做的虽然是件很小的事情，但体现出了该学生的行为修养，这种行为修养正是其他学生要学习或效仿的，这样的事情就可以整理为故事，值得在不同场合大力宣讲。所以，能否成为学校故事，不在于事情的大小，而在于对其他人是否有教育或启发意义。

　　第三，善于讲学校故事。在明确了应该讲什么样的学校故事后，接下来就是由谁来讲、怎么讲的问题。如果是学校里面的集会或交流活动，如教师大会，可由学校领导讲教师或学生的故事，也可由教师代表上台与大家分享；如果是班级活动，如班会等，可以由班主任讲学生的故事，也可以由学生代表与大家分享；如果是校外的平台，则让别人讲比自己讲效果更好。要找到那些有正确的教育价值观、认同学校理念、善于挖掘故事、善于呈现与传播故事的专业人士，利用各种平台来帮助学校讲故事。除了传统的集会、报纸、电视台之外，对于现代手段，如学校的微信公众号、视频号等性价比很高的传播平台，学校也要很好地利用起来。为了体现学校以学生为中心的办学理念,无论是在校内还是校外讲故事,最好是能讲学生的就不讲教师的,能讲教师的就不讲校长的。当然,有特别要求的宣传活动除外。

在讲学校故事时,有一点需要格外引起重视,就是我们要根据不同的受众需求,讲他们希望听、愿意听的故事。同样的题材和素材,给不同的人讲,角度、表达、素材的取舍等,可能会很不一样。我们要认真琢磨:故事的受众是谁、有何特点、有何需求,他们已经知道了什么,希望从我们这里得到什么,我们的故事能不能给他们提供有趣的东西,或者提供某个重要问题的解决思路。切忌不问男女老少,一个故事讲到底。按照李秀伟老师的说法,讲给不同的人听,就需要不同版本的"学校故事"。比如,讲给上级领导听,就要讲思维,讲"一般性";讲给家长听,就要讲共情,讲"对称性";讲给教师或学生听,则要多讲做法或经验,讲"可学性"。

在学校管理中,空洞的阐述无异于乌托邦式的说教,只有身边一个个鲜活的、与众不同的故事才容易打动人心。如果一个校长认为故事可讲可不讲,他就会更习惯于讲道理、谈理念、发号施令,那只会让人昏昏欲睡,是没有办法触动别人的。在他带领下的学校,其发展和进步也十分有限。因此,一位优秀的校长要善于讲学校故事。

# 第59条
# 做有思想的教育管理者

思想是什么?其本义是客观存在反映在人的意识中经过思维活动而产生的结果或形成的观点及观念体系。毛泽东在《人的正确思想是从哪里来的?》一文中提道:"无数客观外界的现象通过人的眼、耳、鼻、舌、身这五个官能反映到自己的头脑中来,开始是感性认识。这种感性认识的材料积累多了,就会产生一个飞跃,变成了理性认识,这就是思想。"思想可以表现为通过概念的联系,概括地说明现象的本质和规律的理论原理,也可以表现为观点综合的理论体系。想法与思想不一样,一般来说,想法是人们对事物零碎、动态的认知,属于感性认识;而思想则表现为人们对事物比较系统和稳定的观点,属于理性认识。我们可以说某个人有想法,但不好随便说某个人有思想。在现实生活中,有想法的人有很多,但真正有思想的人较少。

作为一名优秀的管理者,不仅要看见当下,还要看到未来;不仅能够看清自己,也能够读懂对手。具备这种能力的人绝不会逞匹夫之勇,更不会心血来潮,而是对客观事物有深入的洞察和清晰系统的认知,他们会倾听别人的意见和想法,但一定有自己的思想。无数事例证明,没有思想的管理者也许可以取得一时的成功,却很难取得久远的胜利。

苏联著名教育家苏霍姆林斯基说"校长的领导首先是教育思想的领导,其次才是行政领导",教育管理者的优秀尤其表现为对教育的深刻认知和对师生精神价值的引领。教育管理者不仅要有较高的思想政治素质、较强的事业心和责任感、良好的品行修养和较强的专业能力,还要有深厚的教育情怀和对教育正确、深刻而独特的理解,而这种理解反映在办学过程中,就是教育管理者的办学思想。

既然办学思想在办学过程中如此重要,那么教育管理者应该有什么样的办学思想呢?我们的教育是共产党领导的教育,我们的学校是社会主义学校,承担着为党育人、为国育才的重要使命,必须有正确的办学思想指导我们的行动。一是要体现全面性。我们要全面贯彻党的教育方针,全面落实立德树人的根本任务。要通过全面开齐、开足、开好国家课程,应用好地方课程和校本课程,立足于培养全面发展的社会主义建设者和接班人;教育的一切活动要以育人为宗旨,做到"胸中有爱、眼中有情、心中有法";要全面理解教育的本质属性,团结各方力量、争取各方资源为教育发展服务。二是注重全员性。无论是学校领导还是普通教师,都要为人师表,肩负起立德树人的光荣使命;要关心爱护每一个学生,关注每一个学生的健康成长;要以人为本,充分发挥广大教师在学校治理中的主人翁作用,积极鼓励支持教师实现专业成长和个人进步。需要指出的是:无论是教育行政部门负责人还是学校校长,都要有跳出教育看教育、跳出学校办学校的理念,要积极争取各级领导和社会各界对教育的重视和支持;要认真学习领会党和政府关于教育工作的指示精神，并把这些指示与教育和学校工作有机地结合起来，汇聚成全员办教育、全员共育人的强大力量。三是要争取全程性。教育无小事，处处在育人。要积极调动学校、家庭、社会各方面的力量和资源，为学生成长服务。要努力克服教育过程中的短期行为，不仅要关注学生当下的表现，更要关注学生未来的发展。四是要彰显适切性。古今中外的教育思想有很多，我们要办好教育、治理好学校，秉承的办学思想应该符合中国的国情、地方的实际、教育或学校的现状和个人的具体情况。例如，本人在担任吉安县教育局局长后，根据地方和教育的实际，提出了"保安全、强素质、提质量、创特色"的工作思路，其中"保安全"是基础，"强素质"是手段，"提质量"是目标，"创特色"是努力方向，四个大项里又有多个小项，各项工作互相包容、环环相扣，在实践中取得了良好的效果。

在明确了应该有什么样的办学思想后，接着要讨论的就是怎样才能成为一个有思想的教育管理者。我认为，可以从以下方面做出努力。

第一，加强学习和反思。人的正确思想不会从天上掉下来，也不会从地里长出来，正确思想的形成最重要的渠道就是学习。教育管理者要自觉认真学习古今中外名师大家的教育思想和教育理论，在学习中丰富自己的认知，形成自己对教育的正确理解。要养成带着问题学习的习惯，在与名师大家的思维碰撞中，找到适合的办学思想。事实上，光有学习是不够的，还要进行经常性的深刻反思。只有经常性的深刻反思，才能帮助我们发现工作中存在的问题；也只有经常性的深刻反思，才能帮助我们结合实际，逐渐形成自己的办学思想。

第二，要勤于实践探索。在找到合适的办学思想后，我们不能让它成为空中楼阁，而是要勇于把这些思想应用于实践。只有通过不断实践探索，我们才能知道我们认定的办学思想是否符合实际，能否真正对促进我们的工作有益。当然在实践探索中，我们肯定会遇到这样或那样的问题，这就需要上级领导的支持和自己坚持下去的勇气。我在担任吉安县教育局局长后，定下了"十二字"工作思路，都属于打基础、管长远的工作，短期内难以见到成效。如果没有当时县委、县政府主要领导的支持，没有自己面对各种质疑时的坚守，也就不会有后来吉安县教育连续15年的辉煌。

第三，要不断总结提升。实践表明，教育管理者应该有自己的办学思想，这种思想一旦形成就必须有相对的稳定性。如果我们今天一个思想、明天一个主张，教师和学生乃至家长就会无所适从，这样反而容易造成思想混乱。但是，思想作为人对客观事物的反映，也必然会随着客观事物的变化而变化。我们在保持办学思想相对稳定的同时，要随着客观事物的变化，不断去总结提升。例如，中小学"双减"（《关于进一步减轻义务教育阶段学生作业负担和校外培训负担的意见》，简称"双减"）政策全面实施以后，对教师课堂教学的要求、对作业布置和考试的要求、对学生课余时间的安排等都发生了相应的变化，如果教育管理者原来的办学思想中没有考虑到这些问题，我们就必须随着形势的变化做出相应的调整。

有什么样的思想，就会有什么样的出路。一个普通人，他的思想决定着一个家庭的出路；一个教育管理者，他的思想则决定着一方教育或一所学校的未来方向。愿每一位教育管理者都有自己的思想，这样我们的教育、我们的学校就会更有希望！

# 第60条
## 知敬畏方能始终

中小学校长对外代表学校，对内享有对人、财、物、事的最终决策权，其一言一行、一举一动无不为校内外所关注。多数校长能够常怀敬畏之心，尽管自己的办学成效有待后人评说，但至少能够平安落地，安享幸福晚年。然而在现实中却有极少数校长，当校长之前谦虚低调，在当了一段时间校长后，尤其是学校取得了一些成绩后，就开始变得忘乎所以，既听不进不同意见、喜欢我行我素，也不愿接受组织纪律的约束。尤其是缺少敬畏之心，其后果是自己的工作难以为继，只好卷起被褥灰溜溜走人，有的甚至还要接受组织审查、调查，落个身败名裂的下场。由此可见，能否常怀敬畏之心，是校长能否行稳致远的基础。常怀敬畏之心主要表现在以下方面。

第一，要敬畏先贤之言。古今中外的先贤，他们有许多至理名言。对校长来说，尤其要对先贤两个方面的论述谨记于心。一是为人处世。例如，晚清名臣曾国藩有一幅12字箴言："敬胜怠，义胜欲，知其雄，守其雌。"所谓"敬胜怠"，就是我们要知道懒惰、懈怠是人生道路上的拦路虎、绊脚石，我们一旦屈从于惰怠的心理，不思进取、放弃努力，再好的想法都可能等于零。所以，一个有作为的人，就要努力克服懒惰和懈怠，做到生命不息，奋斗不止。所谓"义胜欲"，就是我们要学会依照天理做事，凭着良心做事。面对高官厚禄的诱惑，要克制住内心的欲望，让自己不断精进，这样才能成就美好人生。所谓"知其雄"，就要正确地认识自己，知道自己的长处和短板都在哪里。而要做到真正地认识自己，就要去实践认知，践行道德。只有在一次又一次的知行合一中，才能真正做到认识自己。所谓"守其雌"，就是要守住做人的本分，要谦虚低调，不骄狂，不张扬。做人做事，都坚持原则和底线，保留尺度。凡事以义为先，以柔善为方。如此方可在复杂的人生道路上进退自如，稳操胜券。二是教育。先贤对于教育的很多精辟的论述，时至今日对我们做好教育工作仍有指导意义。例如，蔡元培先生说："决定孩子一生的不是学习成绩，而是健全的人格修养。""要培养爱自由、好平等、尚博爱的人，在教育上不可不注重发展个性和涵养同情心两点。"叶圣陶先生说："做人做事，需要种种的能力，所以最要紧的是养成种种的习惯。""我们在学校里受教育，目的在养成习惯，增强能力。我们离开了学校，仍然要从种种方面受教育，并且要自我教育，目的还是在养成习惯，增强能力。习惯越自然越好，能力越增强越好。"尽管先贤们对于教育有不同的表述，但有一点是相同的，就是教育的根本目的在于育人，这正好与我们现在提倡的教育要立德树人不谋而合。学校开展各种教育教学活动，都应该把育人放在第一位。

第二，要敬畏教育规律。规律，是指自然界和社会诸现象之间必然、本质、稳定和反复出现的关系。什么是教育规律？事实上，到目前为止，还没有一个权威、准确的表述。有学者认为，教育规律本身可能并不是一个客观存在，而是一个认识方面的问题。认识事物并不能改变事物本身，但可以利用认识和理解的道理实现目标。按照教科书上的说法，教育规律是"间接经验与直接经验相统一，掌握知识与发展能力相统一，教师的主导与学生的主体相统一，传授知识与思想教育相统一"。这样的表述比较抽象，对于教育的理解和认识程度不一，不同的人就会有不同的解释。我认为，可以把复杂问题简单化，就是要在各个统一中寻求一个平衡点，既不能偏左，也不能偏右，要善于在正确的时间做正确的事。例如，有的高中学校用一年左右的时间教完新课程，剩下两年左右的时间把一些非高考科目全部停掉，用来复习和大量刷题。这样做表面上看让部分学生成绩提高了，但他们的基础知识是不扎实的，更大的弊端还在于大量枯燥单调地刷题磨灭了不少学生对学习的兴趣和热情，许多学生进入大学后沉迷享乐，本来应该认真学习的青春年华却用在了吃喝玩乐上。从长远的角度来看，这种现象对人才培育是不利的，遗憾的是，有的高中学校却还在年复一年地重复着"昨天的故事"。出现这样的问题，主要是学校对教育规律产生了片面的理解，没有在"掌握知识与培养能力"之间找到平衡点。

第三，要敬畏道德法纪。人类进入文明时代以来，虽然不同的国家社会制度有所不同，但在一些做人的原则问题上，还是有共同的价值观，如要关心保护弱者、诚实善良、尊老爱幼、忠于家庭、热爱祖国等，无论一个人从事什么职业、处在什么样的位置，对这些道德观念都应该怀有敬畏之心，要自觉遵守。同样，法纪作为维护社会公平正义的最后一道防线，任何公民都不能逾越。在这方面有许多值得称道的事例，也有令人叹息的反面典型。从公布的一些校长的违纪案例来看，不少校长的违纪违法是从违反道德开始的。因此，道德底线是防止违纪违法的一个屏障，广大中小学校长对此要保持清醒的认识，在加强自律的同时，应主动接受相关部门和教师学生及家长的监督，自觉用党员标准和校长职业规范要求自己，把所任职的学校办成一个风清气正的场所，在广大学生心目中播下健康、正直、善良的种子。

第四，要敬畏人民群众。校长的工作做得好不好、校长的品行端不端，人民群众看在眼里、记在心里，只不过可能是时机未到，或者缺少一个爆发点，人民群众的意愿没有表达出来而已。广大中小学校长要牢记"水能载舟，亦能覆舟"的古训,清楚地知道"群众才是真正的英雄",对人民群众常怀敬畏之心,任何时候都不能做损害人民群众利益或者损公肥私的事情。在具体的工作中,要真心爱护教师和学生,认真对待他们的正当诉求,以一种"人在做天在看"的心态,自觉接受教师、学生和社会各界的监督,把办好人民满意的教育落实到一个个具体的行动中、一个个微小的细节里。

对中小学校长而言,心存敬畏不仅蕴含的是对党和人民的深厚感情、对教育事业的无比热爱,更体现了一种自律和自强。中小学校长肩负着组织的重托和人民的期望,是培养社会主义事业建设者和接班人的具体组织者和执行者,责任重大、使命光荣,唯有努力奋斗、自律自强,才有可能不负韶华、行稳致远!

第三部分

# 学校管理篇

第61条

# 科学规划学校发展愿景

"愿景"在《现代汉语词典(第7版)》中的解释是所向往的前景。对任何一个组织来说,有没有共同的愿景,或者说愿景能不能得到员工的认同,是检验领导者领导水平高低的重要标准。而这种领导水平差异的结果,必然是组织间差距的关键原因。

衡量一所学校的发展愿景是否良好,一般可以从以下方面看出:是否有引领性,即能帮助全体师生明确学校的努力方向;是否符合学校实际,有无独特性,照抄照搬的或人云亦云的想法并不是愿景;是否具体和可感知,愿景不是虚幻的,虽然暂时还没有成形,但在人们的印象中是清晰的,让人感觉可能会真实存在,并愿意为之而努力奋斗。

1990年5月,原敦厚镇初级中学被划归县教育局直接管理,并转为完全中学。1995年,我由吉安县教育局中层干部调任吉安县敦厚中学校长。当时的生源情况为:初中部仍是划片录取,高中部则将县立中学录取后未达县立中学录取线的学生录入敦厚中学。教师情况为:原敦厚镇初级中学的教师原则上仍任教敦厚中学初中部,高中教师则从原来位于乡镇的几所高中抽调而来,师资水平参差不齐,前任校长为此做了很多师资整合和培养工作。办学条件为:没有校门、围墙、操场,甚至没有一所像样的厕所,学校占地面积约160亩,但校内道路基本没有硬化,学校也没有一条通往城区的正式道路,师生进出只能在蜿蜒的树林里穿行,晴天一身灰、雨天一身泥就是当时师生状态的真实写照。

面对这样一所人员结构复杂、百业待兴的学校,刚担任校长的我,没有悲观,也没有气馁,而是快速厘清工作思路,与学校其他班子成员一道,有条不紊地开展各项工作。第一件事就是科学规划学校发展愿景,让广大教职人员明确目标、看到希望,从而凝聚人心、共图发展。

一是制订学校规划愿景。在学校规划上,我们发动全校师生,集思广益,制定了吉安县敦厚中学五年发展规划,立下"一年打基础,三年上台阶,五年创重点"的工作目标,并在广泛宣传动员的基础上,通过学校教职工代表大会形成决议。在发展愿景上,我们提出要"全面推进素质教育、全面提高教育教学质量",通过规范学校管理、加强教师队伍建设、转变干部工作作风,让"学生出彩、教师出名",把学校办成领导信任、学生安心、家长放心的现代学校。为把规划愿景落到实处,我还要求各处室拿出具体的实施方案,明确时间节点、责任人和工作措施。例如,规划中的"一年打基础",明确在哪些方面打基础、怎样打基础。教务处有教学工作的基础,总务处有学校建设方面的基础,政工处、团委(学生会)也有各自的基础,所有的规划都要经过认真思考、集体讨论,形成文字,不能心里想想、嘴上说说,却想而不动、动而不果。再如,"三年上台阶",具体到各学段、各学科,现在教学质量在县里处于什么位置,通过努力一年后应处在什么位置,要有可操作的措施和可量化的指标。校长办公会每学期听取一次各方面的情况汇报并向全体教师公布进展情况。

二是聘请专业人员绘出学校五年建设规划平面图。当时学校占地面积约160亩,未来五年怎样发展,需要盖几栋房、修几条路,哪些地方要预留用作活动场所,哪个地方建校门,哪里要建操场,哪里要植树、植什么树,学校现有土地够不够、是否还需要征地等,都要在规划平面图中体现出来,不能领导拍脑门儿,想一出是一出。规划平面草图出来后,先是提交教师代表大会讨论,广泛听取意见(讨论和听取意见的过程,就是集思广益、凝聚人心的过程),经过校长办公会研究,提出了修改意见,经完善后报到县教育局审核,再根据局领导意见修改后反馈到全校教职工代表大会。经过几上几下的反复商议,校园规划基本定稿。所有程序走完后,我请学校的美术教师把规划平面图按照一定的比例,绘制可在远处观赏的效果图(当时还没有电脑打印的设备和条件),这样就方便向全体教师和学生作汇报,让他们感受到学校的意志和决心,从而坚定信心、振奋精神、鼓舞士气。

三是着手争取当地村委会支持,征用学校发展用地。按照吉安县城市建设规划,学校北面为振兴路,东面为富川路。无论是北面还是东面,校园当时的边界都离两条路有较大的距离,远的地方有近20米,近的也有15米。当时为了将学校用地与其他非学校用地隔开,在没有钱建围墙的情况下,只好用人工挖出一条宽约1米、深约0.8米的壕沟作为界线。虽然这两条路都还没有开通,但毕竟是规划路,随着县城建设的发展,开通是迟早的事情。一旦开通,学校的边界与路相隔的地块就很快会有商家建起一排店面,对学校形成包围之势,师生连进出校园的通道都有可能被堵死,到时再来征用不知道要付出多大的代价。经校长办公会研究并报请县教育局同意,需立即启动学校征地工作。考虑到学校北面和东面分属两个不同的村委会,本着轻重缓急的原则,决定先征用北面的土地。经了解,北面的土地属于敦厚镇厚丰村委会。我带领分管总务后勤工作的同事多次上门找厚丰村委会党支部书记刘鑫德做工作,请求他们的支持和帮助。刘书记和几位村小组组长思想境界比较高,都认为办好学校是有利于子孙后代的好事,必须大力支持。在他们的积极配合下,1995年12月,学校以较低的价格征用了厚丰村19亩山地,为以后建设围墙和大门打下了良好的基础。

以上三项重要工作,都是在学校新班子上任后第一个学期完成的。这三项工作的顺利完成,让上级领导看到了敦厚中学新班子积极改善办学条件的思路和决心。从1996年开始,上级分阶段增加了对学校的经费支持,学校的教育教学质量稳步提升,社会各界对学校的好评也与日俱增。尽管过程比较漫长,但毕竟让师生看到了希望。由此我们意识到,尽管还存在诸多困难,但只要思想不滑坡,办法总比困难多,一切都会慢慢好起来,科学规划学校发展远景就是方法之一。

第**62**条

# 统一思想方能凝心聚力

为广大师生描绘学校发展的愿景,让他们看到学校领导的决心和学校未来的希望,对激励士气、增强信心无疑会起到很大的作用。但要办好一所学校,尤其是办好各方面基础比较薄弱、百业待兴的学校,光有士气和信心是不够的,还要在很多关键问题上统一思想。否则,对同一件事,因为认识不同、标准不同,学校领导和教师之间、教师与教师之间、学校与家长之间就会产生很多分歧,就容易各吹各的号、各唱各的调,反映到教育教学行为中,就容易出现违背教育教学规律的行为,从而影响学校的发展和进步。

在学校实际工作中,要在哪些方面统一思想,又该如何统一思想呢? 我个人的体会如下。

第一,要在什么是好学校的标准上统一思想。"学校"一词起源于民国,是教育者有计划、有组织地对受教育者进行系统的教育活动的组织机构。学校教育指受教育者在各类学校内所接受的各种教育,是教育制度的重要组成部分。学校教育的具体活动受到社会需求的影响,必须符合社会发展趋势,承担着向社会输送合格人才的职能。我国是共产党领导的社会主义国家,为社会主义建设培养合格的建设者和接班人,这既是党的教育方针,也是学校的根本任务。衡量一所学校是否合格乃至优秀,首先要看其是否能自觉遵守党的教育方针,是否在日常的教育教学活动中落实全面发展的指导思想。其次是教育教学质量,教育的目的在于立德树人,这就意味着学生在学校既要受到良好的品德和行为习惯教育,也要有较高的学业水平和能力,有较扎实的科学文化知识。判断学生在学校是否受到良好教育的标准就是教育教学质量,学生各种考试成绩就是其中的一项重要指标。再次是学校必须有一定的特色,这种特色必须符合学生身心特点、切合学校和地方发展实际,可以是学科教育、课程建设、地方特色文化，还可以是艺术体育或其他。最后是良好的师生关系和家校关系。如果没有良好的师生关系和家校关系，即使学校和教师再努力，教育效果也会打折扣，在有些情况下，教育没有开始可能就结束了。

第二，要在什么是好教师的标准上统一思想。教师是办好学校的基础，是教育的第一资源。好教师的标准，一是热爱教育事业，关心爱护学生，为人师表；二是热爱学习，有较扎实的专业知识基础，掌握科学的教育教学方法，教学效果良好；三是善于总结和思考，开明开放，善于与学生和家长交流，形成教育合力；四是自觉遵守教师职业道德，明底线、知敬畏(敬畏政策法规、敬畏教育规律、敬畏圣人之言)；五是在工作上积极争先创优，无论做什么工作，立足于做好，精益求精，而不是完成了就完事。

第三，要在什么是好学生的标准上统一思想。首先要有良好的思想品德和行为习惯，有家国情怀，这是学生成为社会主义建设者和接班人的基础；其次是热爱学习，兴趣广泛，学业成绩良好；最后是喜欢阅读，勤于动脑，善于动手和实践，同伴关系良好，诚实善良，有较强的社会责任感。

在以上方面统一思想后，学校领导要做的，就是在平时的学校管理中，围绕上述标准认真开展各项工作。

一是要认真组织学习和宣传教育政策法规。教师是教育专业工作者，不少教师下意识地认为把教书育人工作做好就可以了，教育政策法规的学习是学校领导的事情，久而久之就容易造成教师政策法规意识淡薄，甚至出现这样或那样的问题。因此，学校要利用教师大会、教研组(备课组)会和校内各种宣传媒介，有计划地组织学习党的教育方针政策和教育法规，学会用"大道理管小道理"。从平时的实践来看，有的学校在这方面的学习不及时、不系统、不完整，对上级教育改革和发展的方针政策和国家教育法规，只是简单地传达精神，很少组织系统的学习或研讨，造成有的教师对于教育政策法规知之甚少。当学校布置的某项工作不合他的想法时，他就会习惯性地抵触或拖延。如果这种教师多了，学校的有些工作就很难落实下去，学校的校风、教风就会受到影响。

二是加强对教师专业发展的培训和指导。在师德师风上，要善于发现和宣传学校教师的先进典型和事迹，对于校内出现的一些违背教师职业道德的相关问题及时进行处理，做到"用身边事教育身边人"；在专业成长上，要根据教师群体的不同特点，有计划地开展分类学习和培训。例如，对青年教师，要着重加强职业精神教育和教育教学方法的培训；对中年教师，要着重帮助分析教育教学中存在的问题，帮助他们找到合适的解决办法，防止"职业倦怠"现象愈演愈烈；对老年教师，要着重引导他们克服困难，站好"最后一班岗"，充分发挥他们对中青年教师的"传帮带"作用。

三是学校各种资源要向统一的标准倾斜。在学校领导的时间安排上，学校要立足于相关标准，让领导和教师一样都能沉下心来深入教育教学一线，不断地发现典型、总结经验、处理问题。在工作计划和安排上，学校各类资源要围绕相关标准聚集，不能在相关标准和资源安排上"两张皮"，说一套做一套。例如，有的学校经常把以教学为中心挂在嘴边，但学校管理层却很少有时间真正抓教育教学，更难以深入教学第一线。当教师需要参加教师专业成长相关活动时，学校总是借口人员紧张、经费不足而给教师设置障碍。在制度建设和执行上，要围绕相关标准制定实施细则，不断优化和完善各种工作措施，让广大师生意识到：朝相关标准努力会受到奖励，违反相关标准会受到制约。

# 第63条

# 规章制度应科学有效

所谓"规章制度"，是指用人单位制定的组织劳动过程和进行劳动管理的规则和制度的总和，也称为内部劳动规则，是企业内部的"法律"。规章制度内容广泛，包括用人单位经营管理的各个方面。根据1997年11月劳动部颁发的《关于对新开办用人单位实行劳动规章制度备案制度的通知》，规章制度主要包括：劳动合同管理、工资管理、社会保险福利待遇、工时休假、职工奖惩，以及其他劳动管理规定。

学校是专门的教育单位，承担着培养合格的社会主义建设者和接班人的重要任务。一所学校，少则有教师十几二十人、学生上百人，多则有数百名教师、几千名学生，要把这样一支队伍管理好，实现办学目标，就需要一系列的规章制度。从现实情况来看，几乎所有的学校都有规章制度，但制度的科学性、成效如何，学校与学校之间可谓千差万别。为什么同样的规章制度，在甲校执行的效果很好，在乙校执行起来可能就是一地鸡毛？是规章制度本身的问题，还是学校在制定规章制度上程序不对，抑或在执行上不到位？各个学校的具体情况不一样，在此不便一概而论，需要具体问题具体分析。

一是规章制度本身。从大原则上来说，用人单位制定规章制度，应自觉遵守国家法律法规的规定，保障劳动者的劳动权利，督促劳动者履行劳动义务。制定规章制度应当体现权利与义务一致、奖励与惩罚结合，不得违反法律法规的规定。一般情况下，一所正常的学校，所出台的规章制度不太可能会明显违反国家的法律法规，因为这样的规章制度可能存在不了多久就会黯然落幕。在实际工作中，中小学校在规章制度的建设上存在以下问题，需要引起注意：一是有意无意规避党的教育方针、违背全面发展的办学指导思想，这种现象在农村学校比较普遍。例如，有的小规模学校在排课时采取包班制，即两个教师包一个班，一个教师既教语文课，又教该班的道德与法治、体育课；另一个教师既教数学课，又教音乐、美术和劳动课。由于学校考核教师时只看学生的语文、数学考试成绩，其他的要么不纳入考评，要么在考评中占很少的分数，导致在执行过程中，道德与法治课、体育课常常被占用改上语文课，音乐、美术和劳动课也是如此。上级教育部门来检查时，如果简单地看学校的课程安排表，会发现所有小学低年级的课程全部开足开齐了，但实际上道德与法治课、音乐课、体育课、美术课都变成了语文课或数学课，这样就背离了全面发展的办学指导思想。在指出这些问题后，有的校长对此还表现出一脸的无辜，辩称学校经常会有检查，不会出现这样的情况。明眼人都知道，靠检查是远远不够的，实际上校长也不可能天天来检查，解决问题还得靠制度，而制度不仅要合法，还要合规。这样的课程安排和执行结果，既有工作安排上的问题，也有学校规章制度不合规的问题。二是规章制度不实事求是。有的中小学校领导平时不愿深入思考学校管理中的有关问题，在外出学习参观或上网时，偶然发现某个学校的规章制度很不错，不经深入思考就应用到本校，简单改头换面之后，堂而皇之地作为自己学校的规章制度。由于事前缺乏必要的宣传和解释工作，不少教师看到这样的所谓规章制度时就会一头雾水。还有的学校规章制度表面看起来一套一套的，搬出来应付检查时装订得整整齐齐，但这些规章制度究竟有多少是学校自己的、有多少是从其他地方抄袭而来的，可能连学校领导自己都说不清楚。很明显，照搬照抄的规章制度难以符合学校的实际，自然也就谈不上科学有效，更多的只是表面文章。

二是规章制度的制定。学校的规章制度理应是全体师生自觉遵守的工作规范，如果得不到师生的充分理解和支持，再多再好的规章制度也起不到应有的作用。其实，规章制度的制定有其必要的程序。首先是问题导向。对于学校管理中出现的问题，学校领导要认真思考，这些问题是就事论事便可解决还是需要建立相应的规章制度，以便日后再遇到此类问题时处理起来能有章可循。其次是实行岗位责任制。如果校长认为学校某项工作需要建立规章制度予以规范，就应明确由哪个处室或哪些同事具体负责规章制度的起草，并对他们提出自己大致的想法。再次是要广泛听取意见。针对拟出台的规章制度要展开相应的调研座谈，听取各方面的意见建议，当然具体负责人在调研座谈前可以商量出一个简单的制度框架或进行适当的引导，这样参加调研或座谈的人在发言时就会更有针对性。最后是规章草案形成后，学校领导班子要反复研究，原则上同意后再交由学校师生讨论。对于比较重要的规章制度，校长还要召集相关人员商议、听取意见，然后再提交教师或学生代表大会讨论通过。反复征求意见和讨论的过程，就是学习的过程，就是统一思想的过程。经过反复征求意见和师生讨论，师生就会认为自己也是规章制度制定的参与者，执行起来阻力自然就会少很多。遗憾的是，不少中小学校在制定规章制度时，只是由某个人起草一个方案，经学校校务会简单讨论一下（有的甚至都没经过校务会讨论），就印发给师生。这样的规章制度，即使表面上看来十分合理、十分科学，师生对此也是有抵触情绪的，因为他们会下意识地认为，这是学校领导强加给他们的规章制度，会有牢骚或抵触情绪，在执行过程中效果自然就会大打折扣。

三是制度的执行。规章制度再好，如果得不到有效执行，就缺乏生命力，有时甚至会出现这样的情况：得不到有效执行的规章制度比没有规章制度的破坏力更大。在有些学校，为什么规章制度得不到有效执行？其实根本原因在于校长，在于学校领导班子内部。具体情况主要体现在以下两个方面：其一，选择性地执行制度。当某项规章制度对学校领导或少数骨干有利时，就用规章制度来说事；当某项规章制度对学校领导或少数骨干不利时，就把规章制度丢在一边，声称要具体问题具体分析，通过简单的会议或校长表态就做出了处理。其二，有的校长自己没有以身作则，认为规章制度是管其他人的，至于校长本人，怎么方便就怎么来；或者是在关键问题的处理上过分强调校长的主观意志。如此一来，师生自然不会买账，校长的领导力和公信力会受到质疑，学校的混乱也会由此开始。

从以上分析可以看出，要办好一所学校，规章制度是必不可少的，但规章制度必须力求科学有效。何为科学？就是规章制度本身要合法合规、实事求是，规章制度的制定要集思广益，符合一定的程序。何为有效？就是不能选择性地执行规章制度，学校领导在规章制度的执行上要起到模范带头作用，真正做到在规章制度面前人人平等。

## 第64条
# 以问题为导向抓好校本培训

党的十八大以来，党中央、国务院先后出台了一系列加快教育改革发展的政策文件，各级党委政府和有关部门加大了落实力度，不少多年未能解决的问题得到了较好解决，其中困扰中小学许久的教师补充问题就在此列。

随着越来越多人进入中小学教师岗位，中小学教师的来源逐渐多元化。据初步统计，2017年以来，新入职的中小学教师中，有近三分之一的人为非师范类毕业生，虽然他们通过考试取得了中小学教师资格证，但毕竟不是师范类或教育类专业出身，对教育教学没有经过系统的学习和培训，且大多没有经历过教育实习环节。在成为教师后，相当一部分人处于一种边干边学的状态。尽管其中不乏佼佼者，但对于大多数人来说，要成为合格的教师，还有一段较长时间的适应期。另外，一些人虽然是师范类学校专业毕业，也通过公开考试的方式进入教师队伍，但出于各种原因，他们对教师职业的认同和对教材教法的把握尚有不少短板。通过校本培训，提高这些年轻教师的专业技能和水平，是不少学校在教师队伍建设中面临的紧迫任务。

所谓"校本培训"，是指在教育行政部门、教师培训机构的规划指导下，由中小学校长组织领导，教师任职学校自主开展，紧密结合学校工作实践，以提高学校教学质量和办学效益、促进教师专业发展和职业修养为目的的教师在职培训形式。校本培训具有以下特征：一是立足于工作岗位，不影响学校正常教育教学工作，原则上在工余时间组织进行；二是以问题为导向，增强培训的针对性；三是培养学习意识，与学校发展战略和规划相统一。抓好校本培训，除了做好基本的规定动作，以下几个关键因素值得注意。

第一，要找准教师中存在的问题。学校规模有大有小，每年新进教师的数量不一。规模小的学校一年可能只招一两个新教师，规模大的学校一年招10多个新教师也不足为奇。若干年以后，规模小的学校一年可能招10多个人，规模大的学校则可能一年招几十人。这些新进的教师毕业于不同学校，任教不同学科，各自的职业认知、知识基础、教学能力、性格禀赋、兴趣特长不同，校本培训的要求自然也就不一样。校长要把促进新教师的专业成长摆在重要的位置，要安排某个学校领导和处室专门负责此项工作，通过问卷调查、随堂听课、召开师生座谈会、个别交流等形式，了解青年教师在思想上的困惑和在教育教学上存在的问题。只有把问题掌握清楚，才有可能在以后的工作安排中做到有的放矢。根据我个人的观察，在青年教师的专业成长中，主要需要解决以下问题。

一是职业认同感不高。受价值观多元化的影响，不少年轻教师对教师职业认同感不高。我曾经做过一个调查，前些年的非师范类毕业生中，大学一毕业就直接报考教师的占比不超过20%，大多数非师范类毕业生是到其他地方闯荡、找工作碰壁以后才接受父母或同学的劝告，报考了某个地方的教师岗位。换句话说，不少学生只把在学校考取教师资格证作为备选项，而不是真正喜欢教师这个职业。虽然不能说一开始没有选择教师岗位的人就不喜欢教师这个职业，但很多人都把当教师看作他们一种无奈的选择。出现这样的局面，与教师待遇不高有关，也与浮躁的社会风气有关。

二是对教育工作的重要性和复杂性认识不足。教育工作有什么重要意义，教育工作的性质和任务是什么，什么样的教育才是好的教育，什么样的教师才是合格的教师，怎样才能做好教育教学工作，不少教师对此的认识是模糊的，有的甚至是错误的。如有的新教师认为教育工作也像生产加工一样，可以"短、平、快"，付出了努力马上就会有回报，这里既有对教育学、心理学知识学习理解不够的问题，也有平时各方面宣传引导不科学的问题。

三是对教材教法悟得不深不透。许多师范生在大学期间，或者缺乏长远的职业规划，或者对科学的教育方法认识不足，又或者本身就不太重视教材，导致对教材教法的学习不够完整系统。能够主动根据以后可能任教的学段，找到相应的教材，结合教材教法课程的学习进行对照比较，从中探索出适合自己的教学方法，这样的学生则少之又少。即使师范类毕业生有教育实习经历，但有限的实习时间内能够上讲台的次数很少，加上自己平时不注意钻研，尽管考取教师岗位，在思想上、专业能力上也明显准备不足。至于非师范类毕业生，则大多数没有经历过教育实习这个阶段，在参加教育工作后，不会教的问题在短期内就更加突出了。

在基本弄清年轻教师在专业成长中存在的主要问题后，接下来学校就应通过校本培训，促进青年教师快速成长。我的体会是：以问题为导向，缺什么补什么。

第二，要制订差别化的校本培训策略。有的学校一谈到校本培训，就会不由自主地想到，请优秀教师为他们做专题讲座。专题讲座是实施校本培训的一种方式，但不是全部，人员多的学校集中起来进行培训效果会比较好；但对于新进教师少的学校，要安排一次专题讲座不容易，何况大家聚在一起，只能进行一些师德师风、班级管理等方面的共性培训，对于专业能力上的问题，不同的教师有不同的要求，此时差别化的校本培训就显得很有必要。学校可根据教师填写的"校本培训需求情况登记表"，制定差异化的校本培训工作方案,安排专人以类似师徒结对的方式,进行一对一、一对多的帮扶指导。有的是要端正职业认识,有的需要加强对教育学、心理学知识的学习,有的是要帮助做好对教材教法的把握,有的则是改进班级管理方法。当然,对于一些诸如师德师风、班级管理、教学反思等共性问题,聘请优秀教师进行专题讲座或辅导,也不失为一个好的方式。

第三,要持续不断地进行跟踪评价。近年来,不少学校通过实施以"师徒结对"为主要方式的"青蓝工程",对新入职的青年教师进行校本化培训,取得了较好的效果。但有的学校,校本培训更多的是走走形式、做做样子,偶尔组织的一些活动也是雷声大雨点小,最后虎头蛇尾、草草收场。其中一个比较突出的问题是老教师不愿意传帮带,新教师不愿意学或没有时间学,专业成长更多的是依靠教师个人的自觉和努力。出现这样的局面,有学校领导不够重视的因素,更多的是没有想清楚校本培训在自己任职的学校究竟应该怎样做、应该做哪些工作,只是看别人在做就简单地效仿。除了以问题为导向实施校本培训,学校领导还要根据学校具体情况,在充分征求各方面意见的基础上,制定详细的考核评价办法,把评价结果与有关教师的切身利益挂钩。既要解决"愿意教"的问题,也要解决"愿意学"的问题;既要解决师德师风等共性问题,又要解决教学方法等差异性问题。这样的校本培训才是教师们所需要的。

第四,抓实校本培训的过程。现在网络资讯发达,名目繁多的新提法铺天盖地,校本培训也未能免俗。在这些众多的新提法中,有些是需要我们认真学习的,有些则是把原来的做法换了一个说法而已,对此我们简单了解就好。对于确属创新的内容,我们固然要认真学习、虚心接受;但对于多数学校来说,问题不是要不要创新,而是能否把教育教学的基础工作做好做扎实。如果基础工作没有做扎实,所谓的"创新"也只是噱头,最后可能就是镜中花水中月。以校本培训中的集体备课为例,某个新教师是某个课程的主讲,如果他只是简单地说说备课的思路和想法,而没有追问其中的教育原理,更没有对其他教师备课的思考,他备再多的课终究也难以成为一个优秀的教师。此时,学校领导或学科组长要指定某位老教师在集体备课前,抽出时间与新教师进行面对面的探讨,既要让他知道该怎样备课,又要让他明白为什么要这样备课,有时还要反复推敲或打磨。这样的活动开展若干次以后,新教师才有可能积累经验,快速成长。

另外,新教师在被分配到学校(尤其是农村学校)正式上班前,能够到县城或其他教学资源比较丰富的学校跟班学习一年或半年,参加跟班学校的教研活动,经考核合格后再全身心地进入新的工作岗位,是促进新教师成长的一种有效方式。

# 第65条
# 立德树人应从小事抓起

我到学校检查工作时,经常会遇到这样的场景:平整的校园道路上,时不时会看到一些矿泉水瓶、包装袋、废纸等杂物,不少教师和学生从旁边走过,大多熟视无睹,鲜有哪个教师或学生主动捡起来丢到垃圾桶里;上课铃响了,教师匆忙走进教室,没有互相问候,学生也没有起立致敬,课程就这样开始;下课铃响了,教师草草结束课程,头也不回就离开了教室。对此,教师习以为常,学生见怪不怪。还有一次,我到一所学校,这所学校的学生很有礼貌,在路上看到教师都会向教师点头示意,并说"老师好"。对此,有的教师会点头微笑回礼,但也有不少教师充耳不闻,没有任何表示。这些现象,引发了我对教育怎样立德树人的思考。

1935年初秋,在中华民族危急存亡之际,南开大学校长张伯苓在开学典礼上向全体师生问了三个问题:你是中国人吗?你爱中国吗?你愿意中国好吗?2018年9月,习近平总书记在全国教育大会上谈到了这个故事,并强调:"这三个问题是历史之问,更是时代之问、未来之问,我们要一代一代问下去、答下去!"这著名的"爱国三问",实际是在追问"教育要培养什么人"这一首要问题。浇花浇根,育人育心。我国是中国共产党领导的社会主义国家,这就从根本上决定了我们的教育必须坚持立德树人,培养一代又一代德智体美劳全面发展的社会主义建设者和接班人。实现上述目标,需要全体师生共同努力。

一是要正确理解立德树人的内涵。立德树人是一个教育概念,不同的人有着不同的立场,对其理解自然有差异。在思考"立什么德"时,首先要考虑"树什么人"。因为德为人之德,没有脱离人的德,有什么人就有什么德。因此,我们需要从"树什么人"开始,追问"立什么德"。

关于立什么德,南京师范大学教授冯建军是这样表述的:在立什么德上,与"树什么人"相对应。首先是立成"人"之德,德是成"人"的根本,如诚实、善良。所谓"诚实",就是大到对党和国家忠诚,有深厚的家国情怀,任何时候、无论出现什么情况,都不背叛党和国家;中到对事业忠诚,无论是在什么岗位、从事什么样的工作,都能够做到"干一行,爱一行,精一行",做学生时遵守学生行为规范,进入社会、参加工作后遵守相应的职业规范;小到对所在的组织(单位)和家庭的忠诚,不做有损所在组织(单位)和家庭的事,不说有损所在组织(单位)和家庭的言语,忠于配偶,尊老爱幼等。所谓"善良",就是不能有害人之心,所做所言不能影响或伤害他人,破坏公共利益;能够同情弱者,常怀悲悯之心,不得意忘形,更不仗势欺人。其次是立时代之德,即时代的共同价值观。科技水平不发达、人员信息交流不畅的农业社会,强调各自管好自己的事情,把各自国家和人民的利益摆在第一位;在对外交往上彼此尊重、公平竞争。随着农业社会向工业社会转型,小农经济转向市场经济,社会交往日益陌生化,公共生活出现并且日益扩大,人们对社会公德的需求也与日俱增。例如,还要有开放的意识,要有"中国视野、世界眼光",关注环境保护和气候变化,构建人类命运共同体等。

关于树什么人。2018 年 9 月,习近平总书记在全国教育大会上强调:我国是中国共产党领导的社会主义国家,这就决定了我们的教育必须把培养社会主义建设者和接班人作为根本任务,培养一代又一代拥护中国共产党领导和我国社会主义制度、立志为中国特色社会主义事业奋斗终身的有用人才。这是教育工作的根本任务,也是教育现代化的方向目标。因此,教育要树的人必须是全面发展的人,必须是有家国情怀的人,必须是有担当、有作为的人。

二是积极探索立德树人的实现途径。在明确了"立什么人""树什么德"之后，就要认真思考"怎么做"的问题。只有解决了"怎么做"，才能把立德树人落到实处，取得实效，否则再正确的理解、再好的愿景都会流于空谈。在基础教育阶段，立德树人就是要抓好学生的思想品德教育，帮助学生"扣好人生的第一粒扣子"。从目前的情况来看，对学生的思想品德教育还存在"目标很远大、要求太空泛、措施不具体"的问题，我个人认为，还是要克服思想品德教育中的功利主义倾向，立足于"抓早期、抓小事、抓养成"。

1.明确不同年龄阶段学生应该达到的要求。不同年龄阶段的学生，其认知水平不一样，我们不能用一个标准去要求所有的学生。例如，让学生把社会主义核心价值观中的"爱国、敬业、诚信、友善"作为以后的努力方向，这当然必须提倡，但如果简单地把能否熟记和背诵社会主义核心价值观作为衡量学生思想品德教育是否到位的一项标准，就难免过于武断。因为根据小学生的认知水平，大多数还不知道何为"爱国、敬业、诚信、友善"，只有将它们一一细化和解析，并结合具体人物的故事，以小学生能够听懂的言语，对他们进行教育和引导，他们才有可能理解。在生活场景中，碰到类似情况时，他们才会用他们所掌握的道德标准去应对。例如，对于小学生来说，"爱国"就是要从爱护身边的一草一木开始，做到不损坏公共设施，不乱丢果皮纸屑。再如，"诚信"就是不能说假话，不能抄袭其他同学的作业、考试不偷看，等等。小的时候先把这些简单的事情做好，以后再随着年龄的增长逐渐深化。

2.结合身边小事抓好立德树人。人们常说，教育无小事，处处在育人。这里所说的"小事"，不是说教育没有小事，而是对于学生在成长中出现的每一个问题，教育工作者都应将其视作教育的机会，认真对待。事实上，教育就是由一件件学生身边的小事组成的，只有把每一件小事正确地处理好，结合身边的小事进行教育和引导，学生才有可能看得懂、听得进，慢慢成为思想品德良好且身心健康的人。前面提到，教师在上课时，没有要求学生起立，师生也没有互致问候。从表面上来看，这是一件很小的事情，但学校教育中有"学生要尊敬师长，教师要爱护学生"的内容，如果连上课时基本的仪式都省略了，久而久之，慢慢就成为一种不良习惯。学生在课外看到教师也可以不打招呼，教师看到学生遇到困难也可以不理不睬，师生之间形同路人。当这些现象在学校成为常态以后，学生就会对教师的批评教育下意识地抵触，教师也会把关心爱护学生当作一种额外的负担，师生关系由此就会变得紧张，教育效果自然就减弱了很多。

3.立德树人重在培养学生良好的行为习惯。思想品德是一个比较抽象的概念，难以通过直接的方式去评价。判断一个人的思想品德如何，更多的是通过他在处理具体问题时所表现出的素养。而这种素养，是由平时一个个行为习惯构成的。比如，一个孩子从小就喜欢闹腾，在玩耍时对一个游戏注意力集中不到2分钟，即使在看电视时也难以安静，而家长或教师认为他是小孩，这些小事无伤大雅。如果对此不加以及时地教育制止，就会形成一种习惯。以后上学了，上课也很容易走神，做作业时别人用半小时可以完成的任务，他有可能要花2小时还做不完。久而久之，他的学习成绩就会受到影响，进而影响他的自信和对工作、生活的态度。再如，运动有利于身体健康，但运动往往需要早睡早起，特别是天气寒冷的时候更考验人的毅力。不少孩子虽然知道运动的好处，但就是每到起床时就下不了决心，经常出现"三天打鱼两天晒网"的情况。走入社会以后，所需要的毅力和吃苦精神比起其他人自然就要差了许多，而毅力和吃苦精神又是大多数人在社会上立足的必备品质。所以，作为教育工作者，要加强观察和思考，把立德树人各项指标细化成学习和生活中的具体要求，帮助学生养成良好的行为习惯。

4.立德树人要形成家校合力。学生的学习成绩仅代表他在学业上的成就，并不意味着他的人生之路就此坦途；只有品行优良，加上较好的学业成绩，才有可能行稳致远。当下相当一部分学生家长，对学生的学习成绩十分在意，考试成绩稍不理想就会着急上火，至于孩子是否感兴趣、能不能很好地消化、有没有时间玩耍和参加必要的劳动、行为习惯怎样，都不是他们特别关心的事情。出现这样的情况，一方面与一些不当的舆论宣传有关，"不让孩子输在起跑线上"成为一些家长教育孩子的座右铭，许多急功近利的问题由此产生；另一方面与学校教育没有与家庭教育形成合力有关，家长不知道怎样科学育儿，或者出于其他原因对学校的教育方式不认同。为此，学校领导、班主任、科任教师要加强对学生家长的宣传引导，帮助他们形成正确的育儿理念，在把日常小事做好的过程中形成良好的品德。例如，引导孩子在家里多参加一些家务劳动、在家庭日常生活中尊老爱幼、在玩耍时科学安排时间、在享用美食时学会分享、在生活中正确面对挫折等。

教育是一项育人的事业,既要有顶天立地的宏伟目标,也要有脚踏实地的工作作风。立德树人是教育的根本任务,光表决心、喊口号是做不好工作的,需要以教育者的智慧和耐心,把它分解成一件件学生可以理解和接受的具体事情。我们要充分认识到立德树人的重要性,积极结合课堂教学、课外活动、日常学习生活等场景,争取学生家长的理解和支持,从身边小事入手,对学生进行思想品德教育,如此立德树人才能取得实效。

# 第66条
# 课堂教学改革重在观念转变

中华人民共和国成立以后,课堂教学改革围绕提高教学质量、处理教与学的基本关系、促进学生全面发展的要求,大致经历了三个发展阶段。例如,中华人民共和国成立初期,课堂教学工作的开展以朴素的经验摸索总结、学习和实践苏联教育理论和经验为主。1958年以后,教育界掀起了一场课堂教学改革运动,比较有代表性的有辽宁省黑山北关实验学校的"集中识字"实验、北京实验二小的教学实验,以及专为教学改革实验建校的北京景山学校的探索等。改革开放以后,以教学实验为特征的课堂教学改革受到推崇,涌现了如李吉林的"情境教学"、裴娣娜的"少年儿童主体性发展实验"、赵宋光的"综合构建实验"、叶澜的"新基础教育实验"等。这些教学实验有明确的理论假设、可操作的实验方案、规范的实验控制与实验总结,实验的过程科学、规范,走出了我国教学改革实验自己的道路。2001年开始的基础教育课程改革,涉及课程、教学、管理、评价等各个方面,引发了学习方式和内容整合等不同层次、不同规模、不同改革主体的课堂教学改革。这些改革以教师的行动研究为主,立足于发挥学生学习的主体性,受到了广大师生的欢迎。

不少学校依靠课堂教学改革,改变了学校的落后面貌,甚至名扬全国,比较有代表性的有江苏洋思中学、山东杜郎口中学等。

2019 年 6 月发布的《中共中央 国务院关于深化教育教学改革全面提高义务教育质量的意见》,明确提出强化课堂主阵地作用,切实提高课堂教学质量的主任务。具体通过优化教学方式、加强教学管理、完善作业考试辅导以及促进信息技术与教育教学融合应用的策略来提高教育教学质量。

课堂作为传递系统知识的主渠道,作为提高学生综合素养的重要场所,作为人才培养的关键阵地,是学校教育教学工作的中心环节。鉴于课堂教学在基础教育改革创新中的重要作用,课堂教学改革受到越来越多的市、县教育主管部门和中小学校的重视。从当前各地开展的情况来看,城镇优质学校各方面基础比较好、师资力量比较强、学生家长也比较配合,推进过程相对比较顺利;而对于农村学校和薄弱学校来说,他们更需要通过课堂教学改变落后面貌,但受办学基础、师资水平等方面的限制,这些学校反而面临更多的困难。具体表现如下。

一是对课堂教学改革的重要性和紧迫性认识不足,导致不想改。许多农村学校和薄弱学校的教师,他们已经习惯于上课时"教师讲、学生听"的教学模式,习惯于教师操纵或独享课堂,寄希望于学生的苦读取得教学成绩。依靠这种教学模式,他们取得了不错的教学成绩,甚至还得到了学生和家长的认可。对他们来说,现在的教学模式是最好的,是无须改革的。至于学生以后能否有较好的发展,学生是否有学习的积极性和自主学习的能力,好像不是他们应该考虑的问题。当这种认识在一所学校成为一种主要的观念以后,如果学校领导此时推出课堂教学改革,教师们在思想上就会下意识地抵触,因为改革就意味着改变,改变就意味着不确定性,原来学生心目中的好教师就有可能成为不受欢迎的教师。这样,对他们来说,改革就意味着风险。当风险可能来临的时候,如果思想境界没有达到一定的高度,人们就会自动产生防御心理,而防御的最好方式就是抵制或在不得不参与时表现消极。

二是对课堂教学改革如何进行了解掌握不够,导致不会改。经过大量的宣传解释工作,原来对课堂教学改革有抵触情绪的部分教师开始慢慢接受,但由于相应的辅导培训工作没有跟上,许多教师不知道如何推进课堂教学改革,大家都在摸着石头过河。一方面,学校领导在大会小会上强调推进课堂教学改革;另一方面,大多数教师不知道从何入手,迫于学校的压力只好仓促上阵。就这样,课堂教学改革推进了一段时间,转眼到了期中或期末考试,考试成绩一出来,学生成绩大面积滑坡,学生和家长有意见,教师有苦说不出,最后问题往往又被归咎于学校推行的课堂教学改革。本来,任何改革的本意都是促进发展,现在课堂教学改革似乎成了阻碍发展的绊脚石。这种情形就好比20世纪七八十年代人们的出行方式主要是骑自行车,从某种意义上来说骑自行车出行的人算是过得不错的群体。改革开放以后,人们的生活水平提高了、收入增加了,许多人出行的方式就改为了开汽车,而且汽车比自行车更加方便快捷。但有的人原来骑自行车时从来没有出过交通事故,后来有了汽车却因驾驶技术不熟练或不遵守交通规则,以致发生了交通事故。其实,大多数情况下发生交通事故不是汽车本身的问题,而是开车的人技术不行或是没有遵守交通规则。同样的道理,学生考试成绩下滑,很大程度上是因为教师教学或学生学习的方法、能力有问题,而不能怪罪于课堂教学改革。

　　三是对教师的考核评价体系没有做相应的调整,导致不愿改。如前所述,课堂教学改革对教师来说意味着改变,改变就意味着风险。传统评价教师优劣的方式,主要是看教师任教班级学生考试的平均分、及格率和优秀率。剔除教师不想改、不会改的因素,在学校领导的广泛动员、精心培训下,假设教师们都在积极参与课堂教学改革,但改革能否取得成功,谁也说不准。即使认识到位、方法对头,无论是教师还是学生,都需要一段较长的时间来适应,在这个适应过程中出现一些波动再正常不过。如果市、县教育主管部门一方面大力倡导课堂教学改革,另一方面对学校的考核评价制度却没有做相应的调整,如甲校与乙校年终能否评优还是看联考时学生的平均分数,相差1分甚至更少的分数可能就名落孙山,那么学校校长出于趋利避害的考量,他在推进课堂教学改革时还是会有诸多顾虑。同样,如果学校在年终考核评价教师时,也是简单地以学生的统考分数为准,某个教师不能评优就是因为某次考试中所任教班级学生的平均成绩比其他班少1分,这样的结局对他来说就是实实在在的风险。如果他用传统的教学方法,不但学生的考试分数不会少,还有可能超过其他班级。因为用传统的教学方法，他可以做到心中有数，如果没有考好，他也不好推卸责任；但如果他是在用课堂教学改革的方法教学，而他任教的班级恰恰又在考试中没有考好，他就会习惯性地将失利的原因归咎于课堂教学改革。如果学校对教师的考核评价制度不做相应的调整，以后无论学校怎样动员，教师都不愿意再进行课堂教学改革的任何尝试了。

在推进课堂教学改革中出现的"不想改、不会改、不愿改"的问题，归根结底还是观念的问题。"不想改"是由于认识不到位，"不会改"是由于教育理念不对，"不愿改"是因为管理上没有与时俱进，这些都与思想观念有关。对于校长来说，课堂教学是重要但不紧迫的工作，需要花大量时间去促进教师观念的转变，去组织相应的学习培训、去修订完善考核评价制度。实践证明，在各方面观念得到较好转变之前，如果学校仓促推进课堂教学改革，其结局大概率都是不理想的，甚至会失败。

## 第67条
# 构建和谐的师生关系

由于工作关系，我去过全国各地不少名校，也接触过不少优秀教师。在与这些学校领导和教师的交流中，结合平时的观察和了解，我得出一个结论：几乎所有的名校、所有的名师，都有一个共同的特点，就是有着良好的师生关系。师生关系和谐，对学校和教师的成功，都显得十分重要。

以下分享三个真实的案例。

案例1：我在1995年担任吉安县敦厚中学校长时，由于学校是刚由原来的初中改办而成的，办学条件十分艰苦。不要说"高大上"的教学设施，就连食堂、厕所也是破烂不堪，面积狭小（全校有1100余名寄宿学生，只有一幢简易的平房做食堂，打饭打菜只有6个窗口，学生买饭菜时只能站在一个仅能容纳不到 60 名学生的棚子里；两个旱厕只有 30 余个蹲位，屋顶破烂，经常漏雨）。在这样的环境下学习和生活，学生和家长的怨言可想而知，听说新校长即将上任，他们正在酝酿一次特别的行动以示不满。

在了解基本情况后，我一方面积极向上级党委、政府申请拨款来改善办学条件，另一方面不断找学生代表开座谈会，向他们解释学校面临的困难和下一步的改造计划，争取他们的理解，动员他们克服暂时的困难，把主要精力用在学习上。同时，我和班子其他成员商议，果断取消了教工食堂，动员教师和学生同甘共苦。我作为校长也不例外，在食堂用餐时，与普通教师一样排队买饭菜。学生们看到校长、教师与他们一样，都在艰苦的环境下默默坚守，他们积蓄已久的怨气和牢骚也少了很多。后来办学条件慢慢改善，但是学校领导和教师不搞特殊化的传统一直没变。可见，良好的师生关系可以使复杂的问题简单化。

案例 2：吉安县县立中学有一位周老师。她在工作上有一个特点，无论是担任班主任还是任课教师，她都十分关心学生的思想状况和生活，而且她特别心细，善于通过学生微妙的言行了解学生的思想动态。对一些有异常行为倾向的学生，她总是能够及时发现，第一时间找他们谈心谈话，必要时还与学生家长联系，共同做好学生的思想工作。每到节假日，她班上有的学生因为离家较远而留校，周老师就会在家里准备丰盛的饭菜，请这些不回家的学生到她家过节。班上的学生生病了，需要熬制中药，当时的医院和药店不提供这样的服务，学生离家又远，面对几大包中药感到十分苦恼。周老师得知后，就主动向学生提出由她帮助学生熬制中药，熬制好后再由她拿到班上，让生病的学生赶紧服下。类似关心爱护学生的事情，她担任了多少年班主任，就坚持做了多少年。学生都尊称她为"周妈妈"。班上的学习氛围浓厚，周老师和她所教的班级经常受到表扬。

案例 3：王老师是某乡村中学的语文教师，多年担任班主任。总体来说，王老师不仅语文课上得好，班主任工作也做得比较出色，但有一件事至今他也没弄明白。

许多年前，王老师在带完毕业班后，中途没有休息，接着又担任了七年级的班主任。王老师带班有一个特点，就是对学生的学习抓得比较紧，对于学生的文体活动则严格限制。班上的学生虽然对此有些意见，但想着老师是为自己好，也努力配合。可是，有一届学生当中，有几个学生不仅学习成绩好，而且酷爱乒乓球。他们只要一下课，就会去操场打乒乓球，有几次玩得尽兴，上课差点儿迟到。王老师发现这个情况后，在班上旁敲侧击地说了几次，但没有起到多大效果，这几个学生照玩不误。王老师一气之下，把他们的球和球拍都没收了。这几个学生开始紧张起来，毕竟多年前一副球拍对乡村中学生来说算是比较大的"财产"，于是他们多次向王老师讨要，要了几次都没有要回来，他们只好作罢。可一个星期以后，他们意外地发现，王老师的儿子拿着他们的球拍在打球，还得意地向其他同学炫耀。几个被没收球拍的学生虽然很愤慨，但却有苦说不出，从此他们在班上开始对王老师阳奉阴违，学习成绩也一落千丈。

以上三个事例说明了和谐师生关系的重要性。在"案例1"中，学校领导能够主动听取学生的呼声，理解和尊重学生的诉求，学生的心理开始趋于平衡。看到校长和教师与他们一起共同面对暂时的困难，学生感觉到师生关系的平等。其实，学生和家长也知道，在那个年代，经济发展水平不高，办学条件不是说改善就能改善的，需要大量的经费和时间，他们计划行动起来表达一下不满也在情理之中，并不是真的想为难新校长。显然，面对此类问题，学校领导和教师只能采取引导而不是压制的方法来处理，通过一些实际行动体现对学生的理解和尊重，营造一种平等的师生关系。在"案例2"中，周老师用爱心和责任心感化了她的学生，使学生对她充满爱戴之情，这种爱戴之情转化成了学习的自觉性、上进的力量，从而"亲其师，信其道"，进而帮助周老师在教育教学工作中取得优异的成绩，这就是对"学生因老师而成长，老师因学生而优秀"的现实证明。在"案例3"中，王老师本来是一个在学生中威信比较高的班主任，由于对学生球拍的处理不当，班上几个学生误认为老师没收他们的球拍是为了方便他儿子使用，导致师生关系出现了裂痕。由此可见,不好的师生关系会使简单的问题复杂化。

既然良好的师生关系如此重要,如何才能让其作为一种常态,作为办学的基本要求呢?对此,不少名师都有精辟的论述,对我们构建良好的师生关系有很好的指导作用,广大一线教育工作者更有深刻的体会。构建良好的师生关系,除了做好常规工作,广大教育工作者还可以从以下方面努力。

一是要热爱教育事业。教育工作者只有热爱教育事业,才会对教育事业倾注满腔的热情;只有热爱教育事业,才有可能自觉关注学生所思所想;只有热爱教育事业,才有可能努力满足学生的合理要求,为他们解决学习和生活上的各种困难。热爱教育事业,是关心爱护学生的精神动力,是做好教育教学工作的力量源泉。没有对教育事业近乎痴狂的热爱,教育工作者即使有一些关心爱护学生的举动,也往往不是发自内心的,有的甚至是功利性的,同样也不可能长久。教育主管部门和学校领导,要采取各种措施激发和保护教师对教育工作的热爱:一方面要加强对教师的宣传引导,让他们认识到教育事业的伟大和崇高;另一方面要主动关心教师的工作和生活,帮助他们解决一些力所能及的问题和困难。只有让教师感到他被关心爱护了,他才会感觉到学校这个大家庭的温暖,进而激发他对教育事业的热爱。有了热爱教育事业这个基础,关心爱护学生才有可能变成广大教师自觉的行动。

二是要积极做好教育政策法规准则的学习宣传。教师关心爱护学生,学生自觉尊敬师长,是和谐师生关系的主要表现。各级教育主管部门和学校要让教师意识到关心爱护学生既是良好师德师风的要求,也是教育政策法规规定的义务和责任。同样,学生自觉尊敬师长,听从他们的教导,既是传统美德和道德义务,也是法规、学生守则的刚性要求。大多数教师和学生都会自觉地遵守道德要求。对于少数无视道德、法规的师生,我们就必须用政策、法规和准则来规范他们的言行。在实际工作中,我们不仅要大力弘扬"师爱生,生尊师"这样的传统美德,也要系统学习宣传教育政策法规和守则中对师生关系的刚性要求,用政策法规和守则这样的"大道理"来约束和规范师生不恰当的言行。从我掌握的信息来看,有的学校在系统学习宣传政策法规和守则方面还有短板,有限的学习也只是传达一些精神,让师生知道一个大概而已,至于系统地学习宣传,或者通过举办讲座、论坛、知识竞赛等形式让相关教育政策法规和守则入脑入心,则还有许多工作要做。

三是要充分发挥先进模范的榜样引领作用。教育改革发展到今天,对于应该构建良好的师生关系、促进教育事业全面可持续发展,教育系统上下已基本达成共识。但如何才能构建良好的师生关系,还有不少学校和教师处于困惑之中。学校领导要充分认识到构建和谐师生关系对促进学校发展的重要性,在广大师生中培养和挖掘"师爱生,生尊师"的典型,系统整理他们的好做法、好经验,通过报告会、交流会、座谈会、表彰会、新闻媒体宣传等形式大张旗鼓地宣传推广,用师生的"身边事"影响教育"身边人"。通过持久、广泛地学习宣传先进模范和优秀事迹,在全校营造一种"师爱生,生尊师"的良好氛围。对此,有的学校领导可能会说,我们学校很一般,没有什么先进典型。其实,学校里不是没有先进典型,而是学校领导平时疏于观察和发现,因此也就无从发挥他们的榜样引领作用。当然,其中还有两项工作要予以重视,即学校领导以身示范:凡是要求师生做到的,自己必须先做到;凡是要求师生不能做的,自己坚决不做。另外,对个别破坏良好师生关系的不良行为,要给予及时有效的处理,通过对具体事件的处理弘扬正气、抑制歪风。

著名教育家顾明远先生说:师生关系是一股巨大的教育力量。就教师而言,如果你讨厌学生,那么你的教育还没开始就已经结束了。若学生喜欢你的授课风格和教学方式,欣赏你的人格魅力,接受你的语言表达方式,那么你的教育就已经成功了一半。顾老先生对师生关系的精辟论述,对我们做好教育工作有着重要的参考意义。

# 第68条

# 发挥课题研究的促进作用

教育课题研究对促进教师专业成长、全面提高教育教学质量、提升学校和教师的知名度和美誉度起着重要作用。

先看一个真实案例。

　　吉安县敖城小学是一所农村小学。由于学校地处山区、交通不便，优秀教师进不来，或来了后过段时间就会申请调走。伴随着教师的频繁流动，学生也大量流失，学校教育教学质量每况愈下。历任校长想了很多办法，虽然工作有些起色，但一直难有大的改观。

　　2007年，吉安县教育局在全县拉开了课堂教学改革的大幕。课堂教学改革作为新生事物，自然会碰到许多这样那样的问题。县教育局要求各校在实践中发现、在实践中研究、在实践中找到解决问题的方法。也就是说，各校要结合学校实际积极开展教育科研。为及时发现课堂教学改革中存在的问题，及时总结经验，县教育局把敖城小学等6所城乡学校作为试点，要求县教研室定期派员到校跟踪指导。我作为县教育局主要领导，经常深入学校听课座谈，与校长、教师共同探讨，研究和解决问题。在各方协同努力下，课堂教学改革在全县中小学校轰轰烈烈地开展起来，有些学校还同时进行了课题研究。

　　有一次，我到敖城小学调研。在与部分教师代表座谈时，教师们提到课堂教学确实需要改革，虽然改革对不少教师来说有难度，但只要态度端正、行动积极，操作起来没有太大的问题，只不过是效果好不好而已。而要结合教育教学中的问题搞课题研究，教师们认为：一是没有必要，普通教师只要上好课、教育好学生就可以了；二是搞不了，要出成果更难。后来据我了解，敖城小学教师反映的问题在其他学校也普遍存在，这说明广大教师对课题研究重要意义的认识还有待提高，对如何开展课题研究还需要指导和帮助。为此，县教育局举办了专题培训班，我在会上发表了动员讲话，重点谈了课堂教学改革和课题研究的重要意义。对于如何推进课堂教学改革，我提出了"课堂教学改革并不难，从教师在课堂上少讲5分钟开始"的理念；对于课题研究，我提出要在教育教学的实践中发现问题，在发现的问题中筛选课题。课题要立足于"小"，即立足于解决教育教学中的实际问题，不要一开始就搞一些宏大耀眼的"大块头"。过程要着眼于"实"，即不要搞花架子，要一步一个脚印。成果起步要"低"，不要起步就瞄准省、市立项，这样会使教师们望而却步，本着"从无到有，由低到高"的原则，可以从学校课题、县级课题开始起步。为了增强培训的专业性和指导性，多名省、市教研室的专家应邀给参加培训班的教师授课、现场解答听课教师的疑惑。本着眼见为实的考虑，县教育局还多次组织分管教学的副校长和骨干教师到外地参观学习，参加培训的教师回到学校后再对全体教师做二次培训和指导。为了调动教师参与课题研究的积极性，营造一种"思教学、爱科研"的氛围，县教育局还要求各校修订教师考核评价方案，将不同层级的课题研究成果纳入加分项，在考核评优时，同等情况下，有教育科研课题和成果的教师优先评优。几项措施施行以后，课堂教学改革开始慢慢进入正轨，课题研究也在一些学校慢慢开展起来。又过了几个月，我再去敖城小学，教师们对课堂教学改革和课题研究的态度大为改变，课堂教学改革已经有些模样，有几个教师的课题也由学校立项，正在实施过程中。

转眼三年过去，吉安县的课堂教学改革逐渐进入深水区，遇到的问题也越来越多。得益于与课堂教学改革几乎同时启动的课题研究，不少问题通过教师自己的思考，基本上可以找到答案。由于是教师结合自己的工作和学生的特点提出的解决方案，效果比直接从书本上学习要好得多。在各校校本课题的基础上，吉安县教研室从中筛选了一批比较有深度、有实用价值的课题作为县级课题，敖城小学的好几个课题名列其中。教师从课堂教学改革开始时对课题研究的不理解、难接近，到后来自觉地把教育教学中遇到的问题提出来，提交同行讨论和思考，再把其中的一些问题列为校本课题，经历了一段痛苦的煎熬后，已经多少有了拨云见日的感觉。敖城小学校长向我反映，以往有的教师认为课本上的知识内容就这么多，教着教着就有些厌倦了；还有的教师每天上完几节课后，想做点儿什么事又不愿意做，不做点儿什么事到了晚上又觉得特别无聊，只好看电视或与同事聊天打发时间（农村小学晚上不上自习，教师的家大多在县城，一般只有周五下午上完课后回家过周末）。课题研究活动实施以来，许多教师通过对教育教学问题的思考，慢慢地总结出一些自己的东西，教学更受学生欢迎，教育效果也提高了。通过实施以问题为引领的课题研究，很多教师开始找到了教育的乐趣，主动带着问题思考教育教学活动，又在教育教学中发现问题，一批平常看起来不怎么起眼的农村教师，通过课题研究快速成长起来。

三锡坊前田希望小学有 100 多名学生、12 位教师。在校长王林华的带领下，全校教师走上了立足学校实际、边教边研之路。虽然该校只是一所村级小学，但课堂教学改革做得有模有样，原来一些想转学到县城的孩子，在感觉到学校和教师的变化后，放弃转学的想法，坚持留在家门口的学校就读。长期的农村教育改革实践，使王林华养成了喜思考、爱研究的习惯，课题研究层次越来越高。2016 年，其课题"乡土化、项目化、常态化：一所山村小学的综合实践活动课程建设经验"获国家基础教育科研成果一等奖。一个山区村级小学的普通教师，战胜了许多来自城市和名校的同行，成为改革开放以来江西省该奖项的第一位获奖者。2021 年 6 月，王林华成功入选第五批国家级教学名师名单，他不仅是全市首位入选人员，也是江西省本批次唯一获此殊荣者。历经十年，吉安县的教育科研终于结出了硕果，受到省内外教育界的广泛关注。

这个案例可以给我们以下几点启发。

第一，课题研究并没有想象中的那样高不可攀。有的学校领导和教师一听到课题研究，就认为是教学研究人员要做的事情，基层学校尤其是农村学校不会做，也做不了。还有的则认为课题研究对教学工作无多大帮助，只要学生成绩好、升学率高，不一定要搞课题研究。课题研究既费时又费力，辛辛苦苦到最后还未必可以顺利结题，有可能吃力不讨好。诚然，课题研究有其自身的规律和要求，与拿起课本直接到教室里上课有所不同，但有一点是可以肯定的，就是课题研究有助于提高教育教学效果。试想，如果一个教师不仅教学成绩好，还能够结合教学上的问题进行一些思考和研究，岂不是更优秀？学校领导要充分认识到课题研究对促进教师专业成长的重要意义，立足于学校实际，引导教师在平常的教育教学中发现问题，在对问题的分析比较中确定哪些问题可以列为校本科研课题；要引导教师摆正心态，初始阶段不追求"高大上"，不指望一鸣惊人，而是从校级课题入手，发挥集体的力量，反复探讨和打磨。通过解决一个个小课题，积小步以后才能迈大步。

第二，加强对课题有关事项的宣传和培训。苏联著名教育家苏霍姆林斯基说："如果你想让教师的劳动能够给教师带来乐趣，使天天上课不至于变成一种单调乏味的义务，那你就应当引导每一位教师走上从事研究这条幸福的道路。"对教师的师德师风教育，可以提高教师的职业认知，增强其工作责任心；对教师进行教育教学业务培训，可以改进和提升教师上课的技能；对教师进行教科研培训，可以提升教师的职业幸福感，打造学习型教师队伍。当一名教师的教育科研成果被吸纳或采用的时候，他对教育和职业的感情会快速提升，这种自我实现的满足是物质力量难以企及的。

教师在课题研究培训学习中需要掌握一些基本知识，具体如下。

一是正确认识中小学课题研究。中小学课题研究，是指发挥中小学教师的主观能动性，把教育科研作为教育教学工作的一部分，从自身的视角发现问题，再通过分析将其提炼成课题，并在研究中感悟，在实践中反思，获取新的科学认识并提高教育质量和效益的活动。中小学课题研究具有探索性、创新性、实效性和科学性的特点。爱因斯坦说过，提出一个问题往往比解决一个问题更重要。任何问题的解决都是从发现问题开始的，中小学教师课题研究也是如此，发现问题是研究的第一步，是课题研究的出发点，也是教师开展课题研究的内在动力。

二是明确教育课题特点。课题即所要研究解决的教育科学领域或教育实践中的问题。就中小学开展课题研究而言，课题是按照教育科研的规范程序和方法所研究解决的教育问题。首先，课题是一个问题，是自己在一段时间内需要关注、澄清和解决的一个真实存在的教育教学问题。其次，课题是一个愿景，是自己在先进教育理念、教育价值观、教育理想的驱动下对未来教育教学的憧憬和勾画，是自己在一段时间内需要努力做的某件事情，如特色教育、理想课堂、教学模式的构建等。最后，课题是一个主题。有的教师有反思的好习惯，会用教育叙事、教育案例、教育日记、教学札记、教育论文、教育随笔等形式记录自己在教育实践中的点滴思考,但这些往往比较凌乱、零散、随意,而课题则是一段时间内集中研究的主题,方向明确、目标清晰。

三是理性选择教育课题。课题来自教育教学中存在的问题。发现问题是进行课题研究的基础,不是来源于问题的课题是没有意义的。教师在教育教学中要做一个有心人,尝试在课堂教学过程中发现问题、在教育教学困惑中发现问题、在教学研究实施中发现问题。并不是所有的问题都具备作为科研课题研究的价值。就一线教育教学而言,问题的研究价值体现在对该问题的研究是否对教育教学有着积极的指导作用上。同时,即便是教育教学中存在的一些问题,如果与现实的政策、环境相背离,即便它在操作层面有一定的优势,也是没有研究意义与必要的,这些没有价值的问题是不能转化为课题的。

以上是教师在从事课题研究时,需要掌握的基本知识。当然,课题的选择、立项、研究,课题报告的撰写、结题、评审等有其自身的规范性要求。教育部门在刚开始组织课题研究时,标准可以放低一些,不要使有课题研究意愿的教师望而生畏。基本原则就是先让教师干起来再说,在实践中边干、边学、边用。

第三,加强对课题研究的组织领导。学校领导要充分认识课题研究对教育发展的促进作用,要多渠道、多方式宣传课题研究的内容和成效,要多了解和过问学校课题研究的进展情况,在推进课题研究中发现的问题要及时研讨、解决,要舍得在推进课题研究上投入人力、财力。在可能的情况下,学校不仅要在工作上重视课题研究,而且要领衔或参与课题研究。要修订教师考核评价办法,在制度上引导学校领导重视课题研究,使广大教师在思想上接受课题研究,在行动上积极参与课题研究。还要特别注意的是,教师从事课题研究,需要培育、引领、时间和耐心,要树立"打持久战""功成不必在我,功成必定有我"的理念。课题研究能出较高层次的成果最好,如果出不了较高层次的成果,也不用灰心。我们倡导中小学教师积极参与课题研究,主要是培养他们的问题意识、思维习惯,朝学习型、研究型教师的方向发展,倘如此,也就达到了推进课题研究的目的。

第69条

# 重视运用文化的力量

某县城关中学是一所有近40年办学历史的学校,现有学生近1500人。30年前,该校还属于乡村中学,后来随着城镇化的推进,更名为城关中学。虽然学校已经变成县城学校,但毕竟还是处在县城的边缘,学生主要由周边居民和务工人员子女组成。

20多年前,城关中学有一个特点:教学质量与县城学校相比,算是比较差的;但与乡村学校相比,又算是相对好的。由于这种尴尬现象的存在,有些学生家长就会想方设法把孩子转到城中心的两所中学去,导致有些教师总感觉自己的教学是在为他人作嫁衣,教学呈现出疲态,工作积极性难以调动起来;一些教学业务能力比较强的教师很难获得成就感,也在想方设法调动工作,但能够调出去的教师毕竟还是少数。调走的教师自然高兴,没调走的教师只好留在学校唉声叹气,对学校布置的工作也是应付了事。受教师精神状态的影响,学生们看不到希望,不愿学习的学生越来越多,有的学生还成为当地派出所的常客。历任校长看在眼里,急在心里,想了不少办法,甚至还通过校内竞争上岗的方式,把工作不负责任的两个教师调离至乡村学校——在20多年前,把教师调离县城学校是一个很重的行政处罚措施。刚开始时,教师们思想上有些震动,工作积极性提高了一段时间,但过了不到一年,学校又恢复到原来的样子。

2007年,县教育局在全县中小学启动课堂教学改革,要求全体教师积极行动起来,转变教学观念、改革教学方式,充分发挥学生学习的积极性和主动性,提升课堂教学效果,全面提高教学质量。当时,城关中学的康校长正在为如何改变学校的状况而苦恼,在参加县教育局课堂教学改革动员大会后,他感觉这是一个改变学校的机会。

　　回到学校,康校长并没有立即召开教师大会传达县教育局的会议精神,而是找学校班子成员和部分骨干教师一一谈心,一边向他们介绍县教育局推进课堂教学改革的要求,一边征求他们对改进学校工作的意见。实际上,多数班子成员和骨干教师对学校目前的状态是看在眼里,急在心里,在听到康校长介绍的会议精神后,都表示要以推进课堂教学改革为契机,在学校营造一种"思课改,抓课改"的校园文化,这与康校长的想法不谋而合。紧接着,康校长一面让班子成员在教师中动员,一面安排人员紧锣密鼓地起草课堂教学改革工作方案,然后以讨论稿的形式发给全体教师征求意见。与此同时,康校长还私下找了几位平时工作比较积极的教师,要求他们先行动起来。半个月以后,学校推进课堂教学改革的实施方案经过上下的反复讨论,最后由学校教师代表大会以多数通过。在方案通过后,康校长才组织召开全体教师大会,即"城关中学推进课堂教学改革动员大会",一是传达县教育局有关会议精神,二是就学校推进课堂教学改革工作进行布置。此次会议还邀请了县教育局主要领导到会作动员讲话。经过前期一系列的动员讨论,大家对学校力争通过课堂教学改革走出一条促进学校发展的新路子,至少在认识层面已经基本一致。就这样,在县里其他学校还在观望时,城关中学的课堂教学改革已经蓄势待发了。

　　为了加强对课堂教学改革工作的组织领导,学校不仅成立了课堂教学改革工作领导小组,由校长担任组长,同时还组建了课堂教学改革指导小组,邀请县教研室和外校先行者定期到学校听课指导,研究并解决教师在推进课堂教学改革工作中遇到的技术性问题。吴老师是一名数学教师,他和几位同事早就有实施课堂教学改革的想法,无奈之前条件不具备,他们也只能悄悄地小打小闹。在学校召开动员大会后,吴老师联合其他几位志同道合的教师,在各自任教的班级和学科积极行动起来,通过"读、议、讲、练、结"五个环节,使课堂发生了根本性的变化,学生学习的积极性和主动性明显提高,尤其是一些平时不太爱学习的学生也开始喜欢上了课堂。这些学生把主要精力放到课堂上以后,用在其他无关紧要的事情上的精力就相对少了,班级学习风气也慢慢好转了。有的教师为了上好一堂课,经常与同事在一起反复商量和打磨,精神状态和工作态度焕然一新。2009年,即学校全面推进课改两年后,以吴老师为代表的积极实践课堂教学改革的教师带领的班级，在中考中取得了历史最好成绩，让广大师生及家长重新看到了希望。

在推进课堂教学改革的过程中，学校对所发现的先进典型，无论是教师还是学生，都会大张旗鼓地予以宣传和表扬。每逢教师大会和学生大会，学校都会安排在课堂教学改革中表现积极的教师或学生做经验介绍，对他们进行及时褒奖。康校长的观点是：无论以前表现怎样、成绩如何，只要改正缺点，在课堂教学改革中努力作为，就是好教师、好学生。学校通过不断的宣传引导，营造了一股"爱学习、勤钻研、求上进"的良好风气，不知不觉中，学校也悄然发生了变化。2011 年以后，城关中学在各方面与县城其他两所中学已经不相上下，优秀教师和学生流失的情况得到遏制，以文化人的管理方式终于结出了胜利的果实。

中小学校的管理大致有三种方式：行政管理、制度管理和文化管理。其中，行政管理和制度管理是最常用的手段。城关中学在全面实施课改前，学校的管理不可谓不严格，曾经把两个工作不负责任的教师调离到农村学校任教，对学生的违纪违规现象也是发现一起查处一起，但短暂的好转并没有改变学校的总体情况；学校制定了一系列严格的规章制度，对违反制度的教师进行处罚，但不少教师对这些制度不以为意，工作态度时冷时热。后来，学校领导抓住了推进课改的机遇，改进了管理方法，从以往片面强调行政管理到三项举措并用，积极在校内营造一种"爱学习、勤钻研、求上进"的良好氛围，通过不断的宣传、引导和推动，慢慢形成了一种良性的校园文化。当然，要形成一种良性的校园文化，需要持之以恒的努力和耐心，还要有科学适用的方法，更需要校长的办学智慧和以身作则。一所学校一旦形成良性的校园文化，随着时间的推移，这一文化就会转化成一种无形的力量。它既会对师生的不良行为形成制约，也会催生师生积极向上、团结奋进的强大动力。城关中学的变化提示我们，在优化行政和制度管理的同时，也要重视发挥文化的力量。

第**70**条

# 坚持以教学为主

学校有很多工作,如果不突出重点、不分清主次,那么校长的工作用"两眼一睁,忙到熄灯"来形容也不为过。学校不同于一般的组织,其历史使命和光荣任务在于教书育人,要实现这样的历史使命,就必须遵循学校办学的规律,坚持以教学为主。只有坚持以教学为主,才能完成对学生文化知识的传授;只有坚持以教学为主,才能实现教育的育人目标;只有坚持以教学为主,才能体现学校与其他组织机构不同的本质。道理很多人都懂,但在学校实际管理工作中,如何坚持以教学为主? 不同的校长有不同的解答。

1995 年,我担任吉安县敦厚中学校长。敦厚中学是一所新成立不久的完全中学,由于办学时间短,学校很多方面亟待改造和完善。虽然在各级领导和社会各界的关心支持下,敦厚中学的办学条件有了较大改善,但我深知:办学条件的改善只是为办好学校提供了必要条件,并不等同于会有好的教学质量。只有学校真正做到了全面贯彻党的教育方针,有了较高而稳定的教学质量,才有可能在激烈的高考竞争中立于不败之地,这样的学校才会让领导放心、家长安心、学生舒心。要实现这个目标,就必须坚持以教学为主不动摇。为此,我们主要做了以下几方面工作。

第一,加强学习和宣传,在全体教师中统一思想。学校制订了系统的学习宣传计划,通过教师大会、校内广播、宣传板报等形式,大力宣传抓好教学工作的重要意义。教师要做好的工作有很多,但最重要的是高效完成教学工作。要办好一所学校,其他工作固然重要,但如果教学工作不能让学生和家长满意,这样的学校是有问题的,同样,这样的教师也是不称职的。我经常在教师大会上强调一个观点:学校抓教学就犹如工厂抓生产。如果工厂领导不抓生产,生产不出受市场欢迎的产品,而是热衷于其他事情,那么这个工厂迟早会被市场淘汰；同样，如果学校不把教学工作放在中心位置，学生在学校不能学有所得，纵使其他工作做得再好，学校也是没有生命力的。说的次数多了，教师也慢慢接受了，教师抓教学、思教学、优教学的氛围也逐渐形成了。

第二，校内各种资源向教学一线倾斜。虽然经过几年努力，尤其是借着全市首届中学生运动会的东风，学校的办学条件有了较大的改善，但学校基础差、底子薄的现象还没有根本改变。学校初中被剥离后，高中办学规模不断扩大，办学经费仍是捉襟见肘。即便如此，我还是在校长办公会上明确提出，宁愿其他的事情少做一些，也要满足教学上的基本需求。从1996年起，学校克服经费上的困难，每年都要安排约50名教师分期分批到北京、上海、南京等教育发达地区考察学习，到学校听课取经。针对有些教师教育观念比较落后、习惯于把学生对自己教学的不满意归结于学生基础差的现象，我带领学校教师多次赴吉安市一中，与吉安市一中的领导交流想法，请求他们派出优秀教师到学校传经送宝。这个想法得到了吉安市一中校长的大力支持。1997年春季，吉安市一中派出各个学科的优秀教师，提前半小时到敦厚中学，用我们的场地和学生，先是听我们自己学校的教师在甲班上汇报课，紧接着市一中的教师在乙班就同样的内容上示范课，两节课上完后再在一起评课议课。这种做法坚持了三年，促进了一大批教师的快速成长，也让一些喜欢找理由的教师有了明显的改变。

第三，认真抓实集体备课，把常规教学落到实处。敦厚中学办学时间短，优秀教师相对较少。若要在尽可能短的时间内让学校教学质量有一个快速提升，就只能充分发挥集体的优势，也就是抓实集体备课。为了使集体备课不演变成集体偷懒，我们首先把教师本人对教材的钻研、学情的把控放在重要位置。每次集体备课活动开始前，主持人都要先检查教师个人备课的情况，再由一名教师做此次集体备课的主讲人，其他教师补充完善。其次是保证集体备课所需的时间，如某个下午为高一英语备课组的集体备课时间，那么这整个下午高一的英语教师都不安排课。最后是关注教师的"二次备课"，即教师原则上不能直接使用集体备课的课件，要根据各自班上学生学情的不同，做适当的调整和补充。教务处在检查教师教案时，教师对集体备课的调整和补充为必检内容。

为了及时了解教师的上课情况,学校规定每个行政班子成员每周至少听一节课。刚开始时,由于缺乏必要的核验制度,有的行政班子成员并没有认真执行这一规定。从1996年秋季起,在每周四的学校行政例会上,我要求每个班子成员把上周各自听课的情况在行政会上通报,本周听了哪些教师的课,他们的课分别有哪些优点和哪些不足,听课人员都要在会议上做简要通报,由教务处做好记录。这样就给每位听课人员以相当的压力,没有认真听课就乱讲一通肯定是不行的。实践证明,这样做效果比较好,真正起到了推动工作的作用,也让个别投机取巧、应付差事的人感到了压力。刚开始,有的班子成员觉得这有些小题大做,但我不为所动,坚持了一段时间后,大家也就习惯了。

要办好一所学校,确实有很多意想不到的问题和困难,但只要思路对了,在实施中立足于抓早、抓小、抓细,其实也并没有想象中那么难,关键是看校长有没有咬定青山不放松的决心和恒心。例如,大家都知道学校应该以教学为主,但有的人只是把它当作一个口号,真正把以教学为主落实到具体工作中的其实不多,尤其是有些校长本人没有真正起到模范带头作用,这也许就是有的学校教学一直不见起色的原因之一。

# 第71条
# 有效落实教学常规

在担任吉安县教育局局长期间,我给自己立了一个规矩:作为局长,只抓方向、管大事。具体来说,就是坚持社会主义办学方向,坚持全面贯彻党的教育方针,在思想上、行动上与上级党组织保持高度一致;在教师队伍建设中,围绕"数量合适、政治合格、作风优良、业务精湛、质量一流"的目标,坚持以教学为主,争取各方支持,汇集各方力量,把教育的各项任务完成好,努力办好人民满意的教育。我是这样要求自己的,也是这样做的。慢慢地,不少教师发现，在其他地方主要领导抓在手里的招生、转学、基建、后勤等敏感事项，我只定原则，基本上不过问具体事务。我的原则是，该我做的工作，我绝不推辞；我可以不做的，我绝不揽权。我只要有空，就会往基层学校跑，其中最重要的工作就是深入课堂听课，与教师和学生交流。我坚持认为，教学工作既是学校的中心工作，也是县教育局的中心工作。学校抓教学工作，主要工作对象是教师和学生；县教育局抓教学工作，主要是看各校校长是不是真正做到了以教学为中心。县教育局的工作千头万绪，作为局长，我只要出现在办公室，就会有不停的电话来访。在这些电话来访中，只有少数事情是需要局长出面处理的，大多数只需委托或由其他局领导处理即可，局长完全没有必要让自己的时间和精力陷入日常事务。局长的主要精力要用在处理重要但不紧迫的事情上，教学工作很重要，但因不是紧迫的事情，往往容易被忽视。抓住了教学工作，就相当于抓住了县教育局工作的"牛鼻子"。

　　2008 年 10 月至 11 月，在几次到学校听课调研的过程中，我发现教师的日常教学有几个比较突出的问题：部分教师上课随意性比较大，教学过程不清楚，教学方法单一，教学目标完成得不够好。学校一般会安排集体备课，但在集体备课时，大多数情况下大家只是聚在一起，简单地交流一下对教材的处理意见，就天马行空地聊起其他话题。作业批改不规范，如对作文的批改，很多教师只写一个"阅"字，没有评语和批注，甚至连日期都没有。随着电子化教学的日益普及，现成的教案越来越多，有的教师没有做任何补充完善，就直接拿到课堂上，教师变成了幻灯片放映员。平常的小测验或单元考试，基本上是采用购买的现成资料，教师很少加工修改，考试既失去了检测的功能，又增加了学生额外的经济负担。有的小测验教师批改不及时，这个月的小测验有可能要到下个月才会将结果告诉学生，有的甚至只有测验没有批改；有的试卷虽然会及时批改，但在试卷讲评前没有做细致的考试情况分析，教师只在班上简单地通报一下成绩，顺便说些无关痛痒的话后就开始试卷讲评。由于没有做细致的试卷分析，教师讲评时没有重点难点，大多数情况下只是教师一个人把试卷从第一题讲到最后一题，学生听得昏昏欲睡。还有些教师平时不注重与学生进行情感交流，在学生犯错误之后，又一副恨铁不成钢的样子，严厉地批评学生，导致师生关系越来越紧张。经过汇总分析,我明确提出,这些问题的出现,从大的方面来说,是学校管理问题;从小的方面来说,就是教学常规落实不到位的问题。教学常规落实不到位,表面上看只是教学上的问题,是学校管理过程中的一个具体环节,却实实在在地影响教育教学效果,影响教书育人目标的实现,必须采取有效措施切实加以解决。话虽好说,但要做起来却不是那么简单,尤其要考虑到以下问题。

一是校长要不要上课、如何检查教学行为。既然教学是学校的中心工作,校长的主要时间和精力无疑要用在教学上。但是,有的人在担任校长后便不再上课了,有的虽然还在上课,但借口工作忙而改成上历史、地理等非统考科目。有的校长虽然经常强调教师要落实好教学常规,提高课堂教学成效,但很少深入课堂听课;即使听课,也难以做到全神贯注,在听课过程中不是接电话就是翻看手机,给人心不在焉的感觉。从某种程度上来说,个别校长的作为,实际上是对校长自己倡导的以教学为主理念的误导,容易对规范教师的教学行为造成负面影响。

二是教学常规如何更具体、更具可操作性。教育发展到现在,基本的教学常规早已有之,但这些常规往往比较笼统,在实际工作中不好操作,如教学常规要求上课时要突出重点、解剖难点,但如何突出重点、如何解剖难点,不同教师的理解是不一样的,何况涉及不同学科、不同学段,其要求也是不同的;教学常规要求认真落实集体备课,怎样才算是认真备课,在实际操作中有哪些环节和具体的要求,教师也是不清楚的,或者即使已经知道了,但因全面落实过程比较复杂,难免有意无意地装糊涂。此外,考试有什么具体要求、试卷分析有哪些要素、试卷讲评应该遵守哪些基本规范等,都需要结合实际加以细化。

三是学校检查和考评如何更科学。假设教学常规得到了比较好的细化,但没有相应的检查考评,再好的规范都会成为一纸空文。例如,对教师的备课情况,学校一般都会定期或不定期地安排人员检查,检查结果会以适当的形式进行通报。这种做法表面上看没有问题,但许多教师对检查通报的结果是不以为意的,原因就在于受时间、学科知识等方面的限制,检查人员很难做出令人信服的评价。例如,检查人员是语文教师,他要检查数学教师的备课情况,大多数情况下是无能为力的,他能够检查的只是看看一些基本环节是否到位，至于好与不好、对与错，他就难以判断了。当然，解决的办法还是有的，如检查什么学科就调用什么学科的教师，但除一些由县教育局统筹安排的大型检查可以这样做以外，一般的学校是很难做到的，即使可以做到，大家天天在一起，又如何抛开情面评出优劣？

　　针对以上问题，我召集县教研室和学校负责人一起讨论解决办法。在大家充分发表意见后，我明确提出，要"两手抓，两手都要硬"。教师教学常规落实不到位，说到底还是学校管理的问题，是校长没有起到榜样示范作用，是教师工作责任心的问题。不加强学校管理办不成事，不提高管理水平办不好事。但再好的学校管理，都要依靠校长和教师去落实，这又牵涉到校长、教师的思想认识和工作责任心问题。这个问题的解决是个系统工程，需要全面抓、抓全面，具体工作由人事股和教育股负责，在短时间内拿出提高学校管理水平和教师工作责任心的方法，这是"一手硬"；另"一手硬"，就是由县教研室召集部分优秀教师商议，尽快细化教学常规，既要有总的要求，又要尽可能地体现学科和学段特点，增强可操作性。例如，如何检查和评价教师的备课，必要的检查还是需要的，能否与将教师备课录在校内定期公示、展出结合起来，接受全体师生监督，或者采取问卷调查等方式；对作业和考试的要求，能否提出"有课程就要提出问题，有问题就要有适当的练习，有练习就必须全部上交，有上交就必须全部批改，有批改就要有合适的评价"；对试卷讲评，教师不可漫无边际地从头讲到尾，要针对学生错误较多的题目，实施"要题开讲"，同时配备相同或相似类型的题目，予以复习巩固，等等。细化教学常规的工作由县教研室具体负责，各校校长要认真学习领会，切实抓好落实。以上工作限期完成，拿出具体方案，经充分征求意见后，以县教育局正式文件印发到各校执行，由县政府教育督导室联合县教研室抓好检查落实。对于校长上课的问题，县教育局明确要求，除个别情况以外，校长不得脱离自己原来所学专业而改教其他科目，更不能不上课。校长不仅要按照要求上课，而且要在规范教学行为、推进课堂教学改革上做模范、勇争先。县政府教育督导室在到学校进行督导检查时，要把校长上课的情况作为一项必检内容，将检查情况及时向局领导汇报，对执行不力的校长，由县教育局领导进行约谈。

2008年12月底,吉安县教育局《关于加强教师队伍建设、提高课堂教学效果的通知》《关于细化教学常规工作的实施意见》正式出台。伴随着文件的全面落实,吉安县的教育教学工作从此出现了一个崭新的局面。

## 第72条
# 营造合理的竞争环境

在一所学校里,究竟要不要竞争?如果要竞争,又应该如何竞争?不同的人,由于立场、观点不同,答案自然不一样。表面上这是一个关于竞争问题的讨论,但能否很好地回答,将直接影响到学校能否可持续发展,影响到学校能否全面贯彻党的教育方针。

古代日本的老渔民发现,如果将几条生性活泼的沙丁鱼放入一群被打捞的懒惰的鲇鱼当中,好动的沙丁鱼在鲇鱼中乱窜,给鲇鱼带来一种危机感,鲇鱼便会奋力游动,从而避免了鲇鱼因窒息而亡,这便是有名的鲇鱼效应。

下过跳棋的人都知道,6个人各霸一方,互相是竞争对手,大家彼此都想先人一步,将自己的6颗玻璃球尽快移到预定地点。如果你只讲求合作,放弃竞争,一味地为别人搭桥铺路,那么别人会先到达目的地,而你则会落后于人,最终落得个失败的下场;相反,如果你只注意竞争,而忽视合作,一心只想拆别人的台,反而延误了自己的正事,你还是不能获胜。

从以上事例可以看出,大到国家民族,小到个人乃至自然界生物,都是有竞争的,有竞争才会有进步,有竞争才会有活力,有竞争才会有发展。但竞争也分为良性竞争和恶性竞争。

良性竞争是一种所有竞争参与者都能够从中获得进步的竞争,这种进步不仅通过横向的比较来体现,还可以通过与自身的纵向比较来体现。换句话说,就是既要自己与别人比,看自己有何长处或优势,也要将现在的自己与过去的自己比,看取得了哪些进步,以此找到自信。它的主要表现形式是在竞争中合作、在合作中竞争，实现共同进步、共同发展。恶性竞争则是过于强调横向比较的结果，是少数人的"成功"、多数人的"失败"，是一种博弈。结果就是一部分人产生自卑心态，另一部分人产生自负心态。当自卑心态和自负心态不断得到强化，转化为极端情绪时，一系列的问题就会产生。这种竞争就叫"恶性竞争"，即人们常说的"内卷"。

学校是一个人员密集型的机构，其主要任务在于传授知识、培育人才、延续人类文明的成果。这些任务不能像经济指标那样完全细化，似乎干好干坏没有具体的指标可以考核。因为不便考核，所以从某种意义上说就难以有竞争，教师很大程度上是在凭良心和责任心工作，这也是部分教师不赞同学校内存在竞争的理由。事实上，要做好工作，个人的良心和责任心必不可少，但缺乏监督、缺乏竞争、缺少激励，仅靠良心和责任心来工作的教师往往也是靠不住的，至少是难以持久的。历史反复证明，无论是一个地区还是一所学校的发展，都应该有健全的法制和公平的竞争环境，把一个地区或者一所学校的发展完全寄托在个人品质上是非常冒险的。因此，为了学校办学目标的实现，也为了科学管理的需要，学校之间、学校内部必须有竞争。只是这种竞争应该是良性的竞争，是鼓励先进、合作共赢、全面发展的竞争。校长在校内营造一种公平的良性竞争环境显得尤为重要，为此应重点抓好以下几个方面的工作。

一是在校内培育争先创优的校园文化。如前所述，虽然教育工作有时很难用具体的指标来衡量，但工作也有好坏优劣之分，评价的重要标准就是学生们喜不喜欢、家长们欢不欢迎、是否有利于学生的健康成长。学校在布置工作任务时，既要让教师注意与其他教师的比较，在比较时要评估自己比其他教师做得好还是不如其他教师做得好；也要用自己的现在与过去比较，在内心评判自己是不是比以前更努力，工作成效相比以前是好了还是差了。做任何一项工作，都要有勇争第一的豪情，有超越自己的底气。对于工作态度好、工作成绩突出的教师要大张旗鼓地予以肯定和表扬，对一些消极现象要旗帜鲜明地予以批评和鞭策，也就是"表扬时多讲个人，批评时只讲现象"。如果某一项工作大家完成得都比较好，都在合格标准之内，在总结时就未必非要分出三六九等，应以表扬先进为主。在干部任用或评优评先时，要将教师们的工作态度和成效与之挂钩，不能在平时工作成效与评优考核上"两张皮"。对在综合考评中被评为"优秀"的教师，学校要在校内外各种公开场合进行宣传，让他们"在表彰中有名字，在宣传中有声音"，以此弘扬一种"学先进、赶先进"的良好风气，培育争先创优的校园文化。

二是科学设定教师工作考核指标。学校里既然有竞争，就会有好坏优劣之分，不同的考核指标所得出的结果是不一样的。例如，在教师的综合考评中，教学成绩所占比例的多少，将导致不同的考核结果。假设教学成绩所占的比例过大（如超过40%），在年度考核中教学成绩好的教师基本上就可以被评为"优秀"。考核评价对教师来说就是一根指挥棒，不管这是否出于学校领导的本意，教师出于趋利避害的考量，都会自觉或不自觉地把时间和精力用在学生如何取得更高的考试成绩上，而对其他全面发展的各项要求采取一种敷衍的态度。考核指标设置是否科学，表面上看是学校内部管理问题，实则关系到是否全面贯彻党的教育方针的重大问题。另外，教育是一项系统工程，既要有个人的作用，又强调集体的力量。假如学校在设立评价标准时，考核方案偏重于个体的作用，那么教师之间的团结合作、共同促进的氛围就不会浓厚，甚至为了占得某方面的先机，还会彼此互相提防。例如，在讨论试卷的题目时，在集体教研活动时，在教学相关信息共享时，更多考虑的是对个人利益的影响，从而采取一种保留的态度。在这样一种考核机制下，可能会有少数教师脱颖而出，但多数教师可能是平庸的，整个集体的效能将难以有效发挥。

三是在制度设计上鼓励合理竞争。教师之间有无合理竞争，将直接影响到学校的生机和活力。一个没有合理竞争的学校，大概率是一个缺乏生机和活力的学校。在这样的学校中，无论是教师还是学生，都是缺少激情的。作为教师，干好干坏一个样，你好我好大家好；作为学生，在校表现和学业成绩是好是差，大家都觉得无所谓，成绩好的看不到希望，成绩不好的自然就会得过且过甚至破罐子破摔。因此，学校在进行制度设计时，要积极引进合理竞争的因素，确保各种优质资源向优秀人员倾斜。例如，现行的教师薪酬体系中明确规定有绩效工资这一项，而绩效工资又分为工资内绩效工资（一般占个人工资的30%，在考核的基础上随工资发放）和工资外绩效工资（一般在年底由地方政府统一发放,金额因地区不同而不等,多的有近10万元,少的也有近2万元)。既然明确是绩效工资,就理应在考核的基础上按等级发放,要尽可能拉开差距。然而,在实际操作中,不少学校教师的工资内绩效工资基本上没有差距,即使有也是象征性地表示一下;至于工资外绩效工资,真正拉开差距的就更少了,如果地方政府要求必须差额发放,有的校长为了避免矛盾,干脆采取"轮流坐庄"的办法,今年张三少几百元,明年李四少几百元,后年王二少几百元,三年以后大家都扯平,彼此心照不宣。虽然这样做操作上是简单了,表面上避免了矛盾,但由于在制度上保障大锅饭,而不是鼓励合理竞争,平静的背后实际上隐藏着更多的矛盾甚至危机,学校管理者应该清醒地认识到这一点。

# 第73条

# 从群众中汲取改革的力量

吉安县的课堂教学改革实验,大致经历了两个阶段:2007年春季至2009年夏季为"有效教学"实验阶段,该阶段改革的重点是改进教师的教学方法,在提高教师上课效果上做文章;2010年春季开始到2013年底为"高效课堂"实验阶段,该阶段改革的重点已经从改进教师的"教"变为充分调动学生学习的积极性和主动性,让学生学会学习、学会合作。6年的实验,有起初不断的争论,有实施过程中的困惑,也有取得初步成效的喜悦。推进课堂教学改革是个系统工程,不能就课堂抓课堂,相关的管理制度、管理方式、考核评价办法和教师队伍建设等都要同步改进和完善,慢不得,同样也急不得。总之,态度要积极,行动要稳妥。

2009年3月3日,为了解有效教学在村级小学的进展情况,我带着县教研室的同事来到敦厚镇梨塘小学调研。时任敦厚镇中心小学校长刘志强告诉我,梨塘小学是一所村级小学(以下简称村小),离县城约5千米,当时有5

个年级,5名教师,60多名学生,从师生比来说,教师数量应该是够的。按《国务院办公厅转发中央编办、教育部、财政部关于制定中小学教职工编制标准意见的通知》(国办发〔2001〕74号)的规定,小学师生比为1:23。但是,因为有5个年级,就意味着原则上一个教师必须教一个年级,课程有道德与法治、语文、数学、历史、体育、美术等,按要求三年级还要开设英语课程。且不说一个教师能否如此多才多艺,光是一天上七节课就会让人崩溃。有人说,不少村小实际上就是一个大托儿所,学生学不到什么东西。这虽然是调侃之语,但多数村小普遍教学质量不高是事实。遗憾的是,受人员编制和经费等方面的限制,大多数村小的现状确实堪忧。

和往常一样,我先到教室听课。我首先听了梨塘小学刘老师的一堂语文课。上课后,刘老师先是让学生回答上节课老师布置的作业。不少学生纷纷举手要求回答,刘老师让3名学生先把他们的答案写在黑板上,然后请这3名学生分别解释为什么是这个答案,其他学生如对答案有异议,可以提出来;若有的同学觉得答案可以更好一些,就提出观点,与在黑板上给出答案的学生争论;如果学生能通过争论找出正确答案,教师就只做简要点评然后接着讲下一道题目。我看了一下时间,回答问题的环节用时约8分钟,大多数时间是学生在讨论,教师只简单地讲了几句话。接着开始讲授新课。刘老师用小黑板把几个思考题亮出来,让学生带着问题去阅读课文,这几个思考题实际上就是这堂课的教学重点,学生弄懂了,这节课的教学目标就达成了。只见学生们三五个人一个小组热烈地讨论着,时间到了以后,由每个小组推选一名代表把答案展示出来,展示时不仅要说答案,更要分析课文、说出理由。同样地,其他小组有异议的也都可以提出来,教师在学生讨论过程中适当地进行点拨。整个过程约15分钟。学生回答问题环节结束后,教师让学生再次大声朗读课文,然后对一些重点内容做一些讲解,在离下课大约还有3分钟的时候,刘老师让2名学生讲述这节课的学习心得,布置了几道作业后就下课了。通过观察我发现,与其他语文教师讲得口干舌燥甚至满头大汗不同,在刘老师40分钟的课堂上,大多数时间是学生在唱主角,教师则有些像导演,又有些像师傅,讲课的时间只有十几分钟,但学生们个个上课精神饱满,从他们的反应和表情来看,应该是收获满满。下课后我随机问了几个学生感觉如何，他们都很阳光自信地说"很好"，他们喜欢这样的课。

下课后，我与刘老师进行了深入的交谈。当被问到为什么要用这样的方式上课时，他是这样回答的："以前，我们一个教师基本要上整个年级的课。一天下来，学生整天看着一个教师表演，自然会产生审美疲劳；教师累得够呛，教学效果却收效甚微。县教育局倡导有效教学，我就寻思怎样既让学生学得好，又能减轻教师和学生的负担。经过讨论，我们想到先教会一些学生，再让会的学生去辅导不会的学生，这样一方面可以调动学生学习的积极性，另一方面教师也不用从头讲到尾，累得要命。学习本来是一件快乐的事情，但如果教师整天疲于奔命，那么不仅教师快乐不起来，而且学生也不会快乐。现在我们尝试新的教学方法有半年了，虽然教师讲课的时间少了，但是学生们学习的积极性反而提高了，学习成绩也上去了。"此时，与我同行的中心小学刘校长插话说，前不久全镇统考，梨塘小学学生的成绩快赶上中心小学了。我听了以后就在想：我们天天强调教学改革，倡导有效教学，这种充分调动学生学习积极性的做法，不正是我们所需要的吗？

回到县教育局后不久，我主持召开了"有效教学实验分析会"，参加人员有县教育局分管教学工作的领导，县政府教育督导室，县教研室，敦厚镇中心小学和县教育局教育股、人事股的负责人。会议听取了县教研室就前一阶段全县"有效教学"实施情况的汇报，敦厚镇中心小学校长刘志强介绍了梨塘小学深化"有效教学"的做法。经过讨论和分析，与会人员一致认为，"有效教学"在全县实施三年来，已经取得阶段性成果，应该把重教师的"教"转变为重学生的"学"，推进以"高效课堂"为主要内容的课堂教学改革实验。为了进一步发现问题、总结经验，会议决定在敦厚镇中心小学等四所中小学进行试点。县教育局成立试点工作领导小组，由我担任组长，县教育局相关负责人员和相关学校校长为成员，县教研室具体组织实施。

敦厚镇中心小学等四所学校接受试点任务后，相关班子成员立即开会进行了传达和研究，经过宣传动员、个人申报、学校审核的方式，确定了"高效课堂"实验教师并在校内张榜公布(实验教师的身份既是荣誉也是责任，公布名单的目的就是昭示这一点，有的学校在做这类工作时是悄悄地进行，无形中就会影响实验教师的荣誉感和责任感)。随后，各校分批派出实验教师到敦厚镇梨塘小学听课观摩,以此把实验教师的思想搅动起来,增强他们参与实验的信心。梨塘小学作为一所村小,各方面条件都远不如中学和中心小学。梨塘小学能够做到的事情,条件更好的其他学校也应该可以做到。这些教师从梨塘小学听课观摩回来后,学校安排他们在全体教师大会做学习情况介绍,校长再结合县教育局的工作要求进行宣传动员,同时印发相关材料供教师们学习讨论。不断的学习宣传逐渐转变了教师对"高效课堂"的认识,在校内营造出一种浓厚的课改氛围,为秋季进一步推进"高效课堂"实验工作奠定了良好的思想基础。

经过几个月的学习动员,2009年秋季,吉安县"高效课堂"实验正式在四所中小学全面铺开。县教育局在不断派出人员听课、督导、调研的同时,还同步做了以下两件事。

一是修订考核评估办法。如前所述,任何教学改革实验都有风险,有可能成功,也有可能失败。还有一个不可忽视的因素,就是无论是教师还是学生,对教学改革实验都有一个适应的过程。换句话说,就算教学改革实验的方案再好,其效果往往也是滞后的,我们不能指望一搞教学改革实验就收到好的效果,就比非教学改革实验的教师取得更好的成绩。这就要求我们的教育管理者克服急功近利的思想,既要注重方法指导,也要有足够的耐心。在多数情况下,参与教学改革实验的班级或者学科,虽然最终成绩会比较突出,但在改革的起步阶段,教师的教学成绩要比持传统教学模式的同行成绩差一些(个别情况例外),这点无论是学校领导还是实验教师都要有足够的心理准备。如果教育局对学校的考评不充分考虑教学改革实验复杂性的因素,而是简单地以一次或两次的考试成绩来评价参与教学改革实验的学校,那么学校也同样会用一次或两次的考试成绩评价实验教师,结果就会使参与教学改革实验的学校和教师的考核名次处于落后的位置。这种简单评价带来的后果就是参与教学改革的学校和教师,出于趋利避害的考量,会抗拒或排斥教学改革实验,这也是当下许多学校教学改革实验一开始轰轰烈烈,没过多久就偃旗息鼓的原因之一。为了防止以上情况的出现,吉安县教育局及时修订了对学校的考核评价办法,主要是另外设置专门的考核评价体系,将参与改革的学校和教师拎出来单独考评、单独表彰。另外,对同区域、层次相同或相近的学校(班级),学生考试平均成绩相差在某个分数范围之内,在考核时被视为同一等次。这样,参与教学改革实验的学校和教师都处在同一起跑线上,也无须在成绩上分分计较,没有了后顾之忧,也在客观上减少了学校和教师对教学改革实验的阻力。

　　二是将教学改革实验与校长和教师的切身利益挂钩。有研究表明,个体是否热衷于某项活动,取决于两个方面。一个是恐惧或威胁的合理边界。如果个体感到恐惧或威胁的边界太远太宽泛,惰性使然会让他难以感受到恐惧或威胁。例如,领导对教师说,不努力以后有可能会被淘汰或失业。这个"以后"是什么时候,谁也说不准,所以对多数教师来说,对被淘汰或失业的恐惧就不明显。但如果领导告诉某位教师,某件事如果没有做好,依照制度或条例,一年以后他将会面临何种处罚。此时这种恐惧就会立刻显现出来,多数教师都会认真对待。另外,外在的恐惧或威胁与内在的需求对个体的影响也是不一样的。如果教师把教学改革实验作为一种行政压力或负担,在思想观念上并没有接受,只是迫于某种压力才这么做,也就是说,他感到恐惧或威胁的边界是外部的压力,那么即使参与某项活动或从事某项工作,他也是缺乏激情的,是不能持久的。当遇到他认为更大的外部压力时,他就会退缩。如果恐惧或威胁的边界是内部的需求,如他认为参与教学改革实验有助于他的专业成长,不断接受新生事物、应用新的方法是现代教师的必备素质或技能,这样他就会产生源源不断的动力。另一个是精神愉悦或现实好处。一般来说,个体参与一项活动或从事某项工作,获取的精神愉悦或现实利益越大,其做好工作的动机就越强烈,克服困难的信心和决心就越足,从而激发个体参与的热情。当然,物质利益只能带来短期的愉悦,精神利益如社会地位、受到尊重的程度、荣誉等,带给人的愉悦则相对长久(当然,必要的物质回报也是不可少的)。我们要做的是尽量通过适当的教育引导和制度保障,让教师认识到创新和发展是教育的主流,每个人都不能置身事外,否则不是很久以后而是很快他就会被淘汰,从而使教师在思想上认同、行为上支持教学改革实验,在实干中获得愉悦。因此,县教育局在广泛征求各方意见的基础上,修订了校长任用选拔制度和教师评优评先办法,明确规定在教学改革实验全面铺开后,教学改革实验学校负责人应优先被提拔重用,后备干部优先从参与教学改革实验的教师中选拔，县级以上优秀教师候选人必须是参与教学改革实验的教师等，把参与教学改革实验与校长的进退留转和教师职业成长结合起来，慢慢地使校长和教师把被动参与教学改革实验变为自己的自觉行动。

课堂教学改革是激发办学活力、提升育人效果的必然要求，是有利于学校、教师和学生发展的教育工程。但教学改革有其自身的特殊性和规律性，我们在实施过程中，既要态度积极，又要行动稳妥。在取得成功、可复制的经验之前，不要急于大面积铺开，因此选择一些学校和教师进行实验探索就显得十分必要。在实验过程中，相关的制度建设必须跟上，相关的管理架构和管理方式也应做相应的调整和优化。只有在工作中更主动一些，在思想上更理性一些，在行动上更稳妥一些，教学改革才能行稳致远。

# 第74条
# 家校合作应突出重点

2021年10月23日，《中华人民共和国家庭教育促进法》（以下简称《家庭教育促进法》）公布，并于2022年1月1日起施行。作为我国首部就家庭教育专门出台的法律，《家庭教育促进法》明确要求家庭教育不仅需要家庭负责、国家支持，还需要学校配合、社会协同，其出台必将带来学校和家庭关系的深刻变革。在此背景下，中小学校有必要调整优化家校合作的方式和内容，突出工作重点，使家校合作不断地深入。

实事求是地说，大多数中小学校，尤其是城镇学校，还是比较注重家校合作的，也取得了较好的成效。但是从目前的情况来看，有些中小学校还存在思想认识不到位、工作重点不突出、联系平台比较少、家校合作内容单一、推动家校合作方法简单等问题，从而影响了家校合作效果，这些都需要努力加以改进。

一是要切实提高思想认识。苏联著名教育家苏霍姆林斯基指出："儿童只有在这样的条件下才能实现和谐的全面发展，就是两个教育者，即学校和家庭，不仅要有一致行动，要向儿童提出同样的要求，而且要志同道合，抱着一致的信念。"教育是一棵树摇动另一棵树，一朵云推动另一朵云，一个灵魂唤醒另一个灵魂。家庭教育与学校教育的联合会产生"1+1>2"的效果。反之，如果学校和家庭沟通联系不畅，学校的教育理念与家长的育儿理念产生冲突，就会让学生无所适从，甚至会产生大量的"两面人"，客观上影响教育立德树人目标的实现。只有通过良好的家校沟通和合作，才能达成教育共识，形成全面扎实的合力。同时，家校合作可以弥补学校教育和家庭教育单方面存在的不足，有利于成就孩子的光明未来。学校管理者不仅要利用学校各种会议和场合宣传良好家校合作的重要意义，还要身体力行地积极参与家校合作的相关活动，做到宣传教育和榜样示范齐头并进。

二是要突出家校合作的重点。不少家长在与学校或教师交流时，更多的是关注孩子的学习成绩，而对于孩子的思想品德、行为习惯、心理健康等非智力因素并不十分关注，或者即便有关注也不知道该怎么办。2005 年"当代中国少年儿童发展状况调查"表明，分别有 88.2% 和 78.7% 的少年儿童认为父亲和母亲对其最关注的是"学习成绩"，均位居榜首；而只有 23.1% 的父亲和 19.3% 的母亲关注孩子的"思想品德"，排在学习成绩、身体健康、安全之后。由此可以看出，孩子学习成绩的好坏、孩子将来能否考上理想的大学已经成为当今大多数父母关注的焦点，甚至是关注的全部所在。其实，孩子学业成绩的提高是多方面因素共同作用的结果。学校作为专门的教育机构，教师作为专业的教育人员，要引导广大学生家长，既要关注孩子的学业成绩，更要重视孩子的思想品德、行为习惯和心理健康等非智力因素，尤其要帮助孩子减少对网络、游戏的迷恋和依赖。

2018 年，中国科学院院士陆林在国家卫生健康委员会新闻发布会上指出，据统计，全世界范围内青少年过度依赖网络的发病率是 6%，而我国的发病率接近 10%，高于世界平均水平。而且，在我国实际生活中有相当多的学生虽然还没有上瘾，但是已经有了沉迷网络游戏的行为。出现这种结果的重要原因之一是，很多学生不是把网络和手机当成工具，而是当成玩具。为什么是玩具？因为在完成作业以后，学生基本上就不知道干什么了，只好用网络和手机打发时光，玩着玩着就离不开了。所以，家长要妥善安排好孩子的生活，让学生不玩手机时也会有精彩、值得干的事情，如开展亲子阅读、帮助父母从事家务劳动、在村庄或社区做一些力所能及的公益活动等。原因之二是，学生的学习得不到及时的积极反馈。网络游戏有一个即时性的特点，不管玩得好不好，立即就会有评价或者反馈，这对于未成年的孩子(甚至是成年人)的刺激是很大的，因为及时的反馈可以让大脑不断处于兴奋之中，从而忘却疲劳。这就要求无论是学生家长还是教师，对学生的成绩或者变化要给予及时的关注和积极的评价，满足他们被爱、被关注、被认同、有归属感、有价值感、有安全感和独立的需求，这样才能持续诱发他们的正当行为，从而减少他们对网络游戏的依赖。

三要厘清家校双方的关系和责任。孩子正处在未成年时期，家长必须承担起养育他们的责任。改革开放使绝大多数家庭过上了衣食无忧的生活，家长在"养"方面往往做得比较好，但在"育"方面，许多家长不知道"育什么""怎样育"，只满足于让孩子吃饱穿暖，该掏钱时就掏钱；而对"育什么""怎样育"知之甚少，多数人是凭感觉或父母的本能在教育孩子，虽然不乏不少家庭教育成功的事例，但总的来说，家庭教育的成效是不理想的。尤其是在孩子品德和行为习惯养成的早期阶段，由于缺少正确的教育和引导，许多孩子错失了良好品德和行为习惯养成的良机。孩子进入学校以后，就与学校形成了一种事实上的契约关系，学校有责任和义务对学生进行思想品德教育，帮助孩子顺利完成文化知识的学习。在实际工作中，虽然我们经常强调学校要把立德树人作为教育工作的首要任务，但仍有不少学校和教师会想当然地假设学生在家庭中已接受了良好的品德教育，从而有意无意地把学生的文化学习放在第一位。在深化家校合作的大背景下，家庭与学校是一种互助共生的关系，不存在哪一方帮助哪一方的问题，家长应该经常向学校和教师反馈孩子的行为表现和思想状况，学校要通过各种渠道与家长沟通学校的育人理念和措施，力求在教育理念和方法上取得一致。应该明确，无论是家庭还是学校，都有抓好对学生进行品德教育和良好习惯养成的责任。学校作为专门的教育机构，有义务对家长进行系统的培训和指导。培养学生良好的生活习惯、尊老爱幼、诚实守信等品质的任务主要由家庭承担，而文化知识的学习、良好学习习惯的养成、合作互助精神的培养、家国情怀的培养等任务，更多情况下应该由学校和教师承担。在家庭教育中，只注重孩子的文化知识学习而忽视品德教育和良好习惯的养成是本末倒置；而在学校教育中，有的教师让家长代为检查或批改学生作业，让家长承担一些勉为其难的工作，则是一种不负责任的行为。

四要搭建和用好更多合作交流平台。在对学生的成长教育中，有一个比较突出的问题，就是家庭与学校在育人理念和方式上难以形成共识，从而影响教育效果，甚至会引起不必要的家校冲突。这种局面的出现主要是由于沟通不畅，而沟通不畅在很多情况下是因为交流平台少，或者虽有交流平台，但家校双方没有很好地利用它。例如，常见的家长会，家长在接到通知后，一般会如约来到学校(在农村地区，家长的参与率往往比较低)，但到学校究竟要干什么，很少有家长能够事先掌握足够的信息，更谈不上家长应为参加家长会做哪些准备。这样，家长"带着耳朵来，带着疑惑回"就成为一种司空见惯的现象。至于学校方面，有的学校只是要求各年级或班级要在某个时间段开学生家长会，至于学校领导要为家长会做什么、班主任要做什么、任课教师要做什么，往往缺乏系统的安排，全凭各个年级或班级各显神通，以至于在部分年级或班级，家长会就开成了"告状会"或"批斗会"，不少家长一听到孩子回来说学校要开家长会就头大。再如，家访本来是一个很好的家校沟通渠道，但随着电话、微信的普及，教师家访已经难得一见了。因此，一方面，学校要与时俱进，不断搭建更多家校合作交流平台，如成立家校合作委员会、新父母学校、学生父母俱乐部、萤火虫工作站(为开展阅读、推动教育，立足教室、影响社区、辐射社会的公益项目。一般情况下，由热心教育公益、具备较高阅读素养的教师担任站长，负责阅读指导等教育内容的把关和引领，以及工作站整体工作调度)、举办家长与孩子共读共写共赏活动、编写家校工作简讯、组建微信群、举办学校开放日。在开放日邀请学生家长到学校参与相关活动，如听课、校园公益、事关学生的会议或讨论等。对于一些有特殊情况的孩子，教师该家访时还是要家访。在对学生进行家访时，应注意以下几个方面：家访的目的是增进了解、建立信任；家访要事先约定，不能搞突然袭击；家访应少谈孩子的缺点，更多的是对家长提出一些意见、建议；家访时对了解到的家长情况应注意保密，等等。另一方面，学校要以学期或学年为单位，制订学期或年度家校合作工作计划，按周或月制定工作行事历，明确不同阶段家校合作的不同任务。要加强对家长会的指导，每次家长会都要有具体工作方案，由谁主讲、讲什么、教师与学生家长如何互动等要精心准备。在与家长的联系沟通上，既要用好新媒介，如电话、微信群等，也要用好传统方式，如家访、家长会等。

朱永新曾言："中国教育有弊端，但怒目金刚式的斥责和鞭挞，虽痛快却无济于事。对于中国教育而言，最需要的是行动与建设，只有行动与建设才是真正深刻而富有颠覆性的批判与重构。"时代在变，不变的是教育人对办好让人民满意教育的不懈追求。家校合作是提升教育成效的良好载体，我们不仅要坚持做，而且要努力做好，做出实效。

# 第75条
# 努力实现校内公平公正

谈到教师职业倦怠时，我们常常会用教师待遇来说事，似乎只要教师待遇提高了，教师职业倦怠问题就迎刃而解了，工作积极性自然就提上来了。党的十八大以来，党中央持续坚持教育优先发展战略，解决教育系统多年想解决却又未能解决的问题。其中，确保教师待遇不低于当地公务员水平，经过各级党委政府的不懈努力，在大多数地区已经基本实现，有的教师工资待遇甚至还高于当地公务员。待遇的提高确实缓解了部分教师的职业倦怠现象，教师在一段时间内工作积极性也有了提高。但在短暂的喜悦之后，许多教师的职业倦怠还是挥之不去，这不得不引起学校管理者的重视和思考。

美国心理学家赫茨伯格从对1844个案例的调查中发现，造成员工不满的原因，主要是公司的政策、行政管理、监督、工作条件、薪水、地位、安全达不到员工的要求以及各种人事关系处理不善等。这些因素的改善，虽不能使员工非常满意，真正地激发员工的积极性，却能消除员工的不满，故这种因素被称为"保健因素"。研究表明，保健因素得不到满足往往会使员工产生不满情绪、消极怠工，甚至引起罢工等对抗行为。

赫茨伯格从对另外1753个案例的调查中发现，使员工感到非常满意的因素，主要是工作富有成就感、工作本身带有挑战性、工作成绩能够得到社会的认可，以及职务上的责任感和职业上能够得到发展和成长等。这些因素的满足，能够极大地激发员工的热情，对员工的行为动机具有积极的促进作用。研究表明，这类因素解决不好也会引起员工的不满，它虽无关大局，却会严重影响员工的工作效率。因此，赫茨伯格把这种因素称为"激励因素"。

赫茨伯格认为，保健因素与激励因素的实质区别就在于平等因素与公平因素的区别，凡是共同享有的、共同承受的、共同面对的就是平等因素；而与工作职责目标紧密统一的，必须按工作成就成绩分层次、分等级享有、承受与面对的则是公平因素。凡是平等的必然是保健的，因而是必须给予基本满足，但却是永远难以完全满足的因素（如提高教师待遇，只能让教师获得暂时的满足，在短期内对提高工作积极性有帮助。但人的欲望是无止境的，过了一定的时间，新的不满又会产生）。相反，凡是公正的必然是激励的，因而虽然员工不会主动要求，但却是最大限度的有激励性的因素，从而也是应该给予提倡与实施的。

由此我们可以得到这样的启发：在实际工作中，借鉴"双因素"理论来调动教师的积极性，减少教师职业倦怠感，不仅要充分注意保健因素，使教师不至于产生不满情绪；更要注意利用激励因素去激发教师的工作热情，使其努力工作。如果只注重保健因素，仅仅能让教师暂时没有什么意见，但很难创造出一流的工作成绩。换句话说，学校管理者想让教师持续保持旺盛的工作热情，就要在注重保健因素的同时，更多地考虑激励因素，即在校内创设公平公正的环境。教师只有工作在公平公正的环境中，其工作的积极性、主动性和创造性才有可能最大限度地发挥出来。

首先，校长要自觉严于律己。随着教师队伍建设日益受到重视，教师待遇在得到提高的同时，其言行也受到各种准则和规定的制约，这对于教育事业的良性发展是必要的，也是必需的。但要使教师真正做到既教书育人又为人师表，除各种准则或规范外，还有校长的表率作用。校长要在日常工作和生活中自觉做到严于律己，如在面对各项规章制度、准则、规定时能够做到身先士卒、率先垂范；在处理重大或敏感问题时能够公开透明、公平公正；在涉及个人利益事项时能够做到一心为公、清正廉洁，等等。然而，有的校长未必能做到以上这些，经常看到他在忙忙碌碌、迎来送往，却不知道他究竟在忙些什么，真正用在教育教学上的时间少之又少。甚至有的校长在执行规章制度时，往往是对他人严，对自己和身边人宽；在做决策时，热衷于一言堂，即使有集体讨论或征求意见也是做样子、走形式；在涉及个人利益时，当面一套、背后一套，前台严肃后台伸手。试想，某所学校不幸有这样的校长，教师们看在眼里，记在心里，何来工作积极性？

其次，公平公开分配校内各种要素资源。一所学校中有不少要素资源，名校的要素资源就更多了。例如，教师工作岗位的安排，带哪个年级、哪个班，在平常人看来无关大局的事情，在教师眼中却是大事。从某种程度上来说，教师工作岗位的安排会直接与教师的名誉、社会影响、个人收入挂钩。再如，教师的评优晋级、提拔任用，更是事关教师的切身利益，但分配的主动权在学校领导尤其是校长手中。还有平时的开会、出差、旅游等，虽然算不上什么大事，但有些教师还是会比较关注的。分配校内要素资源，固然是学校领导尤其是校长的职责，但如何分配，基于什么样的原则进行分配，却是大有讲究。学校要在广泛征求意见的基础上，制定相应的工作规程，将规则和标准以规范的形式固定下来，在遇到相关事项时，学校领导可以照章办事。这样，一方面可以在校内体现出一定程度的公平公正，让教师感到舒心、顺心；另一方面减少了学校领导尤其是校长可能面临的压力和烦恼。

最后，在制度建设上体现公平公正。所谓"制度"，就是要求组织成员共同遵守的办事规程或行动准则。公平公正的制度，可以最大限度地调动组织成员的工作积极性和创造性；反之，有缺陷的制度对组织成员的负面影响也是巨大的。在一定程度上，制度的不公是组织成员面临的最大不公，许多不当行为可以在制度的掩盖下堂而皇之地粉墨登场，从而对组织造成巨大的破坏。学校在进行制度建设时，一方面要考虑程序上的公平公正，制度可以由少数人负责起草，但不能由少数人说了算，要按照一定的程序，反复征求教师的意见，按照少数服从多数的原则，经过一定的会议表决后生效。另一方面要确保内容的公平公正，制度的内容要以党的教育方针、教育政策为指导，以教育法规为准绳，立足学校工作实际，发挥制度应有的功能。对于一些过时、与相关政策法规不符的校内规章制度要及时进行梳理，该修改的要修改，该废弃的要废弃。

努力在校内实现公平公正，既是办好学校的必然要求，也是实现教育目标的客观需要。教育的根本任务在于立德树人，让学生在公平公正的环境下学习成长，培养他们的公平公正意识是教育的应有之义。

## 第76条
# 理性处理各种"进校园"活动

2022年年底，我应邀到一所省级重点高中听课调研。这是一所刚建成不久的新学校，有学生7000余人。在与学校领导和教师座谈时，他们不约而同地谈到了各种活动"进校园"问题。据不完全统计，有"法治进校园""消费维权进校园""生态文明进校园""消防安全进校园""防震减灾进校园""廉政进校园""京剧进校园""地方戏曲进校园""民俗文化进校园""国学进校园""人工智能进校园""科技进校园"等，甚至还有"围棋进校园""中医进校园"，大约共有40种。这么多活动"进校园"，学校难以应付，师生苦不堪言。虽然有些确有必要，但多数是有关部门在"蹭热点"，觉得只要进了校园，工作就做到位了；有的甚至与对教育部门和学校的考评结合起来，与教育部门对学校的支持挂钩。面对发过来的一份份红头文件，面对找上门来的一个个有关部门工作人员，学校领导左右为难。

基层学校面对如此多的"进校园"活动，确实会有一种无力感，但并不意味着学校就无计可施，无原则地被动接受。根据我的观察和体会，可以从以下方面入手,理性处理。

一是要积极向上级教育部门建言献策。各种"进校园"活动的利弊,相信校长和教师会通过多方渠道向各级领导和上级教育部门反映,但只反映问题是不够的,更多的应是提出解决问题的对策。例如,可以建议上级教育部门积极争取地方党委政府领导的支持,利用当地党委"教育工作领导小组"这个平台,按照"对学生是否有教育价值"和"是不是学生当下必须接受的教育"的原则,统筹审核和准入各种"进校园"活动。对有意向组织"进校园"活动的部门或单位,填写教育部门统一制发的"××进校园"活动申报表,申报表应包括活动内容、活动时间、必要性分析、活动配套课程、考核评估办法等;教育部门在接到"申报表"后,要征求部分学校领导、教师和家长代表的意见,然后提交当地党委教育工作领导小组讨论,经审核同意后,再由教育行政部门与活动主办部门联合发文实施。再如,建议教育行政部门建立动态的活动"进校园"准入机制。对已开展的活动进行全面清查,梳理出"进校园"活动准入清单并公布,每年进行统筹调整,实行总量控制,同时建立新增"进校园"活动提前在当地教育部门进行登记审核的制度。依法向学校赋权,建立学校内部的审核准入机制,对未通过学校内部审核的活动,学校可以拒绝。

二是要结合实际,学会合理取舍。对于各种"进校园"活动,校长要保持清醒的头脑。有些"进校园"活动可以充实校园德育活动,开阔学生的视野,丰富师生的精神生活,进而提高学生的综合素质。对于此类"进校园"活动,校长要认真抓好落实。对于只求形式、不求内容且未经过上级教育行政部门核准的活动,校长要学会拒绝。尤其是对于要求学生用手机参与投票、推介等明显为"面子工程"的活动,校长要从关心学生健康成长的角度,义正词严地予以拒绝。对于实在拒绝不了的,要及时向上级教育行政部门反映,由上级教育行政部门协调解决。校长要学会整合课程资源,对各部门推荐的"进校园"活动,若与教材内容重叠,校长可组织相关人员认真研究,将其作为课程资源整合到学科教学中。例如,在书法课上,教师指导学生用翰墨书写文字、欣赏书法家作品中传承的中华文化;在体育课上,教师指导学生学习中华武术,增强学生强身健体的意识,增强文化自信;在语文课上,学生通过学科实践活动,了解中华传统节日文化,以多学科融合的方式从课堂走向生活,感受中华文化的魅力。这样一来,学校不用单独增加课时,教师也不用单独备课,既减轻了师生的负担,又丰富了学科的教学资源。有些"进校园"活动,校长不便拒绝,也难以与学科教学整合。对于此类活动,可以充分挖掘促进学生成长的有利因素,将其改造成一门综合实践课程。例如,学生对中医大多知之甚少,对其感兴趣的学生更是不多。我们可以结合"中医进校园"活动,将中医有关生命健康的知识与培养良好的饮食、卫生习惯相结合,使学生在活动中了解中医文化的博大精深。再如,"民间艺术进校园",我们可以根据学校实际,引进某一项地方特色民间艺术,在学校组织艺术队或特色班,让一些有特长或天赋的学生自愿参加,必要时可以聘请校外民间专业人士作为专门指导教师,利用活动课或课外延时服务时间开展活动,以此弘扬地方民间艺术,打造学校特色。

三是要合理调配人力资源,做好加减法。各种"进校园"活动,不管合理与否,陆陆续续存在了很多年,虽然学校可以通过积极向上级教育行政部门建言献策加以优化和改进,甚至采取一些限制性措施,也可以通过将活动与课程进行整合,但要指望大幅度减少它们,恐怕也不切实际。面对如此多的"进校园"活动,校长要学会"弹钢琴",即在开学初就做好整体规划,预估一学期中可能有哪些"进校园"活动,对参与的人员做出统筹安排。例如,在某一所初中学校,各个年级分别参加哪些活动,哪些活动是部分学生参加,哪些活动是全体学生参加,均要做到有所计划,活动任务确定后即可具体安排。对于指定教师参加的活动,如不十分必要,可以由非教学人员代劳。这样做的好处在于,一方面可以完成上级或有关部门交办的活动任务;另一方面可以避免一有活动就全员参与,从而最大限度地减轻专任教师和学生的负担。

2020年9月22日,教育部等八部门印发《关于进一步激发中小学办学活力的若干意见》(教基〔2020〕7号),文件指出:要"大力精简、严格规范各类'进校园'专题教育活动,有效排除对学校正常教育教学秩序的干扰"。文件中有这样的表述,说明高层已经关注到名目繁多的"进校园"问题。相信假以时日,在各级党委政府的重视和关心下,在教育领导集体和校长的管理智慧,各种"进校园"活动会逐渐规范有序,形成教育合力。

# 第77条
# 让学生成为教育活动的主体

学生是学校的主体，有关学生的各项活动也应该由学生唱主角，但实际工作中未必如此。

案例1：9月1日—2日，新学期如期开学了，某中学校门口张灯结彩，红旗招展，1000多名来自全县四面八方的高一学子聚集在一起，将开始为期三年的高中生活。

9月3日上午9时整，学校举行了隆重的开学典礼。开学典礼由副校长主持，举行升国旗仪式后，校长代表学校对新同学的到来表示热烈的欢迎，对学生到校后的学习和生活提出了明确的要求和殷切的希望；学生代表、教师代表做了激动人心的发言，典礼在庄重的国歌声中结束。

案例2：10月20日，秋高气爽，阳光灿烂，某小学举办了秋季田径运动会。上午8时，伴随着悠扬的运动员进行曲，运动会开幕式在学校田径场隆重举行。开幕式由教务处主任主持，副校长致运动会开幕词，运动员代表、裁判员代表做了宣誓，最后由校长宣布运动会开幕，紧接着鼓乐齐鸣、气球升空，学生们欢呼雀跃。

案例3：每星期五下午第二节课是某小学的集体班会时间。五（2）班照例召开集体班会，班主任首先通报了过去一周学生的学习、集体活动、行为规范、完成学校布置的工作任务等情况。针对个别学生上课不认真听讲、作业没有按时完成的问题，班主任进行了严肃批评，并专门针对这个问题面向学生作了一个长篇讲话，要求学生认识到好好学习的重要性，认真学习，按时完成作业，以后顺利考上一所好大学，从而找到一份好工作，过上衣食无忧的幸福生活。

以上三个案例中的教育活动安排，经常会在不同的学校出现，师生们已经习以为常，甚至觉得形成很不错，但仔细观察和分析，似乎又缺少了什么。

我们的教育教学活动经常提到这样一个概念：在教育活动中，教师为主导，学生是主体。关于教师的主导作用和学生的主体作用，北京师范大学资深教授、中国教育学会名誉会长顾明远曾经有过精辟的论述。顾明远先生指出，教师的作用"主要是为学生的学习营造适合的环境，指导学生学会正确获取信息、处理信息的策略和方法，为学生设计个性化学习计划，帮助学生解决一些疑难问题。教师的角色是设计者、指导者、帮助者"；"教师的主导作用在于启发学生的学习积极性，指导学生学习，和学生共同学习"。我们过去把教师、学生分得很清楚：教师是教育者，学生是受教育者。在现代教育里，这种概念已经发生了变化。学生不是受教育者，而是学习者。2015年，经济合作与发展组织发表了《为21世纪培育教师提高学校领导力：来自世界的经验》报告，提出21世纪学生必须掌握四个方面的十大核心技能：思维方式，即创造性、批判性思维、问题解决、决策和学习的能力；工作方式，即沟通和合作的能力；工作工具，即信息技术和信息处理能力；生活技能，即公民、变化的生活和职业，以及个人和社会责任等。要培养学生具备以上十种能力，只靠课堂教学是远远不够的，必须结合教学和学生实际，组织大量的实践活动。而要让这些实践活动取得应有的成效，就不能由学校或教师包办代替，要尽可能让学生自己策划、自己组织、自己实践，将学生由以往仅仅是活动的参与者变为组织者和实践者。换句话说，就是在教育活动中要尽可能让学生成为活动的主体。

在实际工作中，怎样才能让学生尽可能成为活动的主体？

一是要切实转变教育观念。新的教育理念要求教师确立一种现代教育本质观。教育到底是什么？在传统教育观念中，教育是一种教师与学生之间的授受活动。教育的结果是，学生学到了什么，主要取决于教师教了什么以及教得怎么样，学校和班级举办了哪些活动以及这些活动的效果怎么样。教师被看作教育活动的主体，学生被看作装载知识的容器，是教育活动的客体，他们只是活动的参与者，只是观众或看客。如今，科技迅猛发展，我们需要培养创新人才，才能适应社会的变化。因此，培养的目标要改变，需要培养学生批判性、创造性的思维能力和实践的能力。新时代的教育工作者，要努力践行以下教育理念："没有爱就没有教育，没有兴趣就没有学习；教书育人在细微处，学生成长在活动中。"这些理念落地的基础就是让学生成为教育活动的主体。凡是学生能够做的，就要放手让学生去做，教师的作用是做好参谋和指导。不要怕学生做不了或做不好，做不了可以学，做不好可以重新做。教师只有放手给学生实践和锻炼的机会，学生才能在实践和锻炼中成长。例如，北京十一学校每年的新生入学典礼、元旦迎新年联欢、学生代表大会等大型活动都放手让学生策划和组织。

二是要努力构建和谐平等的师生关系。新型师生关系的本质是平等与和谐。在这种关系中，学生体验的是平等、自由、尊重、信任、理解和宽容。教师的活动也不再是依据既有模式灌输现成知识，而是依据学生活跃的思维不断营造出有创意的教育策略。在师生平等相待的情境中，师生共同面对的就不仅仅是知识和教材，而是更为广泛、更为充实的现实生活。在这种生活中，如果教师始终板着一副"师道尊严"的面孔，不愿放下身段与学生同活动、同生活，学生就难以在教师面前展示真实的自我，也会刻意隐瞒自身的缺点和不足。这些缺点和不足，对教育者来说，恰恰隐藏着众多的教育机会。还有的教师总是习惯于安排学生做这做那，或者把学生的活动用成人化的思维和言行去组织（如案例1和案例2），学生在不断包办代替中缺少了锻炼的机会，而这些机会对学生来说往往意味着成长。例如，学生的班级活动或者班会，教师可放手让学生自己策划、自己组织，教师的作用就是加强指导，在学生遇到问题或困难时予以点拨或帮助。

三是要让学生成为相关教育实践活动的主体。学生的知识是自己学到的，而不是教师强灌硬注进去的；学生的能力、品德是自己习得的，而不是教师教会的。在课堂教学中，首先需要合理科学地安排和精心设计课堂结构，优化教学过程，课堂上让更多的学生主动读书、自主学习、合作学习、动手操作。学生在课堂上可以有选择地读自己喜欢的段落，有选择地完成自己力所能及的作业。其次教师要善于诱导，善于启发学生的思维，放手让学生大胆想象，写自己最感兴趣的事，说自己最想说的话，干自己最想干的事。教师还要因势利导，利用教室里的教学资源，如课本、课文、插图、教具、学具等激发学生的创造思维，使学生在乐中学、学中会、会中创，在会学中成长。在实践活动中，要相信学生的主体性和创造性，教师要给学生以相应的时间和实践机会。要引导学生平时善于学习和观察，知道相关的实践活动其他班级、其他学校是怎么做的，在头脑里建立一种感性认识；要本着由小到大、由轻到重、由班级内到学校、由校内到校外的活动路径，让学生从影响比较小、参与人数比较少的活动开始做起，不断地积累经验；要在学生中有意识地培养实践活动的骨干，充分发挥他们的传帮带作用，让学生在感受别人成功的同时，增强自己策划和组织相关实践活动的信心。

在不少教师的眼里，学生(尤其是义务教育阶段的学生)好像是永远长不大的孩子，对学生不敢放手、不愿放手、不会放手。殊不知，这些做法一方面增加了教师的负担，另一方面容易让学生养成依赖心理，习惯于被别人代替或左右。在这种环境下长大的学生，随着时光的流逝，增长的只是年龄，而不是阅历和能力。在遇到人生的风雨和磨难时，这样的学生就容易表现得束手无策。我们的学校教育，不但要让学生学到必要的科学文化知识，更要让他们掌握应对各种工作和生活挑战的能力和本领。如果我们一味地包办代替或者用成人的眼光看待学生，他们是很难成长的。只有在日常的教育活动中尽可能给学生机会，让学生不断锻炼和试错，他们才能不断总结经验，持续提升和完善自己，日后才有可能成为对社会有用的栋梁之材。

第78条

# 弘扬优秀传统文化

习近平总书记指出："优秀传统文化是一个国家、一个民族传承和发展的根本，如果丢掉了，就割断了精神命脉。"中华优秀传统文化是中华文明的智慧结晶和精华所在，是中华民族的根和魂，是我们在世界文化激荡中站稳脚跟的根基。学校作为传承中华优秀传统文化的重要场所，加强对优秀传统文化的学习和践行，是落实教育立德树人根本任务的有效抓手。

为使各级各类学校更好地落实习近平总书记的重要指示精神，2014年3月，教育部发布了《关于印发〈完善中华优秀传统文化教育指导纲要〉的通知》(教社科〔2014〕3号)(以下简称《通知》)。《通知》对加强中华优秀传统文化教育的指导思想、基本原则和主要内容等提出了明确要求。2021年，教育部印发了《中华优秀传统文化进中小学课程教材指南》，对中小学课程教材落实中华优秀传统文化教育要求进行统筹设计和科学安排，明确了基本原则、总体目标、主要内容、载体形式、学段和学科要求等。至此，学校开展中华优秀传统文化教育的政策通道已经打通，课程体系基本建立，关键是如何结合学校和学生实际抓好落实，抓出成效。

从2014年教育部提出要在中小学校加强中华优秀传统文化学习起，到现在已经近九年了，虽然不乏做得很好的学校，但形式大于内容的现象还是大量存在，主要问题有：对中华优秀传统文化的内容把握不准，有的学校和教师没有自己的主张，看到其他学校学什么也跟着学什么，或者感觉是什么就学什么，即使选择的是优秀传统文化，但基本上也是生搬硬套，让学生简单背诵或以此排练出某些节目，但大多数学生对其中的含义不清楚，学校和教师也很少进行专题讲解；有的学校和教师没有把学习中华优秀传统文化与学生的日常行为规范教育结合起来，造成不少学生背诵经典名句时口若悬河，在日常学习和生活中却是与中华优秀传统文化的要求大相径庭；有的学校平时与家长缺乏有效沟通，学校或教师推荐的中华优秀传统文化读物与家长或校外培训机构推荐的不一致，使学生左右为难；还有的学校和教师把学习中华优秀传统文化与课堂教学割裂开来，造成学习中华优秀传统文化与学科教学"两张皮"，客观上影响了教育效果，同时也加重了学生的课业负担。为了解决以上问题，需要统筹兼顾，科学抓好落实。

一是要明确中华优秀传统文化的主要内容。中华优秀传统文化是中华民族语言习惯、文化传统、思想观念、情感认同的集中体现，凝聚着中华民族普遍认同和广泛接受的道德规范、思想品格和价值取向，具有极为丰富的思想内涵。我们在组织学生学习和践行中华优秀传统文化时，主要应集中关注以下内容：一是自强不息的民族精神。如《易经·象传·乾》："天行健，君子以自强不息。"意在教育我们要坚守独立人格，不畏艰难，养成乐观积极向上的人生态度。二是修齐治平的家国情怀。如《示儿》："王师北定中原日，家祭无忘告乃翁。"我们培养出来的学生必须有强烈的家国情怀，不能"长着中国脸，生着外国心"。三是崇德向善的道德追求。如《大学》："大学之道，在明明德，在亲民，在止于至善。""明明德""亲民""止于至善"的"三纲"是《大学》提出个人修为的总目标。为了达到"三纲"的目标，《大学》提出了具体的修为方法，即"八目"：格物、致知、诚意、正心、修身、齐家、治国、平天下。四是内圣外王的人格理想。所谓"内圣外王"，即内里具有高尚的人格修养、崇高的德行，而能够发挥自己的德性与才干，施行"王道"，实现"治国平天下"的大业，即孔子所说的，"修己以安人，修己以安百姓"。

当然，我们在学习中华优秀传统文化时，需要本着实事求是的观点，依据社会主义核心价值观，组织学有专长的教师认真进行甄别和筛选。例如，清朝李毓秀所著的《弟子规》，是一本聚焦中小学生品德养成的好教材，体现了中华民族传统文化对学生品行的基本要求，但书中也有个别地方与当前的时代潮流不相吻合，如"居有常，业无变""丧三年，常悲咽""彼说长，此说短，不关己，莫闲管"等。要知道，既然是传统文化，就不可避免会打上时代的烙印，我们不能用现代的眼光求全责备。正确的做法应该是取其精华，去其糟粕，对于我们可以接受的、应该接受的，认真学习消化，照着执行；而对于一些不合时宜的表述,则直接忽略即可。

二是要结合教材进行拓展阅读。经过几年的实践探索,一些中华优秀传统文化已经融入现行的中小学教材,教师在组织教学时,应对教材中体现的中华优秀传统文化进行归纳整理,如人教版小学语文教材三年级上册收录了古诗三首:《望天门山》《饮湖上初晴后雨》《望洞庭》。这三首古诗抒发了诗人对祖国大好河山的赞美之情,教师可以整理出若干篇类似的优美文章或诗词,让学生进行拓展阅读,从爱护周边的一草一木做起,到保护我们赖以生存的美丽家园,进而培育学生的家国情怀。还有些课文虽然不是直接以中华优秀传统文化的形式展现给学生,但教师可以在教学时整理出相应的中华优秀传统文化资料,组织学生进行延伸阅读,再辅之以相关的实践活动,更能取得比较好的教育效果。例如,人教版小学语文教材三年级上册有一篇《不懂就要问》的文章,记叙了孙中山小时候学习的一些片段。教师在组织教学时,可以将《弟子规》中"余力学文"章节的部分内容"读书法,有三到。心眼口,信皆要""心有疑,随札记。就人问,求确义"推荐给学生,让学生进行延伸阅读并展开相应的讨论。要注重教材内容与中华优秀传统文化学习的有机结合,既可以拓宽学生的知识面,又可以有效地避免课文与中华优秀传统文化学习"两张皮"的现象,让学生更容易接受和理解知识,从而取得较好的教育效果。

三是要抓好家校合作育人。经过多年的宣传动员,许多家长逐渐意识到学习中华优秀传统文化对学生良好品德养成的重要性,总体来说,家长对学校组织学生学习中华优秀传统文化的做法是认同的,部分有条件的家长还会把孩子送到校外的"国学班"上课。但在很多情况下,学是一回事儿,做又是另一回事儿。据走访了解,家长对孩子学习中华优秀传统文化没有异议,但对孩子参加相关教育实践活动(如参加公益劳动等)或者要求他们在教育孩子时把中华优秀传统文化的相关要求作为孩子要遵守的行为规范,有的家长就不是那么认同了,甚至在对孩子的教育问题上与学校或教师产生理念上的冲突。如《弟子规》提道:"若衣服,若饮食。不如人,勿生戚。闻过怒,闻誉乐。损友来,益友却。"这里有两层意思:一是在生活上不要盲目与他人攀比,二是要正确面对别人的批评和赞美。有的家长对自己的孩子在德行上不如他人似乎不太在意，尽管家庭条件一般，也要让自己的孩子穿着光鲜亮丽，哪怕自己节衣缩食也心甘情愿；如果有人说了自己孩子的不是，或对孩子提出严肃的批评，家长不是静下心来与自己的孩子反思存在的问题，而是第一时间找上门去与人理论，有的甚至大打出手。显然，家长这样处理问题的方式，对孩子良好品德的养成是不利的。针对上述问题，学校可以利用微信群、家长会或家长学校等形式，多与家长交流对孩子的教育引导工作。要结合具体事例就问题的处理，与家长达成共识。另外，学校要经常举办相关的教育实践活动：在实践活动之前，抓好宣传动员，明确目的意义；活动过程中，加强现场指导；活动结束后，对照中华优秀传统文化中的相关表述，对活动进行总结评比。同时引导学生对照中华优秀传统文化做好总结反思，真正让中华优秀传统文化的学习内化于心、外化于行。只有在实践中践行中华优秀传统文化，才能让学生在思想上接受、观念上认同，从而有效防止学习和实践相脱节的现象，提高中华优秀传统文化的教育效果。

当今世界，科技正以前所未有的速度和能量改变着人们的生活和工作方式，人与人的关系也由以往面对面的直接接触变为通过电话、网络、终端、大数据、人工智能等现代技术进行。时代在变，但人与人之间交流的基本原则，如彼此尊重、诚实守信、遵守法律、家国情怀等没有变，而且有必要持续发扬光大。我们要以辩证的眼光、实事求是的态度，站在文学、历史、哲学的角度去审视传统文化，做到去粗取精、去伪存真，在学习和践行中使立德树人的教育目标落到实处。

第 79 条

# 创建书香校园

学校是知识分子集中的场所，按理说，教师是最喜欢读书的群体，学生更是以学习科学文化知识为己任。但现实情况是，有些教师认为自己大学毕业,学习的任务已经基本完成,当下的事情就是把工作做好。对于部分学生来说,他们的学习行为不是出于对知识的渴求和对成长的渴望,而是把在校学习作为人生的一个必经阶段。他们对学习的理解,就是完成教材的学习内容,取得比较好的考试成绩,将来能够考上一所好大学,进而找到一份好工作。在这样的心态驱使下,有的教师不愿继续学习,不但在教育教学工作中难以突破专业瓶颈,而且失去了许多可以使自己变得更优秀的机会。有的学生主动或被动地把学习简单地认为只是对教材的学习,不愿意或没有时间和机会去阅读教材以外的书籍,片面地认为读书就是学课文,在考试中取得好成绩。结果就是因学生知识面的狭窄导致对教材的学习学不深、悟不透,限制了思维的拓展和想象的发挥,这样不仅在日益灵活的考试要求下难以取得优异的成绩,而且失去了许多可以成为创新型人才的机会与可能。学校管理者要站在"为党育人、为国育才"的高度,着眼于学生的发展,采取有力措施,创造有利条件,让更多的教师愿意继续学习,让更多的学生愿意多读书、读好书,把学校变成最具书卷气的场所。开展"书香校园"创建活动,就是推动师生读书的良好抓手。

在推动"书香校园"创建的过程中,除了做好"有书读、有时间读、有检测读"等相关工作外,还应妥善关注以下事项。

一是要端正思想认识。如前所述,有些教师不愿意继续学习,有的认为工作任务重、生活压力大,没有时间多读书;有的认为原来所学的知识已经足以应付教学的需要,继续学习没有多大意义。从思想深处分析,就是教师对工作的理解只是满足于做了而不是做好,更别说精益求精了。而对于部分学生来说,他们之所以不愿多阅读课外书籍,首先是借口课业负担重,没有时间去阅读教材以外的书籍;其次就是对学习的片面理解,认为把教材学好,把相应的作业、考试完成好就是学习,读教材以外的书没有多大作用。在这种思想影响下,不少学生主动阅读课外书的意念和动机不强,即使有时会读一些,也是在某种特定的环境下偶尔为之。从学校管理层面来说,是教育观和学生观的问题。教育是立足于学生的当下还是学生的未来?如果仅立足于当下,自然让教师把课文教好,让学生把课文学好、在考试中考好就可以了。如果立足于学生的未来,就要在做好日常教育教学工作的同时，尽可能地拓宽学生的视野，提升他们的思想境界，以一种博学专长的姿态升入高一级学校，进而走上社会。虽然也有少数学生只是通过把课文学好，在对应的考试中考好，日后也能成为有用之才，但这只是小概率事件，不具有普遍意义。在现实生活中，大多数行业的佼佼者都是博览群书之人。因此，无论是学校领导，还是教师和学生，如果对于读书的思想认识问题没有得到很好的解决，再轰轰烈烈的创建活动也只是表面热闹，难以取得应有的成效。

二是要与"双减"工作有效结合。创建"书香校园"，自然有其内在的要求，不是简单开个会、喊几句口号、挂几条标语就能水到渠成的，而是需要开展许多扎实有效的活动，而无论是让学生多读课外书还是参加相关的读书分享活动，都需要时间做保证。曾经有相当长的一段时间，学生的课业负担繁重，几乎很难抽出时间供自己自由支配。"双减"政策出台以后，国家要求学校规范课程设置，精简作业。在新形势下，教师所布置的作业应以反馈性作业和巩固性练习为主，很少布置重复性作业，不布置惩罚性作业和象征性作业，从而把学生从每天做大量的无效或低效的作业中解放出来，让学生用节省出来的时间进行课外阅读。另外，现在学校普遍开展了课后服务，学校要指导任课教师为学生制定课外阅读书目，加强对学生的阅读指导，每周抽出一到两个课后服务时间，组织学生走进图书馆和阅览室博览群书，或者通过班内同学之间的"图书漂流"活动，利用课后服务的某个时间段开展课外阅读，交流阅读心得和体会。

三是要与改进教学方式相结合。以往很多学校也开展了"书香校园"创建活动，学校会要求教师和学生多读书、读好书，但受到可支配时间的限制，读书活动更多只是流于形式。随着教学改革的推进，学校应指导教师学会整编教材内容，实施大单元备课，这样就可以把学生课外阅读所需的时间从课内挤出来。例如，人教版八年级语文教材有6个单元，教师可以通过大单元备课的方式，根据学生学情从中筛选出哪些课文学生可以自己弄懂而不需要集体组织学习，哪些课文需要教师适当地点到为止，哪些课文需要重点讲评。这样在一个单元的教学中，可以抽出3～5节课让学生在课堂上进行课外阅读。另外，课外阅读应不只限于语文科目，其他学科也可以结合学科特点为学生推荐一些课外阅读材料,同样从学科课程中挤出时间供学生进行课外阅读。阅读材料可以是与课文内容不太相关的内容,也可以是与课文有关的拓展阅读。不管是哪种方式的阅读,都需要一定的时间做保证。学生每天在校时间是恒定的,少量的自由支配时间中还有大量的配套作业要完成,另外还要复习或预习,在这些时间段要求学生进行大量的课外阅读,明显是强人所难。要解决学生课外阅读的时间问题,最好的办法是"阅读课程化,课程课内化",即通过改革教学方法,从各自学科课程中挤出时间,这样才能实现课外阅读的可持续。

　　四是尽可能实现师生共读。创建"书香校园"说了很多年,但从执行的情况来看,普遍效果不佳。究其原因,自然有很多方面,其中一个重要的教训值得吸取,就是我们往往只要求学生多读书,而教师则不怎么读,充其量只起到一个监督检查的作用。教师很少读书,一方面无法提升自己的学业水平和职业素养,另一方面无法确切掌握学生的阅读情况。教师没有与学生共读,对于学生阅读材料中的主要内容和核心观点教师知之甚少,或者只是主观臆断,此时即使教师很认真地对待学生的读书活动,如举办学生读书分享会、让学生绘制思维导图等,教师所给出的评价也是不准确、不客观的。久而久之,学生就会生出应付的心理,认为读书是可读可不读,相关作业即使错了教师也发现不了。因此,为了让学生多读书、读好书,教师在要求学生读某一本书之前,应事先通读;同样,学校领导要求教师读某些书籍,领导最好也要事先读。所以,凡是教师要求学生做到的,教师要先做到;凡是学校领导要求教师做到的,学校领导要先做到。这既是学校开展"书香校园"创建活动的现实要求,也是教育要立德树人的具体体现——无论什么时候,学校领导或教师都要做到行为世范、为人师表。"书香校园"创建活动应如此,学校其他教育工作也应如此。

第80条

# 把握好"双减"后的变与不变

2021年7月,中共中央办公厅、国务院办公厅印发了《关于进一步减轻义务教育阶段学生作业负担和校外培训负担的意见》(以下简称《意见》)。《意见》下发后,各级党委政府高度重视,各级教育主管部门层层动员,义务教育阶段学校全面组织学习贯彻,减轻义务教育阶段学生作业负担和校外培训负担(以下简称"双减")逐渐形成共识。"双减"工作实施以来,多数学生过重的课业负担和校外培训负担有所减轻,课后服务全面推进,办学行为进一步得到规范。综合来看,主要有以下几个方面的变化。

一是义务教育的非竞争性在逐步回归。在"双减"工作实施以前,不少义务教育学校频繁组织考试,并对考试成绩进行排名,使学生过早陷入考试分数竞争,严重影响了学生的身心健康和全面发展。《意见》及有关考试管理等配套文件,抓住考试、作业、家校沟通等关键环节,以综合治理的方式,力图破解竞争过度这一难题。例如,关于考试管理的规定,对考试频次、组织形式、考试时间、考试结果使用等严格规定,要求实行等级制,考试结果不排名、不公布,不得按考试结果给学生调整分班、排座位等,就是要淡化义务教育阶段的竞争氛围,破除"唯分数"论、把学生分成三六九等的现象。

二是义务教育的统一性正在逐步规范。以往我们关注了生均公用经费基准定额的统一、城乡教师编制标准的统一等,"双减"政策则纵深推进了义务教育更全面的统一:学业质量的统一性,《意见》要求开齐开足开好国家规定课程,确保学生达到国家规定的学业质量标准;教育教学组织实施的统一性,坚决防范校内随意增减课时、提高难度、加快进度,严禁校外培训机构超标超前培训,特别是要严禁非"零起点教学"扰乱学校教育教学秩序和家长心态;教材的统一性,防范校外培训课程、教材及师资方面存在的问题。

三是明确以公办学校作为义务教育的主体。根据部分地方民办学校在校学生占比过高的问题，明确省级区域、县级区域内民办义务教育学校在校生占比，原则上不再审批设立新的民办义务教育学校。"双减"政策不仅明确了公办学校的主体作用，而且细化、规范了主体作用的表现。例如，强调学生学习更好地回归校园，要整体提升学校办学水平，加快缩小城乡、区域、学校间教育水平差距；强调提升学校课后服务水平，满足学生多样化需要。对学习有困难的学生加强辅导，对学有余力的学生提供拓展支持；对学校教育规范履行主体责任提出要求，防止作业负担过重，防止增加家长在孩子作业方面的负担，等等；对教师的主体行为提出严格要求，严禁校外有偿补课。

四是家庭教育、社会教育的职责逐步清晰。根据以往部分地方和学校存在的家庭和学校教育职责不清、越位推责等问题，各地积极进行问题整改和实践探索，明确了家庭哪些事情不需要做或必须做好，如在孩子的学校作业等方面，不承担主体责任，把家长从孩子作业中解脱出来。《意见》明确指出："严禁给家长布置或变相布置作业，严禁要求家长检查、批改作业。"在孩子心理发展和习惯养成方面，家长要发挥不可替代的作用。《意见》明确指出，家长要关注孩子心理情绪，帮助其养成良好学习生活习惯。另外，家长要提高素养，科学做好家庭教育。《意见》提出，要引导家长树立科学育儿观念，理性确定孩子成长预期。

五是学生学习成长方式在发生改变。经过各地各校的不断探索和实践，学生的学习方式正在发生变化，如片面学习，专注于需要应试的知识学习，特别是学科性知识的学习的现象有所改变；过度学习，对学科性知识投入过多时间和精力的现象有所改变；以牺牲全面发展为代价的学习现象有所改变，随着作业质量的优化和培训负担的减轻，许多学生在课余得以走出校门和家门，参加他们喜爱的文体活动，学习状态和身心健康有所好转。

虽然"双减"政策实施后，教育宏观层面发生了积极变化，但对于具体的学校来说，实施政策后的变化和效果是不一样的。学校领导既要认真分析和总结"双减"政策实施两年来学校呈现的变化和成效、在实施过程中存在的问题，也要对未来学校的发展路径有一个明确的思路和定位，把握好"双减"之后的变与不变，努力作好"双减"的后半篇文章。

有些东西必须长期坚持，坚决不能变。

为党育人、为国育才的初心使命不能变。教育有其自身发展的规律，也有其存在的必然使命和价值。变化的只是方法和途径，不变的是目标和使命。无论实施什么样的政策，都是为实现目标和使命服务的。新课程标准、课堂教学改革、科学和劳动教育、"双减"等是政策和方法，都是为培养全面发展的社会主义建设者和接班人这个目标和使命服务的。因此，我们要防止把方法当作目标，要坚持有教无类，关爱每一个学生，让他们都受到平等和高质量的教育；要通过开展适合学生的教育体验活动，激发学生生命的热情和创造力，让他们感受到生命的价值和追求；要加强对学生的思想引导，帮助学生建立正确的人生观和价值观；要改进教育方式和教学方法，培养学生认识世界、改造世界、服务世界的能力。

为民服务、促生成长的情怀不能变。虽然多数学校能够按照党的教育方针和教育发展规律办学，但有的学校在办学宗旨和办学行为上还是有些偏差，主要表现在：考虑学校多，考虑教师少；考虑教学多，考虑学生少；考虑当前多，考虑未来少；考虑学科多，考虑学习少。因此，为了学校还是为了教师，为了教学还是为了学生，为了当下还是为了未来，为了学科还是为了学习，是检验一所学校是否落实高质量发展观的试金石。我们要回归教育初心，坚持按教育规律办学，把重视事情的结果变为重视人的发展；要努力改进学校管理，把该管的管好，把能放开的放开，为学生提供最好的学习和成长环境；要提高服务意识，为教师提供更好的工作和生活环境；要加强宣传引导，为家长提供更多的有益资讯和优质服务。要积极创造条件，实施生命教育、生存教育、生活教育：通过生命教育，使受教育者知生命价值，热爱生命、敬畏生命、保护生命；通过生存教育，使受教育者知生存之道，适应生存、学会生存、挑战生存；通过生活教育，使受教育者知生活意义，热爱生活、奋斗生活、幸福生活。

坚持以教学为中心，落实全面发展的信念不能变。教育的根本任务是立德树人，学校有固定的场所、专门的教师和一定数量的学生，有一定的培养目标、管理制度和规定的教学内容。学校存在的意义就在于学校是教化的场所，传道授业解惑是学校的主要任务，而教学则是实现这个任务的最主要途径。因此，无论形势如何变化，我们都要坚持以教学为中心，全面提高教育教学质量不动摇。我们要保持定力，排除干扰，把坚持学生全面发展落实到每一个教学环节、每一个教育活动之中。这既是党的教育方针的要求，也是学生适应日益复杂的社会发展的需要，是促进学生健康成长的必然选择。

随着经济、社会、政治、形势的变化，有些东西必须改变。

教育观念必须改变。从通俗意义上来理解，观念就是人们在长期的生活和生产实践当中形成的对事物的总体的、综合的认识。它一方面反映了客观事物的不同属性，同时又加上了主观化的理解色彩。人们自身认识的历史性和阶段局限性，决定了人们的认识会因时间的变迁而出现与时代不符的意念。从这个意义上来理解，观念更新是区分旧观念与新观念的分水岭。不可否认，有的学校领导的教育观念还停留在传统的工业化时代，工业化的特征之一就是批量化、标准化，反映在学校管理中就是用一种整齐划一的标准来评价教师和学生。很明显，在此观念的引领下，要办好一所学校、培育众多的优秀人才是比较困难的。当前社会发展日新月异，正处于大数据向人工智能时代的过渡期，经济、科技、技术都发生了巨大的变化，教育要想走得更远，学校要想办得更好，教育管理者的观念就要与时俱进，同时引导教师从传授知识到培养能力、从注重分数到综合素质、从应试教育到素质教育进行转变。

课程体系必须改革。为了适应经济社会发展和人才培养的需要，2022年，教育部颁布了义务教育阶段新的课程标准，学校除了认真组织教师学习，要求教师按新课标理念的要求组织教育教学活动，除做好传统意义上的地方课程、校本课程建设外，还要努力加强基础课程的建设，尤其是语文、数学、英语等学科的建设。同时，学校要加强对教师的培养和培训，使他们在具体的教育教学活动中，注重学科之间的交叉融合，培养学生的综合能力。要改革课程结构，适当增加实践课程的比例，包括实验课、社会实践、创新创业等课程。通过实践，学生可以更好地掌握知识和技能。要积极适应新高考改革的要求，积极实施跨学科教育，加强对学生综合能力的培养。通过不断的尝试纠错，建立跨学科课程体系，将不同学科的知识和技能有机地结合起来，形成综合性的课程内容。当然，课程体系建设是一项复杂而艰巨的工程，需要持续不断的努力，这虽然任重道远，但仍需迎难而上。

教学方法必须改变。不可否认，当前还有不少教师的教学方法比较陈旧，课堂教学低效。"双减"以后，学生超负荷学习、加班加点的时间减少了，而学习任务却并没有因此而减少。这就需要教师切实改进教学方法，提高课堂教学效果，如积极采用多元化的教学方式，包括课堂讲授、小组讨论、案例分析、实践操作等。要引入互联网和人工智能技术，如可以利用在线教育平台进行远程教学，或者利用人工智能技术对学生进行个性化辅导。要推广个性化学习方式，根据每个学生的兴趣爱好、学习能力和学习风格等特点，制订不同的学习计划和教学方案。这样可以更好地满足学生的个性化需求。同时，要改进作业管理，减少作业数量，提高作业质量。当然，无论是作业数量还是作业质量，在实践中通常难以把握，但教师可以尝试"复杂问题简单化"，即把"作业的数量，80%的学生能够在规定时间内完成；作业的质量，80%的学生能够认可"作为衡量作业优劣的一个重要方面。至于分层布置作业，安排个性化作业，更要鼓励和提倡。

评价体系必须改变。要改变单纯以考试成绩评价学生的片面做法，积极探索多元化的综合评价方式，包括考试成绩、综合素质评价、实践能力培养等。许多事实证明，评价方式的变化会带来教师教学行为的变化，教学行为的变化又反过来促进学生全面发展。原来我们在教育系统内部也尝试过许多变革，但总体效果都不太令人满意。究其原因，主要还是对应的评价体系没有建立起来，以至于各种政策、活动有很多，甚至有很多的检查通报，但效果却不能令人满意。因此，我们要把建立科学、完善的考核评价制度作为"双减"后的一项重要工作来抓，尤其是教育主管部门评价学校、学校评价教师的方式要做出重大调整。道理很简单，只有评价学校、评价教师的方式调整了，评价学生的方式才会发生相应的变化，"双减"工作才有可能取得实实在在的成效。否则，就有可能出现"抓'双减'时轰轰烈烈，抓成绩时不顾一切"的情况，到头来还是回到"减负—增负—再减—再增"的怪圈。

义务教育阶段实施"双减"，是党中央、国务院根据教育自身发展的规律和当前义务教育阶段存在的问题，为优化教育发展环境、促进学生健康成长所做出的一项教育工作的重大部署，我们要站在学生可持续发展的高度，切实抓好"双减"工作在学校的落地生根，把握好"双减"之后的变与不变，努力作好"双减"之后的后半篇文章，让教育回归它本来应有的样子。

## 第81条
# 发挥中层干部的中坚作用

几乎每一所学校都有这样一个群体，他们在普通教师眼中通常被认为是领导，对于校长(副校长)来说他们又是下属。说他们是领导，可很多事情却做不了主，他们在很大程度上只是在执行学校领导的意志；说他们是下属，他们又各自负责一块工作，有自己的管理、服务对象。他们在学校的管理架构中，起着承上启下的作用。他们的作用发挥得如何，将直接影响学校工作的绩效，他们就是我们常说的中层干部。

一般来说，学校的中层干部包括办公室、教务处、政工处、总务处、科研处、保卫处等处室的正副主任(有的专家说，中层干部应包括副校长)和团委书记(少先大队总辅导员)，在规模较大的学校，还包括年级部(组)正副主任，人数从五六人到二十人不等。他们在担任学校中层干部之前，大多数是学校的骨干教师，担任中层干部以后还要继续上课，有的甚至还要兼任班主任。这样，他们既要协助学校领导做好相关的行政工作，还要把自己的课上好、把学生管理好。在学校管理实践中，怎样科学界定他们的责任，怎样考评他们的工作业绩，怎样界定他们互相之间、与教师(学生)之间的关系，决定着学校的战斗力。事实上，许多学校之所以会出现管理、教学混乱，往往是因为以上问题没有妥善处理好。充分发挥中层干部的中坚作用，可以从以下方面着手。

一是科学界定各自的工作职责和目标。学校发展到现在，无论是学校领导还是中层干部的工作职责都已经比较明确了，似乎再无谈论的必要。实际上，争议就出现在一些似是而非的工作中。例如，教师未按要求备课上课，可以由教务处负责人按照教学常规要求对教师进行批评教育，也可以作为师德问题由政工处负责人对其约谈；学生在食堂用餐时，不按要求排队，在吃饭时不讲规矩，可以由总务处工作人员出面制止，情节严重、屡教不改者，可以由总务处对其采取必要的限制和教育手段，也可以由政工处按学生管理条例进行处理。对于诸如此类情况的处理，在管理规范的学校中也许不是问题，问题是当前许多学校管理并不是很规范，这样就容易出现推诿扯皮现象。这样的现象，一个两个可能影响不大，但在很多情况下，有了开始的一两个，很快就会有更多，学校管理上的混乱就开始出现了。另外，多数学校往往强调中层干部要努力做好本职工作，但对于如何结合学校总体工作部署和学校实际，干出亮点、争创特色，并以此向更高的目标迈进，提倡得不多，有效的指导和帮助更少。实际上，一所学校要争先创优，还要依赖于学校各方面、校内各处室、各年级工作的争先创优。某个处室的工作做好了，而另外的处室相关工作绩效平平，也是难以实现学校争先创优目标的，因为决定一个水桶能装多少水的不是最长的木板，而是最短的木板。因此，学校在科学界定各中层干部职责的同时，还要指导他们确立工作中的梯级目标，引导他们在做好本职工作的同时积极向更高的目标奋斗。

二是明确相关岗位工作要求和程序。相对于校级领导，中层干部有更多的机会接触教师和学生，他们的所作所为直接影响学校的整体形象和工作效能。对中层干部的要求，可以从专业能力和管理绩效上予以明确。在专业能力上，要"站得稳课堂"。不能因为做了中层干部，或者借口工作忙，就放松教育教学上的要求，要认真备好每一节课，上好每一节课，做好每一次课后辅导，批改好每一次作业，参加好每一次教研活动，若可能的话，还要为其他教师上示范课。要"研得好课题"。中层干部一方面工作忙，大多数既要做好学校某方面的工作，又要兼任学科教学任务；另一方面有更多的机会与外界交流，获取更多的信息，这也为有志于课题研究的中层干部提供了相对便利的条件。中层干部要树立强烈的科研意识，带头参与教育教学课题研究，努力多出成果、出好成果。如果中层干部能够带头从事教育科研，善于带头出教育科研成果，广大教师就有可能从身边的榜样中感受到压力和力量，积极投身于教育科研，做好课题研究。要"考得出成绩"。学校是教书育人的重要场所，中层干部一方面是管理服务者，另一方面是专业人员，虽然我们不能单纯以成绩的好坏来评价教师和学生，但如果没有好的教学成绩，无论是教师还是学生都是不能接受的，也会在很大程度上损害中层干部的形象。对于中层干部个人来说，在教师和学生面前自然就没有底气和硬气。在管理绩效上，要"在执行上做得坚决"。中层干部的重要职责之一就是将学校的决定或意见落到实处。怎样才能落到实处呢？就是不能简单地当"传令兵"或"检查员"，更多的是要与有关教师一起干，只有在自己与其他教师的实干中，才能及时发现问题、解决问题，才能将学校的决定或意见执行到位。要"在困难面前说得出见识"。如前所述，中层干部在遇到问题或困难时，要积极思考，主动向学校领导建言献策。当然，建言献策是要说真知、谈灼见，而不是不着边际，泛泛而谈，这就要求中层干部平时要加强学习、注意观察。要"在利益面前经得起考验"。中层干部经常会受学校领导的委托，参与一些经济活动、处理一些敏感事情，在处理这些工作时，不免会有利益的诱惑，中层干部要坚持原则、守住底线，不能在利益面前坏了规矩。要"在压力面前沉得住心气"。中层干部的位置有时候比较尴尬：教师有不满情绪找中层干部发泄，学校领导对某项工作不满也会对中层干部进行批评。此时，中层干部就犹如"风箱里的老鼠——两头受气"，这也是有些中层干部在做了一段时间后心生退意的主要原因。其实，此时正是磨炼中层干部心智的时候，要知道，现在学校领导大多数是从中层干部过来的，现在中层干部遇到的问题学校领导在做中层干部时同样会遇到。他们当初如果经受不住压力，也就没有现在的岗位。因此，中层干部要着眼长远，在面对"教师埋怨、领导批评"时，摆正心态，注意方式方法，积极做好沟通、汇报工作。在工作程序上，要事先定好规矩，中层干部原则上只对自己的直接上级汇报、请示（特殊情况例外），可越级汇报，但不能越级请示。非学校领导委托，不能代表学校对外联络或宣传。实行以年级部（组）为管理单位的学校，要妥善处理学校各处室与年级组的关系，最好在组织结构上做适当调整，如可由副校长兼任年级部（组）主任，另设一名副主任负责日常工作。这样，年级组就成为实际上的管理层级，学校相关处室的职能则由原来的管理转变为协调服务。

三是建立健全激励协调制约机制。中层干部大多数来源于优秀教师,他们的思想境界、工作能力应该是比较高的,但这并不意味着中层干部就不需要适当的奖励和激励。俗话说,想要马儿跑,就要让马儿多吃草。马儿没草吃,或吃不好、吃不饱,就跑不动、跑不快,或者在跑的过程中就会出问题。对于中层干部的激励,可以从以下方面入手。一是价值观激励。学校领导要树立正确的办学价值观、工作价值观、生活价值观,通过经常性的学习、宣传和自身的榜样示范,让中层干部对学校领导的价值观产生认同,在认同中萌生热爱,在热爱中迸发激情。二是愿景激励。学校要建立健全中层干部考核评价制度,通过年中考核、年终考评、民意测验、谈心谈话等方式,了解和评价中层干部一段时期内的工作情况。对连续考核为优秀者,要及时向上级推荐,让他们有机会在本校或外校承担更重要的责任。当然,对考核结果不理想的中层干部,也要及时帮助他们发现问题,在以后的工作中认真加以改进。三是物质激励。由于岗位性质的原因,中层干部经常要加班加点,受相关财经制度的影响,他们未必可以领取相应的工作补贴,更多的情况下只能靠奉献,所以有的学校,中层干部的待遇不如班主任是常事。实践表明,如果长期没有物质的激励而一味强调奉献,是难以持久的。学校领导一方面要在中层干部中弘扬奉献精神,另一方面还要积极与有关部门沟通,创造条件让他们劳有所得、功有所奖、苦有所报。只有注重精神激励和物质激励的有机结合,中层干部的工作积极性才能有效发挥出来,他们在学校管理中的中坚作用才能更好地得到体现。

# 第82条

# 寻找问题背后的问题

学校作为一个社会组织,小则几十号人,大则数千人。但凡有人的地方,就有矛盾,一个正常的组织会有各种问题。可以说,问题是与组织相伴而生的,有问题并不可怕,关键是我们如何处理问题。

一般来说,对于问题的处理有以下几种方式。一是就事论事。例如,某学校发生了一次集体逃课事件,周三下午,该校初二(1)班有近一半的学生没有到学校上课,而是相约到外面的网吧上网、玩游戏,造成了较大的社会影响。学校经过调查后,严肃处理了几个带头逃课的学生后再也没有下文。二是举一反三。仍以某校学生逃课事件为例,学校根据调查结果处理了当事人后,还对学校前段时间发生的类似问题进行了排查,发现在此之前该年级多次发生过学生逃课事件,只不过因为影响没这么大、性质没有这么恶劣,而没有引起学校领导的重视。在排查出问题后,学校根据事情的轻重程度,分别给予10余名多次逃课的学生以纪律处分。为了防止此类现象再次发生,学校先后召开了学生大会、全体班主任会,强调加强对学生的教育和管理。三是寻根问底。继续以学生集体逃课事件为例,新上任的学校校长在得知此消息后,一方面派人员对事件发生的来龙去脉进行调查,根据学校规章制度快速做出处理;另一方面安排两位副校长,带领政工处、教导处的相关负责人,分别召集有关班主任和学生代表召开座谈会,了解学生逃课事件背后的问题。经过座谈了解,得知这些参与逃课的学生大多数是在课堂上听不懂、坐不住、学不进的学习困难生。他们因为在课堂上听不懂、学不好而每日备受煎熬。为了寻求刺激,也为了消磨时光,他们选择了逃课进网吧。其中以初二(1)班情况最为严重。为什么会有这么多学习困难生?是个别班级、个别学科的问题还是一种普遍现象?进一步的调查了解,发现学生在课堂上听不懂、坐不住、学不进的现象普遍存在,原因是许多教师只满足于按时完成教学任务,在课堂上只是一个人讲到底,至于学生是否听得懂、学得好则很少关注。多数班主任对履行职责的理解就是维持班级秩序,尽量让自己班上的学生少出问题,学生出了问题只会批评,批评解决不了问题时,就将出现问题的学生上报学校政工处处理。教师上课为什么只会满堂灌?班主任为什么对学生只会批评甚至打骂?原来是学校很少对教师进行现代教育观念的培训,无论是教学观还是学生观,大多数教师还停留在计划经济时代。学校领导有时也会在会上要求教师改革教育教学方法,但不少教师对此持一种观望甚至抵触的态度,不想改、不愿改、不会改的现象比较突出。为什么会出现这些现象？再仔细分析，原来是学校领导缺乏办好学校的系统思维，对问题的处理只是临时抱佛脚，工作布置得多，细致的检查评估少，更很少身体力行、以身示范地去推动某项工作。经寻根问底后发现，表面上是学生集体逃课的问题，最后根源却在学校领导身上。

由此可见，每个问题背后都有问题，都有看不见的黑手，找到问题背后的问题是提高学校管理绩效的重要抓手。如果一个问题长期稳定存在，它的背后一定就有很多复杂的原因。例如，某县高中优秀学生流失率很高，且大多数都流向了两所市直高中。在与校长和县教育局局长的交流中，他们几乎异口同声地埋怨市直高中违规到县里招揽优质生源。市直高中违规招生固然是原因之一，但是，优质生源大量流失的根本原因在于该县高中的教育教学质量不高，优秀学生和他们的家长觉得留在县里的高中就读很难看到希望，因此只好舍近求远。

要解决问题，就必须找到问题背后的问题，只在问题本身上做文章治标不治本。仍以某县高中优质生源流失为例，该县起初采取的是劝阻、围堵的措施，每年中考成绩还没出来，县教育局就召集全体机关干部和各初中校长开会，要求各初中校长和初三班主任想尽一切办法做好本校中考前十名学生的工作，动员他们报考本县的县中。对于中考成绩排名进入全县前100名的学生，县教育局更是实行责任到人，从教育局领导到机关干部，从学校领导到相关班主任教师，每个相关人员都分配到负责稳定一两名优秀学生的任务。因不作为、慢作为造成所负责学生流失的，县教育局将取消有关人员的评优评先资格，年度职称或绩效考核不能评为"优秀"。高压之下，每年中考成绩公布后，有关责任人员就精神高度紧张，频繁上门做优秀学生及其家长的思想工作，有的甚至给出优厚的奖励条件。即便如此，该县每年还是有近一半的优质生源外流，情况严重的年份，中考前十名就流失了8名之多。我在到该县检查工作时，该县教育局局长向我抱怨，提出要严格限制市直高中到县里招揽优质生源，并向我介绍了他们计划采取的稳定优质生源措施。在听了他们的抱怨后，我向他们指出，市直高中固然要规范招生行为，但县教育局和县中领导要认真思考：为什么自己的优质生源会大量流失，而相邻的县离市直学校距离更近，他们却流失得很少？换句话说，优质生源大量流失是一个问题,但这个问题背后的问题是什么? 要从根本上解决学生和家长的后顾之忧,关键是要做好自己的事情,要想方设法提高自己的办学质量。县中的办学质量提高了,学生在家门口就可以受到良好的教育,他们又何必非要到市直高中? 该县教育局局长听取了我的劝告,与县中校长一道,狠抓学校规范化管理,潜心提高教育教学质量。经过数年的艰苦努力,该县学生高考的一本率和二本率大幅提高,每年还有一两个考取北大、清华的学生。县中的教学质量大幅提升后,相关人员用在稳定优质生源上的时间和精力少了,留下来的优质生源却越来越多。由此可见,问题总是由背后的原因引起的,找到问题背后的原因,才能对症下药,标本兼治。我们经常批评"头痛医头,脚痛医脚",就是因为它没有找到问题背后的原因,只在问题本身上做文章。

其实,很多人也明白解决问题必须找到问题的根源,在源头上着手解决问题。但是在实际工作中,问题背后的问题往往比较隐蔽,人们总是很难找到,无法在问题的根源上下功夫。这就要求学校管理者加强学习和调查研究,在遇到问题时不仅要知道"是什么、怎么办",更要思考"为什么"。如果一个人想不清楚,还可以发动集体的智慧,大家一起静下心来集思广益,共同探讨。一般情况下,同样一个问题,如果能连续问3~4个为什么,那么离发现问题的根源就不远了。

# 第83条

# 注重学生良好习惯的养成

由于工作关系,我接触过不少学习困难的学生,他们共同的表现是学习很吃力,且学业成绩不好。刚开始,在分析学生学习困难的原因时,我也习惯于归结为学生基础差。但仔细一想,事情未必如此简单。如果说到了初中或者高中可以拿基础说事,小学阶段时大家起点都差不多,但有不少还在上小学的学生却表现出学习困难,我们总不能埋怨学生在上幼儿园时没有打好基础吧。其实所谓的"基础"都是相对而言的,小学低年级是小学高年级的基础,小学高年级是初中的基础,初中是高中的基础。就算是基础差,那么学生又为什么基础差呢?实际上,基础差只是表象,学生从小没有养成良好的生活和学习习惯才是主因。许多事例表明,学生的学习和生活习惯与其学业成绩成正相关。我们关注学习困难生,不能就学习说学习,要从根源上找问题:生活习惯不好可能导致学习习惯不好,学习习惯不好,学习上就容易丢三落四、注意力不集中,结果就是学习基础不稳,学习基础不稳,导致学习困难,学习困难导致不愿学习,学习困难生乃至"双差生"由此产生。所以,从某种程度上来说,帮助学生养成良好的生活和学习习惯,是关注学习困难学生的有效途径,也是教育立德树人的必然要求。

习惯有很多种,作为学生来说,主要是养成良好的生活习惯和学习习惯。生活习惯是基础,与学习习惯紧密相连,二者之间在一定程度上起着相互制约、相互促进的作用。在良好生活习惯的养成上,家庭教育承担着主要责任。有些学生从小没有养成良好的生活习惯,与家长没有科学的教育和引导有关。教育的作用在于发现和唤醒,作为新时期的教育工作者,我们不能因为学生从小没有养成良好的生活习惯就对他们放任自流、听之任之。我们要争取家长的支持和配合,尽早为学生补上良好生活习惯这一课,如善于倾听。倾听既是一个听的过程,也是一个学的过程。在倾听时,孩子可以从他人的语言中学习知识和为人处世的态度及原则。另外,倾听是人际交往的基础,也是赢得良好关系的必要方式。

凡事提前。在生活中,我们总是经常遇到各种尴尬的事情,如果适当提前一点儿时间,这种尴尬的情况也许就不会出现。凡事提前 5 分钟,看上去微不足道,但它将使孩子一生受用无穷。

懂得自律。所谓"自律",就是严格要求自己,自己给自己设限。孩子本身的自制力是比较差的,培养孩子懂得自律需要一个长期的过程,一定要有足够的耐心。

坚持运动。现在的孩子普遍缺少运动,缺少运动的孩子不但身体发育不良,而且多数会表现为吃苦精神不足、自制力较差。因此,家长和教师要起好带头作用,多督促孩子参加运动。

参加劳动。例如,帮助父母做一些力所能及的家务活儿,在学校打扫卫生、参加公益活动等。对于劳动,既不能认为对孩子来说是可有可无,也不能担心孩子做不好就不让他参加。热爱劳动的孩子,既懂得珍惜劳动成果,也有较强的吃苦精神和合作意识。

学会选择。人的一生中,总会遇到各种各样的选择。小到今天吃什么,大到报考什么样的大学、什么样的专业,选择什么样的职业,等等。各种各样的选择伴随着我们的一生,所以,学会选择就显得尤为重要。我们不能因为担心孩子不会选择就包办代替,要让孩子从小就学会选择,并为自己的选择承担相应的责任和后果。

回过头来看学习成绩优秀的学生。仔细观察他们平时的表现,我们可以发现,除少数天资聪慧的学生之外,大多数学生有着良好的学习习惯。同一个班,同样的老师教,为什么孩子的发展如此不同?是因为智商的差异,还是努力的差异?其实都不是,拉开孩子之间差距的,往往不是智商,而是习惯。心理学家威廉·詹姆士曾有过一段精彩的表述:"播下一个行动,收获一种习惯;播下一种习惯,收获一种性格;播下一种性格,收获一种命运。"孩子的优秀,是一系列良好习惯的总和。

在良好学习习惯的培养上,学校教育承担着主要责任。不管学生来自什么样的家庭,家长是否重视对孩子良好习惯的培养,学生从进入学校的第一天起,教师就要有意识地培养学生良好的学习习惯,如听课、写字时姿势要端正;一些重要的知识要学会做笔记;在动手做作业之前,最好先复习;做完作业后,要适当预习第二天学习的内容;上学前要检查一遍学习用品是否带齐;遇到不懂的问题不要急着问老师或同学,要自己先思考,实在做不出来再问。年龄稍大以后,要学会做计划,特别是回到家里以后,有哪些事情要做,先做什么,后做什么,都要用笔列出计划,至少要做到心中有数;要学会利用空余时间阅读,阅读后尝试回忆或复盘;坚持独立完成作业;在做作业之前要先仔细审题,不可题目都没看清就动笔;每隔一段时间要对做过的练习、考过的试卷进行整理,可能的话,可以做些类似的题目加以巩固;在课堂间歇,可简单预习一下下节课要学习的内容,如果原来已经做过预习,则到教室外面走走,活动活动筋骨，不可一下课就趴在课桌上；在老师提问时，要认真思考，积极举手回答，不要担心出差错就低下头。以上这些良好的学习习惯看起来似乎微不足道，但在现实中多数学生都难以做到，或者一时做到了却难以坚持。这就需要教师把培养学生良好的学习习惯作为一项重要工作来抓，不能就学习抓学习。

怎样帮助学生养成良好的习惯呢？一是家长和教师要充分认识到良好习惯在学生成长中的重要作用，知道在不同的年龄阶段应该养成哪些良好习惯，并有意识地在平时的生活和学习中对学生进行训练，这方面的训练越早越好。二是要有足够的耐心。行为心理学研究表明：21 天以上的重复会形成习惯；90 天的重复会形成稳定的习惯。在此期间会有些反复，对此家长和教师不能心急，可以从微习惯开始做起，慢慢提高要求。例如，要求学生爱上阅读，不要指望学生一开始就读大量的书籍，可从一天读一页开始；改正某种不良习惯也应该循序渐进，如某个学生在做作业时喜欢吃零食，可要求他从每次少吃一点开始，直到有一天他在做作业时再也不吃零食。三是通过榜样示范和奖励不断进行强化。无论是家长还是教师，都要有一个这样的理念：凡是要求学生做到的，自己要努力做好；凡是要求学生不能做的，自己坚决不做。对于学生在改正不良习惯或养成良好习惯方面取得的进步，要及时进行肯定和奖励。四是举办好习惯分享活动。家长可以通过微信分享孩子的日常，有意无意地让自己的孩子养成一些好习惯，改掉一些坏习惯；教师可以利用班会、集会、宣传橱窗、校报、校园电视等形式，分享学生在养成良好习惯过程中的典型事例。通过日复一日、持续不断的努力，让学生养成良好习惯，让好习惯在学校蔚然成风。

第84条

# 关注学生心理健康

中小学生正处于半独立半依赖、半成熟半幼稚的成长时期,有其特殊的心理矛盾,有成人难以理解的困惑与苦恼。他们的许多心理冲突,或被自我掩盖,或被成人忽视,以至于不少学生感到孤立无助,就只好隐藏在心灵深处,备受煎熬,甚至诱发各种心理障碍乃至心理疾病。对此,我们应该有清醒的认识:一是我们处在一个物质相对丰富但变革和竞争不断加剧的时代,成年人生存、发展的压力及其衍生的焦虑情绪,会有意无意地传递给孩子。有些青少年是独生子女,他们一方面在生活上被家长过多地包办和代替,普遍缺乏应有的抗压能力和自我调控能力;另一方面要独自承受整个家族寄予的希望,这是心理健康问题频发的一个重要原因。二是多数心理健康问题是长期累积的结果,正所谓"冰冻三尺非一日之寒",因此预防和化解工作也应循序渐进、润物无声。没有什么秘诀能轻易解决所有问题,更没有哪个高明的咨询师或心理医生可以"点石成金"。三是关注学生心理健康问题是一项系统工程,需要政府、学校、家庭及全社会共同参与、协同配合。教育工作者对此既不能疏忽大意、不屑一顾,也不必风声鹤唳、过度担忧。对于学生可能存在的心理健康问题,除了做好调查摸底、宣传教育、心理咨询等常规工作外,还有必要关注以下方面。

一是抓好心理健康知识的普及。在现实生活中,把心理健康问题视为小问题,把心理健康问题当作道德品质问题,把心理健康问题误作生理性疾病的现象比较普遍。认为心理健康问题是小问题的,自然就不会引起重视,想当然地认为过一段时间就好了;把心理健康问题当作道德问题的,负责任的家长或教师会郑重地对其进行思想教育,结果往往适得其反;把心理健康问题误作生理性疾病的,自然就会把患者带到普通医院就诊。在多数情况下,医院也将其作为普通患者进行治疗。一来二去，往往耽误了治疗的最佳时机。因此，有必要把预防和处置心理健康问题的关口前移。中小学校要聘请专业人员，有计划、分批次对学生家长和教师进行心理健康知识培训，让他们了解哪些问题属于心理健康问题、如何预防、发现问题后如何处置。如果发现学生情绪状态突然出现异常，如过度烦躁、焦虑且短期内没有好转的迹象；喜欢寻求刺激、经常做出一些伤害自己的行为，突然变得不愿与朋友相处、课外活动减少、沉迷网络世界、易对他人行为产生极大的情绪反应；对自己的身体莫名其妙地感到忧虑、体重明显发生变化、饮食失调、睡眠不稳定等——这些现象大概率是心理健康问题的反映，最好能请专业人员进行心理干预，情况严重的，需要送到专业医院治疗。

二是构建和谐的人际关系。有研究表明，不和谐的师生关系、亲子关系、同学关系会引发学生许多心理健康问题，如缺乏热情、缺乏耐心，有的甚至喜欢强词夺理，不合群、孤僻，或者爱发脾气、骂人等，包括亲子冲突、师生关系紧张、校园欺凌等。相反，和谐的师生关系会使学生在学校感到温暖，让教育更有力量；和谐的亲子关系会使孩子感到家庭和睦，让孩子增加对父母和家庭的依恋，孩子更容易接受父母的教导；和谐的同伴关系会使学生感到学校生活有吸引力，让学生更加热爱学习，以阳光的心态与同学交往。无论是教师还是家长，都要想方设法与孩子建立密切的沟通和联系，要通过坐下来平等对话、共同参与某项活动、与孩子商量学习或家庭生活中遇到的问题，在平等交流的过程中，让孩子感到他们被尊重，从而使他们增强自信心，增加对教师或家庭的依恋。在与同学交往时，要让学生学会选择合适的对象并与之建立密切的联系，在遇到问题或困惑时，不要把烦恼隐藏在心里，要试着向要好的同学或教师、家长倾诉。对于家长来说，要创设和谐的家庭氛围，让孩子在友爱、和睦的环境中成长，如：父母在遇到问题时要理智，要善于调节和控制自己的情绪；孩子在场，父母不要吵架，要相亲相爱；在孩子犯错误时，要耐心听取他的解释；家人之间、邻里之间，互相帮助、互相关心。在和谐的家庭关系、邻里关系中成长的孩子，心理健康问题会少很多。

三是科学评价教师和学生。学校是教书育人的重要场所，通过学校系统规范的教育，让学生学会求知、学会做人、学会进取，是学校的重要任务。其中，让学生系统学习科学文化知识，并在相应的考试、考查中取得好成绩，也是学校教育的应有之义。我们可以用学生的考试成绩来评价教师和学生，但不能把教学成绩作为高利害的评价，即只要考试成绩好就一好百好；相反，只要考试成绩差就一差百差。在这样的评价机制下，教师与教师的关系、教师与学生的关系、同学与同学的关系，就可能异化为简单的分数关系，教师为了考试中的细小分数差异，可以无休止地让学生加班加点，如果学生在考试中没有考出理想的成绩，教师不免会着急上火，对学生严肃批评甚至做出一些其他出格的行为。虽然我们经常强调教师对学生要有爱心和耐心，要把学生的健康成长放在第一位，但教师也是平凡之躯，也食人间烟火，能够对考评结果不在意、全心全意教书育人的教师毕竟只是少数。同样地，如果学生之间只是一种简单的分数关系，为了在考试中考出好成绩，成为教师和家长心目中的"好孩子"，学生之间的竞争就会异化为考试分数的竞争。考试成绩好的学生，在同学中自然是众星捧月；而在考试中失利的学生，不免会灰心丧气。学生在考试成绩的攀比中，心里充满焦虑，彼此也在互相提防，稍微碰到一些不如意的事情，就会烦躁不安、冲突不断。长此以往，心理健康问题就产生了。当然，教师与教师之间、学生与学生之间应该有竞争，但这种竞争应该是良性的竞争，是全面发展的竞争。所以，在学校教育教学中，应坚持学生的全面发展，用德智体美劳诸多标准考评教师和学生，这样可以有效防止师生因为考试分数而剑拔弩张，有效减少学生的心理健康问题。

四是减轻学生过重的课业负担。现在大多数学生的生活条件都比较好，至少可以做到衣食无忧。因为物质的丰富，他们在童年和少年时期，不需要也没有机会吃多少生活的苦，更不需要像他们的爷辈或父辈那样，小小年纪就挑起家里的生活重担。有的父母为了不让孩子输在起跑线上，在孩子很小的时候就让他们参加各种各样的培训班，快乐的童年对一些孩子来说只是一个传说。小时候没有吃过苦，加上自由玩耍机会的减少，伴随而来的就是抗压能力的降低。进入初中以后，学习压力明显增大，加上过重的课业负担，本来就心理脆弱的部分学生感到无助。因此，无论是学校领导还是任课教师，都要深刻认识到过重的课业负担对学生可能造成的危害，切实落实国家"双减"有关政策要求，把那些重复型、惩罚型、象征型、填充型的作业减下来，只保留诊断型(反馈型)

作业。同时，要做好学生家长的思想工作，尽可能让学生在完成基本作业的前提下，进行一些体力劳动，参加体育和集体活动，在劳动和活动中释放积聚在心中的负能量，以一种健康阳光的心态应对学习和生活的挑战。另外，对于分数不能持完美主义观点，不能在孩子考了98分时还责备他为什么没有考到100分。要把家庭教育的重点放在培养学生良好的学习习惯和行为习惯上，只要学生的学习和行为习惯好了，他们的人生之路还很长，还有大把的时间学习。如果在孩子小的时候给他们太大的学习压力而忽视了行为习惯的培养，等他们长大了真正需要学习的时候，他们反而不愿学习了。真出现这样的情况，既是孩子的不幸，也是家庭教育和学校教育的悲哀。

五是有针对性地进行预防和干预。学生出现严重的心理健康问题以后，就容易出现心理危机，如果预防不及时或处理不当，很有可能造成严重后果。一般来说，容易发生心理危机的群体是12～14岁的儿童，少数会低于或高于这个年纪。几年前某地曾经发生过这样一件案例：某小学一名五年级男生，因为作业没有按要求完成，上课又经常开小差，教师对其批评教育后告知家长，家长在孩子回家后对其进行了严厉的批评并动手打了他。孩子一时想不通，趁家长在厨房做饭之际从所住的六楼跳楼身亡。有研究人员认为，学生的心理危机可以分为冲动型、报复型、无知型和长期累积型。无论是哪种类型，都有一定的诱因，当然也有相应的应对办法。在教育实践中，教师最头痛的就是少数受了批评或处罚就一哭二闹的学生，有的甚至根本不哭不闹，就直接以某种方式结束自己的生命，这样的做法不但给自己的亲人造成巨大的心理创伤，而且也给学校和教师带来不小的负面影响和麻烦。为了防止更多的悲剧重演，教师和家长要保持经常的交流和沟通，在学生的教育问题上统一思想，形成共识。借鉴心理健康专家刘晨元的观点，其一是要加强对学生的生命教育。要通过合适的方式，让学生认识到人的生命其实是很脆弱的，并不是某些艺术作品中呈现的金刚不死之躯；要让学生懂得生命的宝贵和不可重复，知道死亡的严重后果，进而懂得珍惜和敬畏生命；还要通过一些具体的实践活动，让学生学会尊重、呵护包括他人及身边动植物在内一切美好的生命，不轻易伤害，不麻木冷漠。同时，及时消除某些极端宗教思想对学生心理的侵蚀，防范因媒体对自杀事件过度报道而可能引发的模仿和传染效应。其二是加强对学生的抗挫折教育和训练。抗挫折能力就是在遇到外部威胁或伤害时，既不逆来顺受、轻易屈服，也不过分冲动、鲁莽反击，更不情绪失控以致崩溃，而是顽强应对并积极寻找解决办法的一种能力。要让学生知道，人生不如意之事十之八九，困难和挫折是生活的常态。抗挫折能力犹如皮肤上的老茧，只要足够厚实，皮肤就不会轻易受伤；同理，只要抗挫折能力足够强大，在面对威胁或伤害时就不会被轻易击倒。培养抗挫折能力并不等于让孩子抛弃廉耻和自尊，进而在面对伤害时无动于衷；也不是用自欺欺人的办法寻求心理安慰，而是在直面挫折的前提下不屈不挠地积极应对。其三是培养学生良好的思维习惯。良好的思维习惯能让人终身受益。就心理危机预防而言，应着重培养以下思维习惯：(1)遭遇威胁或伤害时能灵活变通、回旋忍耐、寻找转机，而不是固执、冲动、走极端。(2)面对矛盾或挫折时能正确归因，勇于承担责任但不委曲求全，善于反思自己但不过度自责和内疚，敢于接受无法改变的现实(如家庭变故、意外伤害、考试失误等)但不怨天尤人。(3)在与他人相处时，懂得体谅别人但不迷失自我，学会合理拒绝但不冷漠生硬。其四是教育学生掌握一些正确应对的小技巧。由于心理健康问题的隐秘性，有的问题不暴露出来，其他人是难以知道的，此时学生学会一些自我排解的技巧很有好处：(1)当感到孤独绝望时，不妨和自己喜欢的小动物相处一会儿。(2)试着去帮助比自己更弱小的人，在帮助别人时可以体会人生的价值和快乐。(3)学会几样生活技能并每天做点儿家务，心里纠结、难受时可以参加某项体育活动或到某个地方引吭高歌。(4)闲暇时想想自己最喜欢的人、事或者物品有哪些，写个清单并把它带在身边。当无助、绝望时就拿出这个单子看看，你会发现这个世界上还有那么多美好的东西值得珍惜。(5)学会倾诉。可以向父母、教师、同伴倾诉，也可以向自己认为可信赖的人去倾诉；当然，家长和教师也要学会倾听、判断，如在了解孩子的真实想法之前，要多听少说，不要轻易下结论。许多时候，耐心倾听本身就是最好的安慰。当孩子过于激动、紧张或委屈时，家长或教师应当以适当方式给予安慰和鼓励，如拍拍肩膀、拥抱一下等。要善于站在孩子的角度给出分析、判断和建议，而不是一味讲大话、套话。否则，孩子可能越来越不愿意向你倾诉。如果孩子不良情绪持续时间过长并伴有明显生理反应，如头痛、失眠、肠胃功能失调等，请不要滥用补品和药物，要及时向专业人士求助。

六是加强心理健康教师队伍建设。长期以来，心理健康教育没有得到应有的重视。相应地，中小学心理健康教师数量也严重不足。随着中小学生心理健康问题日益复杂，建立健全心理健康教师队伍就成为不少中小学校的重要任务。其一是对于现有的心理健康教师，一方面要督促他们加强学习，提高专业能力水平；另一方面要让他们人归其位（有些学校的心理健康教师不是专职，他们被学校安排从事其他工作），真正把心理健康教育、心理咨询等工作按照相关标准和要求开展起来，地方教育行政部门和所在学校要加强检查和指导。其二是对教师开展全员心理健康基础知识培训，可以联系高校派遣教师到学校，也可以选派教师到高校参加相应学习活动，当然也可以由高校在某地集中举办专题培训班。地方教育行政部门和学校要制定相应的考核、激励制度，鼓励教师在做好本职工作的同时，积极参加心理健康知识的学习和培训，尤其对通过自学考试等方式考取相应心理咨询资质证书的教师，要给予相应的奖励；对于已经取得心理咨询资质证书的教师，学校要为他们提供施展的平台，充分发挥他们的作用。当然，学校在年度招聘教师时，要把心理健康教师的需求列入招聘计划，通过持续不断的努力，把队伍建起来、工作开展起来。其三是开通心理健康教师评审的专属渠道。如今中小学校的心理健康教师一方面数量严重不足，另一方面现有的心理健康教师有相当一部分不能安心做好本职工作。究其原因，除了自身课务负担重以外（有的教师平时被当作文化教师使用，心理健康辅导或咨询只是兼职），心理健康教师没有像文化学科教师那样成系列，在评聘职称时只能搭其他学科的便车，加上业绩不易考核，他们在职称评聘上难上加难，这种现象对稳定心理健康教师队伍十分不利。

2021年7月，教育部办公厅印发了《关于加强学生心理健康管理工作的通知》，对加强心理健康源头管理、过程管理、结果管理、保障管理等方面提出了明确的要求。我们要认真学习和消化文件精神，积极争取地方党委和政府的支持，在人、财、物、机制等方面查漏补缺，尤其是要与学生家长形成共识和合力，综合施策，努力把学生心理健康管理各项工作落到实处。

# 第85条

# 减轻学生过重的课业负担

中小学生课业负担过重历来是一个备受争议的话题，其特点是具有普遍性，且"久治不愈"。据统计，自1950年迄今为止的70多年间，教育部和国家教委曾先后发过15次文件，试图缓解学生课业负担过重的问题。几十年间，党和国家领导人对学生课业负担过重的问题有过多次讲话，做过多次指示。一个问题讲了几十年，既表明它是社会顽症，又说明我们至今为止仍没有找到行之有效的解决方法。

2021年7月，中共中央办公厅、国务院办公厅印发了《关于进一步减轻义务教育阶段学生作业负担和校外培训负担的意见》。"双减"工作内容之一就是要减轻学生过重的作业负担。教育部将"作业管理"作为"五项管理"的重要内容，印发了《关于加强义务教育学校作业管理的通知》，立足于切实发挥好作业的育人功能和减轻学生过重的作业负担，提出了10条具体措施，并对各地落实情况开展了专项督查。在总结以往工作经验的基础上，此次"双减"工作提出的健全作业管理机制、分类明确作业总量、提高作业设计质量、加强作业完成指导等明确要求，具有较强的针对性。当前和今后一段时期，抓好有效落实是关键。

一是切实转变教育质量观。坚持社会主义办学方向，全面贯彻党的教育方针，是我们做好教育工作的根本指南。学校和教师按照相关要求开展教学活动，为了及时掌握教学成效，就必然要有相应的作业和考试。既然要考试，就必须有评价，而评价最直观的指标就是分数。为了让学生对所学知识有正确的理解和把握，作业是最好的反馈方式，也是让学生在考试中取得好成绩的有效途径。不知从什么时候起，无论是对学校还是对教师的绩效评价，考试分数成了最直观、最便捷的指标。至于德育、体育、美育、劳动教育，虽不能说不重要,但因为不便考核和量化,抑或其他原因,在有些地方、有的学校被有意无意地忽略了,评价一所学校好坏、一个教师优秀与否,最重要的标准还是考试分数。换句话说,在不少人眼里,教育质量就是考试分数。受此影响,本来应该是全面发展的评价,在有的地方、有的学校被异化成对考试分数的评价。为了让学生考出好成绩,教师只好主动或被动地布置大量的作业。至于作业质量的好坏,全凭教师自己的理解和工作责任心。"双减"开始时,无论是学校领导还是教师,对给学生布置大量的作业多少还是有些顾忌,但减着减着,有的学校,作业又开始多起来了。我们相信多数教师给学生布置大量的作业,只是出于让学生学得更好的纯粹考量,但作业多学生就一定能学好、考好吗?事实上未必如此,学生学得好、考试中取得好成绩,除了上课认真听讲、认真完成作业外,还受诸如学习态度、学习方法、兴趣爱好、阅读数量等非智力因素的影响。所以,为了减少作业总量、提高作业质量,对学校或教师加强监督检查是一方面,更重要的是,教育行政部门在考核学校时、学校在评价教师时,要树立正确的教育质量观,真正落实全面发展的办学思想。不能在宣传推动时说一套,而在考核评价时就把党的教育方针放在一边。没有观念的转变,没有对党的教育方针的深切认同,没有考核评价办法的相应调整,任何减负都可能是运动式的,难以取得实效。

二是抓好减负过程管理。一般来说,学生过重的课业负担,主要包括以下三个方面。一是课程设置上的高载量。原来这方面问题比较突出,近些年来,教育部相继颁布和完善了中小学课程设置标准,各级教育行政部门和督导机构加强了监督和检查,超标准设置课程、挤占学生休息和活动时间的现象大为好转,只是在少数中小学校可能还有语文、数学、英语等统考科目占用音乐、体育、劳动课程的情况。二是作业数量上的高负荷。主要表现在有的教师向学生布置的作业远远超出巩固、反馈的要求,布置大量的重复型作业、象征型作业;与此伴生的是作业质量不高,拓展型作业、生成型作业少。因此,减轻学生过重的课业负担,主要还是要减轻学生过重的作业负担。要把这项工作真正落实落细,除了学校要加强政策宣传、帮助教师转变教育观念之外,科学的检查监督必不可少。三是校外培训的高强度,此处不做叙述。要解决作业数量上的高负荷问题,办法之一是建立学科间交叉检查制度。学校要建立作业督查制度,每隔一段时间,由教务处或学科组统一组织,根据作业评价标准,由不同年级同学科的教师,对其他年级同学科教师布置的作业数量和质量情况进行检查(同学科之间互相检查更专业,不同学科教师检查容易出偏差,如由语文教师检查数学教师布置的作业),确保在数量上符合相关要求,如一、二年级不布置书面家庭作业,三至六年级每天书面作业总量应控制在60分钟以内,七至九年级每天书面作业总量控制在90分钟以内。在质量上要切合课程和教学需要,在控制数量的前提下,以巩固型、反馈型作业为主,尽量减少重复型作业,不布置惩罚型作业,要有适当的拓展型作业。一般来说,巩固类基础题、综合类提高题和拓展类探究题可供参考的结构比例应是,巩固类基础题占50%,综合类提高题占30%,拓展类探究题占20%。在总量控制上,以小学三年级为例,按照规定,作业总量不能超过60分钟。三年级有好几门学科,假设每个学科的作业的完成时间都在半小时,单就某一学科来说是不多,但几个学科加在一起就超标了,主要是因为不同学科在布置作业时,教师之间缺乏沟通,各自都站在自己学科立场上布置作业(之所以作业总量难以控制,主要原因就在于此)。办法之二是充分发挥班主任的协调作用,控制作业总量。班主任可召集本班学科教师协商,如硬性规定一个学科每周只能布置一次耗时相对较长的家庭作业,其他时间的作业原则上必须在课内或课后服务时间完成。了解作业总量的具体方式是询问学生或进行问卷调查。办法之三是在作业批改上细化要求。例如,学校要向教师明确:凡是要求学生完成的作业,学生必须全部上交;凡是上交的作业教师必须全批全改;凡是批改的作业必须符合作业批改的相关要求,如对差错处要做显著标记、要有评价分数或等级、要有批改日期等。对于布置了作业但不全批全改,或者批改不符合要求的教师,一经检查发现要及时指出,经指出仍不改正的,由教务处负责人对其进行约谈,情节严重的按学校有关规定处理。

三是争取家长的理解和支持。由于对孩子学习认识理解上的差异,不少学生家长一方面觉得现在的孩子课业负担太重,另一方面看到孩子在家里没有作业可做又感觉心里发慌,尤其是看到孩子在与其他孩子游戏玩耍,或者长时间在玩电脑、看电视时,更是充满焦虑。在"内卷"日趋严重的当下，多数家长只有看到孩子在家里整天忙于做作业才感到心里踏实。如果哪天孩子突然在家里没事可干了，他们还会误认为教师对孩子放松了要求，于是会通过各种渠道要求教师多给孩子布置作业，或者干脆送孩子参加各种各样的校外培训班。出现这样的情况，与家长对人才培养的片面认识有关，也与学校宣传不到位、家长教育观念没有转变有关。多数家长还是认为要想在考试中取得好成绩，不做大量的练习是难以实现的（事实上，当前中小学知识的学习还是以机械记忆为主，大量的练习对学生短期的学习是有益处的，关键是要把握一个度）。至于国家提倡的孩子要全面发展，他们也认为是好事，但当务之急是他们的孩子要在各种考试中取得好成绩，这样才有可能进入下一阶段的优质学校，接受更好的教育。为了有效缓解家长对孩子学习成绩的焦虑，我们一方面要加快教育优质均衡发展的步伐，不断缩小优质学校与普通学校之间的差距；另一方面要与家长多沟通交流，在沟通交流中让家长培养正确的人才观和教育质量观，从而以实际行动支持学校的减负工作。当然，让家长看到学校在给学生减负后，孩子的学习成绩不降反升，或者说影响不大，孩子因为减负后更阳光了，更热爱学习和生活了，孩子们有更多的时间去做他们喜欢做的事情了，无疑会胜过教育宣传的千言万语。

## 第86条
# 注重倾听各方声音

随着经济社会的发展，信息技术的不断进步，学校面临的挑战越来越多，来自各方对学校的利益诉求也日趋多样化。如何理性应对这些多样化的诉求，注重倾听各方不同声音，成为学校领导的一门必修课。

首先，学校领导要认识到，各方的不同声音，不管正当、合理与否，都是正常的事情。要知道，无论学校领导如何努力，任何决策都不可能满足所有人的意愿；同样地，学校工作即使做得再好，也不可能让所有人员都满意，有不同意见再正常不过。相反，如果学校的某项决策是全体一致通过的，某项工作是大家一致同意的，而没有任何不同的声音，要么就是因为决策者缺乏民主意识，不愿听取不同的意见；要么就是因为相关人员认为有意见提了也没有用，在经过多次尝试之后，就干脆不再对相关决策或工作发表意见了。这种现象导致的结果，就是表面上风平浪静，实则暗流涌动，对学校的健康发展是不利的。因此，明智的学校管理者应树立这样一个理念：对于学校的某项决策或工作，有不同的声音是好事，这样可以使学校的相关决策更加科学、相关工作更加公开透明。如果对一项重大决策和重要工作安排，没有或者不允许有不同的声音，势必会出现当面不说、背后乱说的现象，此时离学校走下坡路就不远了。学校领导应广开言路，虚心听取来自各方的利益诉求或意见，然后对这些诉求或意见进行认真比较和分析，合理的采纳，不合理的或者虽然合理但受条件限制一时办不到的诉求，应通过适当的渠道和方式，耐心加以解释，以求取得理解和支持。

其次，学校领导要明白，来自各方的不同声音，如果处理得当，对改进学校工作大有益处。如前所述，任何重大决策或重要工作安排，都会受到当事方立场和客观条件的制约。例如，某学校决定要通过创建篮球特色学校来提升学校的知名度，要求全校学生利用课外活动和节假日时间开展篮球运动。决定公布后，虽然多数师生表示赞同，但也有少数人提出了不同意见。有的认为学校艺术教育有较好的基础，应该创建艺术特色学校；有的提出，虽然学校的现有条件更适合于创建篮球特色学校，但并不是所有的学生都适合打篮球；有的希望参加艺术体操活动；有的希望参加文学社团；有的希望参加合唱团。不同的声音反馈到校长处以后，校长组织学校班子成员进行了认真的梳理和研究。有的认为，既然学校做出了决定，决定有其严肃性，最好不要更改，而是应通过做好深入细致的宣传教育工作，统一思想，形成共识。校长则认为，创建特色学校应该没有异议，但创建何种特色学校，怎样才能创建特色学校，在创建特色学校过程中怎样兼顾各方利益，可以在教师、学生和家长中展开更广泛的讨论。最后，班子成员接受了校长的意见。经过充分的讨论和意见征求，大多数师生和家长还是倾向于创建篮球特色学校，但是在推进过程中不宜"一刀切"。可以动员、组织有条件、感兴趣的学生参加篮球运动，而对于那些条件不适宜、对篮球运动不感兴趣的学生，学校没有必要强求，应该支持和鼓励他们参加其他活动，学校要尽可能为他们创造条件。这样大多数学生能在创建特色学校的过程中找到自己的兴奋点，在坚定主攻目标的同时，兼顾其他学生的实际需求。几年过去了，该校的篮球运动开展得如火如荼，不仅参加人员广、举办活动多，该校篮球队也在市、县联赛中屡屡获奖；没有参加篮球运动的学生也可以参加其他自己喜爱的活动，创建特色学校活动实现了人人参与，在社会上赢得了良好的声誉，省教育厅授予该校"篮球特色学校"称号。

最后，学校领导要转变办学理念，注重倾听不同的声音，让民主治校成为常态。在做重大决策前应广泛调研。学校在做出事关学校长远发展的重大决策前，可以由校长先提出相关设想，再由有关处室或负责人提出工作方案，经校长审阅后，通过合适的媒介在校内公示，教师学习讨论后，再安排相关人员分别举办教师座谈会，必要时，可以通过适当的形式征求学生和家长的意见。对收集的不同意见可直接吸纳，也可随同意见文本正式提交学校相关会议研究。事实证明，做重大决策前如果能广泛调研，倾听各方不同的声音，这样的决策更容易得到理解和支持，落实的困难和阻力会少很多，效果自然更好。开辟多种意见征求渠道。例如，本人在担任高中校长和县教育局局长时，就开设了"校长信箱""局长信箱"，由办公室安排专人，定期收集整理师生和家长反映的问题，我会对反映的问题提出处理意见，再由办公室跟踪问效抓好落实。为此还通过相关会议，制定了《群众来信来访意见管理办法》，经过持续多年的实施，效果良好。现在信息技术大量普及，还可以通过网络问政的方式倾听各方不同声音。再如，可以在校内外持续开展"我为学校发展献一策"活动，通过评选"金点子""银点子"等方法，鼓励广大师生和社会各界为学校发展建言献策。当然，做重大决策前通过教师代表大会、座谈会或个别走访等方式，面对面地征求意见，倾听各方不同声音，是民主管理学校的常用方式。建立有效处理机制。注重倾听各方不同意见，只能表明学校管理者民主治理学校的一种态度，但能否取得实效，关键在于对收集上来的意见、建议如何处理。如果师生或家长看到自己所提的意见犹如石沉大海，或者遭到区别对待,他们就会不敢提意见或不愿提意见。学校要建立群众意见收集、整理、处理、跟踪问效的工作机制,定期反馈群众意见的处理情况,让广大师生和家长感觉到学校领导对群众的意见是虚心接受和充满善意的,他们才愿意积极反映问题,积极为学校发展建言献策。

总之,学校管理者应时刻保持清醒的头脑,筑牢民主治校的理念。要认识到"我没有那么伟大,群众才是真正的英雄",注重倾听各方不同声音,尊重各方不同意见,这样才能使决策更科学、工作更接地气、相关各方心情更舒畅,从而让学校内外少一些怨气,多一些和谐,大家心往一处想、劲往一处使,汇聚成办好学校的磅礴力量。

## 第87条

# 为学校发展赋能

学校的发展离不开全体教师的共同努力,离不开各级领导的关心重视,离不开社会各界的帮助支持。道理大家都懂,但如何汇集各方力量,为学校发展赋能,却有许多讲究。

哲学观点认为,事物的发展变化是内因和外因共同作用的结果。内因是基础、根本,外因是条件、助力,外因要通过内因起作用。学校发展固然离不开外界的关心和支持,但外部条件再好,如果学校内部问题重重,干群之间离心离德,同样是难以办好学校的。因此,我们在关注外部环境的同时,要把主要精力放在学校内部,先把自己的事情办好。

班子团结合作赋能。学校规模无论大小,都有一个领导班子。领导班子能否团结合作,校长起着至关重要的作用。校长要有正确而清晰的办学理念,并通过对一个个具体问题的处理,使这些理念成为全体班子成员的共识。校长要有较强的民主意识,对其他班子成员要敢于授权、善于授权,自己则立足于管方向、抓大事;对重要问题的处理,事先要主动征求其他班子成员的意见；在讨论重大问题时，要让其他班子成员充分发表意见；要建立经常性的谈心谈话制度，互相之间多交流、多沟通。只有学校领导班子成员团结合作，才有可能在教师中营造团结合作的氛围，教育才会有温度和力量。

教师专业成长赋能。高素质的教师队伍，是全面提高学校教育教学质量的基础。教师有无专业成长意识、专业成长意识强不强，将直接影响高素质教师队伍建设的成效。学校要通过宣传引领、榜样示范、学习研讨、表彰奖励等形式，在教师中营造好学习、促成长的良好风气，让教师感到专业成长是自己的事情。如果没有教师的内心自觉，再细的要求、再好的培训，都难以起到应有的作用，因为我们无法唤醒一个装睡的人。除了唤起教师对专业成长的内心自觉之外，学校还要不断地创造条件，让教师有机会接触行业内的名师名家，鼓励教师主动自觉地与名师名家多交流，在交流中获取知识和力量；要支持、鼓励教师参加各种交流研讨活动，在交流活动中拓宽自己的视野，同时发现自身的不足，增强对专业成长紧迫性的认识；要引导教师阅读经典书籍，从经典书籍中汲取营养，在与名师的心灵对话中不断提升自己。

有效激励评价赋能。管理心理学认为，员工的工作积极性受到外部因素和内部因素的影响。外部因素诸如工作条件、福利待遇、外部环境等，如果不能满足合理需要，会引起员工的不满，但其满足也未必能够持续有效调动员工的工作积极性；内部因素诸如工作本身的意义和价值、工作的成就感等，才是管理中最核心的东西，它能够调动员工内在的积极性和创造性。在学校管理实践中，我们要在努力改善外部条件的同时，通过一个个活动、一个个事件，让教师感到自己被尊重，自己所做的工作、所付出的劳动是值得的、有意义的。例如，某位教师因工作成绩突出，被评为县级优秀教师，学校可以通过校内宣传媒介大力宣传该教师的先进事迹，还可以制作荣誉喜报送到教师所在的村委会或社区，在表彰该教师的同时为教师配偶发一份荣誉证书；再如，在介绍优秀校友时，把他当年在学校学习时的班主任和科任教师一并介绍等。在对教师进行考核评价时，需关注两个问题。一是考核评价的指标体系要符合党的教育方针和教育规律的要求，不能唯教学成绩、唯个人奋斗。我们经常强调要按照党的教育方针和教育规律要求办学，但如果评价指标体系和评价权重的设置背离了我们强调的东西，就会在教师中产生一种错觉——我们做的事情并不是平时倡导的——"评价什么,就有可能带来什么""评价团队,才能形成团队"。二是评价结果的应用。有的学校考核评价指标体系没有问题,考核评价时也公平公正,但在对评价结果的应用上,往往会受到其他因素的影响,出现一些教师不愿看到的局面。例如,学校有一个出国学习考察的机会,按照考核结果应该是张老师去,但学校在推荐人选时,则换成了某位学校领导或其他有关系的教师去,本来是一个正面激励、有效赋能的好机会,反而变成了挫伤教师工作积极性的一个事件。这些现象在学校管理中经常会遇到,需要引起学校管理者的警醒。

当然,学校内部赋能的因素远不止上面所提到的几个方面。以下我们再讨论如何改善教育发展的外部环境,为学校发展赋能。

领导关心重视赋能。学校除做好内部工作之外,还离不开良好的外部环境。理论上说,领导关心重视学校工作是他的职责和义务,但领导所负责的工作远不止教育一项,要关心的也不只是一所学校。领导的时间、精力有限,能够调动的资源也有限,如何让领导把更多的时间和精力、更多的资源用在自己任职的学校,从而为学校发展赋能,是每一个学校领导需要认真思考的问题。首先我们要尊重领导。尊重领导的表现不是要在领导面前唯唯诺诺,不是要对领导刻意巴结奉承,而是要把领导的工作指示和要求,结合学校实际创造性地抓好落实。其次是要做好请示汇报。在请示汇报时,可以越级汇报,但不能越级请示。也就是说,我们可以向不同的领导汇报工作,但原则上只能向主管领导或直接领导请示。另外,在请示汇报时,要注意以下方面:一是要把握分寸,不要大事小事都请示汇报,只说大事、谈要点,讲重要的工作;二是请示工作要提前,尤其是一些事关全局的工作,要尽可能多提前几天,让领导有足够的时间思考、做出决定,不要事到临头时匆忙请示(实际上这不是请示,是在告知,是在让领导为难);三是不可小事请示汇报,大事反而隐而不报,万一某件事忘了请示,事后要在第一时间补充汇报;四是对于需要书面请示的事项,最好先口头请示,让领导先有思想准备,必要时,在得到提点后,再报送书面材料。

新闻媒体宣传赋能。俗话说"酒香不怕巷子深",意思就是说,只要产品质量好,不愁没有销路。其实,这只说对了一半,就是人们要在知道了某厂家的酒香后，才不怕产品卖不出去。如果在人们知道某厂家的酒香之前，厂家没有通过适当的方式进行宣传使其变得广为人知，那么即使酒再香，也只能窝在巷子里，时间久了，美酒就有可能变成了酸酒。同理，学校固然要立足校情，做好自己的工作，但如果不会以合适的方式对外宣传，大众怎会知道，领导怎会知情？因此，适当的宣传推介工作必不可少。因为某些原因，不少学校领导不愿意或不善于同新闻媒体打交道，更不注意与新闻媒体维持良好的关系，只是觉得学校某项工作需要对外宣传时，才请新闻媒体记者到学校进行采访报道。这样做本来也无可非议，但这种宣传无论是对于学校还是新闻媒体，都是应景式的，可以说双方都是在应付，大众得到的信息也不可避免地呈碎片化。只有与新闻媒体建立了良好的合作关系，新闻媒体才会尽心尽力为学校做实事求是的宣传。如何与新闻媒体建立一种良好的合作关系呢？除了加强平时的交流沟通之外，还要善于把学校的需要变成新闻媒体的需要。例如，某市委、市政府决定，要在三年内争创全国文明城市，此时新闻媒体为了响应市委、市政府的要求，就需要大量的创文明城市典型宣传造势。如果学校能够及时响应号召，积极在校内进行动员布置，根据学校特点开展形式多样的活动，形成自己的特色和亮点，主动请新闻媒体派员到学校做系列宣传报道，这样新闻媒体完成了自己的任务，学校也借此机会做了宣传推介，对于学校和新闻媒体双方来说都是好事。一来二去之间，学校与新闻媒体的良好合作关系自然就建立起来了。

深化家校合作赋能。家校合作的重要性已经越来越被中小学领导所重视，但如何深化家校合作，使家长成为办好学校的重要力量，还有许多工作要做。在不少地方，家校合作还只是停留在召开家长会、成立家长委员会等浅层次上，即使是现有的家长会或家长委员会，其工作也还有许多改进的空间。例如，利用家长会宣传党的教育方针政策，为家长进行系统的科学育儿培训，组织家长参加学校相关的活动等。深化家校合作，要在以下方面发力。一是扩大家长对学校教育教学工作的知情权。要通过新闻媒体、微信公众号、客户端、手机报等方式，把学校教育教学的工作安排和设想，能告知家长的都告知家长。只有让家长充分了解学校在做什么，他们才能知道家长应该干什么。二是扩大家长对学校事务的参与权。学校要建立相应的管理制度,明确凡是事关学生的重大事项,都要听取家长代表的意见,都要尽可能吸收家长代表参与。例如,征订学生校服,学生什么时候开始要着校服,订什么价位的校服、什么款式的校服,哪些时间点学生必须着校服,如果在规定时间点未着校服应如何处理等,可以广泛听取家长代表甚至学生代表的意见。三是扩大家长对学校工作的评价权。我们提出"办人民满意的教育,创人民满意的学校",归根结底是要让广大学生和家长满意。学校办得好不好、教师工作行不行,学生和家长最有发言权。学校要建立"家长评校评教管理办法",制定科学的评价量表,定期组织家长和学生代表对学校和教师工作进行满意度评价。教育行政部门和相关单位在考核学校工作时,同样要以合适的方式征求家长和学生代表的意见。只有解决了为什么做、做什么、如何做等问题,家长才有可能真正关心支持学校工作,成为推动学校前行的重要力量。

## 第88条
# 科学应对学生的成长需求

改革开放40多年,带给普通人民群众最直接的变化就是大多数人已经不再为基本的生活需求而发愁。因为不再担心基本的生活需求,中小学生就有更多的时间和精力去做他们喜欢的事情,当然,他们的行为倾向也表现出与20世纪中小学生不一样的特征:他们更看重个人的自主和独立,但又往往高估自己,事事想自己做主,把自己的见解看成评价客观事物的标准,对周围成人的话不轻易相信,等等。这就意味着新时代的学生的成长需求有了新的变化,因此学生管理工作也要有相应的"升级版",即从以往的重点关心学生的生活、交友和学习的"老三样"升级到"在思想上做好引领、提供合适的锻炼机会、搭建好展示自我的平台"的"新三样",这样,教师与学生的关系就会更融洽,教育就会更有效。

　　做好对学生的思想引领。有的教师对学生确实比较关心，但这种关心往往停留在学生的学习或生活层面，对诸如思想品德、行为习惯、身心健康等方面的关心、帮助做得不够。诚然，学生的学习和生活需要学校和教师的关心，但更重要的是，他需要在师长的帮助下成为一个心智健全的人。一是帮助学生正确认识自我。要让学生认识到，每个个体都是独一无二的存在，每个学生都会有自己的长处，当然也会有自己的不足。中小学生追求个体的独立，不愿轻易听信别人的话是好事，但毕竟中小学生大多还是未成年人，他们对世界的认知、对事物的看法还不够客观全面。我们要引导学生善于发现自己的长处并努力使之发扬光大，同时又要善于听从长辈和教师的劝导。要让学生明白这样一个道理，听从长辈和教师的劝导与追求自我的独立并不矛盾，何况这种独立是人格上的独立而不是天马行空、我行我素，事实上大多数成功人士都是乐意听取别人的合理意见的。二是帮助学生养成良好品德。物质生活的丰富在让学生衣食无忧的同时，也使得相当一部分学生养成了自私自利的习性，如不珍惜他人的劳动成果、不关心他人的疾苦、不会合作与分享等。这些习性，与现代文明社会对于合格公民的要求是格格不入的。有人会错误地认为：某个人也很自私自利，但他现在不是过得很好吗？其实，之所以会出现这样的情况，不是自私自利的人可以大行其道，而是我们的相关制度还没有完善；何况，思想品德有问题的人，能够心想事成的毕竟是少数。我们不能认为当前有这样的现象就是合理的。我们要站在教育者的角度，引导学生向前看，向高标准看齐，而不是与比我们德行低的人去比较。要结合生活中的具体事例，教育学生尊重他人的劳动成果，关心帮助弱势群体，与别人分享自己的优势和成果。三是要帮助学生养成积极的人生态度。问题或困难都是与人生紧密相连的，没有问题或困难的人生是不存在的。有些学生在问题或困难面前，能够秉承一种积极的心态，他们会认为问题或困难是再正常不过的事情，要做的就是想办法去克服它；而有些学生在遇到问题或困难时，则会产生一种畏难紧张的情绪，在这种情绪的影响下，人的意志力就会衰退，即使是很小的问题或困难，都有可能成为压垮他们的最后一根稻草。现在有的学生动不动就走极端，不是问题或困难有多大导致他们不能克服，而是他们没有积极的心态，没有从小养成正确面对问题或困难的良好品质。因此，我们要有意识地让学生知道问题或困难是常态，我们要做的不是回避，而是勇敢地面对，只有不断地克服问题或困难，才能健康成长。四是帮助学生养成良好习惯。英国文艺复兴时期散文家、哲学家培根有一句名言："习惯真是一种顽强而巨大的力量，它可以主宰人的一生，因此，人从幼年起就应该通过教育培养一种良好的习惯。"在现代社会中，我们看到不少学生，虽然很努力，但总是不得志，更难以实现自己的人生目标。原因有很多，其中一个重要的因素，就是没有养成好的行为习惯，如怎样学习、怎样日常生活、怎样待人接物、怎样处理在学习和生活中遇到的问题等。有着良好习惯的人，往往处处顺心；行为习惯不好的人，却是处处碰壁。因此，我们关心爱护学生，要把帮助学生养成良好的行为习惯放在重要位置。既要让学生从小就知道良好的行为习惯有哪些，又要在日常的学习和生活中帮助他们养成这些习惯，发现问题或偏差时及时指出并纠正。

为学生成长提供锻炼的机会。如前所述，现在的学生有着更强的独立自主意识，简单的说教只会让他们心生反感。他们迫切希望能够有机会表现自己，让别人看到自己优秀阳光的一面；他们对未知的领域充满好奇，渴望了解未知的世界，尝试做没有做过的事情。新时期的教育工作者必须了解和顺应学生的需求，要学会放手，多为学生成长提供机会。一是注重倾听他们的心声。学校领导和教师要蹲下身子，经常深入学生当中，去了解他们的所思所想，确保我们所做的是学生所需要的，我们所做的是我们平时所说的，我们所做的是我们平时提倡的。二是让学生在课堂上积极表现自己。在课堂教学中，可以尝试让先学的学生教后学的学生，让会的学生教不会的学生；学生能够通过小组合作得出结论的，就要尽量让学生去实践，在课堂中展示；学生能够自己解决的问题，能够得出结论或答案的，教师就要放手让他们自主完成。教师要解放思想、换位思考，不要怕学生出错，因为只有在不断的出错和纠错中，学生才能得到锻炼。三是让学生自己设计和组织各种实践活动。现在几乎所有的中小学校，都会组织学生实践活动，有的学生在参与这些活动时，激情飞扬、兴高采烈；有的则是情绪低落、袖手旁观。仔细观察可以发现：适合学生的活动，学生能够自己设计或组织的活动，学生参与的积极性就高；而不适合学生的或只是让学生被动参与的活动，学生的积极性就比较低。因此，我们不仅要在课堂上充分发挥学生学习的主动性，在学校组织的各种实践活动中同样要注重发挥学生的主动性。只要学生能够设计和组织的，就放手让学生去做，教师所要做的，就是给他们提供各种支持或指导。例如，许多学校会组织学生开展研学活动，按照一般的做法，通常是由教师按照既有的模式和流程，确定线路和活动内容，这样学生即使参加了也是被动的，甚至根本就提不起兴趣。但如果能在事先充分征求学生的意见，有些活动让学生自己去设计和组织，教师的作用就是做好指导和监督，活动效果就会好很多。许多事实证明，教师只有尽可能多地给学生以锻炼的机会，学生才会收获成长。

为学生成长搭建展示的平台。当今时代是信息时代，学生可以从多种渠道获取知识、学习技能，许多教师不知道的东西，学生可能已经通过其他渠道知道了。但是知道了是一回事，是否真正掌握了又是另一回事。这些知识和技能与学校的系统学习相比，大多是碎片化的，要与在学校所学的知识有机结合才有可能形成能力。不管学生的知识技能是通过何种方式获得的，都必须通过实践来检验。检验学生对所学知识是否真正理解和掌握的有效方式，就是为他们搭建展示的平台，让学生在这些平台上把所学的东西转换成自己的想法说出来，把学到的技能制成相应的产品展示出来。这样，学生才会兴趣盎然，以百倍的热情去准备。当然，他们也会对为他们搭建展示平台的学校领导和教师充满感激。例如，学校组织学生集体观看了某部电影，事后学生有很多议论和想法，如果教师能够在班上组织一次影评活动，要求学生认真准备，两天后要以小组为单位对电影里的人物安排、情节走向、事件结果等展开讨论，我们就会惊奇地发现，原来学生可以如此地让我们大开眼界；再如，在学生中成立社团、各种兴趣小组，学校和老师要充分放手，让他们自己去开展各种活动，形成学习或研究成果。另外，无论是学校还是教师组织的事关学生的活动，如开学典礼、校运会开幕式、学生辩论、学生道德法庭等，都要尽可能鼓励学生自己去设计或组织，这往往能够取到意想不到的效果。当然，在应对学生成长新的需求时，我们提倡关心爱护学生的"新三样"，并不是否定原来的"老三样"；相反，我们要认真查缺补漏，努力比以前做得更好。新时期面临新的任务,新时期面对新的学生,我们要做的,就是在坚持和发扬过去优良传统的同时,积极探索新时期关心爱护学生的新途径。如此,学生才会因为在我们的关心帮助下更好地健康成长,我们的教育才会更充满希望和活力。

第89条

# 校园安全管理要综合施策

如果你问中小学校长,当前困扰他们的最大问题是什么,大多数校长可能都会把校园安全问题摆在第一位。问其原因,普遍的回答是:现在的教育面临的压力大,学校出不得事、出不起事。所谓"出不得事",就是学校一旦发生安全事故,领导过问,百姓议论,媒体报道,各方压力一齐向学校涌来,使有关学校甚至上级教育主管部门承受巨大的精神压力;所谓"出不起事",就是学校如果出现安全事故,家长往往不分青红皂白就纠集一帮人到学校哭闹,要求经济赔偿,甚至出现堵校门等扰乱学校正常教学秩序的情况,个别不良媒体人或平台为了博人眼球,也会推波助澜、从中要挟。为了平息事态、尽快消除影响,有关学校不得不委曲求全,花钱买平安。其间耗费多少心血和口舌,牵扯多少精力,当事学校和校长自是一言难尽。是领导不重视校园安全吗?是没有相应的法律法规吗?是我们的校长和教师不尽责吗?答案不完全是。那么问题究竟出在哪里?自然是仁者见仁,智者见智。

校园安全关系到千家万户,事关民生福祉,在"人民利益至上""生命安全高于一切"的大背景下,地方各级党委政府对校园安全都给予了前所未有的重视和关注,主要领导调研校园安全、强调校园安全的新闻报道经常见诸各类媒体。全国人大常委会和国务院有关部门先后审议或出台了一系列关于校园安全的法律法规。当前,我国与校园安全有关的法律法规有:《学生伤害事故处理办法》《中小学幼儿园安全管理办法》《中小学校园环境管理的暂行规定》《中华人民共和国预防未成年人犯罪法》《中华人民共和国未成年人保护法》等。不少省(自治区、直辖市)人大常委会结合本地实际,制定了地方性的校园安全法规,如2015年11月20日江西省第十二届人民代表大会常务委员会第二十一次会议通过了《江西省学校学生人身伤害事故预防与处理条例》。可见校园安全相关的法律法规应该说还是比较健全的,但在执行过程中还存在两个问题。一是宣传工作还不够深入细致。无论是教育工作者还是普通群众,对法律法规的内容只是简单地了解个大概,对具体条款不太清楚,只是在学校发生某种安全事故后,才临时抱佛脚地查阅或应用,法律法规的预防教育功能没有很好地发挥。二是有的法律法规条款对一些事件或问题的阐述比较宏观,或本身含义比较生涩,如何与实际场景结合起来,一般的教育工作者和学生家长并不清楚。有关部门未能及时出台相应的实施细则,也是校园安全法律法规没有起到应有作用的一个重要原因。

校园安全是学校开展正常教育教学的基础和保障,是构建和谐社会的重要内容,容不得半点儿马虎和懈怠。对于校园安全问题,除了国家和省级层面要加强顶层设计之外,地方各级教育主管部门和各级各类学校不仅在思想上要高度重视,而且要群防群治、综合施策,最大限度地减少校园安全事故。

一是要进一步加强宣传,让校园安全有关法律法规人人知晓。地方各级教育主管部门要联合当地司法行政部门,充分利用各种宣传媒介,向社会大众系统而详尽地宣传校园安全的有关法律法规,必要时还可通过相应的竞赛奖励活动、法律专业人士现场答疑、以案说法等方式提升宣传效果。在宣传时不能片面强调学校的安全管理责任,更要注重宣传家长的责任和义务,以及学校在发生安全事故后由于家长的冲动处置而带来的法律后果。通过持久的宣传活动,在社会上营造一种"知法、守法、敬法"的良好氛围。各级各类学校要利用学校的各种优势和影响,将校园安全法律法规的宣传融入课堂、融入日常活动。要贯彻预防为主的方针,利用班会、国旗下的讲话、家长会、班级微信群、宣传板报、知识竞赛、以案说法等方式,有计划地向广大学生和家长宣传校园安全法律法规。只有在思想上事先筑起一道法律防线,在出现问题时才不至于自乱阵脚、不知所措。

二是要切实抓好学生行为规范教育，培养学生良好的行为习惯。校园安全名目繁多，据不完全统计，有教学安全、食品安全、运动安全、消防安全、防踩踏、防溺水等20余种。学校一项一项地进行宣传教育是必要的，依法保障师生安全是学校的责任。但学校的工作不能仅限于此，学校的意义在于教化学生，帮助他们成人成才。换句话说，我们不能为了抓校园安全而忽视立德树人的根本任务。有研究表明，80%以上的校园安全事故是由于学生缺乏良好的行为规范引起的，他们或纪律观念不强，无视学校的相关管理规定自行其是；或行为习惯不好，安全意识薄弱，忽视或没有做好本该做好的事情，从而导致校园安全事故的发生。因此我认为，为安全而抓安全是治标，只有抓好学生行为规范教育才是治本。广大教育工作者通过艰苦努力，培养学生养成良好的行为规范，正是教育要做好立德树人的应有之义。

三是要建立健全校园安全工作责任制，全员齐心保安全。校园安全是个动态的艰巨任务，既不能一气呵成，也不能一劳永逸。无论是地方教育主管部门还是各级各类学校，都要把校园安全作为一项基础性工作抓牢抓实。其中，制度建设是重要的一环。在制度建设过程中，首先要明确学校各个层级、各个教学或工作岗位的安全责任和规范，不可跟着感觉走。如此，一旦发生校园安全事故，势必会出现责任不清、处罚不明的情况。其次要严格落实"管行业必须管安全、管业务必须管安全"的规定。对于地方教育主管部门来说，要通过合适的渠道，将事关校园安全的责任分解到当地各有关部门和单位；对于学校来说，要明确学校的任何工种和岗位都有相应的安全管理责任，一旦出现问题就必须调查深究。另外，学校还要以合适的方式，旗帜鲜明地明确学生家长对子女应尽的相应的安全责任和义务。如果孩子出了事家长就往学校和教师身上推，学校和教师将会承担不可承受之重，严重恶化地方教育生态。最后要切实抓好各种安全隐患的分析排查工作。要根据时间和任务的变化，经常性地对校内外可能的安全隐患进行排查，相关结果要记录在案并及时分析研判，据此采取有效的处理措施。

党的十八大以来，习近平总书记多次就安全生产工作发表重要讲话、作出重要指示批示，对安全生产提出了明确要求。他强调："各级党委和政府务必把安全生产摆到重要位置,树牢安全发展理念,绝不能只重发展不顾安全,更不能将其视作无关痛痒的事,搞形式主义、官僚主义。要针对安全生产事故主要特点和突出问题,层层压实责任,狠抓整改落实,强化风险防控,从根本上消除事故隐患,有效遏制重特大事故发生。"我们必须以习近平总书记重要讲话、重要指示、批示为指针和遵循,在做好校园安全各项基础性工作的同时,认真抓好校园安全宣传教育、学生行为规范培养和各项制度建设与落实,有效防范化解各类安全风险隐患,为实现教育高质量发展创造良好环境。

第四部分

# 行政管理篇

# 第90条
# 用共同价值观引领行业发展

　　我曾在广播里听到这样一则消息：上海迪士尼乐园的童话演员，每天戴着沉重的面具为游客表演，工作时间长、劳动强度大，工资待遇却不高，因为人们看不到演员的真面目，他们很难有出名的机会。按照我们的一般理解，这样的工作时间和强度，这样的工资待遇，是很难招到员工的；员工即使入职了，也干不了多久就会离开。事实上，报名者踊跃，尽管工作辛苦，但主动离职的却很少。即使是因为某种原因离开了，也很少有人会说乐园的坏话。于是，有游客感到好奇，问这些演员："为什么要坚持在迪士尼工作？"回答基本一致，就是他们热爱和享受这份工作。他们说，他们在通过表演给游客带来快乐的同时，也能给自己带来快乐，至于工资多少，并不是他们主要考虑的问题。

　　由此我联想到，有的教师之所以年纪轻轻就感到职业倦怠，经常抱怨工作辛苦、报酬不高，是因为他们只是简单地把教书当作一门谋生的职业，却很少能在教书育人的过程中找到自己的快乐。他们有心离职或跳槽，但总觉得好不容易得到了一个"铁饭碗"，就这样离开似乎又心有不甘，加上自身的专业素养和知识水平本来就不高，也没有更多的选择，所以只好得过且过。虽说这种情况未必普遍，但存在类似问题的教师确实不少，特别是在近些年来入职的部分年轻教师中，这种情况尤为严重。如果不被重视并且没有得到有效纠正，久而久之，这种萎靡之风就会逐渐弥漫开来，从而影响广大教师队伍的整体士气，教育要实现立德树人、培养合格的社会主义建设者和接班人的目标将会更加任重而道远。为什么在党和政府对教育工作越来越重视、教师待遇不断提升的当下，还有如此多的教师不满意自己的工作，更难以静下心来认真教书育人呢？这既与整个社会大环境有关，也与有的教育管理者和学校领导平时不注重对教师进行价值观引领有关。如果在对好教育、好教师的理解和执行上出现了偏差，教师在工作中就找不到幸福感和存在感，对教育职业自然就缺乏认同。县级教育行政部门的负责人要做的重要事情之一，就是努力在全系统重塑共同的教育价值观，用正确的教育价值观引领教育事业快速健康发展。

价值观，是人基于一定的思维感官而做出的认知、理解、判断或抉择，也就是人认定事物、辨定是非的一种思维或价值取向，从而体现出人、事、物一定的价值或作用。在阶级社会中，不同阶级有不同的价值观念。价值观具有相对稳定性和持久性。在特定的时间、地点、条件下，人们的价值观总是相对稳定和持久的。例如，人们对某种事物的好坏总有自己的看法和评价，在条件不变的情况下，这种看法不会改变。以当教师为例，如果一个人从小就向往教育事业，喜欢教师这门职业，在他真正从事教育工作后，尽管会遇到这样或那样的困难，但他对教育职业的热爱一般不会改变。价值观具有历史性与选择性的特点，在不同时代、不同社会生活环境中形成的价值观是不同的。一个人的价值观是在家庭和社会的影响下逐步形成的。一个人所处的社会环境及其所处的经济地位，对其价值观的形成具有决定性影响。当然，报刊、电视和广播等媒介宣传的观点以及父母、教师、朋友和公众名人的观点与行为，对一个人的价值观形成也有不可忽视的影响。价值观具有主观性特质，用以区分好与坏的标准，是根据个人内心的尺度来进行衡量和评价的，这些标准都可以称为"价值观"。通俗地讲，不同的人，因为家庭背景、教育背景、生活环境等方面的不同，对事物的认知和判断标准也往往不同。例如，有人认为衡量一个教师好坏的标准，就是学生能否在各种考试中考出好的成绩，其他方面都不重要；更多的人则认为，教师教育学生更重要的是引导学生塑造积极的学习态度和培养良好的行为习惯。

既然价值观如此重要，那么学校应注重培养学生哪些价值观呢？我认为，最重要的是明确好的教育是什么样子、好教师是什么样子。通过科学的评价体系，使教师真正做到看分数而不唯分数，注重学生的全面发展，从"分分计较"的困境中挣脱出来，静下心来教书育人，从而体会到教育工作本身的崇高和快乐。

　　好的教育要立足于发现人。教育的一项重要作用就是通过教育学生掌握和应用科学文化知识，从而提升智慧、启迪心灵、促进成长。我们都知道，每个学生都有他们的优点，也有他们的不足。单纯用分数来衡量，某个学生可能是差的；但用另外的标准来衡量，同样一个学生，他就可能是优秀的。教育要做的，就是用不同的尺子去发现每个学生的长处，并引导他们向有希望的方向去努力。分数只是诸多标准中的一项，我们不能只用这个标准去评价学生，同样也不能只用学生的考试分数来评价教师。

　　好的教育应立足于培养人。学生能否成人成才，与其个人的智力水平和努力程度有关，更与他所受的教育有关。同样智力水平和努力程度的学生，在不同的教育环境中，其发展的路径和所能达到的高度是不一样的。教育就是通过完整的课程体系和经常性的教育活动，为学生打下扎实的文化科学知识基础，帮助他们养成良好的行为习惯。要实现这样的培养目标，教师要有良好的专业能力和教学水平，他们与学生的关系也是教育教学工作取得应有成效的关键。与此相对应的就是，教育的立足点要放在建立良好的师生关系上。同样，我们在评价教师的工作表现和工作业绩时，也应该把良好的师生关系放在一个突出的位置。在此导向下，教师将不再对学生"分分计较"，也不至于为了某件小事而纠结甚至情绪失控，教育职业的幸福感也会由此而产生。

　　好的教育应立足于成就人。教育的最终目标是为社会主义现代化建设培养合格的建设者和接班人，这是党的教育方针对教育提出的明确要求，也是由教育自身的功能属性所决定的。在基础教育阶段，说学生成才还为时尚早，取得成就更要假以时日。在教育教学和日常的活动中，如何才能成就人？最重要的是注重培养学生的奋斗精神，使他们养成良好的使命担当，为以后成才、取得成就打下坚实基础。刻苦钻研科学文化知识固然值得鼓励和提倡，为了做好某项活动、从事某种兴趣爱好而废寝忘食、孜孜不倦也同样值得肯定。在成就学生的教育教学活动中，教师排除外界干扰、潜心教育教学、刻苦钻研业务无疑会取得良好的示范效果。因此，我们要通过科学的评价体系，引导教师养成良好的职业精神，塑造积极的人生态度，用教师的行为世范点亮学生奋进的灯塔。

　　我们要坚信"思想文化阵地，马克思主义、无产阶级的思想不去占领，非马克思主义、非无产阶级的思想就会去占领"。"学校的领导，首先是思想上的领导，其次才是行政上的领导"，无论是教育行政部门还是学校领导和教师，如果没有正确的教育价值观，就是办不好教育的，即使偶尔有些成绩，也走不远。要想让正确的教育价值观在教师的心中生根发芽，无论是县教育局领导还是学校校长，都必须有自己的价值自觉，即能够系统而有意识地思考自己行为的价值取向，清楚地知道用什么行为准则来开展自己的工作；有自己的价值自主，即价值观要有一致性和彻底性，尤其是在遇到问题或困难时，能坚持自己一贯的价值主张，不能说一套做一套。另外，要通过对重要事件、关键事件的处理来向全体教师昭示我们倡导的价值观，让他们看到：我们对外表述的主张，是我们深信不疑的；我们所做的工作，是符合我们所倡导的价值观的。重塑教师的教育价值观，宣传引导是必要的，但更重要的是，要通过对一个个重要事件的处理，来印证我们彰显的价值观，从而为教师提供良好的榜样和示范。这样，经过持续若干年的努力，教师们的教育观念、教育行为就会发生明显的变化，教育发展中的困难和问题也会逐一得到解决，从而为学校向更高的水平迈进、办好人民满意的教育奠定良好的基础。

　　2014 年教师节，习近平总书记到北京师范大学看望优秀教师代表时，用"四有标准"定义好教师。2023 年 9 月 9 日，全国优秀教师代表座谈会在京召开。习近平总书记致信全国优秀教师代表强调，要大力弘扬教育家精神。从"四有"好老师到"四个引路人"，从"经师"和"人师"相统一的"大先生"到"中国特有的教育家精神"，教育路漫漫，任重而道远。当然，并非每个教育工作者都能成为教育家，但我们可以强师德、弘大道，教学相长，在育人行动中践行教育家精神，努力成为学校放心、学生欢迎、家长信任的教师。作为新时代的人民教师，我们既要有对好教育、好教师的正确理解和把握，也要有减少短期行为和功利冲动的勇气，立志坚守教育一方净土。通过领导的榜样示范、细致的思想工作和建立科学合理的评价体系，在全系统营造一股争先创优的良好氛围，不断谱写办人民满意教育的新篇章。

## 第91条
# 学会抓住主要矛盾

按照辩证唯物主义的观点,社会的发展进步会面临许多矛盾。在特定的时期,在复杂事物自身包含的多种矛盾中,每种矛盾所处的地位、对事物发展所起的作用是不同的,总有主次、重要和非重要之分。其中必有一种矛盾与其他诸种矛盾相比较而言处于支配地位,对事物的发展起决定性作用,这种矛盾就叫作"主要矛盾"。正是由于矛盾有主次之分,我们在想问题、办事情的方法论上也应当相应地有重点与非重点之分,要善于抓住重点,集中力量解决主要矛盾。

县级教育行政部门受县委、县政府委托管理众多的学校和教师。由于学校数量多、教师队伍庞大,人员多了事情自然就多。可以说,县教育局领导很少有空闲的时候,光是应付各种会议就会让人感到分身乏术。事实上,不少县教育局领导整天就是在忙于应付各种检查、参加各种会议、处理学校或教师反映的问题。作为政府机构,县教育局对这些日常事务的及时有效处理无疑是必要的,但如果陷于其中而难以脱身,抓不住教育管理的主要矛盾,就容易陷入事务主义的泥潭而不能解脱,教育管理的效果就会大打折扣。

县教育局的主要职责是什么?或者说县教育局面临的主要矛盾是什么?对于这个问题,不同的人有不同的解答。我认为,尽管有许多事情看起来都很重要,像是主要矛盾,但从长远来说,起决定性作用的主要矛盾还是全面提高教育教学质量,其他的诸如校长队伍建设、教师专业成长、改善办学条件、保障师生安全等,归根结底都是为全面提高教育教学质量服务的。没有教育教学质量的全面提高,从某种程度上说,县教育局就失去了存在的意义,教育人也就缺乏挺直腰板儿的勇气。全面提高教育教学质量,既是由县教局的本质属性决定的，也是健康发展教育事业、办好人民满意的教育的必然要求。

应该明确的是，县教育局首先是行政管理单位，代表党和政府行使对各级各类学校的管理职能，确保党的教育方针政策和地方党委政府的决定在学校得到有效落实。其次是业务主管部门。教育系统的主要业务是什么？无疑是教育教学。抓好学校的教育教学工作，主要责任人自然是校长，但校长抓得怎么样、方向对不对、效果好不好？这些工作的成效由谁来监督？在现行体制下，普通教师监督不到，学生家长不会监督，省、市教育主管部门监督鞭长莫及，只能依靠县级教育主管部门来监督。如果县级教育主管部门把本地的教育教学工作放在一边，或者过于依赖中小学校长，没有充分行使检查监督的职责，那么这个地方的教育教学质量就会堪忧，乃至学校管理有可能是一团乱麻。

由此可以得出这样一个结论：县教育局抓教育教学，不是可抓可不抓的问题，而是要旗帜鲜明地抓，努力抓出成效。只有这样，才能坚持自己的主业，才能对校长形成压力，才能在全系统培育人人讲教育、个个思教学的集体文化。这种文化一旦形成，就会为全体教师营造一种抓教育、思教学的良好氛围。在这样的氛围中，教师们想得最多的是如何把学生教育好、如何把课上好、如何让学生学习好，此时离教育教学质量的全面提高就为期不远了。

基于以上认识，笔者在担任吉安县教育局局长期间，坚持对教育教学工作高度关注，始终把全面提高教育教学质量抓在手上、落实到行动上，主要做法如下。

1.充分发挥县教学研究室在教学上的指导和参谋作用。在县委的支持下，一是调整、充实县教研室班子，一名县教研室主任配备两名副主任，一名副主任分管中学部，一名副主任分管小学部。二是通过公开选调的方式配齐各学科教研员。教研员应该是老师的老师，在教育教学上必须有过硬的本领。三是为县教研室配备工作用车，县教育局从其他方面挤出经费，为县教研室购置了一部"金杯"牌七座小客车，主要为方便教研员集体到学校听课——全市各县(市、区)中只有吉安县教研室有小客车。四是建立兼职教研员制度，在全县中小学通过打擂台的方式，产生了近30名兼职教研员，每人每月发给岗位补贴200元。五是要求县教研室制订年度听课工作计划,县教学研究室成员要听全县所有学校、所有校长的课,每次的听课情况要向全县通报。六是教研室经审定后,所有的活动经费由县教育局予以全额保障。

2.建立校长、副校长、教务主任公开赛课制度。县教育局明确规定,除个别高中校长外,所有校长均要承担与其职称相对应课程的教学工作,所有校长上课不能搞特殊化,教学上与普通教师同等要求,考核上与普通教师一样排队。我经常讲的一句话就是:作为校长,如果教学成绩不如一般教师,讲话做事是没有底气的。为了推动校长等不同岗位的管理人员上好课,从2006年起,我就在全县建立了校长、副校长、教务主任公开赛课制度。每次赛课,我都会要求营造声势,邀请普通教师、社会各界人士到现场观摩,教育电视台全程录像。对在赛课中取得优秀成绩的校长、副校长和教务主任,我只要在本地都会出席颁奖,为他们披红戴花,获奖成果在《吉安县报》刊登。需要说明的是,赛课方案规定:假设某位校长赛课成绩优秀,但教研室成员到其任职的学校听课,该学校有教师因上课表现不佳被全县通报批评,则取消该校长获奖资格,只能颁发其优秀奖,这样就迫使校长们在自己上好课的同时,还要想办法让学校的教师上好课。在多种措施之下,校长们对每次赛课都严阵以待,对营造全县浓厚的教育教学氛围起到了积极推动作用。

3.经常深入学校参与教育教学活动。除了一些必须由主要领导参加的会议和活动外,一般的会议和活动我都安排分管局领导参加。除了处理好日常的行政事务外,我每周大约有一半时间在学校,深入课堂听课,与教师面对面交流研讨。我下乡有一个特点,就是很少一到学校就听校长汇报,而是不打招呼就深入课堂,有时听了两节课后,校长才知道我到了学校。其实,听了几堂课、与老师和学生进行了交谈,不用校长汇报,学校的情况我也掌握得差不多了。时间长了,次数多了,校长们都知道了我的工作风格,以至于有的校长多次向县教育局办公室的同志强调,倘若我下乡开展工作,一定要想办法提前通知他们。虽然我下乡的方式有点儿特别,校长、教师也会感到紧张,但我想都是为了工作,我也不是针对具体的人和事情,也就一直坚持了下来。当然,后来校长、教师都习惯了,也表示充分理解,甚至在我离开县教育局到市教育局工作以后,他们对那段紧张而愉快的时光还有所怀念。

无论是作为教育局局长还是学校校长，我都知道立德树人是教育的根本任务，更清楚教学是学校的中心工作。换句话说，全面提高教育教学质量应该是教育发展的主要任务。然而，由于全面抓教育教学质量太辛苦，也很难坚持，需要有"板凳坐得十年冷"的气魄；故在实际工作中，很少有人能耐得住这份寂寞，做着做着就不由自主地被其他事情分散了注意力，最后变成虎头蛇尾，效果自然也就难如人意。究其原因，还是领导或校长本人没有真正做到身体力行，把对他人的要求变成自己的自觉行动。事实上，领导的带头作用胜过千言万语，领导只有真正把自己摆进去，群众才会积极响应。教育是一项政策性、专业性较强的工作，尤其需要领导发挥好模范带头作用。

# 第92条
# 坚持有所为有所不为

县级教育局作为国家教育治理的重要机构，不仅承担着国家、省、市教育政策的落地职责，还要抓好当地党委政府对教育工作各项要求的贯彻和落实，可谓"上面千条线，下面一根针"，工作事无巨细。但如果主要领导每项工作都要亲力亲为，纵使每天不吃不睡，也难以把所有的工作都做好。为了提高教育管理工作效能，"有所为有所不为"就成为许多县教育局主要领导的工作宝典。

管理上"有所为有所不为"，但哪些工作应"有所为"，哪些工作应"有所不为"，却是仁者见仁，智者见智。

1.要在校长激励上"有所为"。苏霍姆林斯基指出："一个好校长就是一所好学校。"虽然实际情况未必全是如此，但没有一个好校长，是很难有一所好学校的。无论何时，校长都在办好一所学校的过程中起着决定性的作用。

一个校长能否管理好一所学校，有两个关键要素。一是校长有没有做好工作的强烈愿望，他的工作积极性高不高。一个以校为家、对工作高度负责的校长,即使他的工作能力和水平一般,他任职的学校也不会太差;反之,即使工作能力强、水平高,如果校长的心思不在正道上,他任职的学校肯定也是一团糟的。二是校长的工作能力和水平如何。工作能力和水平是变量,没有最好,只有更好。某个校长的工作能力和水平在某个时期可能不错,但随着时间的推移和形势的变化,如果该校长不加强学习、不提升自己,还是用老一套来管理学校,此时他的工作能力和水平就会受到质疑。校长的工作能力和水平的提高是个渐进式的过程,需要不断地学习和反复积累。在短时间内难以提高校长工作能力和水平的现实压力下,通过科学的制度设计,让校长有做好工作的强烈愿望,提高校长的工作积极性,就成为教育管理者的理性选择。我在担任县教育局局长的前两年里,在广泛征求意见的基础上,密集出台了《吉安县中小学校长管理办法》《吉安县中小学校长奖惩实施细则》《吉安县中小学年度考核评价实施方案》《吉安县中小学校长岗位技能提升管理规定》等一系列激励性文件,对充分调动广大中小学校长的工作积极性、提高他们的管理能力和水平起到了积极作用。

　　除此之外,有一件事每年我都会雷打不动地去做,就是与校长面对面谈心。我在全县中小学校长会上宣布,每个学期我至少与在座的每一位校长谈一次心。每学期开学前后,我都会事先确定几个主题告知各位校长,在谈心时校长可以自行选择某一个主题,谈自己的观点和实践体会,每次谈心约1个小时。谈心的形式多种多样,可以是问答式的,也可以是汇报式的,还可以是交谈式的。谈心有时候在县教育局局长办公室,有时候在被谈话人所在的学校。如果是在学校找校长谈心,我一般还会随机找学校其他班子成员进行一些交流,到师生中进行走访,从而印证校长所述内容的真实性。通过谈心,我对校长的思想动态和工作情况有了比较直观的了解,有利于发现问题,推进工作,提高工作效率,这一形式受到各位校长的高度重视和好评。

　　2.要在教师队伍建设上"有所为"。教师是办好学校的关键因素,有了一大批数量足够、质量合格的教师,才有可能使我们的教育承载起党和人民的重托。作为县教育局主要负责人,我每年在队伍建设上主要做好以下三件事。一是在广泛调查摸底的基础上,提出每年新招录教师人员的数量,在与县委编办、县劳动人事局反复商议后报县政府批准。由于部门之间看待问题的角度不同，每次招聘数量的确定，都会经过好几轮协商，甚至出现一些争执。与其他有关部门协商、向领导请示汇报，是一个单位主要领导责无旁贷的工作，如果此时假手他人，从某种程度上说就是失职，何况有些事情主要领导出面的效果要明显优于让分管领导四处周旋。二是千方百计地在入口端提高教师质量。从2006年开始，我省教师招聘原则上实行全省统考，面试则由各县（市、区）自行组织。为了确保面试过程中的公平公正，尽可能地把真正优秀的人员从笔试入围者中筛选出来，每次面试除了在程序上请纪委组人员严格把关外，所有主考人员都由县教育局与外地市有关教育局联系，请他们派出人员跨区域到我县进行组考工作。此项工作牵涉众多考生的切身利益，不能有半点儿马虎，因此每次教师面试工作我都全程参与、现场监督和协商解决问题。三是建立人才引进"绿色通道"。通过全省统一考试，招收一般性人才没有问题，但如果希望招收到一些毕业于名牌院校的学生，就必须有一些特殊的政策。经与县委编办、县劳动人事局、县财政局领导多次沟通，我们向县政府呈报了《吉安县教育系统引进优秀人才工作方案》。由于前期工作做得比较扎实，县政府很快就批准了这个方案，从2007年春季开始实施。这项举措在全省都属于先行先试，受到了省教育厅、省人社厅的高度关注，为此还派出专门人员到吉安县调研。此项举措为县立中学、县二中引进了一批部属师范院校的优秀毕业生，多年以后，这批教师大多数成了教育教学骨干。

当然，作为一个单位的主要领导，我需要重点关注的工作还有很多，这里不方便一一列举。对于哪些工作需要主要领导"有所为"，有一些基本原则：某件事必须由主要领导出面或承担责任的，主要领导应义不容辞；可以由分管领导做好的工作，原则上主要领导定好基调，具体工作就不应插手，此时就可以"有所不为"。例如，一般性的财务开支、学校招生、学生转学、基建项目的日常监管等，如果主要领导这也不放心，那也不放心，经常有意无意地过问，且不说分管领导是否会有意见，至少他工作起来就会缩手缩脚，主要领导也容易陷入事务泥潭，那么他用来思考大事、处理大事的时间自然就少了，这样不管是对于一个单位还是对于一个行业的发展来说都是不利的。

第93条
# 制度要立足于解决问题

在基本理顺开学各项工作后，2004年教师节后，我开始到各中小学校展开密集的走访调研。通过调研，我认为整个教育系统各项工作都比较正常，学校教育教学活动井然有序，但也发现了一些深层次的问题，引起了我的警觉和重视。

由于城乡工作生活条件的差异，在农村学校工作的教师要求调往县城学校工作的愿望十分强烈，在当时交通条件落后、没有乡镇工作补贴的情况下，更是如此。但是县城学校少，而农村学校众多，每年能调入县城学校的教师数量自然就十分有限。面对僧多粥少的状况，如何用一种较为公平的方式确定调入县城学校工作的人员，是社会各界和广大教师关心的一个热点问题，也是一个难点问题。

县城学校因工作需要，每年都要补充一定数量的教师，面向大专院校招聘是一种途径，从农村学校调入优秀教师则是主要途径。为了减少在县城教师选调中可能出现的不正之风，尽可能实现公平公正，从2000年起，每年县城学校进多少教师，必须事前报请县委、县政府同意。凡是县城学校所需人员均实行"凡进必考"，按考试分数的排序决定进城人员名单，此举让很多有真才实学的教师看到了希望，在实行之初受到了广大教师的欢迎和肯定。

但在"凡进必考"制度实行几年后，又出现了新的问题。一是骨干教师不愿挑重担。从"凡进必考"制度实施的头几年来看，能够在考试中胜出的多数是学校的骨干教师，而这些骨干教师往往又是学校教育教学工作的中坚力量。现实情况是，想进县城学校工作就要通过考试，而考试是以成绩论英雄的。虽然是骨干教师，但要参加考试，谁都没有必胜的把握，此时花大量的时间和精力去备考就成了其工作的首要内容。如果教师在学校任教毕业班或当班主任——这些工作都是费时费力甚至不讨好的活儿——他用在复习上的时间自然就少了。这样在"凡进必考"的大环境下，他的考试成绩就会受到影响，在竞争中处于不利地位。出于对现实的考虑，骨干教师不愿意挑重担。如果是个别现象，学校也可以通过内部调整予以克服，但如果有此想法的教师多了，学校也就没办法内部调整了，因此教学秩序和教学质量就会受到严重影响。遗憾的是，在调研过程中，我发现这个问题已经成了普遍现象。二是学科结构严重失衡。统计发现，通过"凡进必考"胜出的多数是学校的骨干教师，同样，能够考取县城学校的教师多数出自教育教学质量比较高的农村学校。由于制度设计的缺陷，选调工作造成了部分学校学科结构的严重失衡。例如，县城中学要招三个初中物理教师，考试结果出来后，有可能有两名甚至三名教师都来自同一所学校。因为教育教学质量比较高的学校，学风、校风往往都比较好，教师学习氛围也比较浓，教师如果参加考试，考取的比例自然就高。这样又带来一个不容忽视的问题：某个学校因为同一个学科几个教师的同时调出，可能从此就会走向没落。出现此种情况，明显与当初"凡进必考"制度设计的初衷是背离的，对农村孩子的健康成长也是不公平的。办好人民群众满意的教育，是要让每个孩子都受到良好的教育，是要办好每一所学校，不能以牺牲某个农村学校为代价来解决县城学校的教师紧缺问题。当然，要从农村学校选调教师，短期的影响任何时候都不可避免。教育管理者在做好工作的同时，有责任通过科学的制度设计，把其负面影响降到最低。三是学校管理效能受到挑战。县城学校"凡进必考"在一定程度上体现了公平公正的原则，但随之而来的过分注重考试结果的现象，令学校管理效能受到挑战：教师只要考试成绩入了围，无论他在原来学校表现如何(严重违法乱纪的除外)，学校都要放人。虽然根据人事管理规定，教师调出也要原任职学校签署意见，但只要这个教师不是太不像话，学校领导肯定也不会做这个恶人，纵使有一百个不情愿，也只好签字放行。长此以往，在教师中造成了这样一种误解：只要考试过了关，在学校表现差一点儿也没有关系。负能量累积到一定的程度，就是学校管理混乱的开始。

尽管"凡进必考"在实施过程中遇到了这样或那样的问题，但大原则必须坚持。换句话说，"凡进必考"的方向是对的，要让它发挥应有的成效，关键是要将实施方案加以修改和完善。在广泛调研和征求意见的基础上，经报县委、县政府领导同意，2005年春季，我主持将"凡进必考"实施方案进行了优化。主要内容是：将参加县城教师选调考试的教师成绩分为两块，第一块是"学校工作表现和业绩得分"，计50分，将工龄、校龄、职称、从事班主任工作年限、是否任教毕业班、是否积极参与学校事务性工作、教学成绩在县里和学校的排序、所受到的各种表彰奖励、职称年度考核等关键要素折合成一定比例的分数，在教师报考时由学校出具证明、校长签字后提交县教育局人事股。假设某年县城学校要选调30名教师(小学20名、中学10名)，在当年7月10日前县教育局发布选调公告，公告后若干时间内，有关教师将学校出具的现实表现和业绩证明报县教育局，县教育局组织人员审核后，在笔试前一周将所有报考教师的"学校工作表现和业绩得分"在县教育局机关院内公示。公示的结果，有的教师"学校工作表现和业绩得分"接近满分，有的只有区区十几分。第二块是教师参加考试成绩(以百分制计，然后折合成50分)，考试科目为教育政策法规、教育学和心理学。某位教师的"学校工作表现和业绩得分"与考试成绩相加之和，即该教师此次参加选调的总成绩。为防止过度选调而造成学校某学科空心化的现象，也尽可能多地给教师带来希望，方案还明确规定，同一个学校(小学以中心小学为单位、中学以校为单位)、同一门学科一次只能选调一名教师。方案在广泛征求意见、充分讨论后印发，自2005年7月1日起执行。

2005年暑期，县城学校从农村中小学选调了30余名教师。经精心准备、严格组织，两项成绩综合排序，8月20日选调结果正式出炉，所选调出来的都是在原学校勇挑重担、各方面表现优秀的教师，在全系统引起了极大的震动，弘扬了健康向上、有利于城乡学校可持续发展的正能量。2005年秋季开学后，农村中小学校长普遍反映，新的县城教师选调方案实施以后，教师争当班主任、争教毕业班、争做学校事务性工作情况的明显增多，校长再也不用为骨干教师不愿意挑重担而发愁了，可以腾出更多的时间抓教育教学。对于当时教师队伍建设中存在的问题，我没有组织开展专门的学习教育活动，更没有因为某些问题处理校长或教师，只是通过关键制度的变革就带来了超出预想的改变。由此我想到，制度应立足于解决问题，而不是使问题更复杂。

事实证明，县城教师选调改革是成功的，经过优化的方案确实起到了良好的导向作用。时至今日，吉安县的县城学校教师选调还是按照这个方案在运行。

## 第94条
# 改革要与校长利益挂钩

实事求是地说，吉安县教育系统的制度建设还是比较健全的。尤其是对于校长队伍的管理，更是出台了很多管理制度，对提高学校管理的科学化水平起到了一定作用。但从精神状态来看，很多校长显得不太开心，工作上似乎也提不起干劲儿，缺少一种做事的激情。带着疑惑，我与县教育局班子成员和部分校长进行了深入的交谈。

在交谈中，我注意到这样一个现象：吉安县的校长队伍素质总体比较高，用一般的水平来衡量是没问题的。但在县委、县政府提出吉安县的各项工作要"全市领先、全省争先、全面创先"的大背景下，校长队伍的问题就比较明显了。主要表现在：守成思想严重，争先创优意识不强；工作没有动力，缺乏激情，觉得干好干坏都一样；农村学校办学条件、交通条件差，校长自身的顾虑较多，因为孩子或老人无人照看等问题，校长自己或家属也有进县城学校工作的强烈要求。按照县城学校"凡进必考"的原则，校长进城要与普通教师一样参加统一考试。校长每天日常事务缠身，很难抽出时间进行系统复习。即使有幸考取了县城学校，多数校长到了新的学校后也只能作为一般教师使用，这样他们也会心有不甘。经调查摸底，有近三分之一的农村中小学校长夫妻双方都在农村中小学工作，有的在同一所学校，有的则分散在不同的乡镇。解决校长的后顾之忧，充分调动校长的工作积极性，是改变吉安县教育现状的关键。这就需要在广泛征求意见的基础上，通过对内部管理制度的重构，系统性地提出解决方案，这样的改革才是长远的，不至于"头痛医头，脚痛医脚"。

通过广泛调研，经县教育局班子会研究，并报县委、县政府领导同意，2005年秋季，对吉安县校长队伍的管理提出了以下改进措施。

1.优化学校目标管理考核方案，考核结果与校长的进退留转挂钩。县教育局派出三个工作组，深入不同的学校，广泛征求学校领导和教师对现有目标管理考核方案的看法，重点听取改进的意见和建议。根据收集到的意见和建议，县教育局组织专班对目标管理考核方案进行优化，变单一的学生升学考试成绩考核为学生全面发展的考核；将学校分为农村一类学校、农村二类学校、县城学校，分类设定考核标准和考核评优；将目标管理考核结果与校长的进退留转、教师的评优评先挂钩，对连续两年目标管理考核中被评为一等奖的学校实行特别奖励，在有职务空缺的情况下，校长可以要求到上一层次的学校任职，县城学校校长除继续留任外，在经济上给予重奖。如果某学校连续两年在同类学校中位列倒数第二名，除核减该校教师的评优评先指标外，所在学校教师不得报考县城学校，校长原则上要到下一层次学校任职或在原学校的职位降级。其他等级的考核结果也均有相应的奖惩规定，将学校目标管理考核情况与校长家属的调动挂钩。修改后的方案规定，如某校长任职的学校三年内有两年获办学水平评估一等奖或三年均为二等奖及以上，该校长的家属可以申请免试调入县城学校工作。

2.加强对新目标管理考核方案的学习宣传，在全系统营造一种争先创优的良好氛围。目标管理考核优化方案草案出来后，经县教育局领导班子会议研究，并报县委、县政府领导同意，印发至全县各级各类学校再次征求意见。同时，县教育局派出驻校蹲点干部深入各校听取学校领导和教师的意见。校长和教师在普遍感到意外和震动的同时，心中竞争向上、不服输的斗志和热情也被点燃。校长们一致表示，县教育局领导给了他们压力，也给了他们动力，还为他们提供了消除后顾之忧的方法，他们一定要努力工作取得优异成绩，对得起教师这份职业和肩上这份责任。2005年11月，在校长和教师热烈的议论和期盼中，新的目标管理考核方案印发执行。方案印发后，为使校长进一步领会精神、明确要义，县教育局还利用周末举办了专题培训班，由督导室主任进行全程宣传解读，县教育局领导做动员报告，起到了进一步搅动思想、提升士气的作用。

2006年6月20日—25日，县教育局组织了三个办学水平评估组，根据新的学校目标管理考核方案,分别对农村一类学校、农村二类学校和县城学校进行办学水平评估。同年7月底,考核结果公布。同年8月中旬,对个别校长进行了调整,对部分评估结果靠后的校长进行了诫勉谈话。2007年6月21日—26日,县教育局组织三个组,依据新的目标管理考核方案对上一学年各级各类学校的办学水平进行评估。同年7月底,考核结果公布。同年8月中旬,在多方听取意见的基础上,根据两年的办学水平评估结果,调整了10多名中小学校长岗位,有被提拔重用的,也有交流轮岗的,更有降级使用以观后效的。其中一名农村初中校长直接被提拔到县城中学担任校长,行政级别由原来的股级提拔为副科级,有两位校长家属免试调入县城学校工作,另外还根据考核结果兑现了奖金,这在以前是难以想象的。看到县教育局是动真格的了,校长和教师们都深受触动,一致表示,不能再做一天和尚撞一天钟了,再不努力,保不准下一次的调整就会落到自己头上。

要办好一方教育、办好一所学校,就要不断地修订、完善各项规章制度,改进管理方式。从某种意义上来说,制度修订、完善的过程就是提升管理绩效的过程,就是改革增效的过程。要坚持实事求是,充分发挥制度的引领、激励和导向功能,要增强改革的针对性,让改革直面问题。至于当事人是否关心和遵守制度,是否在乎制度的执行结果,其实也很简单,就是让制度与他的切身利益相挂钩,让改革在他身边发生。只有当事人意识到对制度的尊崇与否、对改革的态度和行动如何,将直接关乎他个人利益时,这样的制度才会有严肃性,才能让改革真正引起重视、取得成效。

# 第95条
# 善于争取各方重视和支持

从道理上来说,教育工作事关千家万户,事关下一代的健康成长,无论怎么强调、重视和支持都不过分。话是这么说,但教育作为一项育人的事业,具有长期性和复杂性。既然是一项长期而复杂的工作,短期内无论怎么重视,都是难以见到明显成效的。能否尽最大努力给予教育事业关心和支持,在一定程度上考验着地方党委政府领导的胸襟和情怀,考验着各相关部门和乡镇政府的觉悟,同时也考验着教育行政部门负责人的智慧。

改革开放以来,我国的农村义务教育管理体制从1978年到2006年基本实行的是"三级办学、二级管理";2006年6月《中华人民共和国义务教育法》颁布后,办学主体开始过渡到"以县为主"。办学主体的转变,在给义务教育健康发展带来巨大生机的同时,也造成了乡镇办学职能的弱化。如何有效调动乡镇政府办好教育的积极性,让更多的力量和资源助力教育事业的发展,是2006年《中华人民共和国义务教育法》实施后,摆在县级教育行政部门面前的一个课题。

2006年《中华人民共和国义务教育法》实施不久,县教育局就敏感地意识到,随着农村义务教育"以县为主"管理体制的确立,乡镇政府势必有一种如释重负之感。如果没有相应的考核评价机制,乡镇政府就有可能从原来的"管理者"变成"旁观者",这种情况一旦形成气候,到时再纠正就比较困难了。事实上,要办好农村教育,离不开乡镇政府的关心和支持。为了营造全民关心、重视、支持教育事业发展的良好氛围,就要充分调动乡镇政府参与地方教育工作的积极性。2006年秋季,县教育局向县政府提交专题请示,要求从2007年开始,由县政府教育督导室牵头,对各乡镇政府履行教育职责情况进行考核评估,将评估结果纳入县委、县政府对乡镇年度考核指标体系。收到县教育局的请示后,县委、县政府高度重视,专门听取了县教育局的汇报,指示进一步优化方案,并广泛征求乡镇政府和县直有关部门的意见,完善后提交县政府研究。

接到领导指示后,县教育局立即召开专题会议,进行传达布置,对优化考核评估方案做了责任分工。2006年,从全国范围来看,县政府对乡镇政府履行教育职责进行督导评估的地方不多,因此可供借鉴的经验也有限。为了加快农村教育的发展,我们不能等其他地方出台了完整的、可供借鉴的具体做法后,再来完善考核方案、启动对乡镇政府履行教育职责的考核评估工作。经过商议,我们决定采取摸着石头过河的方法,先出台试行办法,然后在实践中听取意见，不断完善。当时我们认为，首先要明确的问题是实行新的教育管理体制后，乡镇政府应该做什么、可以做什么。对此，我们把它们归结为"有钱出钱、有力出力"，分必做项和加分项。例如，把校园周边环境整治、防范化解校园风险、解决学校项目建设用地等作为必做项，而把对所在学校给予物质或经费支持、为学校争取外来援助等作为加分项，这样就可以把复杂问题简单化，在征求意见时得到大多数乡镇政府的理解和支持。其次是如何考核、什么时候考核。经过商议，大家认为：教育工作牵涉面广，应由教育、财政、国土资源、规划建设、安全生产等部门组成考核组，考核时间一般在年底，可以单独考核，也可以与其他考核合并进行。考核时应多看实绩，少听汇报与材料。最后是占分多少的问题。教育工作固然重要，但并不是说其他工作就不重要，教育工作考核在县委、县政府对乡镇的综合考核中占比为3%～5%比较合适。把以上几个关键性问题厘清后，县教育局向县政府呈报了《吉安县乡镇人民政府履行教育职责考核评价方案》。因事前工作做得比较扎实，方案很快得到批准，并于2006年底由吉安县人民政府办公室印发，从2007年1月1日起执行。

由于将乡镇政府关心支持教育事业纳入了考核评估，加上吉安县历来有尊师重教的优良传统，在新的教育管理体制实行后，吉安县乡镇政府关心支持教育事业的热情不减反增。例如，油田镇政府鉴于原来的油田中学位于村庄中心，不但进出不方便，而且办学条件简陋，在时任党委主要负责人的倡导下，镇党政联席会议做出决定，暂缓修建政府大楼，省出来的钱用于择新址新建油田中学，最后在各方关心支持下，选址定在油田镇政府附近。经过两年建设，一座占地60余亩、建设面积近1万平方米的新校区落成。新的油田中学规划合理，教学和生活以及办公设施完备，是当时吉安市条件最好的乡村学校之一。为建设新的油田中学，镇政府总计投资接近1000万元。虽然后来油田镇党委政府主要领导几经易人，但关心支持教育工作的热情不减。例如，积极推动油田中心小学从拥挤的村庄中迁到镇政府所在地，带领镇党委政府一班人负责做好征地拆迁工作，同时为新小学建设提供资金支持。再如，原来高塘小学面积狭小，难以满足教学需要，临近的高塘建筑公司占地约30亩，地理位置优越，由于企业经营困难，公司已经基本解体。对于公司资产的处置,所在的敦厚镇政府内部有两种意见:一是拍卖;二是划拨给高塘小学建新校。如果拍卖,敦厚镇政府可以得到一笔不菲的收入。2008年春,县教育局和高塘小学向敦厚镇政府提出高塘小学扩建的愿望,时任镇党委书记表示,宁愿镇政府过紧日子,也要帮助学校解决发展面临的困难。随后,敦厚镇政府很快做出决定,全力支持高塘小学在高塘建筑公司原址上新建。在敦厚镇和县教育局的共同努力下,一年后,新的高塘小学建成并投入使用,原来的高塘小学旧址改为乡镇中心幼儿园。新的高塘小学建成后,教学、生活条件大为改善,很快就有了上千名学生。这一方面方便了附近百姓子女入学,另一方面为缓解县城学校的入学压力做出了较大的贡献。

在吉安县,不仅乡镇政府对教育事业大力支持,县直各有关部门更是对此倾情相助。在政策允许的范围内,要人给人,要钱给钱,各有关部门都把支持教育事业健康发展当作自己的职责所在,化作自觉的行动。例如,各地都有一定数量的教育附加费,但每年教育附加费有多少、如何使用,有的县级教育局是没有多少发言权的。但吉安县财政局每年都会主动把教育附加费的征收情况向县教育局通报,从不私藏或挪用。每次教育附加费的安排,都是先由县教育局根据实际需要提出使用意见,在与县财政局领导会商后,报请县政府领导批准后实施。即使县委、县政府主要领导对教育附加费有安排意向,也会主动征求县教育局和县财政局的意见,个人从不事先表态。如果领导没有强烈的政策观念和深厚的教育情怀,是不可能这样做的。

教育是重要的民生事业,仅靠教育部门单打独斗难以办好。县级教育行政部门在做好日常工作、抓好教育教学主业的同时,要采取有效的形式和方法加强对教育政策法规的宣传,在各级领导头脑里筑牢依法治教的理念;要做好平时的请示和汇报,让领导知晓当前和未来一段时期教育工作的重点和难点;要做好与领导的信息共享。领导虽然在思想上重视教育工作,情感上关心教育工作,但毕竟他要处理的事情并非教育一个部门,教育发展有关方针政策、动态等他未必清楚,这就要求教育行政部门的负责人善于与领导分享教育发展的重大信息,在不断地分享中把自己关于教育发展的想法变成领导的意志,这样在方针政策的推进过程中就容易减少阻力,取得事半功倍的效果;平时要加强与乡镇政府和有关部门的沟通协调,互相之间建立感情和信任；要争取党委政府的支持，建立起支持教育发展的工作机制，形成教育合力。这些工作做起来要有方法和耐心，要求教育行政部门主要负责人既要抓好自身的教育管理各项工作，又要主动放低姿态，积极作为、善于作为、长久作为，必要的机制建设必不可少。一个地方如果形成了关心支持教育发展的合力，就会产生推进教育事业良性发展的磅礴力量。

# 第96条
# 家校合作应注重实效

2017年10月的一天，我走访了某县的一所乡镇中心幼儿园。进入幼儿园，我就被教室外面的布置所吸引，只见许多由孩子们动手制作的小玩具、小动物、儿童画等作品，整齐地悬挂在幼儿活动区的墙壁上。孩子们在教师的带领下，在教室做着游戏，看样子十分开心。我问陪同的园长："孩子们每月保教费多少，现在幼儿园还有什么困难？"园长回答我："保教费按县里规定的标准收取，幼儿园最大的问题是招生，许多孩子没有到中心幼儿园来，还是在镇里的民办幼儿园入园。"当时中心幼儿园只有100多名幼儿，但按建设规模和办园条件，可以容纳300名幼儿。我问了随行的县教育局负责同志，这种情况在全县是个别现象还是普遍现象，他回答比较普遍。我又接着问幼儿园的园长："幼儿园办园条件好、保教工作规范、收费也不高，为什么家长还不愿意把孩子送来？幼儿园有没有邀请家长到学校开展相应的活动？"幼儿园园长告诉我："幼儿园会邀请家长来校参加亲子活动。"我又问："只限于在园幼儿家长吗？其他非在园幼儿家长有没有邀请？"他回答："只是邀请在园幼儿家长，其他的非在园幼儿家长并没有邀请。"我马上对他说："问题可能就出在这里，幼儿园虽然办得好，但广大家长不了解，加上民办幼儿园平时的宣传造势，即使国家花了这么多钱建了乡镇中心幼儿园，配备了一定数量的公办教师，家长由于不知情，出于惯性思维，他还是把孩子送到民办幼儿园。"如果大家都这样,乡镇中心幼儿园生源不足就在所难免,而其他条件相对较差的民办幼儿园却办得红红火火,这对有限的公办教育资源来说是一种浪费。

在返回县城的路上,我与该县教育局负责人讨论了这个问题。我们的中小学校长大多很努力,但有的学校社会认可度高,有的学校即使办得好,百姓也少有知晓。随着网络、手机的大量普及,社会上不同教育思潮的涌入,不少家长对孩子的教育有自己的理解。当学校教师对孩子的教育与他心目中的教育理念发生冲突时,他的本能感觉就是学校或教师不对,尤其是孩子在学校犯了错误受到惩罚后,家长的反应就更加激烈。其实,家长并不是教育领域的专业人员,我们并不排除有的家长对教育很有研究,他对孩子的教育引导也是成功的,但大多数家长对孩子教育的理解都是碎片式的,平时聊天儿没有问题,但要真正应用于对孩子的教育,可能就很难行得通。作为教育专业人员的教师,他们大多数有正确的教育思想和先进的教育理念,但这种思想和理念只存在于他们自己的头脑中,教师所在的学校也没有把这些教育理念总结、提炼出来,利用不同的场合与家长进行分享;对学校办学的理念和成就,也没有进行系统的宣传。要知道,从理念变成行动,需要一个漫长的过程。如果学校平时不注意与家长有效沟通,在孩子的某个教育事项上发生冲突时,教师再来说一些教育的正确理念或道理,引导家长对孩子的教育应该怎样、不应该怎样,家长在心里是抗拒的,教师说得再多也没有用。因为在问题出现以后,人们容易被情感左右而失去理智。可以这样说,无论是招生办学的问题还是对孩子教育冲突的问题,从本质上来说大多是平时沟通不到位的问题。加强对学校办学理念和成效的宣传,注重与家长平时的沟通交流,在很大程度上会影响一个学校的形象,关乎一个地方的教育生态。市、县教育主管部门和各级各类学校应把家校合作作为一项重要工作抓紧、抓好。

首先,要认清家校合作的必要性,变被动接受为主动担当。诚然,当前大部分学校对家校合作抱着开放的心态,但也有学校担心这样会影响学校的正常教育教学秩序,因此带着一定的抵触心理。然而从古至今,越来越多的理论研究和实践表明,家庭教育和学校教育各有优势和短板,孩子的健康成长是二者相互协作的结果，单靠一方面的力量难以成就一个完整的、全面发展的人。从某种程度上来说，良好的家庭教育是许多孩子走向成熟、迈向成功的基础。基于此，学校一定要认清家校合作的必要性，变被动接受为主动担当。

峡江县在这方面就做了有益的探索。从 2016 年起，峡江县基于部分家长对学校工作不够理解、不够支持，甚至有时干扰的实际情况，在全县推进家校社深度合作。县委、县政府把家校社合作作为未来三年的教育改革攻坚工程，出台了一系列鼓励支持家校社合作的政策措施，县教育局制定了具体的实施方案，县教育局主要领导亲自布置、亲自调度、亲自总结推广。例如，峡江实验小学是一所有 4000 多名学生的学校，在家校社合作活动普遍推进之前，每年都有一些学生家长因为孩子的问题来学校找教师，影响了教师的工作安排。家校社合作活动开展以后，学校主动打开校门，邀请学生家长参与学校活动——诸如学生年度活动安排、学生奖惩条例的制定、校服及辅导资料的征订、相关活动费用的收取、师生考核评价、年度总结表彰等活动。除此之外，学校还定期举办家庭教育专家报告会、家庭教育经验交流会、家庭教育家长知识竞赛等活动。通过多种活动和深入细致的思想宣传工作，家校关系大为改观，主动参与学校活动的家长多了，主动理解支持教师的家长多了，主动帮助学校解决具体问题和困难的家长多了，很多原来看似难解的问题，随着家校社合作的深入，已经变得不再是问题。2018 年 4 月，市教育局在峡江县召开了推进家校社合作现场经验交流会，在与会人员参观峡江实验小学期间，许多学生家长主动到学校内外维持秩序，不少家长把家中的特产带到学校，在学校现场制作美食，无偿分发给与会人员；还有的家长主动向参会人员介绍学校近期开展的工作和自家孩子的变化，喜悦之情溢于言表。峡江县教育局刘局长说，在开展家校社活动之前，每年都有不少人到学校和教育局吵吵闹闹，活动开展后这种现象基本上没有了。

其次，要及时捕捉家长需求，提升家校合作的针对性。在家校合作中，学校除了要做好"规定性动作"外，还要及时捕捉社会热点问题中蕴含的教育因素，针对家长群体中的普遍需求及时进行引导和帮助。例如，吉安师范附小的一位老教师，发现所任教班级的学生升入三年级后，很多家长都悄悄给孩子报了课外文化补习班。她就利用家长会的契机，分析了学生参加课外文化补习班进行超前学习的弊端，并通过课堂实录让家长了解课标要求和自己的教学设计，还指导家长通过亲子阅读、亲子社会实践等方式，引导学生爱上阅读，丰富精神体验。在这位教师的积极引导下，她带的两个班几乎没有学生再报课外文化补习班，学生的学习成绩也没有受到影响。

再次，要综合运用传统和现代手段，提升家校合作的实效性。以家校沟通为例，在信息化时代背景下，学校既要灵活运用QQ、微信等现代技术手段，提升家校互动的即时性和互动性，也要认识到家长会、家访等传统方式在家校沟通中不可取代的价值，并且充分加以利用。例如，浙江省杭州市公益中学校长潘志平自2002年起，坚持每个月给家长写一封亲笔信，根据自己的教育感悟和教子经验，提醒家长在不同时间点关注孩子的不同需求。同时，学校还针对家长回信中反映出的普遍困惑，组织专家、校长、学生、家长四方会谈，共同聚焦问题的解决。"亲笔信"的魅力拉近了学校和家长的距离，真正架设起家校沟通的桥梁。"亲笔信"听起来好像很传统，但因为倾注了校长的心血，而且长期坚持，故能取得意想不到的教育效果，值得校长们学习借鉴。

最后，要推动家长的深度参与，实现家校共赢。在家校合作过程中，学校不应仅仅把家长作为外部资源加以利用，还要对家长进行有效反哺，使其在深度参与家校合作中获得成长。例如，吉安县特殊教育学校有200多名学生，这些孩子因为身体残疾而普遍存在自卑心理。学校在前后两任校长的带领下，通过举办分组达标活动，不断鼓励学生。在达标活动汇报演出时，主动邀请学生家长到现场助威，县内新闻媒体进行现场报道。家长们看到自己的孩子在学校的教育下，无论是在口头语言还是在形体活动方面都进步很大，感到十分高兴。汇报会后，学校又借此机会向家长宣传普及特殊儿童的教育陪护知识，鼓励他们放下心理压力，勇敢面对现实。其实，与特殊孩子一样，家长们因为有一个特殊孩子，他们的心理负担也是相当重的。听了专家介绍和教师开导后，有的家长当时就泪流满面，甚至当场泣不成声。会后，教师安慰家长们说："没事，哭出来就好了。"对于学校的关怀和良苦用心，家长们十分感动，经常有家长到学校主动为特殊孩子洗衣服、打扫卫生，到食堂帮忙。他们说,到学校做些公益,既能看到自己的孩子在学校的一天,又能帮助其他需要帮助的人,是一件很有意义的事情。

对于教育工作者来说,家长的诉求和心声,对学校既是压力,也是难得的资源。新时期的教育工作者要以开放的姿态、实事求是的态度、热情周到的服务,通过一项项具体的活动,把压力转化为办学资源和动力。推进家校深度合作,就是拓宽办学资源、化压力为动力的有益尝试。

## 第97条
# 选优配强学校领导班子

要办好一所学校,学校领导班子是最关键的因素。一个好的领导班子,可以最大限度地调动教师工作的积极性,发挥学校既有资源的最大优势,把很多看起来不可能的事变成可能。当然,如果某个学校领导班子不得力、战斗力软弱涣散,学校的各项工作可能就是一团乱麻,教育教学质量必然也好不了。人民群众对教育是否满意,其实在很大程度上体现为他们对学校是否满意,他们的孩子在学校能否受到良好的教育。如果答案是肯定的,他们对教育就是满意的。反之,他们可能就不满意。乍听起来,似乎此观点过于绝对,但大多数人是在凭感性而非理性来认识这个世界的。当众多的不满意汇集到一起时,就会形成一种舆论场,从而给地方教育行政部门带来巨大的压力。所以,能否选优配强学校领导班子,不仅事关某个学校的兴衰,也直接关系到社会是否和谐稳定。

怎样才能选优配强学校领导班子? 我的体会是: 文化引领,制度说话。

所谓"文化引领",就是县教育局要通过各种形式在全系统营造一种"贯彻党的教育方针、全面提高教育教学质量"的良好氛围,县教育局领导的主要精力要用在教育教学上,并围绕"贯彻党的教育方针、全面提高教育教学质量"修订和完善各种规章制度。局领导在工作时间安排和教育资源分配上,要向全面提高教育教学质量倾斜，做到"任尔东西南北风，全面发展不放松"。当全员抓教育教学在系统上下成为一种潮流后，大家就会把全面提高教育教学质量作为一种自觉的行动。反之，将有可能会不合群、不入流，甚至会被其他人所鄙夷。当然，要形成这样一种风尚，主要领导的作用是至关重要的。如果主要领导无论是到学校检查工作还是大会小会，都把"贯彻党的教育方针、全面提高教育教学质量"说在嘴上、抓在手里，只要有时间或者机会，就去了解学校对党的教育方针的落实情况，深入师生当中了解全面发展的实施情况，对发现的问题和偏差及时做出处理，对做得好的学校或个人大张旗鼓地予以表扬，久而久之，就会在全系统形成一种气候，从而慢慢形成一种文化。

在全系统营造"贯彻党的教育方针、全面提高教育教学质量"文化，还有另外一个含义，就是让广大教职工明白：教育的根本任务是立德树人，教师的作用是行为示范，学校要关心爱护每一个学生，让每一个学生都成人乃至成才。在教育学生成人成才的过程中，每一个教育工作者都有各自神圣的责任。学校领导班子作为教师的领导者，更应在其中起到突出作用。在"贯彻党的教育方针、全面提高教育教学质量"的大背景下，学校领导必须是想干事、能干事、干成事的人。如果想着当了学校领导就可高人一等或者便于获取私利，在吉安县的学校大概率是行不通的。换句话说，如果没有为人民服务、为学校发展进步而努力奋斗的思想，就不要也不太可能坐到学校领导的位置。

所谓用"制度说话"，就是学校领导班子的进退留转，不能凭县教育局领导的主观意志，而要用制度规范。一是用条件选人。学校领导班子成员特别是校长的提拔、重用必须符合一定的条件，如提拔为校长，原则上应担任副校长三年以上，提拔为副校长，原则上应担任中层干部三年以上，不符合条件的非特殊情况不予安排。二是用成绩说话。例如，某小规模学校的校长要调到某大规模学校担任校长，他所任职的学校，"年度办学水平评估"必须为"二等"及以上，本人教学成绩位列所在学校的前三分之一。三是负面清单。通过广泛调研并征求意见，县教育局出台了《吉安县学校领导班子成员交流使用负面清单》，通过个人申报、民主评议、组织审核、公示监督的方式，确保清单的完整性和真实性。每年暑期开始前，学校领导班子成员均须填写负面清单，经过规定程序后由教育局人事股备案。在遇有学校领导交流轮岗时，该清单发挥了重要的作用，受到了大多数人的认可和好评。四是建立后备干部库。为了防止出现学校领导干部青黄不接的现象，提高干部管理和使用的科学化、规范化水平，从 2007 年开始，吉安县教育局就建立了后备干部培训制度。每年通过一定的程序产生学校中层干部和校级干部的后备人员队伍，人数分别在 50 人和 30 人左右，进入后备干部序列的人员要定期参加学习和培训，写出年度工作总结，参加必要的业务考试，所有后备干部的相关表现均记录在案备查。

当然，对于学校领导班子的配备和管理，县教育局自然要遵守组织部门的相关规定。吉安县教育局只是在此基础上做了一些拓展和创新，并在执行过程中不断优化和完善。事实证明，吉安县教育局在选优配强学校领导班子方面的做法是成功的。到目前为止，10 多年过去了，当年选配出来的学校领导班子，还有相当一部分活跃在学校领导岗位上，对吉安县教育的健康可持续发展起着重要作用。

# 第98条
# 建设学习型教师队伍

人们常说，办好一方教育，教育局局长是关键。同理，要办好一所学校，校长的作用举足轻重。校长怎样才能办好一所学校？除了良好的思想品德这个基本要素外，还有两个关键因素：一是校长要有办好一所学校的强烈愿望，工作积极性高、主动性强；二是要有科学有效的学校管理方法。调动校长的工作积极性，可以通过制度激励和人文关怀等措施来实现，这一点县教育局已经做了有益的尝试，从运行的情况来看，效果还不错。如何让校长掌握科学有效的学校管理方法，提升管理效能？不是简单地修订几项制度、办几件实事就能实现的。一方面，校长需要不断地加强自我学习，不断在工作中总结和反思；另一方面，教育主管部门也要有意识地加强学习培训和工作经验交流，为校长提供学习交流的机会和平台。注重内因和外因的有效结合，校长队伍才能快速成长。

一是创新培训举措，提升校长的综合素质。从2005年暑期开始，在县委、县政府领导的重视和有关部门的关心支持下，吉安县教育局每年确定一个学校管理主题，先是要求校长根据自身的管理体会写出书面材料，在规定时间交到县教育局办公室装订成册；随后，县教育局组织全县所有的中小学校长和局机关股室负责人，选择一个地级市，找一个宽敞安静之处，封闭研讨交流一个星期。研讨班的主要议程为：校长就某个主题分组交流发言，邀请知名专家授课，对校长的交流发言进行评奖、颁奖，到研讨班所在地先进学校实地参观考察。就这样，年复一年，我担任吉安县教育局局长近10年，这样的研讨活动开展了9年。2012年，第八期吉安县学校管理研讨班在江西师范大学学术交流中心举办。当时省教育厅一位副厅长听说吉安县连续8年举办这样的研讨班后，大感兴趣，到研讨班为校长们授课，在参加研讨的人中引发了极为强烈的反响。

记得第一年举办学校管理研讨班时，有的校长对此不以为意，有的校长甚至认为跑这么远去研讨纯粹是劳民伤财，即使是在教育局领导班子内部也有不同的声音。对此，我坚持了我的观点：每个校长都有办好学校的强烈愿望，但光有良好的愿望，没有科学有效的方法，最后无论怎样努力，其结果都是心有余而力不足。某一个学校办好了，只能惠及少数人，只有每个学校都办好了，才能惠及全县的干部群众。举办这类研讨班，就是大家一起来探讨新时期的学校究竟应该怎样办，怎样才能办得好。研讨班不仅要办，而且要年年办下去，要办得一年比一年好。在县教育局领导班子统一思想认识后，我又向县委、县政府领导做了汇报，得到了他们的充分肯定和大力支持。就这样，在怀疑和期盼中，研讨班如期开办，第一期办班地点在吉安市，然后是新余、宜春等地，9年内研讨班分别在江西省的9个地级市举办。事实证明，持续不断的学习研讨是有效的，自2009年至今，吉安县的教育各项指标都在全市位列第一方阵，一支高素质的校长队伍起了至关重要的作用。

　　二是自主学习与集中培训相结合，提升师德师能。2005 年，吉安县的教师队伍在构成上主要由三部分组成：一是以吉安师专毕业生为主体的中学教师；二是以吉安师范学校毕业生为主体的小学教师；三是由民办教师转编的教师，有的转编后到吉安师范学校学习了两年，后期政策收尾阶段转编的，则直接转为公办教师，这些教师年龄偏大，大多留在村小或教学点，少部分在乡镇中心小学。民师转编教师，大多数都是本乡本土人，归属感相对较强；在师德上，由于多数为师专或师范毕业后直接分配的，对教育事业的认同度普遍较高，混日子的教师相对较少。尤其是由民办转为公办的教师，他们十分珍惜教师这份职业，大多数工作认真负责、兢兢业业。但由于社会转型快，不少教师对社会上发生的变化难以适应，对职业前景感到迷茫；在师能上，多数教师知识功底比较扎实，但教学方式和手段普遍比较落后；对逐渐深入课堂的现代教育技术装备不敢用、不会用、不想用，习惯于在课堂上满堂灌，教学效果较差，在农村中小学这种情况更为突出。2006 年以后，高校大规模扩招后的学生开始陆续毕业，国家对高校毕业生已不再包分配，提倡自主择业，教师的来源和构成趋于复杂：外地教师、非师范类学生开始增多，女教师比例大幅攀升。2010 年前后，新招录的教师中，女教师的比例在 80% 左右。这些新教师思维活跃，接受新生事物快，但受各种因素的影响，不少人对教师职业的忠诚度也随之急剧走低；在教学业务上，多数教师专业功底较差，有的教师没有接受过系统的专业训练，虽然他们头脑活跃，接受新生事物快，但教学能力和水平普遍不如 2005 年以前的教师。如何加强新时期的教师队伍建设？吉安县的做法是：无法管住宏观，就必须管好微观；无法改变大环境，就要想方设法营造良好的小环境；无法改变世界，就设法改变自己。具体的做法之一就是通过一系列的政策举措，调动广大教师学习提升的热情，建立一支学习型的教师队伍。

　　从 2005 年开始，县教育局每年为全县所有教师配发一本通用学习教材，要求各级各类学校认真组织学习，通过校内开展活动检验学习成效。自2007 年开始，县教育局规定凡年龄在 50 岁以下的教师，都要在暑期到县城集中参加考试，校长也必须参加，但另外出题、另设考场。刚开始对教师进行通用知识(主要为教育政策法规、教育学、心理学知识)考试时，不少教师人虽然到了考点，但抵制考试，不进考场，有的甚至在网上发帖表示反对。我不为所动，坚持按要求组织考试，考试成绩及格以上的在全县通报，不及格者单独告知校长，由校长对其进行约谈。校长考试的成绩则在全体校长会上通报。到2008年时，由于加强了解释宣传工作，教师们的抵触情绪没有以前那样强烈了，开始逐渐适应统一考试。从2010年开始，由学校统一组织，下一年任教毕业班的教师集中做毕业班的升学考试卷。说实话，刚推行教师学习考试的做法时，教师们对我有不少抱怨，但我坚信学习是有用的，只有优秀的教师才能培养出优秀的学生，才有较高的教育质量。也许我要求教师们加强学习，一年两年显现不出效果，但若干年后效果肯定会显现，而且往往会出人意料。从2009年开始，吉安县的教育各项考核指标就稳居全市前列、全省第一方阵就证明了这一点。

# 第99条
# 用地方特色文化育人

2006年4月25日，《教育部关于大力加强中小学校园文化建设的通知》(教基〔2006〕5号)发布文件要求，各级教育主管部门和各级各类学校要高度重视校园文化建设：一是全面开展校风、教风、学风建设；二是组织开展形式多样的校园文化活动；三是重视校园绿化、美化和人文环境建设以及组织开展好"中小学弘扬和培育民族精神月"活动。2007年春季，各项工作已经基本理顺，在努力改善学校办学条件、整顿教育教学秩序的同时，我开始关注校园文化建设，教育部所发通知给了我工作上的指引。

吉安县是井冈山革命根据地的重要组成部分，也是"井冈山精神"的发祥地之一，还是著名的"将军县"。吉安县的校园文化建设应该怎么搞？怎样才能体现吉安县特色，不至于在校园文化建设的大潮中迷失自己？县教育局组织部分机关干部和中小学校长到外地参观学习，回来后进行了多次讨论。大家普遍认为,校园文化建设不能盲目跟风随大流,要充分考虑吉安县光荣的革命历史,传承红色血脉,发扬革命传统。具体就是提倡"以井冈山精神办学,用红色文化育人",这是一项复杂而又十分有意义的宏大工程,需要精心规划和设计,一步一个脚印地精心组织实施。

一是要结合学校实际诠释好"井冈山精神",找准教育工作的落脚点。

1.关于"坚定执着追理想"。

(1)理想(目标):为党育人,为国育才。成就学生,成就教师,成就学校。

为党育人,为国育才。要全面贯彻党的教育方针,全面实施素质教育,培养德智体美劳全面发展的建设者和接班人。

成就学生:要深入了解学生、关心学生,帮助不同学生确立不同的发展方向、明确不同的奋斗目标;要关注学生的身心健康和长远发展,帮助学生养成良好的习惯和品行。

成就教师:要把教师师德修养摆在教师队伍建设的第一位,要着力提升教师的专业水平,帮助教师实现发展目标。

成就学校:要客观分析学校的现有状况,确立学校的近期目标,规划学校的远期愿景。

(2)坚定执着:不管碰到什么问题和困难,都要勇于积极面对,要有拼劲儿和韧劲儿。

(3)追:要有"一万年太久,只争朝夕"的紧迫感,要积极行动起来,时不我待,不等不靠。

2.关于"实事求是闯新路"。

(1)实事求是:要结合学校的发展、人文、地理现状,制定可行可核的发展措施,并持之以恒抓好推进落实。

(2)闯:克服各种艰难险阻,在困难和逆境中走出自己的发展路径。

(3)新路:把"立德树人"摆在教育工作的首位,认真作好"培养什么人、为谁培养人、怎样培养人"这篇大文章;要加强思想引领和专业指导,推进课堂教学改革,在全面实施素质教育上创新举措。

3.关于"艰苦奋斗攻难关"。

(1)明确难关在哪儿。要全面提高教学质量,加强教师队伍建设,抓好学生行为规范和安全教育,推进素质教育,创办学特色。

(2)怎样攻难关? 一要有务实和吃苦的精神,做好长期吃苦的思想准备;二要奋斗,要有良好的精神状态,要有自强不息、百折不挠的革命斗志;三要集中各种资源,心往一处想、劲往一处使;四要善于总结和反思,同时借鉴他人的成果和经验。

4.关于"依靠群众求胜利"。

(1)明确群众是谁。一是班子成员,二是广大教职工,三是学生家长,四是所有可以团结和争取的力量。

(2)如何"依靠群众"? 一是要树立群众是真正英雄的观念;二是要在重大事项上广泛征求群众意见;三是要关心群众的合法权益,尊重和保护他们的合法权益;四是要全过程依靠,不能有困难时就想到群众,顺利时就把群众晾在一边。

(3)"胜利"是什么? 一是学生全面发展,二是教师全面进步,三是教学质量不断提高,四是办学特色鲜明,五是家长满意度高。

一是要加强宣传引领,统一思想认识。在信息时代,各种办学思潮和理念铺天盖地,想要在纷繁复杂的思想理念中找到一条适合吉安县中小学校的发展道路,不能人云亦云,而要立足于吉安的实际,有自己的信念和坚守。井冈山精神是吉安县乃至江西省的宝贵精神财富,吉安县的学校不能抱着金饭碗去乞讨。也许其他办学理念和思想很好,但如果放弃自己现有的好东西,去追求所谓的"新、奇、特",无异于舍本求末,南辕北辙。我们的中小学校靠什么走出江西,享誉全国? 如果没有自己的特色,即使有的学校碰巧办好了,也将淹没在全国几百万所中小学校当中,未必能引起多大的反响。但是,如果我们的中小学校能够认真作好"以井冈山精神办学,用红色文化育人"这篇大文章,就将是一个很好的选择和突破。

二是要在活动中融会井冈山精神和红色文化,形成办学特色。如前所述,"以井冈山精神办学,用红色文化育人",可以彰显吉安县教育的独特之处,有利于在全省乃至全国找准吉安县教育的位置和坐标,但要真正办出成效、形成特色,还需要广大教育工作者静下心来,制订切实可行的工作方案,久久为功。要发挥课堂教学的主渠道作用,结合教材内容宣传井冈山精神和红色文化；要精心安排各种教育和实践活动，在活动中弘扬井冈山精神，学习红色文化；要科学利用好校园的每一块地方、每一处角落，让师生随时感知井冈山精神和红色文化。要在具体的工作中弘扬艰苦奋斗、不怕困难的精神，教育局和学校领导要起带头作用。如果一方面在提倡"以井冈山精神办学，用红色文化育人"，另一方面又在工作中拈轻怕重，在生活中贪图享受，在质量上得过且过，就变成了文化与行动的"两张皮"，久而久之，提倡的文化建设就会走样，形似而神不似，变得不伦不类。

经过几年的不断探索，井冈山精神已经在广大师生中耳熟能详，红色文化日益成为广大师生的精神血脉。到2010年，吉安县的校园文化建设已基本形成了自己的特色和模式，为一年后在全省教育督导评估中取得优异成绩奠定了坚实的基础。例如，吉安县文山学校把井冈山精神与文天祥精忠报国、威武不屈的民族气节有机结合，使学生人人熟知井冈山精神，个个能背诵《正气歌》；吉安县海尔希望小学结合井冈山精神的学习宣传，在全体党员教师中开展党性教育活动；敦厚小学把井冈山精神的学习教育与弘扬中华优秀传统文化结合起来，师生知书达理，甘于吃苦，勇于奉献；桐坪中学把井冈山精神融入日常的教育工作和生活中，克服每到夏天就会出现的用水困难，在艰苦的条件下保持了教育教学成绩在全县名列前茅的良好纪录。

2014年5月4日，习近平总书记在与北京大学师生座谈时指出："一个民族、一个国家的核心价值观必须同这个民族、这个国家的历史文化相契合，同这个民族、这个国家的人民正在进行的奋斗相结合，同这个民族、这个国家需要解决的时代问题相适应。世界上没有两片完全相同的树叶。一个民族、一个国家，必须知道自己是谁，是从哪里来的，要到哪里去，想明白了、想对了，就要坚定不移朝着目标前进。"习近平总书记对文化的重要论述，为我们抓好校园文化建设指明了方向、提供了根本遵循。我们要在做好校园文化常规动作的同时，充分体现地方和学校的特色，要用地方特色文化占领文化育人的主阵地。如此，校园文化建设才能有生命力，从而取得应有的教育成效。

# 第100条
# 努力实现教育优质均衡

　　有时候，我会问自己：怎样才能办好人民群众满意的教育？让更多普通百姓的孩子通过教育改变命运，这应该是人民群众对教育最朴素、最真切的期望。但是，如果在一个县区，只有少数几所所谓的"好学校"，而其他的多数学校则条件一般、质量平平，不同学校之间、城乡学校之间各方面相差巨大，就意味着能够进入这几所条件好、质量高学校的孩子毕竟是少数，大多数群众的孩子只能在办学条件、教育教学质量一般的学校接受教育。当优质教育只为少数人服务的时候，这样的教育就是不均衡的，自然办人民群众满意的教育的愿望也只是少数人的一厢情愿。当然，人民群众评价教育，不同的人有不同的解读，但努力办好每一所学校，让好的教育惠及更多的普通百姓子女，应该是教育公益性的最佳体现，用现在的话来说，就是教育发展要均衡。

　　教育均衡最基本的要求是在教育机构和教育群体之间，平等地分配教育资源，达到教育需求与教育供给的相对均衡，并最终落实在人们对教育资源的分配和使用上。从个体来看，教育均衡是指受教育者的权利和机会的均等，指学生能否在德智体美劳等方面均衡发展、全面发展；从学校来看，教育均衡是指区域间、城乡间、学校间以及各类教育间教育资源配置均衡；从社会来看，教育均衡是指教育所培养的劳动力在总量和结构上，与经济、社会的发展需求达到相对的均衡。当前人们关注的基础教育均衡发展，主要是指我国不同地区之间、城乡之间、同一地区不同学校之间、同一学校不同群体之间的教育均衡发展问题。或者说，它主要涉及的是受教育者的受教育权利保障问题和教育的民主与公平问题。

　　基础教育均衡发展，就是在教育公平、教育平等原则的支配下，国家制定的有关基础教育法律、法规和政策,各级政府和教育部门制定的有关基础教育法规和政策,都要体现教育均衡发展的基本思想,不同地区之间、城乡之间、学校之间、群体之间的基础教育资源必须均衡配置;各级学校和教育机构,在具体教育活动和教学活动中,要为每一个受教育者提供均衡的教育和发展机会。从教育资源的配置来看,教育的硬件设施,包括生均教育经费、校舍、教学实验仪器设备等的配置均衡,教育的软件,包括教师、图书资料等的配置均衡;从教育的目标来看,包括学生在德智体美劳等方面均衡发展、全面发展;从教育的功能来看,是指教育所培养的劳动力,在总量和结构上与经济、社会的发展需求达到相对的均衡。

2005年5月25日,教育部发布了《关于进一步推进义务教育均衡发展的若干意见》,从六个方面对各级教育主管部门提出了具体要求,为办好人民群众满意的教育指明了方向。具体为:统一思想认识,把推进义务教育均衡发展摆在重要位置;采取积极措施,逐步缩小学校办学条件的差距;统筹教师资源,加强农村学校和城镇薄弱学校的师资队伍建设;建立有效机制,努力提高每一所学校的教育教学质量;落实各项政策,切实保障弱势群体学生接受义务教育;建立监测评估体系,切实推进义务教育均衡发展。

收到省教育厅转发的文件后,吉安县教育局先是认真组织了机关干部和各中小学校长开展对文件的学习研讨,从中梳理出未来五年内吉安县教育系统在促进教育均衡方面要做的工作,然后将文件要点和教育局贯彻落实文件的主要设想形成专报,并报送县委、县政府,引起了上级部门的重视和关注,要求县教育局结合本县实际,创造性开展工作,争取形成教育均衡发展的"吉安县样板"。吉安县教育局积极作为、善于作为,主要做了以下工作。

一是认真分析了全县每一所中小学校的问题和优势。为摸清家底,找准工作的着力点,县教育局召开了专门会议,对各个学校进行分析解剖。分析发现,之所以出现教育不均衡现象,有的学校是办学条件的问题,有的学校是师资队伍的问题,有的学校是管理、教育教学质量的问题,少数学校则是各种问题兼而有之。通过认真分析解剖,全局干部职工对下一步的工作心中有数,就可以有针对性地开展工作了。

二是制定《吉安县教育均衡发展五年规划》。均衡发展区域内各类教育事业，不是喊口号、做样子就能够实现的，需要巨大的资源投入和深入细致的工作。吉安县有近50所学校，各校基础条件各异，县教育局能够掌控和调配的资源有限，必须一步一个脚印，稳扎稳打。为此，县教育局在广泛征求各方意见的基础上，制定了《吉安县教育均衡发展五年规划》，确立了每年的工作重点和学校改造提升的先后顺序，做到心中有数、不打乱仗。

三是抓好责任分工，积极组织实施。在项目安排和资金分配上，集中力量打歼灭战，不撒胡椒面，不搞平均主义。原则上是一年重点改造5～10所学校的办学条件，从2006年起，分五年基本改造完毕。在师资安排上，做到缺什么学科就补什么学科，学校不论远近、关系不分亲疏，做到实事求是、一视同仁。新入职的教师先是统一安排到县城学校跟班学习一年，然后再分配到需要的学校。乡村学校每年安排一批教师到县城学校跟班学习一年，期满后返回各自的学校。建立教学研讨责任片区，由县城学校担任片区组长，片区学校教学质量实行捆绑考核。抓好学校美化、净化工作，强调办学条件可以不一样，但学校管理标准不能不一样，对学校美化、净化工作不力的校长进行问责。严格实施义务教育阶段学生就近入学制度，合理控制县城学校大班额，关爱农村留守儿童。按西、北、南、中四个片区，分别设立片区中心校，县教育局对中心校在资金、项目、师资、领导力量等方面给予倾斜。到2009年，先后有西路片的固江中学、泥田小学，北路片的桐坪中学、万福小学，南路片的永阳中学、永阳小学，中路片的永和中学、敦厚镇中心小学被打造成中心校。中心校的办学条件相对较好，教学质量相对较高，有利于附近村民子女就近入学，可聚集人气，减少县城学校的就学压力。例如，中路片的敦厚镇高塘小学是个村小，离县城只有4千米，一般情况下，处在这样位置的小学是没有多少人气的，但因为该校办得较好，学生规模一直稳定在800人以上；中路片的永和中学，学校位于县城周边的永和镇，一般情况下，也是没有多少学生的，但该校因为校园环境好、教学质量高，学生不但很少有要求转往县城学校就读的，相反，部分家住县城的学生却要求转往永和中学。这样的学校多起来后，有效地缓解了大量农村学生涌入县城给县城学校带来的压力，对化解县城学校大班额做出了积极贡献。

需要特别提及的是,为了促进教育均衡发展,吉安县教育局的做法是:支持必走的(父母在县城就业,在县城定居者),延缓可走可不走的(居住在县城周边乡镇,父母双方或一方在县城务工,但晚上还回到乡镇居住者),规劝可不走的(父母均在农村,只是为了到县城读书而投亲靠友者),尽可能办好每一所农村学校,让学生在农村学校读书同样能看到希望。在师资安排上不连根拔起,力争在每所学校都保留一些优秀教师;县城初中不得以任何理由到农村抢夺优质生源,让农村学校留下一些优秀的种子。如果优秀教师和学生都流向了县城学校,农村学校即使办学条件再好,也缺乏必要的活力和吸引力,教育均衡发展的目标就难以实现。

县级教育主管部门要做的事情很多,但要有所作为,就必须把握工作重点,做到有所为有所不为,不能眉毛胡子一把抓。把握工作重点的方法是认真学习和领会上级关于教育发展的重要指示精神,结合本地实际创造性地早计划、早安排、早见效,出特色,切不可忽略上级的重要工作要求和本地实际,凭个人喜好和意愿开展工作。把上级的指示精神与本地实际创造性地结合起来,一步一个脚印抓好落实,是努力实现教育优质均衡的制胜之道。


## 第101条
# 布局调整要实事求是

随着义务教育经费保障机制的推行,因家庭贫困而上不起学的学生大幅度减少,该入学的适龄儿童基本上都能够上学。在某些村镇,学生数量有所增加,但总体来说,计划生育政策的强力推进,使农村的出生率大为降低,加上城镇化的因素,原来一些门庭若市的村小面临着生源严重不足的窘境。但在县城却是另一番景象,大量的农村剩余劳动力涌入县城,或到工厂企业务工,或在县城开个小店自谋生计,在他们繁荣城市的同时,其子女入学问题却使县城学校倍感压力。在此背景下,学校布局调整就成了一项紧迫的任务。

在农村做好"减"这篇文章。吉安县有19个乡镇，每个乡镇都有5～10所村小或教学点，个别大的乡镇其村小或教学点数量甚至更多。2000年以前，农村人口相对充裕，就学儿童数量多，加之农村交通普遍不便，这些分布在各个村组的村小教学点大大方便了适龄儿童入学，为普及九年义务教育、提高村民整体素质做出了巨大贡献。进入21世纪以后，严格的计划生育政策所造成的低生育率，使农村适龄儿童大幅减少，加上经济条件和交通条件的改善，不少家庭陆续搬离了偏僻的山村，转而流向乡镇所在地或县城。双重作用下，许多原来热闹的村小或教学点渐渐变得门可罗雀。一个村小或教学点只有几个学生的现象已不再是新闻，但即使只有几个学生，也要安排两个教师，本来学校教师编制就比较紧张，众多的村小教学点占用了不少教师编制，造成了严重的资源浪费。这样，撤并一些村小教学点就被摆上了议事日程。

但是在实际操作过程中，相当一部分村小或教学点不是说减就能减的，需要做好充分的前期调查和深入细致的思想工作。我们处理的方式是：先对某村小或教学点服务范围内的村组做好人口调查，只有连续3年以上没有足够适龄儿童的村小或教学点才会被纳入撤并计划；然后由中心小学校长向当地乡镇政府汇报村小或教学点的撤并计划，在取得同意后再通过当地村委会做好群众的思想工作。遗憾的是，许多时候问题就出在当地村委会的负责人身上。在他们的意识里，某个村小或教学点不能在他们任职的时候撤并，否则就会被村民认为是"罪人"，至于教学上的情况如何、占用了多少教师编制，则不是他们所考虑的问题。很多时候，一个村小或教学点的撤并需要花费大量的时间和精力。不过，在当地党委政府的支持下，经过认真细致的解释说明工作，到2009年，全县撤并村小或教学点50余所，占整个村小或教学点总数的三分之一，大多数应该撤并的村小或教学点得以撤并。曾经上级领导提出村小或教学点的撤并要坚持"群众有需要，生源有保障"，这在大方向上无疑是正确的，但在实际工作中，还是要实事求是地予以把握。

在城镇做好"增"这篇文章。与农村撤并村小或教学点不同的是，在城镇要增加学校数量，优化学校布局。做"增"这篇文章，不需要做太多的群众思想工作，但要花大量的时间和精力向领导汇报好、与有关部门沟通好，因为增加学校也好,优化布局也罢,都牵涉大量的资金投入或城镇建设规划的调整和土地的供应。一是要做好生源数量的调查摸底,当前的生源数量与现有学校的关系、三五年后生源数量与现有学校的关系,这些都要有翔实的数据和分析来做支撑;二是向领导和有关部门汇报好,用具体的事例说明增加学校、优化布局的作用以及对城镇建设和发展可能带来的各种好处和困难,使领导和有关部门意识到,增加学校数量、优化学校布局不仅是教育部门的事情,更是政府和有关部门的责任;三是教育部门要精心操作,稳步推进。要确定专人负责,建立必要的工作制度和流程,严格按照时间节点完成任务,确保好事能够办好。近年来,随着人口出生率的不断走低,教育资源如何合理配置、小班教学如何推行、乡村学校如何为乡村振兴服务等,都需要提前筹划,早做准备。

吉安县城是个新的县城,在建城之初,县城人口少,学校的数量相对也少,当时小学只有偏北的城关小学和偏南的海尔希望小学,城西却没有规划小学;至于初中,在城东有一所文山学校,城西有一所城关中学,而县城的中心地带却没有初中;城中心位置有一所县立高中,在城南开发区范围内有一个敦厚中学(后改名为吉安县二中),城北则没有高中;在城中心位置有一个县保育院,在城西有一个县幼教中心,城北则没有规划幼儿园。随着城镇的快速扩张和农村人口的大量涌入,亟待在城西建设一所小学,在老城区边缘建设一所初中,在城东建设一所高中和幼儿园。短期内要拿出这么多真金白银和土地,对一个财政并不宽裕的县级政府来说是个不小的挑战,每一所学校的建成都曾经峰回路转,都有值得回味的故事。令人欣慰的是,尽管好事多磨,但到2012年年底,所有计划增加的学校全部建成并投入使用,吉安县城的学校布局得到明显优化,城镇居民和进城务工人员子女上学远、上学难的问题得到阶段性解决。城北中学的建设和投入使用就是一个很好的例证。

随着大量农村人口涌入县城,居住在县城老城区的初中学生上学难的矛盾日益突出。当时老城区的空间几乎已经填满,要找到一块合适的地方建一所初中是难上加难,好不容易在规划建设局和国土资源局的协助下,在老城区偏北的位置找到了一块约30亩的地块,但当时该地块已经规划建造居民安置房,要调整规划的话困难不小,各方面的阻力也比较大。时任县委主要领导得知情况后，亲自调度，与其他县领导一起做工作，把这块地划归县教育局建设城北中学，居民安置房另择址兴建。由此，城北中学得以2005年春顺利破土动工，经过两年的建设，于2007年秋季开始招生。彼时因为城镇居民大量增加，初中的供求矛盾已经比较突出，如果不是2005年动工兴建的城北中学投入使用，县教育局的工作将会十分被动。

从大道理上来说，教育是育人的事业。发展好教育事业，是功在当代、利在千秋的大事，而在具体的实施过程中，教育却是投入大、见效慢的事情，至少在一届政府任期内是难以见到明显政绩的。地方政府的资源只有这么多，如何争取领导重视和支持，协调好与其他有关部门的关系，是县级教育局局长的一项重要工作。对此我个人的体会是：任何问题的提出都要有具体的方案和思路，不仅要向领导反映、汇报问题，还要立足本地实际提出解决问题的方案和思路；既要向领导汇报清楚上级的政策要求，也要介绍先进地区的好做法，让领导觉得所提的方案可行，所建议的工作值得支持、必须支持。只要领导关心和重视，许多看起来很艰难的事情，就会一件件落地见效。学校布局调整是这样，其他工作也是如此。

# 第102条
# 补齐教育发展短板

木桶原理告诉我们，一个木桶能装多少水，取决于最短的那块木板。一个县的教育办得好不好，成绩和亮点固然重要，但有限的成绩或亮点很容易被一些发展的短板所掩盖。从科学管理的角度来说，如果某些短板长期得不到重视和解决，这些短板的影响和破坏作用就会越来越大，从而把有限的成绩或亮点都变成短板。理性的教育管理者不能被有限的成绩或亮点遮蔽了双眼，要时刻保持清醒的头脑，善于在表面繁华的背后发现教育管理中存在的问题，然后采取有效措施逐个解决。

我在担任吉安县教育局局长后，曾经多次深入不同的学校听课调研，在与学校领导和教师的交流中，在感到学校管理水平整体提高的同时，也发现了一些问题，主要表现在：部分学校领导办学思路不清，目标任务不明；部分中层干部对自己的职责任务心中没数，但每天却显得忙忙碌碌；部分教师职业认同感较低，不热爱自己所从事的工作，平时牢骚、怪话较多；部分教师平时只满足于完成工作任务，对任务完成得怎样、效果如何不太关心；还有的教师专业成长意识不强，对上级或学校组织的学习进修活动抱着应付的态度；等等。

人们常说，有一个好校长就可能有一所好学校。这话虽不全面，但确有几分道理，尤其在制度还不够完善时，校长自身的素质和管理水平如何，在某种程度上会直接影响学校的兴衰。我们经常会看到这样的情形，某位校长在任时，学校看起来兴旺发达，但一旦校长调离或退休，没过几年，学校就开始走下坡路，教学质量下降，优秀教师和优质生源大量外流，联想到曾经的荣光，未免令人叹息。是什么原因呢？除了体制机制的因素之外，我想与校长个人的管理风格、水平应该有很大关系。换句话说，学校管理中还存在不少短板。

哪些问题是当前学校管理的短板？学校管理究竟应该是发扬长处、办出特色，还是补齐短板，提高学校整体办学水平？这可谓仁者见仁，智者见智，没有统一的标准答案。我认为，其实没有必要把两个问题对立起来，扬长避短是个矛盾的统一体。在学校管理中，能扬长时要扬长，该补短时当补短，应该视不同的学校具体情况和校长的管理经验、管理素质而定。根据个人长期的实践和观察，现在学校的管理水平在不断提升，我们更应该关注的是学校管理中还存在哪些短板，从而在工作中想方设法补齐，实现学校的可持续健康发展。

一是学校的中长期发展规划。要根据地方党委政府对学校发展的目标要求和学校实际，围绕教育立德树人的根本任务，在广泛征求各方意见的基础上，拟订好学校中长期发展规划。学校的发展规划不同于地方或行业的发展规划，不需要包罗万象、面面俱到，主要为目标任务、发展策略、年度计划、实现路径、具体负责科室、考核办法等。发展规划可以先由校长或校长委托某个科室草拟,经校长办公会初步审议后,交由各年级组、教研组充分讨论,广泛征求意见、建议,完善后由学校校长办公扩大会(行政会)讨论,最后提交学校教职工代表大会审议通过,形成学校发展的纲领性文件。

二是学校的管理架构和议事规则。长期以来,中小学的管理架构已经形成了相对固定的模式,即校长—分管副校长—教务处等职能处室—年级组(部)、教研组(学科组)—班主任、任课教师。现在的城镇学校规模越来越大,一所学校动辄数千人已不足为奇,一个年级可能有十几个班、数十名教师,体量相当于一所小规模学校。原来的纵向管理模式是否要做适当的改进或调整,如实行以年级组为责任主体的横向管理? 如果把年级组作为学校管理的基本单位,学校原有的教务处等职能处室是否还需要保留? 分管校长、职能处室与年级组的关系如何处理? 随着教学改革不断引向深入和"双减"政策的实施,是否要搭建诸如课程开发中心、课后服务管理中心等平台? 搭建这些平台后,与其他处室、年级组的关系如何? 以上这些都需要校长认真思考和学校领导班子认真研究。另外,学校哪些事情要经过校长点头,哪些事情要经过集体研究,哪些事情可以由分管校长或职能处室、年级组自行处理,需要有一个具体的议事规则。如果大事小情都要校长点头拍板,一方面会降低工作效率,另一方面也不利于调动其他人的工作积极性,客观上也会影响干部成长。

三是切实规范办学行为。教育有其自身的发展规律,正常的学校管理要确保学校各种教育教学活动在尊重教育和学生成长规律、执行党的教育方针的框架内运行。对于学校可能出现的重智育轻德育、不按要求开设课程、私自调换课程、随意减少体育艺术活动时间、体罚或变相体罚学生、违规收费或征订教辅资料、简单用考试分数评价学生、与学生家长沟通欠缺或沟通不畅等现象,要及时发现并通过合适的方式予以制止,同时要制定解决问题的长效机制,不能就事论事或"头痛医头,脚痛医脚"。另外,校园安全一直是学校管理的痛点和难点,从近年来各地发生的校园安全事故来看,大多数校园安全事故都与学校管理不规范、工作不细致有很大关系。这就要求在学校管理中贯彻预防为主的方针,通过深入的调查研究,找出学校教育教学全流程中可能出现的风险点,针对这些风险点制定相应的工作规范,落实"谁主管谁负责,管业务必须管安全"的工作要求,尽可能把各种安全隐患消灭在萌芽状态。针对学校和教师普遍反映的非教学负担过重的问题,校长要向上级部门汇报好,与其他部门和单位沟通好,在共同关注的事项上取得共识,争取支持与理解。在内部关系的处理上,要充分发挥学校职能处室的"防火墙"作用,尽可能地减轻教师非教育教学以外的负担。

四是抓好政策宣传和思想引领。一所学校少则几十名教师,多则数百名教师,这样一个人数众多的知识分子群体,各自对教育的理解、对课程的认知、对学生的认知、对职业精神的观点是不一样的,如果不注意平时的宣传引导,这些五花八门的认知和世界观势必会严重影响学校的凝聚力。有鉴于此,校长要充分利用各种场合,宣传党的教育方针政策和教育法律法规,善于用正确的思想观念武装教职工头脑,也就是人们常说的"用大道理管好小道理"。学校的办学理念、目标任务、办学的主流价值观,不能只写在纸上、挂在墙上,而要细化成一项项具体的教育教学行为,校长要在不同的会议和场合有计划地做好解读宣传,在实际工作中一一抓好贯彻落实。对于学校出现的好人好事,不仅要在校内做好总结表彰,还要尽可能多地通过校内外新闻媒体进行宣传,让他们的亲属和其他利益相关人知晓,从而唤起师生的职业自豪感,也让教师亲属和学生家长更加理解和支持学校工作。

五是抓好廉洁自律。要办好一所学校,校长的个人能力素质固然重要,但如果校长不注重廉洁自律,个人能力素质再好,都是不能让教师信服的。在实际工作中,这方面正反面的例子都有不少。(1)要有深厚的教育情怀。教育工作纷繁复杂、牵涉面广,校长在学校管理工作中经常会遇到这样或那样的问题,其中很多问题不是校长能够应付或解决的,受委屈、被误解在所难免。校长如果在逆境中还能够保持对教育的热爱之情,全身心地投入学校的各项工作,无疑是对其他教师最好的引导和教育。(2)要做遵守规章制度的模范。一所稍微成熟的学校,规章制度一般都比较健全。一所学校经常出现这样或那样的问题,不是学校没有制度,而是有些制度得不到严格的遵守。实践中,不严格遵守规章制度的往往不是普通教师,而恰恰是制定制度的人,也就是通常说的"关键少数",而校长又是"关键少数"中的关键人物。如果校长不严格遵守规章制度甚至带头破坏制度,引起学校教师群起效仿,对学校的破坏力将是巨大的。(3)要带头学习提升。教师队伍理应是一个最爱学习的群体，但实际上有的教师除了课本和参考书外，很少能够静下心来阅读其他书籍，更不用说拿起笔来写作了。即使因教育主管部门有明确要求而不得不读一些书，也大多是出于一种无奈。俗话说："你永远无法唤醒一个装睡的人。"如果教师内心不愿意通过加强学习实现专业成长，那么再多的要求和培训也起不了多大作用。倘若校长能够少一些应酬和迎来送往，能够带头学习，带头把读到的、看到的记录下来，做到经常与教师分享，那么教师的学习风气将会有大的改变，随之而来的是教师队伍整体素质的提升。(4)要尽可能远离名利。每年学校都会有一些评优晋级的机会，由于所处位置的特殊性，如果没有摆正心态，校长对各种评优晋级往往可以"近水楼台先得月"，有时直接把自己的名字报上去了其他教师都未必知晓。另外，大多数学校都会设立绩效奖，理论上学校取得的成绩与校长的领导是有关系的，所以有的校长不管自己是否真正参加了活动和相关的考核，只要有绩效就要得一份。多项绩效叠加起来，校长无形中就成了一个学校中得绩效最多的人。再如，有的学校还会设立中考或高考完成目标任务奖，这里我们暂且不论这样的奖励是否应该设立，如果校长或其他学校领导都要在这些奖励中分一杯羹，就会在教师队伍中引起不满。因此，校长对事关名利的事项最好还是远离，至少要看淡一些，不要与教师争利，这样才有助于学校工作的正常开展，保护广大教师的工作积极性。(5)要保持清正廉洁。随着党和政府对教育工作越来越重视，教育经费、教育项目越来越多，加上学校内部诸如新生入学、设备采购、资料订阅、校服餐饮、人员招聘等，作为直接管理这些项目和工作的主要责任人，校长面临着许多诱惑和考验，能否经受住这些诱惑和考验，是一所学校能否践行立德树人的初心使命、能否团结奋斗夺取胜利的关键。校长要严格要求自己，严格落实党风廉政建设的各项规定，做到心有所戒、行有所止，用自己的清正廉洁维护教育工作者教书育人、行为世范的良好形象，带出一支特别能战斗、特别讲奉献、特别重效率的教师队伍。

在统一了县教育局机关干部和各中小学校长的认知后，我要求机关每个股室、每个中小学校认真组织学习讨论，积极反思，找出在机关建设和学校管理中有哪些问题和短板，然后针对各自存在的问题和短板提出解决方案，制定整改路线图，明确相关责任人和考核要求，一步一步地抓好整改。整改时间短的为一个月，长的可为一年甚至三年，县教育局将整改情况纳入年度办学水平评估。对于少数持应付态度的学校领导或股室负责人，县教育局会安排局领导进行约谈。我相信，只要锲而不舍，总有实现目标的那一天。以上做法，乍听起来似乎是务虚，但事实证明，没有这些形而上的发展短板的剖析，没有随之而来的跟踪问效，就没有后来吉安县教育稳定、健康、快速的发展。

# 第103条
# 教育培训要注重实效

2010年6月，教育部、财政部联合印发了《关于实施"中小学教师国家级培训计划"的通知》，标志着教育培训进入了一个新阶段。"国培计划"自2010年实施以来，培训教师1500多万人次（2015年教育部官方统计数据为700多万人），其中农村教师占96.4%，基本实现了对中西部农村义务教育学校和幼儿园的全覆盖，为广大农村教师创造了宝贵的培训机会，大幅提升了农村教师的能力素质，推动了各地教师培训模式的改革创新。据报道，"国培计划"与以往的培训相比，有以下亮点：一是集中支持乡村教师，针对性、实效性强，做了地方想做而不能做的事情；二是项目设置比较接地气，体现了"一线名师培训一线教师"的设计；三是集中面授、网络研修与现场实践相结合的混合式培训遵循教师学习规律，即"先体验、后反思、再实践"；四是实现了国培由"输血"向"造血"的转变，有利于教师的可持续发展；五是项目管理比较规范精细，一抓到底，使国培真正落地。

但是，随着时间的推移，教育培训已经逐渐演变成学校和参训教师的鸡肋。一是工学矛盾日益突出。有的培训安排在正常的教学时间，从提高培训成效的角度来看确有必要，如"先体验、后反思、再实践"过程的实施，原则上都应安排在学生在校上课期间。但对参训的教师来说，就面临工学矛盾的问题。如果安排在节假日，表面上避免了工学矛盾，但如果各地的教育培训都安排在节假日进行，一个省有资质从事教师培训的高校就那么几所，扎堆培训会使得有关高校在师资和时间上安排不过来，况且利用节假日培训，不少教师未必愿意参加。二是参训人员的马太效应。大多数学校的教师都是"一个萝卜一个坑"，在工作时间能抽出精力来参加培训的教师数量有限。学校从现实的利益考虑，一般都是派一些教学水平一般的教师去参加各类培训，而那些教学能力比较强的教师，或担任班主任，或承担毕业班的教学工作，往往很少有脱产接受培训的机会。等到下次安排参训教师时，不少学校为了完成培训任务，又派原来参加过培训的教师去，造成有的教师几乎成了培训"专业户"。三是培训组织上的缺陷。早期的国培，由各省的几个高校通过招标等方式取得承办资格，有关高校开始时都比较重视，无论在培训的组织还是在培训内容的选择、培训专家的选聘上都做得比较到位，教师从各地会集到高校进行集中培训，效果大多比较好。但随着培训时间的推移，培训任务、场次的增多，有的承办高校做着做着就有所松懈了，导致有的培训质量下降。近些年，根据基层学校的意见，培训方式有所调整，原则上以县为单位组织培训，虽然方便了教师就近参加培训，但培训内容的选择、专家的选聘、费用的安排还是由中标的高校负责。有时候，在同一个时间段有若干个县都在组织培训，有关高校在人员、精力上难以统筹兼顾，加上因为在本地接受培训，客观上缺乏"学习场"，无论是授课专家还是参训教师，基本上都是带着完成任务的心态，培训效果可想而知。四是培训内容和参训人员的"大锅饭"。有的高校在组织培训时缺乏系统规划，无论是培训内容的选择还是参训人员的选调，往往存在太多的随机性。同一次培训，参加人员有老中青、不同学科的教师，尽管他们需要培训的内容和要求不一样，但为了培训组织方便，或者为了节约成本，往往不同身份的教师都接受同样内容的培训，未能很好地兼顾年龄特征和学科特点。有的培训虽然有系统的规划，但每次参加培训的人员都不一样，在系统的规划下实施的培训反映在具体的教师个体身上时，他们接受的培训就是碎片式的，客观上影响了培训的效果。

《新时代基础教育强师计划》提道："聚焦基础教育课程改革的理念、要求和教育教学方法变革,以中西部欠发达地区农村教师校长培训为重点,充分发挥名师名校长辐射带动作用,实施五年一周期的'国培计划',示范引领各地教师全员培训开展。发挥国家教师发展协同创新实验基地建设的示范作用,通过建立标准、项目拉动、转型改制等举措,推动各地构建完善省域内教师发展机构体系,建强县级教师发展机构及培训者、教研员队伍。优化培训内容、打造高水平课程资源,建立完善自主选学机制和精准帮扶机制,创新线上线下混合式研修模式,提升中小学教师的信息技术应用能力和科学素养。"教育部就教师培训专门提出要求,充分体现了党和政府对教师队伍建设的高度重视,也为我们进一步做好教师培训工作指明了方向。具体来说,建议从以下方面加以改进和提高。

一是教育行政部门要积极作为。根据教师管理职责的划分,市、县教育行政部门是做好教师培训工作的责任主体,因此,市、县教育行政部门要认真分析和研究本地教师队伍建设的现状和问题,结合"国培计划"制定本地系统3~5年的培训计划,提出做好当地教师培训的具体方案和措施,做到"一手抓国培,一手抓自主培训",相关方案和计划要报请当地政府批准。在不少地方,教师培训所需经费基本上都由学校在生均公用经费5%的科目下列支,地方财政预支经费的不多。实践证明,仅靠学校公用经费的维持是远远不够的,必须由地方财政安排专门经费予以保障,这就需要县级教育行政部门的负责人积极向地方政府领导做好汇报,向地方财政努力争取。

二是要积极抓好教育宣传和统筹协调。学校要树立抓教师培训就是抓专业成长的理念,改变"不愿派教师参加培训,不愿派优秀教师参加培训"的陈腐观念,想方设法克服因派教师参加培训、派优秀教师参加培训所带来的短期困难,抓住各种机会派教师参加培训、派优秀教师参加培训;教师要树立终身学习的理念,积极学习,愿意成长,认真参加各类培训,做到"愿意去、坐得住、学得好"。实践证明,任何培训,无论其质量有多高,主办单位组织得多么好,如果教师没有"积极学习,愿意成长"的决心,都难以取得应有的效果;同理,即使是一般水平的培训,只要教师"积极学习,愿意成长",也是能够有所收获的。就市、县教育行政部门来说,要加强对教师培训工作的宣传和领导,做好向地方政府领导汇报和与编制、人事、财政等部门的沟通,争取他们在人员编制、教师配备、经费保障等方面给予支持,为学校派出教师和教师参加培训解决实际问题,免除其后顾之忧。

三是要优化培训组织、精选培训内容。无论是国培还是地方教育行政部门组织的培训,都要在项目实施前做好调查研究,精准分析参训学校和教师的实际需求,切忌想当然、一套培训方案用到底。在人员组织上,要尽可能分学段、分学科进行。同一个教师,要保证其能够系统地接受完一轮培训,不可同一轮培训,今天是张三参加,明天是李四参加。在培训的组织上,要充分发挥市、县二级教师培训中心(教师进修学校)的作用,在培训时间安排、人员选派、课程设置、专家聘请、经费分配等方面多听取他们的意见。在培训内容的选择上,要突出重点、有所区别。例如,对年轻教师,要重点抓好职业精神、基本教学技能的培训;对中年教师,要重点抓好知识方法更新和防止职业倦怠的培训;对老年教师,则要重点抓好教育经验总结、为中青年教师做好传帮带的培训。

不少先进地区的经验表明,教师培训是抓好教师队伍建设的一个重要方面。只要我们在思想上高度重视、措施上精心安排、保障上跟进有力,在实践中不断总结经验、改进方法,就一定能够取得应有的成效。

# 第104条
# 规范发展学前教育

2018年11月7日,中共中央、国务院印发了《关于学前教育深化改革规范发展的若干意见》。该意见下发后,全国各地积极行动起来,实施了一场声势浩大的加快学前教育发展的大会战,取得了重大的阶段性成果。教育部2021年教育事业统计公报显示,2021年,全国共有幼儿园29.48万所,比2018年增加2.81万所;在园幼儿4805.21万人,比2018年增加149万人;其中,普惠性幼儿园在园幼儿4218.20万人,覆盖率达到87.78%。共有学前教育专任教师319.10万人，比2018年增加61万人。学前教育毛入学率88.1%，比2018年增加7个百分点。

由于各级党委和政府的高度重视，发展学前教育的几个关键要素已经基本解决或正在解决。第一，人的问题。公办教师占比大幅增加，基本上实现了"一班一名"公办教师，不足部分原则上也由地方财政购买服务统筹解决。第二，园的问题。通过新建一批、改扩建一批、转制一批等方式，公办幼儿园、普惠性民办幼儿园比例大幅上升，办学条件基本满足需要，不少新建的幼儿园条件今非昔比。第三，经费的问题。几乎所有的公办幼儿园都实现了按在园幼儿数进行财政拨款，如江西生均为600元一年。有些省份标准更高，普惠性民办幼儿园也按生均实行补助，如江西是每生每年200元。加上幼儿可以按保教成本收费，困扰多年的学前教育经费问题也基本得到解决。在党和政府帮助解决了"人、园、钱"的问题后，接下来的工作就是各级教育行政部门和广大学前教育工作者的责任：如何把学前教育办得更好？我们的体会是：增量靠投入，运行靠规范，保教重习惯。

十年前吉安县的学前教育，相比于其他县(市、区)而言，有以下几个特征。

一是公办幼儿园数量比较多。截至2013年，全县有一半的乡镇建起了公办中心幼儿园；吉安县城有三所示范性公办幼儿园(吉安县幼儿园、吉安县保育院、吉安县神华爱心幼儿园)，而此时县城人口在10万人左右。相比之下，中心城区有近30万人，当时却只有两所示范性公办幼儿园。本市其他县，多数县的县城人口远比吉安县城多，却大多只有一所示范性公办幼儿园，个别县城有两所。实践证明，公办幼儿园只有达到了一定数量后，才能起到调节和抑制作用，学前教育实现普惠才有可能。2018年11月，中共中央、国务院印发的《关于学前教育深化改革规范发展的若干意见》明确提出，到2020年年底，公办幼儿园在园人数要达到50%的要求就印证了这一点。

二是公办幼儿园教师纳入编制统一管理。从2010年起，幼儿园教师招聘实行单列，县委编办在教师编制总额内核定幼儿园教师招聘数量，在公开招聘时单独设置报考和面试标准，招聘后按原计划全部分配到幼儿园任教。为了兼顾幼儿教育的特点，吉安县还在全省率先尝试幼儿园教师面试主要为"说、写、唱、跳、画"才艺展示。面试者从以上五项中选择三项,简单准备后进行现场展示,由专业人员判定成绩;再将笔试和面试成绩之和除以二综合排队,从高到低进入体检环节,合格者正式录用。

三是民办学前教育管理规范。早在2006年,吉安县教育局就制定了《吉安县民办幼儿园考核评估管理办法》,将民办幼儿园的规范管理、校园安全等关键指标纳入评估范围。县政府教育督导室每年依据该管理办法,组织若干个评估组,对全县民办幼儿园进行一次全面评估,评估结果分为优秀、良好、合格和不合格。对被评为优秀者,县教育局发给奖金1万元。对第一年评估为不合格者,实行黄牌警告;第二年仍不合格者,吊销办学许可证,由所在街道或乡镇联合有关部门予以取缔。同年,由吉安县教育局牵头,成立了吉安县民办学前教育协会,负责行业内部自律和协调工作。协会经常开展相关检查和联谊活动,对推动民办学前教育的规范管理起到了积极作用。

四是在全市率先取缔了校车。以往民办幼儿园为争夺生源,纷纷打着有利于幼儿的旗号购买校车。校车的使用,一方面加剧了不同区域幼儿园之间的恶性竞争;另一方面校车在路上来回穿梭,犹如一颗颗不定时炸弹,随时都有可能引发安全事故。在广泛调研和征求各方意见的基础上,2007年9月,吉安县教育局联合县交警大队,全面取缔民办幼儿园的校车。尽管在取缔过程中遇到了一些阻力和困难,但在县委、县政府的大力支持和各方的共同努力下,到2008年春季,所有的民办幼儿园校车均已停运。在此前后,全国各地陆续发生多起校车安全事故,引起了教育部的高度重视,部署了多次校车整治专项活动,由此证明这个在当时看起来有些超前的决定无疑是对的。

五是注重行为习惯培养。美国心理学家埃里克森认为,人要经历八个阶段的心理社会演变,这种演变被称为心理社会发展。这些阶段包括一个婴儿期、三个童年期、一个青春期和三个成年期,每一个阶段都有应完成的任务。例如,童年早期,这个阶段的儿童心理特点是其自我危机为"自主对羞愧与怀疑",获得的自我能力是意志。在这一时期,如果幼儿表现出的主动探究行为受到鼓励,幼儿就会形成自主性,这为他将来成为一个有责任感、有创造力的人奠定了基础。如果成人讥笑幼儿的独创行为和想象力,那么幼儿就会逐渐失去自信心,这使他们更倾向于生活在别人为他们安排好的狭窄圈子里,缺乏自己开创幸福生活的主动性。由此我们知道，3～5岁儿童的主要任务，不是能够认多少字、算多少数、背多少唐诗宋词，而是他们的独创行为和想象力要得到鼓励和尊重，而儿童的独创行为和想象力又深受父母及身边亲近人员的影响。因此，该阶段无论是儿童的父母还是教师，他们的主要任务都是引导儿童在独创和想象的过程中形成良好的行为习惯，让他们知道哪些行为是值得鼓励的，哪些行为应该避免。

为了抓好对儿童的行为习惯教育和培养，防止学前教育小学化，县教育局单独建立了对学前教育的考评体系。除了平时的检查以外，在学期或年终考评时，主要通过日常观察、问卷调查、座谈交流等方式，了解各幼儿园对儿童的行为习惯培养情况，并以此形成对幼儿园的评价结果。刚开始时，有的儿童家长不够理解，经常以"不能让孩子输在起跑线上"为由，要求各幼儿园教儿童多认字、会算数、多背唐诗宋词。对此，我们一方面注重做好对家长的宣传引导工作；另一方面要求教师用规范、专业的教育影响幼儿和家长，注重对幼儿的行为习惯的教育和培养。经过持续几年的努力，吉安县的学前教育日趋规范，大家就学前教育阶段要注重行为习惯教育的做法也逐渐达成了共识。

吉安县的学前教育之所以发展得比较好，较早实现基本普惠，且办学行为比较规范，首先与历任县委、县政府对教育工作的高度重视和关心分不开，也与各乡镇党委政府、各有关部门的密切配合高度相关。多年来，在吉安县，凡是有关教育的议题只要方案成熟，在县委、县政府研究时最容易获得通过；只要是教育工作需要，各乡镇党委政府、各有关部门都尽可能大开绿灯，为教育办实事、解难题。这已经成为各乡镇党委政府和各有关部门的自觉行为，这是一种氛围，也是一种文化，需要长期的沟通协调，简单学习或者模仿是难以做到的。其次是教育部门的同志主动作为、善于作为。例如，2011年县教育局根据形势发展的需要，在城北新区新建一所公办幼儿园。如果在没有做好前期工作的情况下，就贸然提出新建一所公办幼儿园，肯定会遇到不小的阻力。县教育局先是认真分析了学前教育的发展态势和国家学前教育政策走向，以及在城北新区建设一所公办幼儿园对新区开发的拉动作用，在思想上得到县委、县政府的认同，随后主动向省教育厅汇报，争取支持。在省委、省政府的关心支持和县委、县政府的高位推动下，吉安县成功争取到了这一项目。这样，前期政策宣传解释工作做好了，上面的资金支持也有了，再正式向县委、县政府报告，很快在城北新区新建一所公办幼儿园的建议就得到了批准。最后是吉安县有一批热心于幼教事业的领军人物，他们对办好学前教育有一种近乎痴狂的追求，加上他们自身思想素质好、专业技能过硬，自然就会凝聚一批同道之人。在他们的影响下，吉安县的学前教育，无论是公办还是民办，都能自觉地把有利于幼儿健康成长作为自己应尽的职责，从而形成了学前教育良性发展的格局。

# 第105条
# 全面发展抓质量

《中共中央 国务院关于深化教育教学改革全面提高义务教育质量的意见》指出："义务教育质量事关亿万少年儿童健康成长，事关国家发展，事关民族未来。"教育质量如何，不仅是广大人民群众关心的热点话题，也引起了中共中央、国务院的高度重视。对于广大教育工作者来说，全面提升教育质量是一项光荣而神圣的任务，应该旗帜鲜明地花大力气去抓紧抓好。

长期以来，不少从事教育工作的人对教育质量的感情和认知是复杂的。一方面，几乎所有的人都能认识到教育质量对于教育和学校的重要性。单从学校自身利益来看，一所学校如果没有比较高的教育质量，就既得不到政府和百姓的认可，在当地也难有其应有的社会地位，当然，这所学校的教师也难以得到应有的尊重。从学生发展来看，一所学校如果没有比较高的教育质量，学生在这所学校所受的教育在一定程度上是不合格的，他们离开学校后就难以适应社会的需要，更不用说成为合格的社会主义建设者和接班人。所以，要办好一所学校，发展一个地方的教育事业，就要想方设法提高教育质量。可以说，在抓教育质量的问题上，无论是出于自身利益的考量，还是为了教育事业的健康发展，广大教育工作者都已经达成了共识。

另一方面，确实还有不少的教育管理者和普通教师在抓教育质量的过程中，由于各种原因偏离了方向，自觉或不自觉地陷入"唯分数"的怪圈，造成考试分数比拼之下的恶性竞争，并由此带来一系列的诸如不按规定要求开设课程，教师职业倦怠，学生逃课厌学，师生关系、家校关系紧张，学校之间争抢优质生源等问题。随着这些问题的出现和频频被曝光，对教育和学校的批评指责声音开始不绝于耳，有的人甚至发出"我们的教育怎么了"的感叹。重重压力之下，有的学校领导困惑了，教师迷茫了：不抓教育质量，教育肯定没有出路；但抓教育质量却带来这么多问题，好像也难以找到出路。应该如何是好？

其实，回答这个问题并不难：抓教育质量非但没有错，而且要旗帜鲜明地抓教育质量。关键是对教育质量要有正确的理解，要清楚怎样做才是真正的抓教育质量。

一要正确理解教育质量的内涵。

对于教育质量，《教育大辞典》表述为：教育质量是指教育水平高低和效果优劣的程度。教育质量最终体现在培养对象的质量上，衡量的标准是教育目的和各级各类学校的培养目标。前者规定受培养者的一般质量要求，亦是教育的根本质量要求；后者规定受培养者的具体质量要求，是衡量人才是否合格的质量标准。根据以上表述，我们可以这样理解：受培养者的一般要求是通过接受教育，成为德智体美劳全面发展的社会主义建设者和接班人；受培养者的具体质量要求是通过接受教育，德智体美劳全面发展。换句话说，考试分数是教育质量的一部分，但远不是教育的全部；只有全面发展的质量，才是真正的教育质量。

二要明确抓教育质量的正确途径。

要坚持德智体美劳全面发展。要把德育工作摆在教育教学工作的首位。坚持立德树人的根本任务，深化课程育人、文化育人、活动育人、实践育人、管理育人、协同育人。要通过学校的日常管理、课堂教学和课外实践教育活动，使学生形成正确的理想信念和良好的行为习惯，掌握认识和改造世界的正确世界观和方法论。要着力培养认知能力，促进思维发展。学校要开齐、开足规定课程，严格按照课程标准实施教学。要充分发挥教师的主导作用，科学把握学生认知规律，上好每一堂课。要积极发挥学生学习的主体性，保护他们的好奇心、想象力和求知欲。要强化体育锻炼。要开齐开足体育课，上好活动课，保证学生每天有一小时左右的锻炼时间。有条件的学校要办好特色体育项目，大力发展校园足球，定期举办学生运动会或"体育节"。要发挥好课后服务的作用，让每个学生掌握一两项运动技能。要用好"双减"契机，切实减轻学生过重的课业和作业负担，保障学生充足的睡眠时间。要增强美育熏陶。要结合实际开好音乐、美术、书法等课程，结合地方文化设立艺术特色课程，传承地方优秀传统文化。通过日常的艺术教学和兴趣小组、学生社团等活动，帮助每个学生学会一两项艺术技能、会唱主旋律歌曲，了解世界优秀艺术。有条件的学校要组建特色艺术团队，办好中小学生艺术展演。要重视加强劳动教育。要制订劳动教育工作实施方案，加强学生生活实践、劳动技术和职业体验教育。优化综合实践活动课程结构，确保必要的劳动教育课时间。要向家长阐明劳动的重要意义，鼓励家长给孩子安排力所能及的家务劳动。坚持学生值日制度，组织学生参加校园劳动，积极开展校外劳动实践和社区志愿服务。

要立足于终身学习能力的培养。终身学习是指社会每个成员为适应社会发展和实现个体发展的需要，贯穿于人一生的、持续的学习过程。新时代社会、职业、家庭日常生活的急剧变化，导致人们必须更新知识观念，以获得新的适应力。终身学习能使我们克服工作中的困难，解决工作中的新问题；能满足我们生存和发展的需要，使我们得到更大的发展空间；能充实我们的精神生活，不断提高生活品质。终身学习具有终身性、全民性、广泛性、灵活性和实用性的特征。学生在基础教育阶段的学习，应该是其漫漫学习长河中的一部分，是其人生学习的开端，应为其日后的大量学习打下坚实的思想和知识基础。但现实的情况是，在基础教育阶段，不少学生确实在认真刻苦学习，但凭的多数是感觉和冲劲儿，是出于一种功利和现实的需求，某种情况下可以认为是一种无奈的选择。至于为什么而学习、如何学习才更有成效、如何辩证思维、怎样才能创新思维，则很少去考虑。反观教师的教学，多数是立足于中考或高考的要求，考什么就教什么、反复练习什么，经常为了让学生考出好成绩而加班加点，搞题海战术。换句话说，就是多数的教学时间是用在怎样让学生尽快获取知识、掌握知识、应用所学知识解题上面,而对学生的学习兴趣、学习态度、学习习惯关注不够。从表面上来看,通过大量的反复训练,学生在各种考试中确实取得了较高的分数,但光鲜的分数背后却在他们心里埋下了讨厌学习的种子,使他们看到书本就厌烦。以至于在不少学校,学生在参加完中考或高考后,将书籍付之一炬或将书籍撕碎从楼上抛下,形成一幅漫天飞雪的景观。在考上大学后,真正愿意像中小学阶段沉下心来学习钻研的学生并不多,他们的时间主要用在刷手机、上网、打游戏或谈情说爱上;走上社会后,愿意主动看书学习的人就更少了,社会发展进步需要的管理创新、科技创新、产品创新等素质离我们越来越远。所以,学生是否有终身学习的能力和意愿,应列为基础教育阶段教育质量的一项重要内容。终身学习不仅事关学生本人的发展进步,也关系到国家民族的利益,必须予以高度重视。

应着重打好坚实的知识基础。中小学属于基础教育阶段,相应地,所学的科学文化知识,也是基础的科学和文化知识。俗话说“万丈高楼平地起”,没有扎实的科学和文化知识基础,学生无论有多好的思想品德、有多强烈的终身学习的愿望,他们的学习之路都是走不远的,其服务社会的能力、为国家和民族繁荣昌盛做贡献的能力和水平都是有限的。因此,我们在关注学生思想品德建设、终身学习能力培养的同时,要旗帜鲜明地通过我们学校的科学管理、教师的爱岗敬业、高效的课堂教学,让学生学习和掌握相应的科学文化知识,帮助他们打牢知识基础。衡量学生的科学文化知识基础是否牢固,当然离不开必要的考试,而既然是考试就理应有分数。在学生全面发展的前提下,学生的考试分数当然是越高越好。我们抓教学质量,无须回避分数。实际上,学生的考试分数就是全面发展的一个重要组成部分。我们不是不要学生的考试分数,而是强调不能仅用分数来评价学生、教师和学校或者只看考试成绩而忽视其他方面,而要用科学的态度和符合规律的方式去追求分数。多一些评价的标准和尺子,就会多一些优秀的学生、教师和学校,这样的教育才有可能充满活力。

《中共中央 国务院关于深化教育教学改革全面提高义务教育质量的意见》强调,中小学教育要“坚持以习近平新时代中国特色社会主义思想为指导,全面贯彻党的教育方针,落实立德树人根本任务,遵循教育规律……坚持全面发展,为学生终身发展奠基;坚持面向全体,办好每所学校、教好每名学生;坚持知行合一,让学生成为生活和学习的主人"。基础教育阶段的各级各类学校和广大教育工作者,要认真学习和领会党中央、国务院有关文件精神,以科学的态度、务实的举措、有为的姿态,全面发展抓质量,办好人民满意的教育,奋力书写实现中华民族伟大复兴的教育篇章。

# 第106条
# 提升教师职业幸福感

近几年,国际形势剧烈变化,就业市场明显呈现出供大于求的态势,大学毕业生找工作越来越难。原来有些名牌大学生看不上的中小学教师职业,一时间却成了香饽饽,在有些地方甚至成了非常热门的职业。这样就出现了一种奇特的现象:一方面,部分原来在体制内的中小学教师抱怨教师工作辛苦、教师待遇低,职业倦怠现象比较普遍;另一方面,众多大学毕业生通过各种渠道拼命往教师行业里挤,当然,在这些汹涌的人流中,多数是奔着有编制的工作去的,是否真正热爱教育事业并愿意终身为师,不得而知。一旦就业的大形势有所好转,不排除一些人会做出第二次选择。透过这些纷繁复杂的社会现象,我们不得不思考这样一个问题:如何让更多的人愿意当教师,真正热爱教育事业?

2011年秋季,我与部分校长座谈时,有校长提到,现在的工作压力大,教师收入不高,职业幸福感比较低,有的教师甚至流露出辞职的想法。联想到我平时与教师交流所看到的场景,教师的职业倦怠问题引起了我的深思。

随后,我查阅了相关资料,发现"职业倦怠症"又称"职业枯竭症",它是一种由工作引发的心理枯竭、职业倦怠现象,是上班族在工作的重压之下所体验到的身心俱疲、能量被耗尽的感觉,这种倦怠和肉体的疲倦劳累是不一样的,是源自心理的疲乏。职业倦怠在情感中的表现如下。

(1)情感衰竭:表现为缺乏活力和热情,感到自己的感情处于极度疲劳的状态。它被认为是职业倦怠的核心维度,并具有最明显的症状表现。

(2)去人格化:表现为自身和工作对象间保持距离,对工作对象和环境采取冷漠、忽视的态度,对工作敷衍了事,个人发展停滞,总想着换工作环境。

(3)无力感或低个人成就感:倾向于消极地评价自己,并伴有工作能力体验和成就体验的下降,认为工作不但不能发挥自身才能,而且是枯燥无味的烦琐事物。

对于职业倦怠产生的原因,根据美国社会心理学家马斯拉奇和莱特于1997年提出的职业倦怠的工作匹配理论,员工与工作在以下六方面越不匹配,就越容易出现职业倦怠。

(1)工作负荷:例如,教师的周课时太多,除此之外,还要抽时间去处理或应付其他的事情,导致没有足够的时间备课,从而影响课堂教学效果,久而久之,容易出现精神烦闷,严重的会产生职业倦怠。

(2)对工作本身缺乏控制:例如,教师希望自己教的学生能有比较好的成绩,但所任教班级的学生基础差、智力平平,从而对自己的工作成效缺乏信心;或者想用自己喜欢的方法去教育和影响学生,但又受各种因素的制约而无法实施,从而产生无力感;或者自认为能力出众,可以教一个好班,而领导却安排自己教普通班,感觉大材小用,从而对工作提不起热情。

(3)报酬:认为所得报酬与自己的付出不成正比,或者与本地区其他行业、与外地同类行业相比,自己所得的收入太少,从而感到不公平。

(4)社交:受工作环境或自身条件的限制,个体与周围的同事或同学、好友没有积极地联系;或者在联系过程中受到过某种刺激,从而厌倦社交。

(5)公平:工作量或报酬的不公平带来情感衰竭,或者由于评价和升迁的不公平引起情绪反应。

(6)价值观冲突:员工和周围的同事或学校领导的价值观不一致。

在分析了职业倦怠产生的原因之后,吉安县教育局适时采取了相应对策,通过合理引导和政策支持,帮助广大教师理性看待工作和生活,为广大教师营造一种公平竞争、团结向上的良好氛围。在平常的工作生活中,县教育局和各级各类学校要多关心爱护教师，帮助他们解决一些力所能及的实际问题，从而让广大教师在平凡的工作中找到教育工作的幸福感。

一是积极争取县委、县政府领导支持，按照国家编制标准配齐配足教师。从2006年起，吉安县每年招聘的教师数量都在120人以上，除去每年自然减员80～90人，实际增加教师30～40人，几年下来，教师增加数量就是个可观的数字。教师数量的增加，大大减轻了相关学科教师的工作负担。教师平时工作不再那么辛苦了，对工作的消极抵触自然就不会那么强烈，有利于减少教师职业倦怠现象。

二是严明人事工作纪律，不随意调动教师。暑期是教师要求调动的高峰期，调动的目标学校大多数位于县城或县城周边。教师的心情可以理解，但如果大家都调往县城或县城周边学校，一方面县城或县城周边学校会严重超编、人浮于事，给这些学校内部带来新的不平衡；另一方面偏远学校则严重缺编，没有教师上课。为避免出现以上情况，就必须严明人事工作纪律，做到非工作需要不随意调动教师。吉安县教育局建立了教师调动"个人申请，调出学校签署意见，人事股审核，局长办公会集体讨论决定"制度，任何个人都不能随意表态调动教师，其中要求到县城学校工作的教师，还要严格遵循"凡进必考"的原则，做到制度面前人人平等。

三是积极争取县委、县政府支持，对学校教师尽量不安排与教育无关的工作任务。除了个别会议或活动教师必须参加外，一般的活动县教育局和学校能推就推，实在推不掉的，就由学校安排教学任务相对较少的处室工作人员参加。对于有关部门开展的各种"进校园"活动，县教育局不是简单的照发照转，而是统一掌握，能推辞的推辞，实在不能推辞的则尽可能归并，结果出来后再分别报送有关部门，这样有关部门可以交差，相应的各种"进校园"活动就压缩至最低，有利于减少教师的抵触情绪，让他们有更多的时间用在教育教学上。

四是引导教师建立正确的职业认知。人生的安宁、和谐只能靠精神来支撑。我们通过开展多种活动，积极引导教师充分体验从事教育工作的优势，把教育事业作为自己终身的追求。如果我们不能认识和享用这个职业为我们带来的幸福，而整天想着去哪里赚点儿外快，就是不明智、不清醒，就永远无法获得安宁和成就。为此,我们在全县中小学开展了"办幸福教育,做快乐教师"主题教育活动。通过系统梳理教师队伍中存在的职业认知误区,我们一方面引导教师建立对教师职业的合理认知,明确告诉他们教师职业的优势与不足和其他行业、职业的优势与不足,让他们知道不管哪个职业都不容易,都各有各的难处;另一方面派出多个"幸福教育"专家报告团,到各中小学校巡回演讲,宣传教师的使命担当和做好教育工作的重要意义,与教师座谈交流,引导广大教师立足本职岗位、乐于奉献,安心做好教育工作,在教书育人中找到为人师的快乐。在多种场合,我都会向教师们传递这样一个理念:一个干部、一个教师,有进步、有想法是好事,是个人成长和社会发展的重要动力,但如何实现,每个人却各显神通、各行其道。没有卑微的岗位,只有卑微的心态。一个人如果连现在的岗位都干不好,很难说他可以做好更大的事。说实话,刚开始时,有些教师是不太赞同我的观点的,后来说的次数多了,加上他们看到县教育局这些年为教师做了很多实实在在的事,慢慢就接受了,进而成为一种主流观点。

# 第107条
# 村小不该被遗忘

　　我国幅员辽阔,农村面积和人口占了大多数。中华人民共和国成立以后,中央政府加快了扫除青壮年文盲的步伐,除了在乡镇政府所在地建立中心小学外,还在规模比较大、人口比较多的村设立村小,这些村小有的是一至三年级,有的则是完全小学,在当年交通条件不方便、信息比较闭塞的情况下,村小为普及基本的文化知识、促进广大农村文明程度的提高起到了积极作用。

　　从20世纪90年代初开始,大量农村剩余劳力到沿海发达地区务工。他们在务工地点逐步站稳脚跟以后,把孩子也带到务工地的学校上学,村小的生源经历了第一次减员;进入21世纪以后,城镇化步伐明显加快,大量适龄儿童随父母进入城镇,村小的生源开始大面积萎缩,有的村小因为没有足够的生源而不得不停办,大多数村小则相应地调减规模、优化布局,农村学校布局调整被提上了乡镇政府和教育主管部门的议程。

经过几年的学校布局调整,到2012年底,吉安县的村小(教学点)数量从原来的110多所调减为73所,在校学生3000余人。虽然学生的绝对数量只占全县小学生的一小部分,但这些村小(教学点)分布在广袤的乡村,服务的对象大多数为普通的农民群众。从某种意义上来说,这些群众是最需要关爱的群体。由于各种原因,他们与外界的联系和交往相对较少,他们家门口的村小就是他们了解社会、评价党和政府的窗口。在审慎调整教学网点的同时,改进和加强村小管理,补齐农村小学管理上的短板,成为吉安县教育局的一项重要工作。

改进村小管理,要厘清村小的特点。村小是学校,但又不是一所完整的学校。一是学生数量少,班级成班率低,多数村小一个班的学生为20人左右;二是学段不完整,多数村小为一到三年级,少数村小还附设了幼儿园,没有设幼儿园的,其学前班与一年级混在一起;三是教师数量相对不足,教师课时量多,工作负担重,一个教师除了上语文、数学课外,还要上体育、音乐、美术等课程;四是没有专门的教导处、政工处、总务处等办事机构和人员,村小校长身兼数职的情况比比皆是;五是村小大多远离中心小学,工作制度、教学常规的执行相对不到位;六是村小教师一般是一个人教一个年级甚至更多,一个村小就那么几位教师,学科教研活动几乎没有;七是村小教师早期多为民师转编的教师,年龄普遍较大,后期面向社会招聘大中专毕业生后,又面临女教师多、外地教师多等问题;八是村小的内部管理相对松散,加上办学经费普遍实行报账制,自有经费很少,校容校貌较差,或者学校千篇一律、没有特色。以上这些特点和问题叠加,成为改进村小管理的难点和痛点。

改进村小管理,要找到工作的切入点。在认真分析了村小的特点以后,经过研究,2007年县教育局推出以下工作举措。一是建立和完善村小管理制度。通过广泛征求意见,出台了《吉安县村级小学管理制度》,从学校设置、课程开设、学生管理、教学常规、内部考勤、劳动教育、课外活动、经费使用等方面作了详细规定，为村小管理的规范化提供了操作指南。二是建立村小教学研究活动协作区。根据村小教研活动匮乏的实际，明确要求建立村小连片协作区制度，即中心小学附近的教师参加中心小学的教研活动，离中心小学较远的周边几个村小联合举办教研活动，所有教研活动都要"定时间、定内容、定中心发言人"，要有活动的相关资料和底册。三是鼓励各村小因地制宜，结合所在地的乡土文化开展形式多样的课外活动。比如，永阳镇曲山小学的舞狮、指阳乡界湖小学的板凳龙、浬田镇上湖小学的鳙鱼灯等。四是不求大、不求洋，做优做美村级小学。要求各中心小学制订本乡镇村级小学升级改造计划，用三到五年使所有村小达到"亮化、美化、净化"的要求。为了有效推进工作，县教育局每年都要组织"走学校、看变化"活动。每年的 11 月，教育局都会将所有的中小学校长分成两个组，用两天看完全县所有的中小学，其中中心小学必看一两所村小。四是在中心小学建设村小教师周转房。为了适应村小教师后期的人员结构变化，丰富村小教师的文化生活，在中心小学校园内建设村小教师周转房。该项目于 2008 年启动，到 2012 年年底，已有近一半的中心小学在校园内建设了村小教师周转房。五是根据村小外地教师和女教师增多的特点，鼓励以校和片区为单位，举办形式多样的联谊活动。

改进村小管理，要加强督导检查。俗话说，工作说得再好，没有检查落实也等于零。县教育局对于加强和改进村小管理可谓煞费苦心，但落实得怎么样，光听中心小学校长汇报是不够的。从 2007 年起，吉安县教育局建立了村小督导评估制度，出台了《吉安县村级小学教育督导评估方案》(以下简称《方案》)。每年 5 月，都要组织专门人员，对全县的村小运行情况开展督导评估，评估结果单独设奖、单独表彰。为了调动村小校长的工作积极性，《方案》规定，对连续两年评估优秀的村小校长，可任命为中心小学副校长(兼)，同时对中心小学校长和村小校长个人进行奖励。自评估制度实施以来，村小无论是教育教学还是校容校貌都发生了很大变化，一批独具特色、管理规范的村小相继涌现。例如，永阳的曲山小学、桐坪的花样年希望小学、敦厚的高塘小学、登龙乡的庙下小学等村小相继获得表彰，村小校长也被提拔为中心小学副校长，极大地调动了广大村小校长的工作积极性，也加快了吉安县村级小学规范化建设的步伐。

村小在有些地方无疑是办学的短板，但如果能立足地方实际，出台有针对性的管理措施，抓好日常检查和评估，村小同样也可以办出好教育。在改革开放以前，受制于落后的经济条件，许多后来在事业上卓有成就者都是在村小接受的启蒙教育；现在条件好了，形势也发生了很大变化，村小作为农村的特殊教育形态短期内还将存在，我们不能把村小遗忘。未来某一天，也许有很多从村小走出来的孩子，也能够走上人生光辉的舞台，此时教育者心安矣。

# 第108条
# 发挥劳动的育人功能

改革开放以来，党的教育方针经过了几个阶段，先是把智育放在首位；到了20世纪90年代，开始重视德育工作，提倡素质教育；再到新时期把立德树人摆在教育工作的首位，随之体育、美育工作也有了其应有的位置。但是，在对待学生参加劳动的问题上，人们的观点却不尽相同。有人认为，体育是锻炼身体，美育让人学会发现美、欣赏美、创造美，而学生的劳动却创造不了多少价值，相反还耽误了学习。何况现在的学生家庭条件好了，已经没这么多劳动了，劳动教育在很大程度上就是在浪费时间和有限的资源。在此观点的影响下，家长不让学生参加劳动，学生们不愿劳动，久而久之，不少学生对各种劳动成果不屑一顾，在生活中自私自利。教育是一项育人的事业，几乎伴随着人类的产生而存在，劳动教育一直是教育的重要组成部分。近年来，由于各种原因，劳动教育事实上已经边缘化。由于缺少劳动的磨炼，有的学生经不起挫折，心理承受能力差，各种少年学生不该有的心理问题开始出现，有的甚至走上自杀的道路。出现这些异常情况固然有很多原因，但长期对劳动教育的忽视也是原因之一。

教育有其自身的特点和规律，从理论上来说，无论是办教育的指导思想还是方式方法,都应是稳定和长期的。在任何一种社会制度下,培养什么人都是教育的根本问题,是教育的终极目标。在社会主义制度下,培养社会主义建设者和接班人就是我们办好教育的根本目标。培养什么人是根本,怎样培养人是方式和手段。智育发展是方式和手段,体育、美育、劳动同样是方式和手段。实践证明,光靠智育不行,加上体育、美育还不够,应该把劳动教育作为一种教育方式、一种教育理念融入日常的教育教学中,这样的教育才是完整的,全面发展才有可能实现。

也许是出身于普通的农民家庭,从小就参加生产劳动的缘故,我对劳动的作用有着自己特殊的理解。我始终秉持这样一个观点,热爱劳动的人,他大概率会珍惜他已经拥有和即将拥有的,他会乐观、坦然地面对各种问题和困难,他会珍惜自己,也会关心他人,他不怕吃苦、勇于奋斗。一个人如果拥有了以上品质,他就是一个有道德的人,一个高尚的人;反之,如果某个人习惯于衣来伸手、饭来张口,不愿参加任何劳动,甚至讨厌干家务活,那么这个人大概率就是自私的、心理脆弱的、懒惰的人。也就是说,他在道德上是有缺陷的。加强对学生的思想品德教育方式有很多,但我一直认为,劳动是最好的品德教育。

感谢组织的信任,让我担任了一个县的教育局的主要负责人,这对我来说是机会也是挑战。我清楚地知道,在全民重视智育、关注考试成绩的大背景下,任何不计后果的改变都会在现实面前碰得头破血流。虽然我没有能力去挑战或改变现有的格局,但并不意味着我对此无能为力。只要心中存有对理想教育的坚定信念,还是可以"把枪口抬高一厘米",渐进式地通过一件件具体而实在的工作,在抓好日常教育教学工作的同时,不断提高教学质量,让一个地方的教育慢慢地发生改变。在全县中小学校广泛开展对学生的劳动教育,通过劳动观念、劳动习惯的养成,提高学生思想品德教育的实效,就是一次有益的尝试。

2007年春季,吉安县教育局下发了《关于因地制宜开展劳动教育实践活动的通知》。通知要求全县各级各类学校根据各校的不同情况,积极组织开展劳动教育和勤工俭学活动。具体来说,就是每周各中小学都要安排一节劳动课程,或者负责全校的卫生大扫除,或者到学校食堂帮忙、做志愿者,或者到社区参加公益劳动。有条件的学校要在校内开辟一个地方作为劳动基地。这样，一方面可为学生提供一个劳动实践的场所，使他们在实际劳动中陶冶情操；另一方面可以将基地所产生的收入，作为班级活动经费。通知明确，将各校劳动教育和勤工俭学基地的运作情况纳入年度办学水平评估。

通知下发后，县教育局负责此项工作的勤工俭学办公室立即安排人员深入各中小学抓好任务的贯彻落实。全县各中小学积极行动起来，多数学校利用每周三下午的活动课时间，开设了一节劳动教育课，有条件的学校还在校内外建立了劳动基地。例如，安塘中心小学在校园外租了几十亩抛荒的山坡地，发动学生自己动手，种上大量的时鲜瓜果和蔬菜，长势十分喜人；梅塘中心小学在校园内开辟了一块约3亩的空地，每个班级认领一块，种上学生喜欢的品种，产品以市场价由学校食堂购买；还有些学校与周边的村民合作，由村民提供劳动场地，学生轮流到农田里参加生产劳动；有的学校校园面积比较狭小，不具备开辟劳动基地的条件，他们在开好劳动教育课的同时，发动学生周末回到家里帮助父母干农活、做家务，并结合他们在家里所进行的劳动，写下心得体会交到学校，学校组织学生在班上分享、评选优秀心得等。校长们反映，劳动教育活动的扎实开展，为学生的思想品德教育找到了一个好的抓手，培养了一大批热爱劳动、尊重劳动的好学生和好少年。家长们普遍反映，学校开展劳动教育以后，孩子对劳动的观念发生了变化，懂得了尊重父母的劳动成果，学会了关心他人，知道了与人分享和合作，江西教育电视台、江西教育期刊社多次到吉安县进行专题宣传报道，吉安县受到了省教育厅的重点关注。

教育是育人的事业，需要慢工出细活，容不得急躁和冒进。在实际工作中，我们一方面要心怀办好教育的远大理想，另一方面要脚踏实地，一步一个脚印地把一项项具体的工作做好、做到位。如此，立德树人的目标就会在具体的活动中变得清晰，从而为培养德智体美劳全面发展的社会主义建设者和接班人打下良好的基础。通过采取各种行之有效的措施，让学生从小就热爱劳动，在劳动中磨炼意志、锻造品格，就是贯彻教育立德树人要求的具体体现。

第**109**条

# 积极推进素质教育

　　素质教育是以全面提高人的基本素质为根本目的，以尊重人的主体性和主动精神，以人的性格为基础，注重开发人的智慧潜能，注重形成人的健全个性为根本特征的教育。基础教育包括学前、小学、初中、高中阶段的教育，是实施素质教育的最重要阶段。

　　基础教育是国民素质教育的奠基工程，具有鲜明的基础性、相对的稳定性，也具有一定的时代性。素质教育鲜明地体现了基础教育的基本特征：素质教育是一种着眼于发展、着力于打基础的教育，其根本任务是为每一个学生今后的发展和成长奠定坚实而稳固的基础。这里的"基础"内涵十分丰富，是包括思想品德素质、科学文化素质、身体心理素质、劳动技能素质、审美素质在内的广泛而全面的基础。人的素质是一种"以先天禀赋为基础，在教育和环境影响下形成和发展起来的相对稳定的身心组织要素的总和"。素质教育凭借着人类历史上积累起来的优秀文化成果来培养学生的全面素质，发展学生健康的个性，必然要求教育的目标、内容、方式等保持相对稳定。人的素质既有相对稳定性，也有时代性。因而，要求学校教育在保持相对稳定的基础上，根据时代发展和社会需要，适当吸纳最新科技、文化成果，调整、充实和完善教育目的、内容和方法，以适应现代社会和未来世界多方面的挑战。素质教育较好地体现了基础教育的基本特征，是一种高层次的基础教育。

　　素质教育如果能够得到全面实施，将会使基础教育返璞归真，重新成为真正意义上的基础教育。但是长期以来，基础教育在片面追求升学率的严重干扰下，已异化为"应试教育"。这种异化使基础教育的本质属性和基本特征逐步被扭曲，背离了教育教学的基本规律，在一定程度上破坏了教育、教学秩序和规范，导致学生素质的片面发展或畸形发展，基础教育的许多问题和乱象由此产生。许多有良知的教育工作者深知片面追求"应试教育"的危害，也想在自己力所能及的范围内积极推进素质教育，从而以自己和周围的改变，为改善"应试教育"大环境做出贡献。但从实际执行的情况来看，效果并不理想。

为什么大家都知道实施素质教育好，但总是推行不下去，或者推进了却难以坚持？在担任吉安县教育局局长后，带着这些问题，我走访了不少学校领导、教师和家长。通过走访，我慢慢发现了问题的根源。

一是配套措施不具体，很难进入操作层面。什么是素质教育，只是在相关会议或文件中有一些泛化的表述，具体应该包含哪些方面，官方一直没有给出一个权威的说法，相关各方一直争论不休。到了学校层面，就出现了一百所学校有一百种理解的情况。在配套政策上，对于认真实施素质教育的学校，如何考评、如何激励等缺乏具体的措施，一些积极性高的学校，因为得不到及时、客观、有效的权威评价或激励，尤其是在高考、中考的评价录取上没有相应的配套激励政策，慢慢地，也就没有了当初的积极性。另外，在对家长和学生的宣传引导上，新闻媒体、学校推介的内容五花八门，让家长和学生感到无所适从。在大家都摸不着头脑的情况下，家长和学生就会有自己的观察和思考，最后得出结论，说一千道一万，考试分数是硬道理。家长和学生的想法自然就会反馈给学校领导和教师，最后形成了"应试教育"大行其道的洪流。

二是基层教育行政管理部门作为不够、引导不力。推进素质教育时，基层教育行政管理部门是主力军，因为在现行的教育管理体制中，从事基础教育的广大中小学校都是受基层教育行政部门管理和节制的，基层教育行政管理部门对学校的评价，直接影响到学校领导和教师的切身利益。一般情况下，基层教育行政管理部门对学校如何考评，所属学校的工作重心就会顺应考评的要求，确定努力方向和工作重点。如果基层教育行政管理部门一方面强调推进素质教育的重要性，另一方面对学校和教师的考评标准还是以考试分数决定一切，那么学校领导和教师出于趋利避害的现实考量，对推进素质教育就会采取一种敷衍的态度，加上平时的宣传引导不力，素质教育难以有效推进就在情理之中了。

　　一直以来,教育要培养什么人、怎样培养人都是重大而敏感的现实问题。培养什么人是教育的奋斗目标,尽管也有不同意见和表述,但至少有一个基本共识,就是培养合格的社会主义建设者和接班人。怎样培养人则是教育的方法论。方法不同,目标效果就会不一样。总体来说,多数学校都能够按照党的教育方针和教育规律办学,但也有两种现象值得注意。一是唯成绩论。只要学生成绩好,其他方面即使有些问题也无关紧要。受此思想影响,学校除开设考试科目外,除安排与考试有关的活动外,其他方面都有意无意地忽略了。虽然不少学校领导和教师未必愿意承认这个事实,甚至会说出许多迫不得已的理由,但事实就是如此。二是全科教育论。有的人把素质教育的内涵片面地理解为把所有的课程都开齐开足就是素质教育,以至于在教育教学活动中德智体美劳平均使用力量、分配资源。校园里每天都热热闹闹的,学生好不开心,教师皆大欢喜。

　　其实,以上两种观点都是值得商榷的。唯成绩论无疑是一俊遮百丑,无论是教师还是学生,如果头脑里只有考试成绩,无休止地考试和加班加点就会成为学习的常态,教师辛苦,学生更是苦不堪言。究其原因,除了少数学校确实是自己钻牛角尖外,多数还是与教育主管部门对学校的考核导向有关。全科教育论则是对素质教育的片面理解,按照部颁计划开齐开足课程只是全面发展的基本要求,但没有突出重点的所谓"开齐开足"课程只会把学生变得平庸。仔细分析一下就会知道,"德智体美劳"是有逻辑顺序的,德是首位,智是中心,体美劳是分支。真正全面发展的教育是在把学生思想品德教育放在首位的同时,突出文化课程教育这个中心,离开了这个中心,从某种程度上来说,学校的存在就失去了其应有的意义。无论是学校领导还是教师,要坚持抓好学科教育不动摇,在学好科学文化知识的同时兼顾体美劳。所以,对发展教育事业、办好人民满意的教育,不要弄太多概念性的东西。对于推进素质教育,我的理解就是:贯彻党的教育方针,落实全面发展。

　　按照上述指导思想,吉安县教育局首先组织人员对《学校目标管理考核方案》进行梳理,对有可能导致学校领导和教师"唯成绩论"的条目予以调整或删除,修订后的《学校目标管理考核方案》以百分制计算,考试成绩的占比只有30%。其次是在各种会议上明确全面发展的含义和要求,引导各级各类学校正确理解"全面发展"，要求把该抓的课程抓紧，把该放的时间放开，既不能搞不突出学科教育的全面发展，又不能为了学科教育而把体美劳放在一边。再次是采取得力措施，保证推进素质教育所需要的教学时长。从2006年秋季起，规定全县义务教育学校星期三下午全部开展以兴趣小组和社团活动为主要内容的活动课程，教育局组织人员对活动的开展进行专项督查，督查情况及时在全县通报。最后是以片区为单位组织各类竞赛活动，将各校在活动中的成绩纳入学校办学水平评估，做到"周周有活动，月月有比赛"，通过活动的开展促进全面发展在学校的落地。

在推进学生全面发展的过程中，曾经出现了一个插曲：对于县教育局要求全县义务教育阶段学校在星期三下午上活动课，当时有不少学生家长难以理解。他们认为：学生一个星期少上一个下午的文化课，一个学期下来就少上了十多天的课，一个学年下来就更多了，学生文化课程完成不了怎么办？为此，家长纷纷写信或打电话到县教育局，到后来，部分人大代表、政协委员也加入进来。对此，我一边要求各校校长做好宣传解释工作，一边主动邀请部分县人大代表、政协委员到学校走访、视察，具体学校随机选定，有两次我到场陪同。通过广泛的走访，代表委员们从一开始的怀疑转为后面的大力支持，他们还通过自身的特殊影响向有疑问的家长做工作。代表委员们说，"全面发展"被写入了党的教育方针，素质教育说了这么多年，但一直以来，执行效果都不尽如人意，现在吉安县教育局在认真抓好学科教育的同时，硬性规定时间让学生发展其他兴趣特长，虽然方法上可以不断改进，但这种敢为天下先的精神值得学习和提倡。就这样，在不断地质疑和宣传解释过程中，吉安县的周三下午活动日的做法一直坚持了下来，加上其他促进全面发展的配套措施，学生的综合素质得到了较大提高。从2009年开始，吉安县的教育驶入了高速发展的快车道，吉安县教育局用考评引领学校开展素质教育的做法取到了良好的效果。

## 第110条
# 教育督导应督在关键处

　　教育督导，也称"教育视导"，是教育领导机关代表国家行使检查、督促的职责，对下级机关及各级各类学校的工作进行视察、监督、指导的活动。教育督导可以使领导机关掌握各级教育事业发展的实际情况，为决策提供可靠依据，并能起到协助基层改进工作，提高教育、教学和管理质量的作用。

　　据文献记载，1909年，清政府学部颁布了《视学官章程》，决定各省提学司设置省视学。中华民国成立后，颁布了《视学规程》，将全国分为8个视学区，视察普通教育与社会教育。中华人民共和国成立以前，中国共产党领导下的革命根据地曾在教育管理机构中设视导组织。中华人民共和国成立后，在中央和地方教育行政部门中，分别设立了视导司、室、科、组，但于1958年中断。1977年以后，中华人民共和国教育部设置了若干巡视员，恢复巡视工作。1986年9月，国家教委建立了督导司，各地区教育行政部门也建立起相应的督导机构，全面恢复了教育督导工作。2009年公布的《国家教育督导条例(征求意见稿)》把教育督导分为综合督导和专项督导。

　　综合督导与专项督导是按督导原则和标准，使用科学方法，对教育行政工作和学校工作通过观察、调查和考核，做出分析和评价，指出成绩和缺点，并提出积极的修改意见，使教育工作质量不断得到提高的活动。在基层督导工作中，有时会对辖区内的教育机构(学校、幼儿园)开展随机性的督查活动，被称为"随访督导"。

　　为了使教育督导工作取得实效，避免督导工作中"雷声大雨点小"的现象，吉安县教育局狠抓督导过程和结果的应用，取得了较好的成效。

　　一是选优配强督导工作队伍。县教育局利用多个场合，向县委领导建议，教育督导工作是对学校贯彻党的教育方针、全面提高教育教学质量进行监督和评估的重要举措，从事督导工作的人应具备多年学校管理经验，熟悉教育教学全过程，在平时的工作中能够大公无私，在系统内有较高的威信。县委领导采纳了县教育局的建议，选派了一位经验丰富的中学校长担任县政府教育督导室主任(县政府教育督导室设在县教育局，是其内设机构，级别通常为正科或副科级)，县教育局则从局办公室、局人事股各抽调一位负责人，充实教育督导室。另外，县教育局还挑选了一批刚从校长岗位退下来，身体尚好、有工作热情的人担任兼职督学，由县政府颁发聘书，聘期原则上为三年。

二是建立督学责任制。早在2006年，我们就按照地域连片的原则，将全县各级各类学校划分为东南西北中和县城六个责任区，每个责任区配备两名兼职督学(原则上一名负责中学，另一名负责小学和幼儿园)，责任区内每所学校有一位教育局蹲点干部作为督学助理。为了方便群众监督、及时掌握责任区内相关信息，我们将督学岗位职责和督学人员、教育局蹲点干部姓名、联系方式等信息在校外显眼处公示，师生有问题或疑问的可以随时反映。为了让各位校长重视教育督导工作，县教育局专门召开了督学工作会议，出台了相应的考核评价制度，规定每位督学每学期要向县教育局党委专题汇报一次督学情况，责任区内学校考评结果必须由责任督学签字认可。责任区内学校在年度考核评估中如果获奖，责任督学可以享受相应的奖励，多奖多得。当然，如果责任区内某所学校出现了严重的问题或出现了安全责任事故，责任督学也要承担相应的责任。这样的制度安排把学校工作与督学工作有机结合起来，既提高了责任督学的责任心，又有效提升了督学工作的权威性。

三是实行教育重点工作与督导工作联动。县教育局每年都要制订年度重点工作计划，我们坚持做到重点工作推进到哪里，督导工作就跟进到哪里，做到有布置就有督导，有督导就有评比，有评比就有奖惩，有奖惩就有应用。例如，2006年，教育部确定吉安县为全国义务教育保障机制改革试点县，对于贫困学生的认定和补助，需要吉安县先行先试。县教育局在周密部署的同时，组织专兼职督学和蹲点干部进行了多次交叉检查，在检查过程中发现好的经验和典型，后来形成专门材料，报送教育部义务教育保障机制改革试点领导小组办公室,受到教育部有关领导的充分肯定,后来在正式文件出台时采纳了吉安县的经验。

随着新义务教育法的实施,义务教育管理实行"以县为主",乡镇政府普遍都感到松了一口气,相应地,关心学校、为学校办实事的热情也减弱了。2007年春,为了充分调动乡镇政府支持教育事业发展的积极性,我们在广泛征求乡镇政府和有关部门意见的基础上,向县委、县政府报送了《关于对乡镇政府和县直有关部门履行教育职责进行专项督导工作的请示》,经县委、县政府研究后批转执行。从2007年开始,每年对各乡镇政府和县直有关部门进行教育履职考评督导,就成了县政府教育督导室的一项重要工作。在督导过程中,我们精心安排、周密组织,评估结果做到了实事求是、真实可信。在报送县委、县政府领导的同时,我们还在县内主要新闻媒体上进行公示,在社会上引起了较大反响。

四是把督导工作与日常工作检查区别开来。在实际工作中,我们总结出督导工作与日常工作检查的异同:督导工作是阶段性的,有较强的针对性,人员相对集中,所需时间也相对较长,而日常工作检查往往是随时性的,人员数量比较灵活,耗时也较短;督导工作比较正式,如需要有工作方案、专项汇报材料、督导工作情况通报等,而日常工作检查往往比较随意,更多的是对某项工作得出一个印象或结论;督导工作有较强的广泛性,督导工作人员一般是专兼职督学,而专兼职督学的来源一般比较广泛,有教育系统内部的人,也有其他部门的相关负责人,检查工作一般是以教育局机关内部工作人员为主。例如,一年一度的学校办学水平评估是吉安县教育系统内部的一次综合性大考,评估结果直接与校长的进退留转挂钩,与学校的评优评先挂钩,大家都十分重视。此时,都是由县政府教育督导室牵头,安排县教育局领导带队,组成由专兼职督学和部分机关干部参与的考核评估组,根据教育局的年度重点工作安排和学校的完成情况逐项评估打分。所有评估工作完成后,县政府教育督导室要进行综合分析汇总,评估结果要向县委、县政府汇报并通报各乡镇政府。

吉安县的教育督导工作重视"督导与监督相结合、督导与指导相结合、督导与评估相结合、督导与反馈应用相结合",做到督导督在关键处、结果用在关键处,在全县上下营造了一种尊师重教、争先创优的良好氛围,有力促进了吉安县教育事业的健康快速发展,相关工作经验多次在省教育厅工作会议上被介绍,受到了省政府分管领导和省教育厅领导的一致好评。

# 第111条
# 课堂教学改革要稳扎稳打

《中共中央 国务院关于深化教育教学改革全面提高义务教育质量的意见》指出:"要优化教学方式。坚持教学相长,注重启发式、互动式、探究式教学,教师课前要指导学生做好预习,课上要讲清重点难点、知识体系,引导学生主动思考、积极提问、自主探究。融合运用传统与现代技术手段,重视情境教学;探索基于学科的课程综合化教学,开展研究型、项目化、合作式学习。精准分析学情,重视差异化教学和个别化指导。"《中共江西省委 江西省人民政府关于深化教育教学改革全面提高义务教育质量的实施意见》指出:"要提高课堂教学效率。坚持教学相长,注重启发式、互动式、探究式教学。加强学生创新思维能力的培养。借助信息化手段,精准分析学情,重视差异化教学和个别化指导。"以党中央、国务院和省委、省政府名义出台的关于深化教育教学改革、全面提高教学质量的意见,在中华人民共和国成立以来尚属首次,标志着原来由基层教育行政部门和学校推动的教学改革工作已经上升到党和政府层面,也预示着我们的教学已经到了非改不可的地步。

课堂教学作为教育教学工作的重要组成部分,应该怎样改,改到什么程度,可谓仁者见仁,智者见智。对此,各地进行了许多有益的探索,尤其是在经济发达地区,课堂教学改革如火如荼,已经渐成气候,涌现了一批先进典型。江西作为内陆省份,经济相对落后,课堂教学改革虽然一直在提倡,也取得了一定的成效,但从当前各地的实践来看,效果不太理想,还存在比较严重的形式主义倾向。其主要表现在:部分教师的教学方式改了,但学校的评价方式没有改；课堂教学改革口头上强调的多，但相应的配套措施少；关注教师的教学方式改革的多，对发挥学生学习的主动性研究的少；学校一哄而上的多，个别指导、潜心研究的少；对传统教学方式一味否定，但新的教学方式没有形成。如此种种，使得课堂教学改革变成了少数人的一厢情愿。在不少地方和学校，在短暂的热闹过后，课堂教学原来是什么样子，现在还是什么样子，顶多是上级有人来检查或外校有人来听课时，临时选几个教师来充充门面而已。

应该承认，传统的教学方式有弊端，如过分注重教师的教而忽视学生的学，考什么就教什么、过分注重分数等。但也有其可取之处，如通过教师对知识重点的系统讲解，学生的基础知识普遍比较扎实，尤其是对少数学习困难的学生来说，教师的系统讲解显得更为重要。在世界万物都在发展变化的当下，变是常态，不变是例外，课堂教学也是一样。但究竟应该怎样变，既能适应当前的形势，又有利于保持教学工作的长期性和稳定性，有利于学生进步和发展，则需要教育管理者认真研究和思考。我个人的体会是，课堂教学改革要顺利推进，除了做好一般性的常规工作外，还应在以下方面抓实做细。

一是要客观分析学校的学情和校情，制定推进课堂教学改革的三年(五年)规划。课堂教学改革既是党和政府的号召，也是教育自身推进立德树人、全面提高教育质量的需要，县级教育主管部门和学校要立足本地和学校实际，制定推进课堂教学改革的三年(五年)规划，稳扎稳打、分步实施。例如，第一年，抓好理念培训和方法指导，让广大教师明白为什么要推进课堂教学改革、怎样才能抓好课堂教学改革，在思想上达成共识，有条件的地区和学校可以确定一批学校和教师先行试点；第二年，重点抓好学生学习方式的转变，要积极帮助和引导学生做好课前预习、课中思考、课后复习，要抓好学习小组建设和培训，让教师和学生知道为什么要进行小组合作学习、如何进行小组合作学习、小组学习如何考核评价等；第三年，在有条件的学校全面铺开，在全面铺开的过程中，不宜要求齐步走，允许短暂的观望和落后，要加强过程指导和问题研究，不断消化在推进过程中碰到的各种问题。

二是要抓好教育和培训，让广大教师在思想上认同课堂教学改革，在行动上支持课堂教学改革。传统的课堂教学在我国存在了上百年，虽然有其弊端,但也绝不是一无是处的,事实上许多优秀的人才就是在传统的教学方式下培养出来的。改革固然重要,但不是迫在眉睫,如果在没有取得广泛共识的情况下就盲目推进,其效果可想而知。教育培训是达成共识的有效载体,各地教育主管部门和学校要制订教育培训专项规划,有计划、有步骤、分学科、分批次开展培训。所谓"有计划",是指在一个地方、一个学校,在哪个阶段要开展哪些培训、培训哪些内容、由谁来组织、培训哪些人、聘请哪些专家来讲课等,都要制订详细的规划。所谓"有步骤",是指一次培训不要面面俱到、追求完成任务,而是每次培训要围绕一个主题,讲深讲透;要摒弃一边倡导课堂教学改革,一边又在培训时满堂灌的做法,要组织教师多开展讨论式、互动式、探究式培训。所谓"分学科",就是要分学段、分学科开展培训,不宜小学与中学、文科与理科、艺体等"一锅煮"。所谓"分批次",是要针对不同阶段的教师进行有针对性的培训,如刚参加工作不久的年轻教师思想活跃,容易接受新生事物,对他们的培训应以职业理想、职业精神为主;中年教师的教学方式已经基本定型,事业发展也进入了成熟期,他们是学校教育教学工作的主力军,当然也是教育培训的重点人群,对他们的培训主要以理念、方法、学生学习观、学生成长观等为主,以帮助他们实现专业"二次成长";老年教师接受新生事物相对较慢,原则上在教学方式的改变上可以不做硬性要求,能改变一点儿是一点儿,要鼓励他们做好对青年教师职业精神的传帮带,在工作上不懈怠,努力站好最后一班岗。学生家长往往是我们在组织培训中容易忽视的群体,在"双减"的大背景下,家长是否认同一个地方和学校推进的课堂教学改革、是否在课堂教学改革的氛围中积极主动地配合学校的工作,对于课堂教学改革成功与否具有较大影响。一要让他们知道课堂教学改革的重要性和必要性;二要让他们知道学校推进课堂教学改革后,家长应该做什么工作、怎样做工作,这些在很大程度上都要通过系统的培训才能做到。

三是要修订和完善考核评价制度。推进课堂教学改革,对传统的管理和评价方式提出了挑战。如果在教育主管部门对学校的考核评价中、学校对教师的考核评价中,仍然沿袭"分分计较"的做法,那么课堂教学改革的推进在某种程度上来说就是一句空话。任何改革都意味着改变,对学校来说如此,对教师来说也是如此。改变就有风险,就有很多的不确定性,尤其是在推进改革之初，大家都在"摸着石头过河"，在考试分数上有起落在所难免。如果还是在考核中"分分计较"，学校和教师出于趋利避害的考量，要么对改革有所抵触，要么就是表面应付，课堂教学改革就难以深入推进。各地各校在修订考核评价办法时，可以试行以"等次"评价的办法，即对推进课堂教学改革的学校和教师，在一定时期内，同层次、同性质的学校或班级，考核分数相差在一定的区间的，就可以认定他们在考核中属于同一等次，真正拉开差距的是学校在全面贯彻党的教育方针、全面推进素质教育、落实党和政府教育政策、学校规范管理、学生行为规范、安全生产等方面的表现。只有在思想上打消了学校和教师的顾虑，课堂教学改革才有可能真正得到推进。

《关于进一步减轻义务教育阶段学生作业负担和校外培训负担的意见》指出，要"提升课堂教学质量。教育部门要指导学校健全教学管理规程，优化教学方式，强化教学管理，提升学生在校学习效率"。减轻学生作业负担和课外培训负担，关键在于提升课堂教学质量。从各地的实践来看，推进课堂教学改革是提升课堂教学质量的重要途径，我们要花大力气抓紧、抓好，但是不能为改革而改革，不能在考虑清楚为什么做、做什么、怎么做之前就大干快上，而是必须稳扎稳打、一步一个脚印，唯有如此，课堂教学改革才能取得应有的成效。

# 第112条
# 注重平时资料的积累

我在到县教育局上班后不久，分管办公室工作的副局长对我说，要组织一批老教师编写《吉安县教育志》。《吉安县教育志》一般每十年组织编纂一次，这是传统。我当即表示同意，并委托该副局长全权负责。

该副局长做事很认真，工作效率也高。过了一段时间，他告诉我，编纂教育志的教师已经选好了，地点也安排好了，预计要三个月左右完成初稿。

他们过几天就要开始工作，让我有时间去他们工作的地方看一看，以示关心和慰问。

2004年11月中旬，编纂《吉安县教育志》的教师们已经工作了将近一个月。一天下午，我在县教育局办公室主任的陪同下，来到编纂《吉安县教育志》的地方——县教育技术中心三楼会议室。一到办公室，就看到几名教师正在忙碌着，或者在翻阅资料，或者在讨论某个事件要不要编入《吉安县教育志》。我问他们辛苦与否，他们回答我，辛苦倒不怕，问题是在众多的文件资料中，要选取哪些事件载入《吉安县教育志》，哪些事件不宜载入，他们把握不准。有些事件用当下的眼光来看似乎很重要，但在事发当时，政策和人文环境有所不同，可能就不那么重要了；反之，在当时看起来很大的一件事，现在看起来甚至不值得一提。编写诸如《吉安县教育志》等资料，应把握一个原则，就是后人在还原历史时，不能用现在的价值观念和是非标准去评价多年前的事，要力求客观准确。除了在判断哪些是重要的事情上有争议之外，还有就是某一个事件的客观性和准确性问题。还原某一个事件，能够找到当事人回忆当时情况会好一些；当事人无从查找时，记录事情的客观性和准确性就要打问号了。教师们的这番话，引起了我对注重平时资料积累的思考。

第二天上午，我召集有关人员开会，共同探讨有没有什么办法可以让以后编《吉安县教育志》的人不再为类似的问题而苦恼。大家你一言我一语地发表了意见，最后商定，从2005年起，在全县教育系统中评选每年教育的"十件大事"，若干年后编纂《吉安县教育志》的教师就不会再为哪些要编入、哪些要舍弃而烦恼了。评选每年的"十件大事"看起来是件小事，但通过评选可以让大家明白，在过去的一年，教育系统发生了哪些大事、大家究竟做了哪些工作，既是工作总结，又是对后人负责、对历史负责。评选每年"十件大事"在有的人看来是件小事，但仔细思考，则是小事不小、小事情可以做出大文章。

2006年2月，县教育局下发了《关于组织评选每年教育系统十件大事的通知》(以下简称《十件大事的通知》)。2006年6月，第一次评选工作正式启动。具体步骤是：首先由县教育局办公室梳理出上一学年教育系统所做的主要工作,数量在20～30件;其次是学校在全体教师中做好宣传,发动教师积极参与;再次是以学校为单位进行统计,把本校推荐票数最多的前十件大事报县教育局办公室,县教育局办公室在接到各校报来的评选结果后,组织人员进行统计汇总,从中筛选出15件大事列入初选名单,在县教育局内部OA系统中公布;最后在学期结束前的全体校长会上,由校长实名投票。为调动学校和校长参与的积极性,《十件大事的通知》规定,某个学校、某位校长所推荐的十件大事与最后评选结果最接近的,该校在年度办学水平评估中可以加1分,校长个人则发给奖金200元。当然,加分也好,发奖金也罢,只是表明县教育局对做好此项工作的态度。事实证明,无论是校长还是教师,参与的积极性都很高,不少学校还专门开会讨论哪些事件可以入选,有的甚至争论得面红耳赤。当校长给我汇报这件事的时候,我说这是好事,争论的过程就是学习宣传的过程,就是统一思想、凝聚人心的过程。

每年的"吉安县教育系统十件大事"确定后,为加大宣传力度,提升社会各界对教育的认知度,县教育局都会举办类似于新闻发布会这样的活动,然后把评选结果报送县委、县人大常委会、县政府和县政协领导,抄送各乡镇政府和县直有关部门,在《吉安县报》刊登,受到了领导和社会各界的广泛关注。

随着义务教育管理由县乡二级共同管理转为"以县为主",在有些地方,乡镇对于办学似乎没有多少责任,对学校也不够关心。出现这种情况,固然与管理体制的调整有关,但也与教育主管部门和学校缺乏经常性的有效沟通有关。另外,不少校长经常感叹有的部门对学校工作不支持、许多家长对学校工作不理解,这些问题的出现,同样与我们教育系统的同志自身宣传不够、沟通不到位有关。既然宣传不够、沟通不到位,乡镇政府、有关部门和广大学生家长就对教育和学校的工作不够了解,不了解又何来支持。道理大家都懂,但有的同志要么工作确实太忙,要么根本就没有引起注意,总是习惯于关起门来办教育,出现这样或那样的不和谐就不足为奇了。而在吉安县,无论是县直有关部门还是广大学生家长,都把关心教育、支持教育、帮助学校看作自己应尽的责任,尊师重教蔚然成风。如此大好局面的出现,主要是县委、县政府对教育工作高看一眼、厚爱一分,也与长期以来县教育局注重平时的沟通、汇报和宣传有关。评选教育系统每年的"十件大事"及其后续工作，既可以积累资料，方便后人还原和尊重历史事实，又可以让更多人了解教育，从而关心、支持教育。

## 第113条
# 提升县域高中的综合竞争力

2019年6月，国务院办公厅出台了《关于新时代推进普通高中育人方式改革的指导意见》，2021年全国两会提出要振兴县域普通高中教育，紧接着，教育部等九部门印发了《"十四五"县域普通高中发展提升行动计划》。计划要求严禁发达地区、城区学校到薄弱地区、县中抢挖优秀校长和教师，加强县域普通高中建设，推进基础教育高质量发展。

随着城市化的推进，很多地区的郊区县实行撤县设区，出现了县域高中与区属高中并存的现象，郊区县的优质生源和优秀教师大量涌向市直高中，其他县的高中教育也是举步维艰，县域普通高中教育教学质量严重下滑，有的还出现了"县中塌陷"现象。从客观上来说，伴随着新课程全面实施、新教材全面使用、新高考全面推进以及高中育人方式变革的客观要求，县域高中无论在学校管理上还是师资水平上，都比各方条件较好的省市优质高中面临更多的困难和挑战。县级教育行政部门和县域高中学校要在积极争取上级政策支持、改善外部环境的同时，摆正心态、积极面对、统筹安排，核心是提升县域高中综合竞争力。

2013年，吉安市的高中分布情况为：市直高中2所，所辖13个县(市、区)有普通高中34所(其中省级重点高中18所，含2所市直高中)，在校学生78 980人；吉安县作为吉安市的郊区县，有普通高中2所(县立中学、县二中，均为省级重点中学)，在校学生7000余人，教师700余人。从过往的情况来看，其他县域高中面临的问题，吉安县一样都不少；其他县域高中没有的问题，吉安县还是会遇到。在吉安县委、县政府的高度重视和正确领导下，经过各方不懈的努力与坚持，吉安县的高中教育质量在全市已经处在第一方阵，间或还有耀眼的亮点而显得一枝独秀。吉安县的做法是：不怨天尤人，苦练内功，努力做好自己的事。

由于各种原因，吉安县曾经历过一段高中优质生源大量流失的暗淡时刻。虽然家长们都知道，让孩子到外地或者市直学校学习未必是最好的选择，甚至会在心理、生活上给孩子带来不少影响。但在家长看来，为了能够让孩子接受在他们看来更好的教育，从而考上一所理想的大学，其他问题和困难都是可以克服的。优质生源大量流失，还带来另外一个不容忽视的问题，就是严重打击了教师的工作积极性，优秀教师也在想办法另谋他途。如果一个地方的优质生源和优秀教师都不断外流，用人民群众朴素的观点来评价，这个地方的教育无疑就是需要认真反思的。

怎样留住优质生源和优秀教师？思想工作肯定是要做的，但光靠做思想工作解决不了问题，因为任何一个家长都不愿为了屈从领导的思想动员而用孩子的前途做赌注。办法只有一个，就是想办法做好自己的事，全面提高县域高中的教学质量。通俗地说，就是用高考成绩说话。从某种意义上来说，教学质量的提升是县域高中竞争力提升的法宝。如果学生身边的学校教学质量高，学生在家门口就能接受良好的教育，优质生源也就没有必要舍近求远了；同样地，如果优秀教师能够在他熟悉的地方实现自己的人生价值，他也不需要另择高枝了。因此，提高县域高中的教学质量，在高考中取得优异的成绩，就成为吉安县教育局一项十分重要而紧迫的任务。

为了办好县域高中，尤其是把县立中学办成品牌学校，吉安县委、县政府领导对此做了专题研究，决定多措并举、综合施策。

一是调整充实县中领导班子。2006年7月，县委调整了县中领导班子，经过调整后的领导班子结构比较合理，工作热情高，争先意识强，作风民主，善于团结同志。新的领导班子上任后，修订并完善了教师评价制度和高考奖励制度，让勤勉敬业、工作认真的教师，施展才华有平台、成绩出彩有重奖。多数班子成员都到教学一线，既当指挥员又当战斗员，教师的工作状态很快焕然一新，教学风气有了很大转变。

二是成立县教育局高考领导小组。领导小组由我担任组长，成员包括县教育局分管教学业务的副局长、县教研室主任、县招生考试办公室主任以及县中、县二中校长、分管副校长和年级组长。领导小组每个季度要深入县中、县二中听课，与师生座谈，及时发现和指出学校管理或教师教学上存在的问题；每次大型考试后，都要对考试情况进行全面分析，提出下一步解决办法。领导小组的同志都是教学上的行家里手，提出的问题比较精准到位，对问题的处理跟踪高效，对提高高考复习效能起到了积极的促进作用。

三是积极走出去、请进来。除了县里两所高中每年都会组织教师到外地先进学校听课学习、与兄弟学校的教师交流复习迎考的经验和做法外，我们还积极争取省教育厅的大力支持，由江西师大附中对吉安县中、南昌三中对吉安县二中实行对口帮扶，做到优质资源、有效信息、教学经验共享；有计划地邀请省内外名师到吉安县讲学、现场互动交流。县教育局每年花在这方面的支出不少，有的同志对此提出过质疑，但我坚持认为，以教学为中心要体现在具体的行动上，只要有利于教学质量的全面提高，花再多的钱都是值得的。

四是实行"品牌学校"创建工程。2010年春，吉安县委、县政府为进一步做优做强吉安县立中学，开展了县立中学"品牌学校"创建活动。活动的主要内容为：加大对县立中学师资配备力度。开通人才引进绿色通道，允许县中和县二中直接面向部属师范院校招聘毕业生，对招聘入职的教师由县财政给予相应的津贴和住房补贴；对一时招聘不到人才的，从其他渠道做到应补尽补。对少数不合格教师进行约谈，在规定期限内没有明显改进的调离县中。加大对县立中学的经费保障力度。由于江西省高中阶段学费一直没有上调，高中普遍都在债务中挣扎。通过"品牌学校"创建工程，县财政每年另外安排专项经费100万元，用于补充办学所需经费和奖励优秀教师。

加强县立中学教育科研和教师专业能力建设。县中作为一个县基础教育的领头羊，理应在教育科研和教师专业成长中起示范作用。如果教师只是普通的教书匠，没有立德树人的情怀，没有对教学和考试的深入研究，政府给再多的政策支持也难以起到应有的作用。县教育局为此多次派出人员到县立中学调研，在广泛听取教师意见的基础上，指导县立中学建立和完善了

《教师科研奖励制度》《促进教师专业成长实施方案》等规范性文件,激励广大教师认真学习教育教学理论,深入研究教材和考试,积极申报学科课题,加强与其他兄弟学校的交流。为了使以上措施落到实处,时任县委、县政府主要领导多次听取汇报、调度相关工作,有力地推动了创建工作的顺利进行。

五是对教学成绩优秀的教师实行重奖。只有好的教师才有可能培养出优秀的学生。在对师生奖励方面,有的地方走入了一个误区,即对优秀学生进行重奖,而对培养他们的教师却只是象征性地给予奖励,这样无形中就会伤了优秀教师的心。我们的原则是:重奖优秀教师,让优秀教师培养出更多优秀的学生。学生在高考中是否取得好成绩,直接关系到学生以后的发展。有人说,高考是学生自己的事情,无论对教师奖励与否,学生都会认真对待。当教师取得优秀的成绩后,政府或有关社会组织对他进行奖励,更多的是弘扬一种积极向上的精神,表达政府或有关社会组织对优秀学子的关心。从大道理上说,教师对学生的培养是他的责任所系,但并不是每个人都有如此高的思想境界,毕竟多数人都是凡夫俗子,他们也需要更好的生活。如果他付出了很多,却没有得到相应的回报,他就未必会把对教学工作的精益求精、对学生的倾囊相授当作自己的事情。他可以选择努力,也可以选择应付。毕竟,对高考优秀学生的奖励与对体育比赛中优秀运动员的奖励不太一样。

六是加强对优秀教师的人文关怀。无论是在县立中学还是在县二中,都有一大批爱岗敬业、任劳任怨的教师,他们在努力工作、关心爱护学生的同时,也有在遇到困难时希望得到组织关怀的心理需求。例如,县立中学有一位高中语文教师,他常年任教高三毕业班,又当班主任,还在学校和年级组担任了一定的职务;他的妻子在吉安县的一所农村中学任教,平时照顾老人和小孩的担子就落在那位教师身上。在他带的班级和学科连续两年在高考中取得优秀成绩之后,他向学校和教育局提出,把他妻子从农村学校调入县城学校。经请示县委、县政府主要领导同意,县教育局破格将他妻子调入县城学校。对其他有困难的优秀教师,各级组织都会尽可能给予关照,让他们从具体的事件中体会到组织的关心和温暖。

七是积极留住优秀学生。评价一个地方、一所学校的教学质量,优秀学生的数量和质量是一项重要指标。虽然从道理上来说,人人都有成为优秀人才的可能,但在实际生活中,人和人之间还是有差异的。优秀学生的智力水平、基础知识和能力明显优于一般的学生,在升入高一级学校后,他们更容易发挥优势和特长,起到引领和示范作用。为了留住尽可能多的初中优秀毕业生,我们采取多措并举的方法,把工作做在明处、做到实处。其一是要求县内两所高中加强学校内部管理,苦练内功,全面提高教学质量,以县内高中教学质量的稳步提升增强优秀学生和家长的信心;其二是从2005年开始,我们在全县范围内举办初中学科竞赛,从中选拔和发现一批优秀学生,从而让他们更早受到关注;其三是从细节上做好对学生的人文关怀,让他们从一个个具体的事件中感受到学校和教师的关心,强化他们对家乡学校和教师的感情依恋。

经过几年的努力工作,从2008年开始,吉安县的高考走出低谷,无论是高考一本率还是二本率都有了很大突破,进入全市第一方阵;从2009年开始到现在,高考综合排名大多数年份稳居全市第一,普通百姓关注的学生考入北大、清华的事年年都有。2013年,吉安县更是在全市一骑绝尘,各项指标在全市遥遥领先,困扰吉安县教育工作者多年的优质生源流失问题得到了根本遏制。我们坚持立足于做好自己的事,终于守得云开见日出。

# 第114条
# 能用制度管理就不用道德说教

一年一度的教师职称评聘工作即将开始,由于职称晋升指标僧多粥少,像往年一样,今年的职称评聘成为县城高中教师热议的话题。

学校教师职称评聘方案规定,按照上一年度教师综合考核得分的顺序,从低到高依次推荐职称晋升人员。每年教师综合考核都有一个分数排队,假设某年的高级职称只有两个推荐指标,就推荐前两位教师,排在第三名的教师,哪怕只相差0.1分,也只好等到下一年。前些年一直是这样操作的,虽然没有评上的教师会感到失落，但总体上学校还是比较平稳，没有出现大的问题。

根据学校教师职称岗位的设定情况，县人事局、县教育局下达某高中高级教师推荐指标三名，学校计划按照学校已有职称评聘方案，推荐上一年度考核得分前三名的教师。正准备上报名单的时候，一位考核得分排名第四，还有半年就要退休的中级职称的老教师找到校长，请求看在他辛劳一生的分儿上，向上级推荐他为中学高级教师，而且反复强调他各方面条件都符合。县人事局、县教育局有关负责同志对他的情况比较了解，也深表同情，对他说只要学校报上来，他大概率可以被评为中学高级教师。老教师流着眼泪说，如果他错过了此次机会，他就再也没有机会了，他只有带着万分遗憾的心情失落地退休。

听到这位老教师的诉求，学校领导一时犯了难。实事求是地说，作为一名临近退休的老教师，能够在学校综合考核中排名第四，可见他付出了很大的努力。按学校职称评聘方案，很明显不能推荐这名老教师，但老教师的情况也是实情，让老教师与眼皮底下的高级职称擦肩而过，确实有些于心不忍；但如果不按推荐方案上报，学校的整个职称评审工作就会乱套，毕竟提出各种理由请求照顾的远不止这名老教师。与此同时，在得知这位老教师的情况后，学校多数教师倾向于给这位老教师一次机会。最后，经学校领导研究，决定动员排在考核前三名的其中一名教师发扬风格，让出推荐指标，并明确由分管职称评聘工作的副校长负责做好思想工作。

可是，无论副校长如何做工作，排在前三名的教师都没有一个同意让出推荐名额的。最后，还是由校长亲自出面，反复找排在第三名的教师做思想工作，给予了优厚的条件和承诺，才勉强把工作做通。正当学校领导认为终于可以松一口气时，其他没有评上高级职称的教师就以各种理由找上门来了。

以上就是一个应该由制度解决的问题，却使用了道德力量的例子。学校领导虽然出于好心答应帮忙，但实际效果并不好。类似的难题还有各类先进人员的推荐，班主任、科任教师的安排，外出学习考察人员的确定等，本来学校有现成的推荐方案，但执行过程中因为某种特殊情况，只好把制度放在一边,由领导做相关人员的思想工作,把不宜推荐的人员推荐上去。如果是一次两次,学校教师也许可以理解,但次数多了,教师就不会把制度当一回事儿了,遇到问题就找学校领导——能够顺利达到目的最好,如果进展不如意,就动用各种关系对学校领导施加压力,没有关系的就不断地恳求,有的甚至又哭又闹。学校管理的无序和混乱便由此开始。

马克思主义观点认为,道德是一种社会意识形态,是人们共同生活及其行为的准则和规范。不同的时代、不同的阶级有不同的道德观念。同样一件事,由于立场、环境的不同,其道德观念也是不一样的。例如,传统道德要求,人要有悲悯善良之心,在一般情况下是值得提倡的,但在特定时期,面对特定的人,过分善良就是害人害己。因此,在处理具体问题时,在人们的道德观念普遍一致、情况不复杂的条件下,可以动用道德的力量。但由于道德有评价标准不确定性、评价标准易变性、缺乏强制力和滞后性的局限,对于比较复杂、观念认识不一致的问题,如果一味强调道德的力量,就容易引起混乱。最终,只能依靠制度来解决问题。

规章制度是国家机关、社会团体、企事业单位等为了维护正常的工作、劳动、学习、生活的秩序,保证国家各项政策的顺利执行和各项工作的正常开展,依照法律、法令、政策而制定的具有法规性或指导性与约束力的应用文,是各种行政法规、章程、制度、公约的总称。

相比于道德标准的多样性和复杂性,制度则是大至国家机关、社会团体、各行业、各系统,小至单位、部门、班组的管理规范。它是国家法律、法令、政策的具体化,是人们行动的准则和依据,具有规范性、适度强制性的特征。用制度解决学校管理中出现的问题,而不是强调道德的力量,是现代学校管理中的一大进步。

回过头来看前述案例,之所以出现难以收场的局面,原因主要有以下两方面。一是学校的职称评审制度不够严谨、科学,对一些特殊现象预估不足,如类似于该老教师的情况,应该在制订制度时就要有相应的解决办法,而不是问题出现后再想办法补救。事前预判是对事不对人,工作比较好做;事后补救则是对人不对事,处理起来就明显困难得多。二是学校领导对不按章办事的后果估计不足,过分高估了道德的力量(当然,学校领导也是一片好心,如果没有引起连锁反应，倒也不失为一个办法）。从以上案例中，我们应该总结经验，吸取教训，就是在制订规章制度时，要广泛征求意见，充分发扬民主，尤其是对可能出现的特殊情况事先要有应对策略。规章制度一旦通过并开始实施，就必须做到制度面前人人平等。换句话说，以人为本要体现在规章制度的制订和完善中，要在制度的制订和完善中充分考虑到各种需要与可能，而不是在执行时违反规章制度的规定，片面追求所谓的"以人为本"，搞变通。如果是这样，有时就会"好心办坏事"，甚至出现一些预料不到的后果。

# 第115条
# 尽力留住优秀教师

办好一所学校的要素有很多，最重要的无疑是教师，尤其是优秀教师。道理很简单，只有众多的优秀教师，才能培养出一批批优秀学生，打响学校和地方教育品牌。若干名优秀教师的带动，可以托起一所学校；同理，若干名优秀教师的离开，则可能使一所学校荣光不再。留住优秀教师，是不少经济欠发达地区中小学校长面临的紧迫任务。

我所在的县经济欠发达，在担任校长和教育局局长期间，我几乎每年都会遇到优秀教师以各种理由要求调离的情况，虽然不可能做到一个不放，但总体来说，留下来的优秀教师还是占大多数。

我们的做法和体会是：摸清各类优秀教师的底数。优秀教师是个宽泛的概念，从类别上来分，有各级政府或部门表彰认可的，如省级优秀教师、特级教师、劳动模范、学科带头人等，市(县)级优秀教师、劳动模范、学科带头人等；还有些教师虽然因为某种原因没有以上光环，但教育教学深受学生欢迎和家长肯定。不管属于哪种情况，优秀教师都是教育行政部门和学校要留住的对象。吉安县教育局每年都会制发"吉安县优秀教师基本情况登记表"，表内包含基本情况、个人问题或困难、下一年工作意向等内容。收到"登记表"后，县教育局人事股要分类整理、建档造册,特别是要梳理出优秀教师反映的问题或困难、下一年工作意向,经与所在学校领导核实后,交由分管人事工作的局领导具体处理,对于个人不便处理的事项,则提交局长办公会研究,必要时向县委、县政府领导汇报。学校的工作量要少很多,但程序要参照县教育局的流程处理。

开展深入细致的思想工作。在摸清底细的基础上,每年春节前,县里都会分层次召开优秀教师代表座谈会。其中,省市级优秀教师代表座谈会由县教育局组织,邀请县委、县政府有关领导参加;县校级优秀教师代表座谈会原则上由所在学校组织,必要时邀请县教育局有关领导参加。在座谈会上,一方面为优秀教师代表描绘职业发展愿景,介绍一年来教育教学工作进展情况,进行相应的职业精神教育;另一方面听取优秀教师代表对县教育局(含县委、县政府有关部门)和学校工作的意见、建议。这样做有两个好处:一是思想工作做在前,帮助优秀教师确立职业发展目标,同时对他们的思想动向做到早了解,方便做工作;二是让优秀教师感到党委政府和学校对他们的重视,让他们认识到自身的重要性,在各级领导心中是有良好印象的,吉安县和学校需要他们,从而增强他们的自豪感和对学校的认同度,坚定他们在吉安县和各自学校做好工作的信心和决心。

千方百计提高优秀教师待遇。与普通教师一样,优秀教师也有生理需求、安全需求、归宿与爱的需求,这些需求如果长期得不到满足,他们肯定会表现出不满,一旦有合适的机会,他们就会另择高枝,在当下生活成本居高不下的时代更是如此。为了满足优秀教师的基本生活需求,我们在财政、人事等有关部门的支持下,设立了省市县学科带头人、市县兼职教研员岗位津贴制度;出台了相关制度,对高考、中考取得优异成绩的教师进行奖励;适当提高中小学班主任津贴;在全市率先实行山区教师津贴和乡镇工作补贴;对省市县优秀教师实行重奖、在校内建设教师周转房等。在努力提高教师经济待遇的同时,我们还十分注重提高他们的工作和政治待遇,帮助他们获得尊重,促进他们自我价值的实现,如纠正选人用人的不正之风,在校内管理岗位出现空缺时,优先替补优秀教师进入学校领导班子;推荐优秀教师参加省内外教学研究和集体教研活动;设立教育局和学校领导对口联系省市优秀教师工作机制,做到一对一帮扶、一对一交流思想等,使优秀教师在县级层面和学校都感到被尊重、被重用,坚定他们为吉安县教育事业做好工作的决心和信心。

多渠道搭建事业发展平台。优秀教师犹如千里马,他们不仅需要草料,更需要辽阔的草原。为了让优秀教师更好地发挥作用,在帮助学生成长、个人事业进步中实现自身价值,我们授权省市优秀教师,在县校两级层面组建了名师工作室,建立了相应的管理考核奖励制度,按考核结果对名师工作室的牵头人,按省市名师分别给予岗位津贴。在县级层面每年举办一两次省市优秀教师事迹报告会,学校每学期举办一次县级优秀教师事迹报告会,既谈各自的成功经验,也分享他们在教育教学上的得失。在每年组织的不同类型教师培训期间,将省市优秀教师组建成授课团队,实行三五个省市优秀教师集体备课,由其中一名优秀教师领衔授课,按参加培训的教师课后评价等级,给予授课教师和参与集体备课教师适当的报酬。建立省市县优秀教师传帮带制度,鼓励以优带新,教育局和学校根据年终考核情况进行表彰奖励。建立优秀教师领办教育科研课题制度,县教研室每年都要遴选和公布一批教育科研课题,动员优秀教师带头揭榜,带领其他教师开展课题研究。县教育局在课题开题时发放一笔课题经费,在课题结题时,再按评价情况发放结题补助。各种平台的搭建,为优秀教师提供了施展才华的舞台,促进了他们自我价值的实现。

尽管我们为留住优秀教师做了大量的工作,也取得了比较好的成效,但在总体稳定的同时,每年还是有少量优秀教师因为特殊原因要求调离。虽然感到惋惜,但我们还是能够保持豁达的心态。因为我们深知,即使工作做得再好,也不可能没有人才流动。适当的人才流动对促进组织内部的良性循环是有好处的,关键是不能有大量的人才流失。辩证唯物主义观点认为,任何客观事物,运动是常态,静止是例外,人才流动也是如此。我们的处理原则是:对于要求调离的优秀教师,我们尽力挽留;实在挽留不住的,我们也能做到忍痛割爱。在优秀教师正式离开的时候,我们会要求相关学校为他们举办欢送会,听取他们对学校的意见、建议(此时的建议往往是最真实的想法,有利于学校改进工作)。学校领导发表临别赠言,有时候还会向调离的优秀教师赠送纪念品,这样做的目的一方面是做到好聚好散,另一方面是让调离的优秀教师因此怀念他工作过的学校。其他留下来的优秀教师也会因此认为,他们所处的学校是一个有人间温情的地方,值得他们倾情付出。

# 第116条
# 运用好机制的力量

李老师是某农村小学六年级的班主任。进入夏季以来,学生防溺水工作成为一项艰巨复杂的任务。由于学生爱玩水的天性,加上江南多河流湖泊,尽管李老师经常在班上强调学生不能在没有成年人陪伴的情况下私自下河游泳,但总会有学生在放学后偷偷到附近的河塘里游上一把,李老师为此头痛不已。

有一天,李老师读到一篇七个人轮流分粥的故事。故事大意为:有七个人在某一个特殊的地方,每餐饭都是七个人共吃一桶粥,由某个人负责分粥。开始一段时间,尽管尝试了很多办法,但最后得到粥的人往往粥的数量最少。后来,改成负责分粥的人最后一个取粥,就再也没有出现过因分粥不均而吵闹的情况了。这个故事说明了这样一个问题:七个人分粥是一种制度设计,而用什么样的方法把制度落实好,就是一种机制。读完这个故事,李老师受到启发,为减少学生的溺水事故,教育主管部门制定了学生防溺水的"六不准"规定,这个规定就是通常说的"制度",但如何保障制度的落实到位,就需要建立一种机制。

在想清楚这个问题后,李老师一方面继续在班上加大防溺水工作的宣传;另一方面将本班的学生按居住片区,每3~5个人就近成立一个互助小组,既在学习上互相帮助,又互相对遵守《小学生守则》(含防溺水"六不准"规定)的情况进行监督。互助小组内只要发现有一人违反防溺水"六不准"规定,就要扣整个互助小组的考核分数,并由组长在班上做公开检查。这项机制实施以来,由于动员了学生互相监督,学生利益共享、风险共担,李老师班上再也没有发生过学生私自下水游泳的情况,被县教育局评为学生防溺水工作先进集体,李老师本人也受到了县教育局的表彰。

通常认为,制度指比较根本性的规则,如政治和经济制度;机制则一般指较微观的制度,并且是可以"设计"出来的,故有"机制设计"理论。换句话说,制度通常指具体的规范,而机制则是指执行这些规范的原则和程序。由此,我想起许多学校关于备课和作业的相关规定,由于没有设计好执行这些规定的原则和程序,在实施过程中出现了许多意想不到的问题。

关于备课。许多学校规定,年轻教师备课要尽可能详细,上课的各种要素均必不可少;年长的教师备课时可以简单一些。这本是一个比较实事求是的制度设计,但详细的教案就等于好教案吗?简单的教案是怎么个简单法,会不会有人借此偷懒耍滑?这些事都对教学管理提出了挑战。

教案要不要检查?应该说还是要的。但如何检查却是一个技术活。如某高中提出每月检查一次教案,先是由教务处统一收集检查,但教务处就那么几个人,何况还受学科限制,能检查到的只是有没有备课,至于备得怎么样,实在是无从辨别;后来改为不同学科交叉检查,更是受制于学科壁垒,也只能是简单地走马观花;再改为同学科年级组交叉检查,刚开始时情况稍微好一些,毕竟同一个学科的教师,备课怎么样还是可以看出些问题的,但后来情况就变味了,大家都在同一所学校工作,抬头不见低头见,实在没有必要做这些得罪人的事,到后来就干脆你好我好大家好了。由此可以看出,备课检查是保证教学效果的一项制度,但如何检查却要有一套实用的机制,否则大家做的都是表面文章。

关于作业。2021年4月,教育部办公厅发布了《关于加强义务教育学校作业管理的通知》,该通知要求小学一、二年级不布置书面家庭作业,小学其他年级每天书面作业完成时间平均不超过60分钟,初中不超过90分钟。对于小学一、二年级不布置家庭作业,这点比较好执行,但对于"小学其他年级每天书面作业完成时间平均不超过60分钟,初中不超过90分钟",在实际操作中就不好把握了。其中牵涉两个问题。一是教师怎样去掌握,是不是人人都能自觉按照这个要求去执行。小学还好些,毕竟科目少,初中一天有5~6

门课，如果按总时间不超过90分钟计算，每学科的作业完成时间仅为15分钟左右。二是学校如何确保这些规定能够得到有效执行。在教师教学水平和方法短期内难以有效改进的情况下，增加作业时长对本学科的学习还是有好处的，任何一名稍有工作责任心的教师，都希望学生多花些时间做本学科作业。如果每名教师都这样想，作业总时间就必然会大大超过规定时间。这边教学质量要保证，那边教育部的规定要遵守，何况教育部门还会经常组织督查。此时对于学校来说，就是一个两难选择，有必要建立一种适当的机制，既要兼顾各学科教师的合理诉求，又要在大原则上与上级保持一致。

为解决作业数量和质量问题，根据有效机制三要素原则(高度相关、自动改变、指向目标)，某初中学校是这样做的：首先是要求各任课教师改进课堂教学方法，尽可能让学生可以把一节课的主要问题在课堂上解决；其次是要求教师根据学生实际情况，分层次布置作业，如A类学生做A类作业，B类学生做B类作业，C类学生做C类作业，不同层次的学生做不同类型的作业，作业数量自然就减少了；最后是由班主任统筹各任课教师的作业时长，如语文教师周一的作业数量可以是半小时，其他学科作业数量相对就较少；周二数学教师作业数量相对多一些，其他学科作业数量就相应少一些，以此类推。先试行一个月，以后再视情况变化做调整。该学校由班主任对班上学生作业进行统筹，因为班主任要直接对学生的考试成绩负责，他属于利益相关方；班主任召集各任课教师就作业的布置进行协商，最后提出一个安排意见，以后会有所改变，符合自动改变的要素；无论该班的作业如何安排，都指向一个目标，就是减轻学生过重的课业负担，提高教学质量。

由此可见，机制是一种原则和程序的设计，这些设计的背后隐藏着管理的创新与智慧，需要我们积极开动脑筋，用最小的管理成本解决问题。例如，许多学校都有要求管理干部推门听课的规定，有的校长还会亲自检查。校长检查虽然是个好办法，可以促使管理干部按要求听课，但是校长工作很忙，往往会把检查听课的事情忘记，由于没有相应的检查评价，听课多的人感觉吃了亏，听课少的人则认为自己占了便宜，最后管理干部推门听课的制度就流于形式。20世纪90年代中期，我在担任高中校长时，就在每个月的校务会上，专门抽出一个时间段，由听课的管理干部把一个月的推门听课情况做一个全面的汇报,内容包括听了哪些人的课、各有什么优缺点、有何改进意见等,最后由教务处整理并印发通报,发到每个校务会议成员手中。该机制施行以来,每位听课人员都要对他所听课的评价负责,所以就必须实实在在地认真听课并实事求是地作出评价,较好地保证了学校管理干部听课制度的落实。

要办好一所学校,就必须有健全、科学、合理的规章制度。从目前中小学管理的情况来看,多数学校并不缺规章制度,但缺少把这些规章制度落实到位的原则和方法。有位名人曾经说过,"好的规章制度可以把坏人变成好人,不好的规章制度可能把好人变成坏人",这说明制度建设十分重要。关于制度民间还流传着两句名言:"三分制度,七分落实。""再好的规章制度,没有落实等于零。"这说明制度落实的重要性。我们要建立一种将相关制度落实到位的长效机制,完善相关原则和方法,充分发挥机制的力量。有了好的制度,加上好的落实,办好人民满意的教育才有可能变成现实。

# 第117条
# 营造争先创优的良好风气

如果有人问我:担任县级教育局局长近十年,我最引以为荣的一件事是什么? 我会毫不犹豫地回答:通过改进工作作风,实行干部人事制度和课堂教学改革,在全县教育系统培育了争先创优的精神文化。这种文化通过多年浸润与培育,已经深入多数校长和教师的内心,变成了一种行动自觉,短期内将不会因人事变动而消失,会有一段很长时间的惯性。如果继任者能够正确对待,它将成为支撑吉安县教育继续奋勇向前的强大力量。

为了营造积极向上、争先创优的精神文化,从2005年起,吉安县教育局把激励与作风建设相结合、激励与学习提升相结合、激励与关心爱护相结合,综合施策,取得了较好成效。

一是抓好机关作风建设。(1)全面改善机关办公条件,在夏季到来之前,对每个办公室进行简单装修,更换办公桌椅,安装电话,配备电脑。为了让机关干部安心工作,减少中午回家做饭的辛劳,县教育局在全县率先办起了机关食堂,机关干部只要象征性地交些费用就可享用美味的午餐。这两项举动现在看来根本不值一提,但在2005年却是开了吉安县机关建设的先河。(2)全面整肃机关干部作风。虽然总体来说,吉安县教育局机关干部作风比较好,但在具体的事情上,还不同程度地存在"门难进、脸难看、事难办"的问题。我在机关干部大会上明确要求,无论是学校还是其他人来局里办事,能不能办理要按照有关规定执行,但对来访者必须热情相迎,做到"请坐、倒水、问询、记录",这样不管事情办成与否,来办事的同志至少能够心情舒畅;设立机关作风举报电话和举报箱,对被反映者,一经调查核实,严格按有关规定处理。(3)收回机关两个临街门面,设立吉安县教育局便民服务中心,建立了中心管理制度和工作受理流程,安排专门人员每天值班,受理群众对教育的反映和举报,为群众到教育局机关办事提供帮助。这在全省为数不多,在吉安市是第一个。(4)实行机关干部"凡进必考"。建立了机关干部考核制度,对表现不佳、屡教不改者予以清退。机关出现人员空缺时,实行考试录用,从领导做起,没有例外。在我担任吉安县教育局主要领导期间,所有进机关的同志都是经考试录用的。在这里要感谢历任县委、县政府主要领导的理解和支持,没有他们的理解和支持,单凭我的一己之力是万万做不到的。

二是建立教师关爱制度。教师属于知识分子,从某些方面来说,他们确实不好管理,但实际上只要管理者尊重他们、关心他们,他们是最通情达理的人。从另外一个角度来说,如果教师自己有困难,得不到组织上的关心帮助,他心里必然会有怨气;当他的学生有困难需要帮助时,让他放下自己的心结去关心爱护学生,也是很难做到的。道理很简单,爱是可以传递的;同样,不平和怨恨也是可以传递的。吉安县教育系统有4600多名教师,各自情况千差万别,经常会遇到这样或那样的问题和困难。有的问题他自己可以克服,有些困难他个人未必可以解决,或者是个人虽然可以解决,但此时特别希望得到组织、同伴的关心和帮助。他所在的学校作为离他最近的组织,此时有没有向他伸出援手,实际上就影响着他对整个组织系统的观感和态度。除了要求各中小学校领导在教师有困难时及时提供力所能及的帮助外，吉安县教育局还在县级层面建立了教师关爱制度，具体有：(1)从2005年开始，在县教育局设立教师热线电话和局长信箱，局办公室有专人负责收集和整理。所有收集起来的意见和建议，包括教师提出的个人问题和困难，都要以专报的形式报到主要领导处，主要领导阅示后再由有关股室或学校处理，处理结果要及时反馈。(2)从2006年开始，建立生活特别困难教师年终走访制度。每年的12月底之前，各学校向县教育局报送生活特别困难的教师人员名单。从所报上来的名单来看，大多数人是身患重病或家庭出现重大意外变故。县教育局在放假前，会安排教育局领导分片走访，送上慰问金和关心祝福。原来，教师有困难，学校领导能来看望就很难得了；现在，县教育局领导上门慰问，对许多教师来说都是第一次。(3)从2005年开始，校长生病住院、校长直系亲属亡故，县教育局要派人员到场慰问。以前也有个别校长生病住院或直系亲属亡故，县教育局会派人员去慰问，但没有形成制度。另外，只要校长任职的学校在目标管理考核中获得了规定的奖项(如前文所述)，其在农村学校工作的家属就可以免试进入县城学校。这项制度实施以来，有5名校长享受到此项待遇。我一直认为，全县这么多教师，县教育局对每个有困难的教师都关心是不可能的。我们唯有关心爱护校长，让校长在感到自身被关心爱护的同时，自觉去关爱教师，由此来实现爱的传递。事实证明，这种做法是行之有效的。

三是以制度激励广大教师争先创优。(1)建立星级优秀教师制度，对在各方面表现优秀、教学能力强、教学成绩好的教师，实行从一星到五星的激励制度，教师所得星级与奖励挂钩。(2)建立兼职教研员制度。对于教有专长的教师，县教育局聘任其为兼职学科教研员，有一定的工作义务，相应地也有一定的待遇。(3)对在某方面取得优异成绩的教师，由县教育局予以重奖。在对这些教师进行表彰奖励时，县教育局会把气氛和场面做足，让这些教师电视里有图像、广播里有声音、报纸上有文字。除此之外，县教育局会制作精美的喜报，由学校派专人送到有关教师家中和所在的乡镇政府、村委会。(4)建立正向的校长流动机制。县教育局选拔任用校长，不是按领导喜好，而是根据所在学校的办学水平考核结果和个人的考核情况所确定的。所以，在吉安县有一个奇特的现象：在有校长岗位出现空缺时，人们就会议论哪个同志可能会去填补，最后的结果也往往八九不离十，因为考核结果摆在那里、制度规定摆在那里，最大限度地减少了人为操作的因素。(5)建立优秀学生奖励追溯制度。在不少地方，某个学生取得了优秀成绩，只是奖励他现在的学校和教师，前面的学校和教师工作做得再好，也无人问津。从2006年开始，吉安县教育局发文明确，某个学生取得了优异成绩，如在某次重大赛事中获奖，考取北大、清华等，不但要奖励现在的学校和任课教师，还要对他就读的初中乃至小学的有关教师进行奖励。(6)建立初中学科竞赛奖励制度。从2006年开始，县教育局每年举办初中学科竞赛，通过学科竞赛发现苗子，稳定和留住优秀生源。(7)无论是晋级晋升，还是外出学习考察，均以成绩论英雄。不管是大会小会，我都强调这样一个理念：人生难有几回搏，吉安县教育人要见红旗就扛，有荣誉就争；有条件要上，没有条件创造条件也要上；历史是为胜利者书写的。讲的次数多了，校长和教师们也开始接受这种观点了。领导宣传鼓励是一方面，更重要的是，建立和完善了相应的激励制度，加上领导带头，慢慢就成为一种文化，融入校长和教师的血脉。从2009年开始，吉安县就在历年的全市教育督导评估中名列第一，在省里也是获得奖项无数，吉安县的教育事业成为吉安县对外宣传的一张闪耀的名片。

# 第118条
# 加强党的领导

随着校长负责制在中小学的全面推行，大部分学校实行校长、书记"一肩挑"。由于学校工作的特殊性，校长的主要精力用在学校各种行政事务上，用于抓党建的时间和精力相对较少，学校党组织的日常工作主要委托副书记或某位总支(支部)委员负责。学校党组织除了组织开展一些必要的活动外，在诸如把方向、管大局、做决策、抓班子、带队伍、保落实等方面所起的作用有限,党的领导作用在有些学校有所弱化。2022年1月,中共中央办公厅印发了《关于建立中小学校党组织领导的校长负责制的意见(试行)》(以下简称《意见》),对全面加强党对学校的领导提出了明确而具体的要求。到2022年秋季,大部分中小学校已经按照《意见》要求配齐了党组织书记,党组织书记以新的姿态履行自己的职责,中小学党建工作得到明显加强。

中小学新的管理机制经过大半年的运行,取得了比较好的成效,但在有的学校,尤其是书记、校长分设的中小学,出现了书记掌控一切、对学校各种事务全面包办的情况,校长的作用在一定程度上受到限制,给学校的教育教学工作带来了一些负面影响。如何在加强党对学校工作领导的同时,正确处理好党组织书记与校长的关系,充分发挥校长工作的积极性和能动性,提高学校管理绩效,是在新的发展形势下需要认真思考和解决的问题。

明确学校党组织书记的地位和作用。《意见》规定,实行书记、校长分设的学校,校长应在党组织领导下开展工作。学校党组织由原来履行保障、监督功能转变为履行领导、保障和监督功能。党组织书记是学校的一把手,主要是"把方向",即全面贯彻党的教育方针,确保学校各项工作在政策法规的框架下运行。"管大局",即自觉把学校工作放在当地经济社会发展的大环境中去谋划,积极推进素质教育,着眼于学生的全面发展。"做决策",即确保学校的重要决策符合教育发展规律和党和政府的有关要求,与学校奉行的教育价值观一致。"抓班子",即建立完善选人用人的规范性制度,把合适的人用在合适的岗位上,抓好班子的党风廉政建设,营造团结干事的良好氛围。"带队伍",即建立和完善各种规章制度,认真抓好教师队伍建设,充分调动教师工作积极性,促进教师专业成长,全面提高教育教学质量。"保落实",就是要确保党的教育方针政策和党和政府对教育工作的有关要求在学校落到实处。

书记与校长之间既要分工更要合作。书记是学校的主要负责人,但并不意味着校长就没有主观能动性。一般来说,书记的主要作用是管方向,确保学校按照党的教育方针办学,抓好教师队伍的思想作风、组织作风、工作作风建设,加强对师生的党的方针政策宣传和社会主义核心价值观教育,弘扬和传承中华优秀传统文化,对偏离社会主义办学方向的行为,做到早预防、早发现、早制止。例如,有的学校在对教师的综合考评中,学生的考试分数在整个考评体系中占的比重太大。评定一个教师是否优秀,主要是看他所带班级、所任教的学科学生考试成绩。只要考试成绩好,就可以一俊遮百丑;如果考试成绩不够优秀,哪怕其他方面再优秀,该名教师的综合考评也达不到优秀。从表面上来看,这是考核制度不科学的问题,实际上本质是背离了全面发展的办学方向。如果出现此类情况,学校党组织书记要及时发现、及时制止。校长则要根据党组织书记提出的意见认真抓好整改,将整改情况及时与党组织书记沟通交流。党组织书记要高度关注师生的思想政治工作,和校长一道,建立健全相关规章制度,明确相关纪律要求。具体来说,党组织书记的工作重点主要落在学校办学方向、实现路径、发展目标、意识形态、作风建设、组织建设、干部队伍、规划计划、对外交流、汇报沟通上,这些工作原则上书记是第一责任人;而校长则是在学校党组织的领导下,重点抓好学校的日常事务、教育教学、落实党组织决定等方面,这些工作原则上校长是第一责任人。

改进党组织工作方法。学校是教育教学的场所,承担着为党育人、为国育才的重要使命。学校同时也是知识分子集中的场所,学校党建工作有其特殊的要求。一是要提高工作的主动性。学校党组织成员要加强与教师平时的沟通和交流,了解教师的思想动态,从教师的言谈举止中发现一些潜在的不良因素和苗头,在问题成势之前做好研判,主动采取适当的应对措施。二是要提升工作的专业性。无论是对教师的思想建设、作风建设还是组织建设,实际上都是做人的工作,而人的工作往往又是最具挑战性的。学校党组织成员一方面自己在专业上要能够服众,另一方面要用教师乐于接受的语言、能够接受的方式,把话说到教师心坎里,把工作做到教师的关键处。如果只是简单的直来直去,效果就容易不尽如人意,甚至教师可能出现逆反心理。三是要加强工作的针对性。教育工作有其自身的特点,教师也有其特殊的思维方式,对于教师中出现的一些思想问题、工作作风问题,原则上是谁的问题就说谁的问题,不搞扩大化,一棍子打倒一大片。要注意说服教育的方式方法,能私下说的不公开说,能小范围说的不大范围说,能做思想工作解决的问题不用行政手段解决。在做思想工作时原则上就事论事,既不大事化小，也不小事说大，上纲上线。四是注重榜样的引领性。学校党组织成员在做好自身教育教学工作的同时，还要有一双善于发现优秀的眼睛。对于教师尤其是党员教师闪现的诸如关心爱护学生、提高教育教学成效、在工作中无私奉献的点滴行为，要及时发现，并通过一定的形式，在适当的场合进行宣传和表彰。管理学上有一个说法，就是倡导什么，可能就会出现什么；鼓励表彰先进，才会有越来越多的先进。党员教师的优秀表现和业绩，本身就是对普通教师一种无声的号召和引领。及时的肯定和鼓励，不但可以让有关教师或党员产生自豪感，而且在他们的带动下，能逐渐在学校形成一种争先创优的校园文化。

在实行党政"一肩挑"的学校，校长在做好学校行政工作的同时，要增强党建意识，在作出重大决策前多听听党支部委员和党员的意见，在听取意见的过程中实现党组织对学校工作的指导和监督；要充分发挥党员教师的先锋带头作用，注重把优秀教师培养成党员，把党员培养成优秀教师，通过党员教师的榜样示范作用促进党的领导；要建立党员联系人制度，党员教师在发挥好榜样示范作用的同时，要重点联系一两名普通教师，在联系中宣传党的政策，在联系中发现教师的所思所想，在联系中发现问题的苗头，在对问题的研判和处理中加强党对学校工作的领导。

# 后　　记

弹指一挥间,我就要退休了。

回顾从事教育工作40年来的历程,有太多的思绪和感触。

教育是育人的事业,需要教育工作者对教育的无限热爱。热爱是责任的基础,是做好工作的力量源泉。

教育是育人的事业,需要教育工作者对学生无私的关爱和理解。关爱和理解是教育的起点,是良好师生关系的基础。

教育是育人的事业,需要教育工作者有着丰富的学识。学生能原谅老师的许多不足,但不能原谅老师的知识匮乏。

教育是育人的事业,需要教育工作者的言传身教。千教万教教人求真,教师的以身作则胜过千言万语。

教育是育人的事业,不但需要教育工作者的

爱心和付出，更需要智慧。智慧的教育可以让我们少走很多弯路，也可以让我们走得更远。在本书中，我结合自己数十年从事一线教育教学、学校管理和市县教育行政管理的体会，分别对教师队伍建设、校长修行、学校管理、行政管理谈了些个人的观点，既从理论角度谈为什么，更结合大量的教育实践案例多谈怎么做，希望对中小学一线教育工作者和教育行政管理者有一定的帮助。

青山不老，教育永存。谨以此书献给长年奋斗在一线的广大中小学教育工作者！在本书编写过程中，诸多教育同人就具体内容提出了改进意见，在此一并表示衷心感谢！由于水平有限，书中难免有许多值得商榷之处，还请各位读者朋友批评指正！

曾宪锋

2023 年 12 月于江西吉安